PEOPLEWATCHING
The Guide to Body Language

肢体行为

人体动作与姿势面面观

[英]德斯蒙德·莫里斯 著　　刘文荣 译

文汇出版社

PROFEMATURING
The guide to body language

默体行为

人体动作与姿势图解

[天]朱莉斯·法斯特 著　欧文杰 译

江文图书

目 录

引言 / 1

动作 / 1
 先天动作 / 4
 经发现的动作 / 11
 习得的动作 / 13
 训练动作 / 16
 混合动作 / 17

姿势 / 22
 从属姿势 / 23
 表现姿势 / 25
 模仿姿势 / 28
 简要姿势 / 30
 象征姿势 / 33
 技术姿势 / 39

姿势变异
 姿势的个人或者地区性变化 / 45

多义姿势
 具有多种含义的姿势 / 50

姿势替换
　　传递同样信号的不同姿势 / 54

双重姿势
　　由两种原始姿势合成的信号 / 59

混合姿势
　　由若干种不同因素合成的姿势 / 62

遗留姿势
　　其原始境况久已消失、但其自身仍然存在的姿势 / 65

区域信号
　　因国家和地区不同而变化的信号 / 73

加强信号
　　在讲话时强调节奏的动作 / 78

指示信号
　　指点和招呼：引路动作 / 88

是非信号
　　表示同意和接受或者否定和拒绝的方式 / 96

注视行为
　　直视和扫视：相互观看的方式 / 102

致意表现
　　"你好"和"再见"：迎接和告别 / 109

姿势对应
　　朋友间无意识的动作一致 / 118

关系符号
　　表示人与人之间个人关系的信号 / 123

身体接触关系符号
　　同伴之间在公开场合的接触方式 / 132

自我接触行为
　　自我亲密：我们为什么以及如何触摸自己 / 143

目 录

非语言泄漏
　　无意识的自我暴露 / *148*

矛盾信号
　　同时发出两种相互对立的信号 / *159*

短缺信号
　　不自觉的低强度反应 / *168*

过度信号
　　高强度反应 / *173*

身份显示
　　表示社会地位的方式 / *177*

领地行为
　　某一限定区域的防卫 / *186*

阻挡信号
　　社交场合的身体自卫动作 / *197*

防御行为
　　对真实的或者想象中的危险所作出的反应 / *202*

谦卑行为
　　平息批评或者攻击的方式 / *210*

宗教表现
　　为取悦臆想中的神祇而进行的活动 / *220*

利他行为
　　我们是如何牺牲自己帮助他人的? / *225*

打斗行为
　　虚挥一拳和猛击一拳：从生物学角度看人类争斗 / *231*

胜利表示
　　胜者的庆贺和败者的反应 / *238*

信号切断
　　在压力之下中止视觉信号进入的行为 / *243*

自发信号
由身体紧张而引起的动作和其他变化 / 246

瞳孔信号
显示情绪变化的瞳孔扩大和收缩 / 252

示意动作
显示意图的预备动作 / 258

替代行为
在高度紧张时表现出焦虑不安的临时填补动作 / 267

转向行为
转向第三者的行为 / 272

再激发行为
激起新的情绪以排除原有情绪的行为 / 275

侮辱信号
冷笑和奚落：表示不敬和轻蔑的方式 / 278

威胁信号
试图不用武力就吓住对方的行为 / 291

猥亵信号
象征性的性侮辱动作 / 297

禁忌区域
一般接触范围之外的人体部位 / 306

暴露过度信号
太过分：打破礼仪规则的行为 / 311

衣着信号
用以显示、保暖和遮羞的衣着 / 320

身体修饰
社会性的肢体毁伤和容貌装饰 / 335

性别符号
表示或者强调性别的男性信号和女性信号 / 348

身体自我模仿
人体上的自我模拟方式 / 363

性信号
人类交媾前的求偶过程 / 370

父母信号
父亲和母亲充满爱意的关怀和保护 / 379

幼儿信号
婴儿脸部综合特征以及哭和笑的信号 / 385

动物接触
从猛兽到爱畜：人类与其他动物的关系 / 390

游戏方式
游戏信号、游戏规律和游戏种类 / 402

中介信号
说明其他信号性质的信号 / 409

超常刺激
刺激性强于其自然对应物的创造物 / 413

审美行为
对自然美和艺术美的反应 / 419

动作偏向
偏左和偏右 / 430

身体移动
变动身体位置的二十种基本方式 / 435

水中行为
原始人类曾生活在水中吗？ / 443

进食行为
人类吃和喝的方式、地点和内容 / 451

体育活动
从生物学上看体育：一种现代狩猎仪式 / 461

休息方式
放松姿势以及睡眠和梦的性质 / 470

年龄
人的寿命以及如何延长寿命 / 478

未来
人类有何潜能 / 485

引 言

　　就如观鸟者观察鸟,观人者观察人。不过,观人者是人类行为的研究者,而不是为看而看的旁观者。对他来说,一个向朋友挥手致意的老人和一个交叉着双腿的少女有着同样的吸引力。他是人类活动的实地考察者,他的考察场所随处都是。在汽车站、超市、飞机场、街道口、宴会和足球场上,哪里有人类行为,观人者便能从哪里获得某种知识——一种关于他的同胞的、归根结蒂也是关于他自己的知识。

　　我们在不同程度上都是观人者。我们偶尔会注意到他人的某一独特姿势或手势,会对它们的缘由感到好奇,但我们却很少对此加以深究。提及某些事情,我们会这样说:"他这样使我感到不安。我不知道为什么,但他就是这样。"或者:"她昨天晚上的举动不是很古怪吗?"或者:"我和那两个人在一起总是感到十分舒畅,这大概和他们的态度有关。"我们这样说过之后，事情也就算完了。但是，严肃认真的观人者则想知道，我们为什么会有这样的感觉。他要您知道，我们是以怎样的方式活动的。这就意味着要进行长时间的实地工作，要以某种新的方法观察人。

在这方面，没有任何特殊技术。唯一需要的是掌握一些简单的概念。这些概念就是本书将要提出的。每一种概念就是要说明某种特殊的行为类型，或者说明行为发展、发生或演变的某种特殊方式。了解这些概念使人能对各种行为进行比较明确的归类，同时使观人者在和人们交往时能透过表面行为看到底里。

由此言之，本书要讨论的是人的动作，以及关于动作是如何变成姿势、姿势又是如何转化为信息的各种情况。作为一个物种，人类可以说已经有了高超的技术和辉煌的哲学思想，但我们并没有丧失身体活动方面的动物特性，而这种身体方面的活动正是观人者首先要加以关注的。人类这种动物往往对自身的活动并不自觉，这使得这些活动更具观察价值。一个人把过多注意力集中在自己的言词上，致使他似乎忽略了这样一个事实：他的动作、姿势和表情正讲述着它们自己的故事。

然而，应该补充说明的是，本书并不打算帮助读者去探知他人的隐秘思想以达到控制他人的目的。观鸟者并不是为了把鸟从空中射下来才研究鸟类的；同样，观人者也不应该滥用自己对人类行为的专门知识。确实，一个老练而客观的观人者可以运用自己的知识使一个枯燥乏味的社交场合变成一个引人入胜的考察场所，但他的首要目标则在于更为深入地了解人与人的交往，从而对人类行为进行更为有效的预测。

任何科学研究都不可避免地会有一种危险，那就是新知识很可能会被其掌握者用来作为欺压无知者的新手段。然而，在观人这一特殊领域，也许更有可能发生的事情是：随着知识的增长，人们会变得越来越宽容。因为了解他人行为的意义,也就是知悉他所面临的问题;明白了他人的行为内涵,也就有可能谅解他们的行为,从而不会像过去那样一味地加以攻击了。

总之,必须强调指出,把人们当作动物加以观察,丝毫也没有侮辱他们的意思。我们确是动物,不管怎么说,人类是灵长目动物中的一种,像任何其他动物一样是一种受生物法则支配的生物现象。人性不过是一种特殊的动物性罢了。不错,人是一种不寻常的动物,但任何其他种类的动物也同样是不寻常的,它们各有各的生活方式。科学的观人者如果坚持这一基本的、谦虚的进化论态度,便能在对人类事务的研究中提出诸多创见。

动 作

所有的动物都做动作,绝大多数还不止于此。许多动物还有自己的行为产物——建筑物或制造物——如巢、网、窝和洞穴等。在猴和猿的活动中,甚至还有某种抽象思维的迹象。但是,唯有在人的生活中,行为产物和抽象思维才变得极为丰富。这是人类成功的本质所在。凭着发达的大脑,通过抽象思维的复杂过程——语言、哲学和数学,人不断使自己的行为内在化。凭着弱小的身躯,人又戏剧性地使自己的行为外在化,使整个地球表面遍布其行为产物——器具、机械、武器、车辆、工艺品、建筑物、村庄和城市。

这种会思想、会建造的动物就坐在那里,周围到处是嗡嗡作响的机械,他的头脑不断思考着。他的产品和抽象思维已越来越成为其生活的主宰。有人或许会认为,在人的生活中,动作——简单的动物性动作——是次要的,仅仅是人类远古生活的残留物而已。然而,事实并非如此。自古到今,人始终是一个行动的物种——一种做着动作、姿势和表情的灵长目动物。他现在还远没有成为科幻小说里的那种无形无体、与宇宙本源相连的超级生物,就像他已远远地离开了史前狩猎时代一样。哲学和工程技术为人类生活增色不少,但并没有取代人的动物性活动。我们已发展了一整套关于幸福的理论并可以用语言表达出来,但我们并没有因此而不再做出咧嘴微笑的动作。我们已拥有各种各样的船只,但并没有使我们停止游泳。

我们对动作的渴望一如既往,从未有所减弱。即使是城市居民,不管他受抽象思维和人工产品的影响多深,仍然以古老的方式寻求欢乐。他吃喝和做爱,他去参加聚会,在那里他可以张嘴大笑、摇头晃脑和伸手拥抱。在假期中,他驾车去树林、山区或海滨,并呆上整整几个星期,因为在那里他可以散步、登山或游泳,以这种简单的肢体活动重温往日的动物生活。

客观看来,一个人坐飞机飞越几千里,花几万块钱跑到海边去潜水摸贝壳,或者一个人一整天玩着电脑,或者整个晚上都用来玩飞镖、在舞厅里跳舞,或者和几个朋友一起开怀畅饮,这不免有点荒唐可笑。但这恰恰是人们时常所为。毫无疑问,这是因为他们有不可抑制的需要,要以简单的肢体活动来表现他们自己。

那么,这些活动以什么形式进行,每个人又是怎样获得它们的呢?人类行为并不是杂乱无章的,它分为一长列相互独立的片断事件。每一个事件,譬如吃饭、看戏、洗澡或者做爱,都有其自身的规律和节奏。我们从生到死,可能要经历几十万次这样的事件。每一次事件又可细分为若干种独特的动作。这些动作从根本上说是以"姿势——运动——姿势——运动"这样一种顺序依次做出的。我们所采用的大多数姿势和所做的大多数动作,可能已经出现过几千次。它们中的大多数是无意识地、自发地和不经自我分析地做出的。在许多情况下，它们是那样习以为常，那样叫人不知不觉，以至我们自己也不明白它们是怎样做出的。譬如，当人们把两手的手指对叉时，一个大拇指必然在另一个大拇指上面。对于每一个人来说，在做这个动作时总是同一个大拇指在上面，不是左手的一个，就是右手的一个。但若要谁不事先做一下这个动作而说出他究竟习惯于左手拇指在上面还是右手拇指在上面，那几乎是无人做得到的。每个人成年累月地做着固定不变的十指对叉动作而并未意识到这一点。如果他们试图颠倒一下位置，把习惯放在上面的那个拇指放到另一个拇指的下面去，便会觉得自己手的姿势似乎十分古怪而别扭。

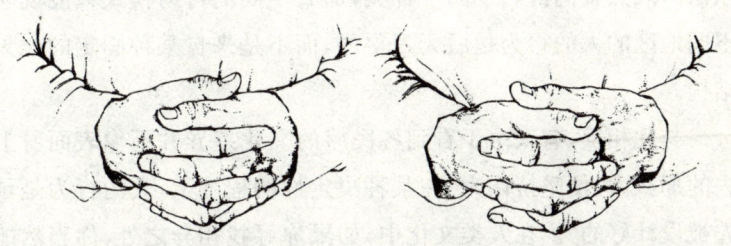

我们通常并不意识到自己动作的确切形式。你每次将十指交叉时总是同一个拇指在上面。但这是哪一个拇指呢？是右手拇指还是左手拇指？对此，绝大多数人都不可能有把握地说出，除非做一下。

这仅仅是一个小小的例子，事实上成年人做出的每一个身体动作几乎都有其独特的固定模式。这些固定动作模式就是行为的基本单位，因此也是观察者所要着重注意的对象。他观察它们的表现形式、出现时的背景以及它们所传达的信息。他还要追问它们最初是怎样形成的。它们是与生俱来、先于经验的吗？它们是随个人年龄的增长而在生活和挫折中养成的吗？它们是从别人那里无意识地模仿来的吗？或者，它们是通过有意识的训练，根据专门分析观察或者具体指导并经过刻苦学习而获得的？

先天动作
不学自会的动作

　　人最大的天赋是他具有向环境学习的巨大能力。有人认为，由于人具有这一先天能力，其结果会妨碍他获得其他能力。反对意见则认为，恰恰相反，人的行为在极大程度上具有先天模式，我们只有重视这一事实，才能充分理解人的行为。

　　有人由于看到全世界不同的社会表现出截然不同的行为模式，便坚持认为人头脑里的一切均来自学习，没有任何先天遗传的东西。既然我们都属于同一种类，那么不同的行为模式只能说明不同地区的人的行为是后天习得的，而不是来自某种固定的先天结构。

　　与此相反，有人由于看到各民族的文化差异并不像表面看上去那么大，便坚持认为"在某种决定性的程度上，人的行为是预先被设计好的"。在人类文化中，如果你寻找相异之处，你当然能找到；但是如果你寻找相同之处，你同样也能找到不少。不幸的是，人们很自然地倾向于强调文化的相异之处而忽视文化的相同之处。就如一个人到国外去旅游，他不熟悉的东西总是使他留下深刻印象，而许许多多熟悉的东西则每每会被他忽略掉。这种可以理解的偏见过去也一直影响着许多人类学家的考察工作。社会行为方面的一些表面变异现象，被他们误认为本质区别。

　　这是两种相互对立的观点。我们在有生之年确实要学许多东西，对此无人会表示异议，因而争论的焦点势必就集中到那些被称为先天具有的特殊动作上来了。

　　先天动作是怎样产生的呢？从根本上说，人脑和计算机颇为

动　作

　　世界各地的人在打招呼时都会做出一种快速闪动眉毛的动作,即眉毛往上一抬,随即又放下。尽管我们还不能最后确证,但这种脸部动作的全球普遍性强烈地暗示着,它可能是先天的。

相像,也具有预定程序,对于不同的刺激会作出不同的反应。刺激"输入"引起反应"输出"而不需要任何经验前提——它是预定的,只要一遇到刺激马上就会顺利地运转。

　　这方面典型的事例是新生儿的吸奶动作,只要他的嘴一碰到母亲的乳头,马上就会作出反应。婴儿的反应看来大多属于这一类——毫无疑问,这对他的生存来说是至关重要的。他没有时间学习,但是,后来出现的那些动作又怎么样呢?因为那时他已经有了很充裕的学习时间。譬如,微笑和皱眉。这些动作是从母亲那里模仿来的,还是天生的呢?对此,只有用一个从未见过自己母亲的婴儿作为例子才能回答。如果我们观察一些天生又盲又聋的孩子,便会发现他们在日常生活中的某些时刻确实也会微笑和皱眉。尽管不可能听到别人的哭声,他们同样会哭。

由此看来，这些动作同样是先天的。但是成年人的行为模式又怎么样呢？这里，即使是盲人和聋子也无助于问题的解决，因为在这个阶段他们很可能已经学会通过特殊的触摸方式或者手语和他人接触，已经太聪明，知道得太多了。他们很可能已经学会用自己的手抚摸他人的脸以感受他人的表情，所以他们已不能再作为证据以证明成年人也有先天动作。

要证明成年人的某个动作是先天的，唯一的方法就是使人相信，这个动作在文化背景各各不同的各种人类社会中都会出现。在任何地方，任何人，当他们愤怒时都会跺脚吗？当他们极度仇恨时都会咬牙切齿吗？当他们和朋友打招呼时都会快速地扬扬眉毛吗？有些勇敢无畏的研究人员曾深入到世界各地的偏远地区去进行调查，试图在这方面找到答案。他们最后证实，即使过去从未跟白人有过任何接触的亚马逊印第安人，也确实会做出许多和我们白人一模一样的小动作。然而，这确实就证明这些动作是先天的吗？如果偏远地区的土著在打招呼时也像我们一样扬起眉毛，其他任何地区的人也一样，那么我们是不是就可以确信，这种反应必然是在我们出生前就"植入"我们的头脑中的呢？

回答是，我们无法肯定。说我们不可能全都学会以同样的方式做出行为，其理由并不存在，尽管某些动作有其特殊性。然而人类全都以同样方式做出行为看起来也是不太可能的，但又不能断然否定，所以到目前为止，人们仍倾向于不作定论。除非我们能像读一本书那样完全了解人类行为基因——可惜现代遗传学离这种理想境界还十分遥远；否则，关于某一动作是否属于先天的问题永远是争论不清的。即使通过一次环球调查，揭示出某个动作并不是全球性的，我们同样不能断定这个动作不是先天的，因为一种真正的先天动作很可能会受到不同文化的影响而变得表面上看来似乎是地方性的。所以，不管从哪一方面说，问题仍然悬而未决。

以僧侣和武器为例，可以把问题说得更清楚。僧侣是没有性生活的，但没有人会仅仅因为有某些群体的成员没有性行为也能生活，就认为性行为是非生物性的，是世界其余部分人们的文化产物。反之，地球上各种文化的社会都使用这样那样的武器，这也丝毫不能说明使用武器是人类的先天行为模式。我们说，僧侣的先天性冲动是被人为地压制的，而使用武器则是人类习得的行为方式，并且因其古老而早已遍及全世界。

总之，除非遗传学研究获得巨大进展，否则我们只能把那些没有先天经验便能做出的举动，即新生儿或者天生失明的儿童的举动，断定为先天动作。这种严格的限制无疑大大缩小了先天动作的范围，但在目前的知识阶段，这是不可避免的。

虽说如此，如果就此以为研究人类动物性的动物学家已经作出结论，说遗传构造仅通过婴儿以及其他少数的几种途径影响人类的行为，那就错了。恰恰相反，一般的看法是人类像其他动物一样具有多种先天行为模式。任何一个研究过包括人类在内的灵长目动物的人都会有此感觉。但感觉不是结论，并且，在目前阶段，由于无法获得有关成年人行为的科学证据或者反证，要想深入探讨问题似乎是很困难的。

以上是现在绝大多数动物学家认可的看法，但令人悲哀的是，关于先天和习得问题的争论并未在科学领域里持续下去——它逃避到政治投机的领域里去了。坚持认为人具有强烈的先天倾向并加以歪曲，是对其最初的滥用。根据政治需要特别强调这些倾向，很容易使其变得畸形。譬如，人们特别强调人性中的侵略性。他们的意思似乎是，既然人类具有一种主动进攻的先天倾向，那么好战行为就是很自然的，是可以接受和不可避免的。既然人先天注定要去进行战斗，那么他就必须战斗，所以我们理应昂起头去进行战争。

任何一个研究过动物侵略性及其形成过程的人,一眼便能看出这种观点的荒谬。确实,动物之间会发生打斗,但它们并不进行战争。它们的打斗是以个体作为基础的,不是为了确定自己在群体中的优越地位,就是为了保卫自己的活动领地。在这两种情况下,身体搏斗往往减缩到最低程度,争执几乎总是通过示威,通过威胁和反威胁加以解决的。它们这样做自有其道理。在爪牙交错的格斗中,最终得胜的一方往往和失败的一方受到同样严重的伤害,而这是野生动物负担不起的代价。所以,它们宁愿采用其他变通方法来解决争议。只有在某些极端情况下,这种有效方式才会被打破,争斗才随之变得激烈而血腥。群体内发生了等级混乱,"发号施令者"太多,个体间的上下关系紊乱,争斗持续不断。在领地拥挤的情况下,每个个体都想侵入他者的领地,但即使在这时,它们也往往只是守住自己的领地而已。当主人徒劳无益地力图肃清领地内的入侵者时,争斗则再次变得狂暴。

回头来谈人类的情况。显然,即使人先天具有侵略欲望,这也很难成为现代战争的理由。它也许有助于我们理解为什么当我们发怒时会涨红脸、大声喊叫并相互挥动拳头,但不可能用来解释那些专横的好战者轰炸城市和对友好邻邦进行大规模入侵的行为。人具有我们在其他灵长目动物身上看到的那种特殊的、有限的侵略欲望,这很可能。如果我们不像其他哺乳类动物一样,在受到攻击时不会本能地保护自己或者自己的后代,如果我们在充满竞争的社会环境中缺乏某种程度的冲动,那倒怪了。但是,自我保护或自我奋斗是一回事,集体大屠杀则完全是另一回事。20世纪暴力行为的野蛮程度,只有动物群体到了空间极端拥挤时所发生的那种血腥争斗才能与之相比。换句话说,人类暴力的各种极端表现,虽然表面上看来似乎并非由外界引起,而是出于某种内在的、先天的杀戮冲动,但事实上很可能是由最常见的、非自然生存状态所引起的。

　　这种影响可能比较间接。譬如,动物生存空间过于拥挤的一种后果是双亲对幼辈照顾的减少,幼小动物得不到通常的关爱。人类生活也同样如此,过多的人口导致年幼儿童遭受虐待,其结果是往后的暴力报复。这种报复不会直接针对造成这种情况的父母,因为到那时他们已经衰老或者已经死亡。它会转向父母替代者。针对这些父母替代者的暴力行为表面看来似乎是毫无道理的,但正因为这样,人们每每将这种无端攻击他人的行为称之为"野蛮的动物性——无缘无故的野兽行径"。尽管没人弄得清楚,动物何以会背上这口黑锅,或者动物为何会无缘无故地主动攻击他者,但其中的暗示是足够明显的。胡作非为的狂暴之徒被人们描绘成是受了原始的、先天的冲动驱使,才攻击同类并企图杀死他们的。法官们一再把杀人凶手和行凶抢劫者形容为"野蛮的动物",殊不知这恰恰在维护一种谬见,即似乎人生来是狂暴的,似乎只要人压制住自己的自然倾向,便会成为一名有用的、合作的社会成员。

　　具有讽刺意味的是,最有可能促成现代战争之野蛮性的先天因素是人类强烈的合作倾向。这是从远古狩猎时代遗传下来的习性,因为在那时人类不得不进行合作,否则就会饿死。合作是有希望打败大型肉食动物的唯一手段。现代独裁者所做的,就是利用人的这种顽固忠于群体的精神,使群体发展成一支全副武装的军队。通过把人合乎自然的互助性变为不分是非的愚忠,现代独裁者便可以轻而易举地驱使他们去杀人,并且使他们相信这并非天生的野蛮行为,而是值得赞美的保护同胞的行动。如果我们的祖先没有变得那样由衷地愿意合作,那么,今天要想组织一支军队并把它作为正式的武装力量送上战场,也许就不会这样容易了。

否定了人是天生的杀手，以及人不管在什么时候都希望争斗的观点之后，现在我们必须再看一看关于先天和习得问题的争论的另一面。因为反过来宣称人的一切都是习得的，没有任何东西属于先天遗传，这样的观点也具有潜在的危险性。有些言论，譬如最近有人认为"一个人所做的每一件事无一不是从别人那里学来的"，这与认为人是"天生杀人者"一样，在政治上是危险的。这些论点会给独裁者们造成这样一种印象，即社会似乎可以按照其意愿塑造，从而容易滋养他们的极权主义的权力贪欲。一个青年的生活仅仅被看作是一张空白的纸，在这张纸上国家可以按需要画上任何一幅画。所以，说人的行为模式丝毫不受先天影响，从动物学角度来看，简直是奇谈怪论，简直会使人怀疑那些敢于公开持这种观点的科学家的真实动机。

看来可能性较大的真实情况是，人仍然拥有具广泛价值的先天行为模式，因而独裁者们迟早会发现，社会组织的极端形式最终会遭到抵制。在短期内，他们可能——或者已经——用他们的极端理论控制住为数众多的人，但这不可能长久。随着时间的推移，人们会幡然醒悟，或者会通过缓慢的变化而渐渐恢复到一种更符合他们动物秉性的日常生活形式。20世纪的人类日常社会交往与史前社会的人类交往是否截然不同，这一点颇值怀疑。倘若我们可以反转时间机器而回到远古穴居时代，我们肯定会听到和今天一样的笑声，看到和今天一样的表情，观察到和今天一样的争吵、恋爱，以及生儿育女和亲密合作等行为。我们今天也许在抽象思维和人工产品方面已经很发达，但是我们的欲望和动作也许根本就没有变过。

我们应该认真检讨一下这样的神话，即说我们的穴居祖先是些笨嘴笨舌、狂暴易怒而整天只能挥舞木棒的粗汉。我们对猿类和人类行为了解得越多，这样的神话也就越显得只是道德家的蓄意胡诌。如果我们的友善行为和相亲相爱的行为是天生的，那么，毫无疑问，道德家就无事可做了。因为道德家特别偏爱做的事情，无非就是"培养"社会上的良好行为。

人工产品和技术进步是另外一个问题。它带给我们许多好处。但是，值得记住的是，可以用技术进步加以缓和的社会紧张、环境污染以及多种麻烦本身就是技术进步造成的。

只要仔细观察便能看到，技术通常总是用来为我们的这种或者那种自古就有的行为模式服务的。譬如，电视机是一种令人惊叹的人工产品，但是我们在电视屏幕上看到的是什么呢？绝大多数无非是吵架、恋爱、父母之爱以及其他种种自古就有的人类行为的摹本。这时，我们虽然坐在电视机前的椅子上，但仍是一个行动着的人，只不过是以间接的方式罢了。

经发现的动作
自行发现的动作

如果说，对某一动作是否属于先天尚无定论的话，那么，说我们的身体结构是先天遗传的，则不会有什么疑问。我们不可能通过学习得到一只手臂或者一条腿，就像我们通过学习学会一个打招呼动作或者一个踢腿动作那样。拳击冠军和瘫痪病人的肌肉分布情况是完全一样的。在拳击冠军身上，肌肉得到较好的锻炼而特别发达，但不管怎样，它们仍然只是原来的肌肉而已。在生活中，环境不可能改变人的基本身体构造，除非遇到像受伤残废或者外科手术等极端情况。这就是说，我们每个人先天具有基本相同的手、臂和腿。既然如此，生活于不同文化环境中的人就极有可能以大体相同的方式，做出像双臂抱胸或者双腿交叉等动作。

换句话说，当我们观察到一个新几内亚土著的抱臂动作和一

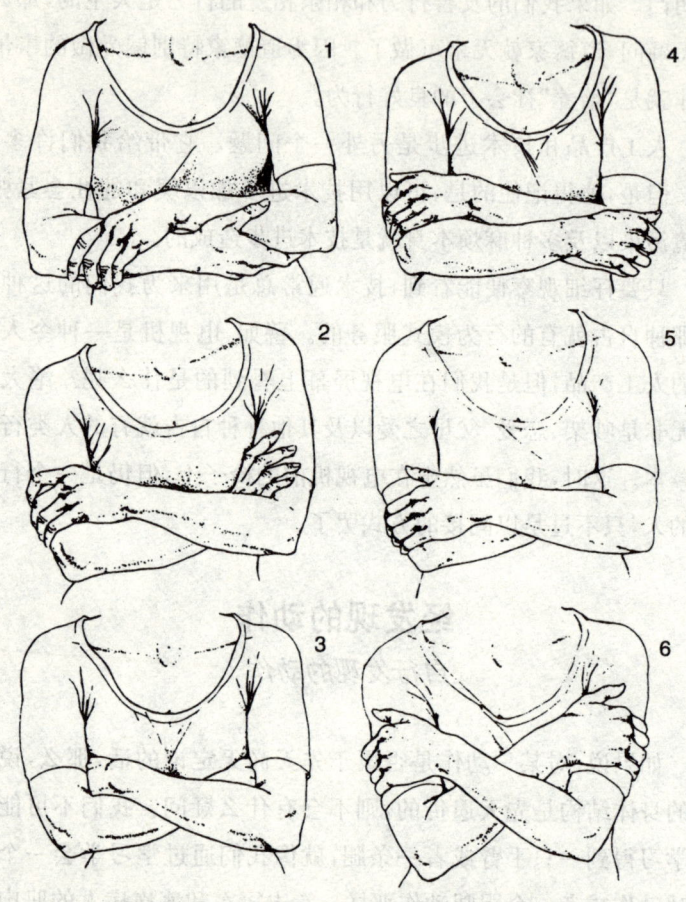

抱臂属于发现动作。这种动作在各种文化之间并没有表现出重大变化，但在个人之间却有细微的差异。这是因为它不是从他人那里习得的，而是由个人自己不经意地发现的。你是如何抱臂的？你或许是左臂在上面，或许是右臂在上面，若要你换过来，你可能会觉得很不自然。这里是几种基本的抱臂动作，每一种都有其对应的形式。（1）前臂和前臂抱合。（2）对握上臂抱合。（3）双臂抱胸。（4）握上臂加握肘抱合。（5）握上臂加抱胸抱合。（6）对握上臂高位抱合。

个德国银行家或者一个西藏牧民的抱臂动作完全一样时，我们并非在观察一种真正的先天动作，而是在观察一种经发现的动作。

土著、银行家和牧民,他们每个人先天具有两条构造相同的手臂。在他们生活中的某个阶段,通过个人的摸索,他们各自发现了把自己的双臂抱在胸前的可能性。由此可见,先天遗传的是手臂,而不是动作。然而,既然有了这样的手臂,就几乎不可避免地会做出抱臂动作,甚至无须模仿他人。这种情况可以说是半先天性的;这更多是一种经由人体构造而基于某种"遗传迹象"的动作,而非直接来自遗传本能。

经发现的动作是在我们漫长的成长过程中,随着我们对自己身体的了解而无意识获得的。我们甚至都不知道它是何时出现在我们的童年生活中的,而在大多数情况下,我们无法确知怎样做出这种动作。抱臂时哪条手臂总是放在上面?或者,讲话时手通常朝哪一边挥动?

许多经发现的动作极其普遍,很容易被人误认为是先天动作,而许多关于先天行为和习得行为的不必要的争论也就是由此引起的。

习得的动作
不知不觉从同伴那里习得的动作

习得的动作即那些无意识模仿他人的动作。就像经发现的动作一样,我们不知道自己最初是如何或者何时习得这种动作的。但是,和经发现的动作不一样,习得的动作会因群体、文化和民族的不同而发生变异。

作为一个物种,我们具有很强的模仿能力。一个人如果不受社会上典型的行为模式的感染,要想健康地成长和在社会上生存是不可能的。我们的行走和站立动作、嬉笑和扮鬼脸的样子,无一不受这种影响。

有许多动作之所以做出，仅仅是因为我们在同伴的行为中看到了它们。要想在自己的行为中分辨出这样的动作，则很困难，因为习得的过程如此微妙，你几乎不可能察觉到它的发生，但是在社会上某些人的行为中却很容易窥察到。

譬如，同性恋男子在他们的圈子里会做出某些特殊动作。一个打算进入这个圈子的中学生不会做这些动作，因为他的公开行为方式还和他的同学们相差无几。但是，一旦当他加入了一个成年人同性恋团体，他马上就会接受他们那些与众不同的行为模式。他的手腕动作会发生变化，他的行走和站立动作也同样如此。他的颈部动作会变得很做作，时不时地把头甩来甩去。他经常会把嘴唇翘起来，舌头老是伸到外面并不停地转动。

有人会说，这样的男子是有意使自己的行为更女性化，但他的动作并不是真正的女性动作。它们也不是从女子那里模仿来的，而是从其他同性恋男子那里无意识习得的。这些动作在同性恋男子的圈子里传来传去。最初，它们可以是对女性动作的模仿，但是当它们在某个同性恋团体内固定下来，便失去了女性动作的典型意义，加上在男子之间传来传去，变化也就越来越大，最后形成了它们自己的特点。在许多情况下，这些动作的特点是如此明显，以至于一个真正的女子只要准确地加以仿效，也能使人分明看出她所做的并不是女性动作，而是在学一个男同性恋者的样子。

当然，并不是所有同性恋男子都采用这些矫揉造作的动作。许多人觉得没有必要以这种方式作自我展示。请注意如果一个喜剧演员想要嘲笑同性恋者的表现，他便会学他们的样子，柔柔地扭动肢体、甩甩头、努努嘴等等，而严肃的演员，在表现他们时则会减少或者根本不做这些动作，这一点很重要。看来，令异性恋者不可容忍的与其说是同性恋行为，不如说是同性恋者的那种腔调，而这充分说明了我们对所谓"小节"的强烈反应。

从自己的同伴那里习得动作，这种倾向并不仅仅表现在人身上。对猴类和猿类的多种考察研究表明，它们也具有类似的倾向。在某个地区的动物群中可以观察到的动作，在另一个地区的同类动物中则观察不到，这表明这些动作是在特定的群体内通过对某些具有创造性个体的模仿而习得的。

不论在猴类还是在人类中间，显然，个体所拥有的地位是很重要的。地位越高，他或她的行为就越容易被模仿。在我们社会中，人们的模仿对象绝大多数是他们所崇拜的人。这种情况在人们的直接交往中表现得最为明显，但通过大众媒介，我们也从那些素不相识的名人、公众人物和明星那里习得某些动作。

最近的例子是在某些青年中流行"随地躺倒"的休息姿势。在过去十年中，休息时摊手摊脚已成了一种时尚。像许多姿势变化一样，这也应该归因于服装的变化。男子往常所穿的那种干净笔挺的裤子在20世纪60年代渐渐消失了，取而代之的是蓝色的牛仔裤。这种裤子最初是美国牛仔为了骑马而特地缝制的，多年来一直被认为仅仅适用于作工作服。后来，那些有地位受人崇拜的加利福尼亚男子把它当作日常穿着。于是，整个美国和欧洲的许多男女青年马上学他们的样，穿上了这种裤子，而随着这股潮流，随地躺倒的姿势也就出现了。这些青年不再按传统坐在该坐的地方，而是随地乱坐乱躺，不论是房间地板上、楼梯上还是人行道上，躺倒就睡，两条腿在既粗糙又肮脏的地上磨擦也不怕，因为反正穿着又厚又牢的牛仔裤。

如今，每年夏天，在阿姆斯特丹、巴黎和伦敦，人们总可以看见成百人在地上坐着，躺着，他们的姿势和他们的前辈截然不同。这种变化最初出现在20世纪60年代的露天通俗音乐会上，在那里，人们整日不是坐在地上就是躺在地上，谁也没有想到去找些可以坐坐的东西。

然而，事情并未停留在几条牛仔裤上，时风的变化也不限于着装方面。一种更为深刻的变化——哲学上的变化，正影响着青年的行为举止。他们已养成了一种开放的、闲散的思想方式，反映在行为上，规规矩矩、一板一眼的动作就相应减少了。对于年长的人来说，随着这种变化而来的姿势和动作显得不成体统，但在一个客观的观察者看来，他们正在形成一种"体统"，而不是"不成体统"。

这种行为方式的改变，其实并不新鲜。几千年来，作家们一直记录着老一代人对年轻人"堕落"行为的沮丧心情。有时，老一代抱怨年轻人太浮华或者太时髦；有时，则抱怨他们太没男子气，或者太粗暴，太鲁莽。在每一种情况下，姿势和动作都以不同的方式发生了变化，而经历迅速的吸收过程，新的动作样式总是像野火似的蔓延开来，风行一时之后又为其他样式所取代。已有迹象表明，现代这种随地躺倒的动作样式又开始发生变化了。但是，谁也无法预言，21世纪的年轻人将会热衷于仿效和吸收怎样的行为方式。

训练动作
必须由人教会的动作

训练动作是通过他人教授或者通过自我观察和实践而习得的动作。一方面，它们是些高难度的体育动作，如腾空翻筋斗、用手掌倒立行走等。这些动作只有专门从事技巧的人经过长时间训练后才能掌握。

另一方面，它们则是一些简单的动作，如眨单眼和握手等。在有些情况下，这些动作几乎可归入习得的动作，但只要仔细观察儿童，就会清楚地看到，成年人自然而然做出的动作，儿童必须有意识地加以学习才会做出。譬如,握手对于成年人来说是很自然的,但对于年幼的儿童来说则似乎很讨厌,很别扭。他们一开始通常得由成年人哄着才会伸出手来,然后才会学着成年人的样子做出合格的握手动作。观察一个儿童第一次学做眨单眼动作,可以给我们另一个生动的提示,某些显然很简单的动作,对儿童来说却是那样难于掌握。事实上,有些人直到成年仍未学会做眨单眼动作,这在一个时常做这个动作的人看来也许有点不可思议。

此外,还有一些比较复杂的小技巧也属此类,如弹手指、吹口哨以及其他一些小动作。

在以往很长的一段时期中,有人费尽心思地教授"演说手势",尽管事实上很少有人需要这类指导,但人类对于训练的热情尽显于此。

混合动作
经由多种方式获得的动作

以上,我们谈到了四种获得动作的方式,即先天的、个人发现的、从社会习得的和有意训练的。但是,虽然在这四种相应的动作之间作了区分,我却不希望给人这样的印象,似乎这四种动作是截然分开的。事实上,成年人的许多动作并非仅受到其中一个方面的影响。

举例来说,先天动作常会因社会压力而发生戏剧性的变化。譬如,婴儿的啼哭,到了成年期,由于各地文化的影响,会变成无声的流泪、低抑的抽泣、歇斯底里的干嚎和悲切的恸哭等多种形式。

同样,发现动作也时常受社会风尚的无意识熏陶而大大变形。譬如,两腿交叉而坐,作为一种舒适的惯常动作,可能是由个人自行发现的,但是两腿交叉的精确形式则显然会受到不成文的社会习俗的影响。随着儿童长大成人,他们会不知不觉地像和他们有着相同性别、阶层、年龄和文化的社会成员一样交叉自己的双腿。

这种变化的发生几乎察觉不到。即使觉察到了,很可能也不会被人分析或者理解。某个社会阶层的成员和其他阶层成员在一起时,可能会感到一种莫名其妙的不舒服,原因就在于其他社会阶层成员的动作、姿态和手势使他感到陌生。差异可能很小,但仍会被觉察到。某个阶层的成员可能会认为其他阶层成员懒惰、女人气或者粗鲁。问他为什么这样认为,他会回答说:"你只要看看他们那样子!"这里,很可能是他无意识地误解了他们的动作。

关于叉腿的例子再谈几句。据说,有些美国男子认为欧洲男子有点女人气。分析表明,他们这种看法其实和欧洲男子的性行为无关,而是由于他们看到欧洲男子坐着的时候习惯把一条腿叠在另一条腿的膝盖上。在欧洲人看来,这是一个可以熟视无睹的惯常动作,一种极为自然的坐姿。而在美国男子的眼中,这个动作却显得女人气,因为在美国,这种动作更多是其女性伙伴而非男性伙伴做的。美国男子如果想交叉双腿的话,则往往喜欢把一条腿的足踝架在另一条腿的膝盖上。

对于上述观察,一种有力的反对意见是,许多欧洲男子也时常采用踝架膝姿势,而美国男子,尤其是来自大城市的男子,有时坐着也把一条腿叠在另一条腿的膝盖上。确实如此,但它只是在强调人们对同伴行为的无意识反应有多么敏感。差异仅仅是程度上的。较多的欧洲男子采用这种姿势，而较多的美国男子则采用那种姿势。然而，即使这种程度上的差异也足以使一个美国男子明显地感觉到欧洲男子有点女人气。

除了这种无意识的变化之外，还存在许多有意识的影响。这方面的许多有趣例子可以从过去的礼仪书，尤其是维多利亚时代的礼仪书里找到。当时对年轻人在社交场合的行为举止作了严格的规定，即使像哭这样一种先天动作，也无情地要求完全加以压制。强烈的感情一概不可显露：隐藏你的感情，切勿让它流露出来。

如果一个维多利亚时代的年轻女子遇到了一件不幸的事，她很可能会把自己想痛哭一场的先天冲动变为几声低低的抽泣。这不仅是因为她无意识地受到了同时代的"有教养女子"的影响，同时也是因为她有意识地严守着某种行为规范。一般说来，这两方面的因素是同时存在的，而其结果是产生了一种先天、习得和训练混合的动作。

再来看看两腿交叉，情况也同样如此。一个维多利亚时代的少女，从小就受到谆谆告诫："一个有教养的女子不该两腿交叉。"在20世纪初，这种规矩虽然已经有了松动，但也仅仅是在非正式的私下场合，在稍微正式的场合，少女们仍然被告诫尽量避免把双腿交叉在一起。如果她们觉得非这样做不可，那么也只能严格地采用某种谨慎的动作形式，也就是说可以把两腿的足踝交叉起来，但不能双膝交叉。

到了20世纪后半叶，在社会行为发生革命性变化的情况下，像这样的事情大概可以被看作是古代历史了。既然在伦敦的舞台上都可以看到一个赤身裸体的年轻男子在为一个赤身裸体的年轻女子梳理阴毛，那么，毫无疑问，有些人便会认为，关于两腿交叉的标准问题不就成了曾祖母们关心的事情了吗？然而,任何一个人类行为的实地考察者对此都会作出断然否定的回答。今天,这种清规戒律不仅仍然存在于我们中间,而且,甚至为那些思想最开放的个人所遵守。这完全是一个在什么场合的问题。那个在舞台上让人为她梳理阴毛的女演员一旦穿上衣服,坐到电视讨论节目的录音室里,你马上就会发现她完全遵守着合乎礼仪的叉腿标准。如果在某次义演中遇到了女王,同样是这个女子,她马上会遵守中世纪的标准礼节,向女王行古老的屈膝礼。

所以,我们不要被那种要进行彻底的文化革命的叫喊所迷惑。古老的行为模式极少灭绝,它们仅仅在某些场合消失而已。它们缩小了自己的社会地盘,但它们总能以某种方式在某些地方存留下去。

它们是如此顽固,以至直到今日我们仍会做出这样的手势:当我们伸出拇指指向地面时,好像我们就是古代罗马人,对想象中的角斗士不表宽恕;或者不经意地和人打招呼时,会脱一下想象中的帽子,好像我们依然戴着古代的帽子。

我们也许已不再知晓今天我们所做的许多动作的原始含义,但是依然不断做着这些动作,因为人们就是这样教我们的。教师经常告诉我们的不过是做什么样的动作才合礼貌,才是"好事情"或正确的举动,但他从不说为什么要这样做。如果我们问他,他也不知道。我们就这样学会了动作,亦步亦趋地重复着这些动作,然后又去教其他人,而后者对动作的原意仍然一无所知。

因此,许多动作的早期历史便渐渐湮没了,但这并不妨碍新的一代继续袭用它们。它们代代相传,后来,不是通过正式的教授,而是因为看到其他人这样做,于是我们也不假思索地学着做了。这样的动作就是某种特殊的混合动作——它们是在历史上被混合的。它们一开始是合乎某些礼仪规则的训练动作(譬如,作为正式鞠躬礼的一个部分的中世纪脱帽动作),后来,它们渐渐地简化了(譬如,把一只手举到太阳穴旁边的现代军礼),最后,它们日趋随便,演化为日常所见的种种同化动作(譬如,把一只手举到耳边的致意动作)。所以,当我们从历史沿革过程中观察这些动作时,便会发现它们都属混合动作,虽然从某个历史点上看,未必能得出这样的结论。

姿　势

　　姿势就是向旁观者发出视觉信号的动作。一个动作要成为一种姿势，必须被其他人看到，必须向他们传送某种信息。这一动作的做出，有可能是因为做姿势的人一开始就有意要发出某种信号，如某人挥动手臂，也可能仅仅是出于无意，如某人打了个喷嚏。挥手是一种原生姿势，因为它除了自身的意义之外不存在其他功能。它自始至终是一种信号。相反，打喷嚏则是一种派生的或者说从属的姿势。它的首要功能是机械性的，与打喷嚏者个人和呼吸问题有关。然而，由于它具有派生作用，势必会使别人获得某种信息，使他们警觉到这个打喷嚏的人可能患了感冒。

　　大多数人倾向于在使用"姿势"一词时仅仅指那种原生形式——即挥手之类，但这样做却忽略了很重要的一点。做姿势最重要的并不是我们本意要传递何种信号,而是别人接受到的是怎样的信号。看到我们动作的人并不会在原生姿势和从属姿势之间作出严格区分。从某种意义上说,从属姿势反而更容易引起注意,所以我们不应该把它们一概排斥在讨论范围之外,而我之所以倾向于使用"姿势"一词的广义——指任何"被看到的动作"——其中的原因也就在于此。

区别从属姿势和原生姿势的一种简易方法是问这样一个问题:在我独处的时候,会不会做这个动作? 如果不会,那么它就是原生姿势。我们独处的时候绝不会挥手、眨眨眼或者指指点点;绝对不会,除非我们处于非正常状态,才会这样手舞足蹈地自说自话。

从属姿势
带有派生信息的机械性动作

我们的许多动作从根本上说是非社交性的,它们仅仅与个人的身体健康或者身体活动有关。我们做各种各样抓、擦、抹等动作以清洗或梳理自己;我们咳嗽、打呵欠和搔痒;我们吃和喝;我们用手托着头休息、环抱双臂和交叉两腿;我们在不同的地方坐、站和倚;我们用不同的速度和方式爬行、步行和奔跑。尽管这些事情是为我们自身而做的,但在做这些事情的时候不可能旁边永远没有他人。旁人会从这些"个人"动作中了解我们——他们不仅了解到我们搔搔身体的某一部分是因为那里在发痒或者我们急匆匆地奔跑是因为生怕迟到,而且可以从我们的动作方式中了解到我们的个性和当下的情绪。

有时,在这种情况下无意识传出的情绪信号,倘若让我们停下来思考一下的话,我们是宁愿把它遮蔽起来的。我们偶尔会意识到自己正在作"情绪扩散"和"个性展示",这时我们便会尽力地控制自己。但是,我们并不经常这样,于是信息便大量传了出去。

譬如,一个中学生在听一次冗长乏味的讲演时,如果用手托着头,那么他的这一动作既是机械性的,又是示意性的。作为一种机械性动作,它仅仅是用手支撑住疲倦的头,是一个仅仅和这个学生自身有关的身体动作。但是,与此同时,作为一种示意性动作它又必然会向周围的人,或许还向讲演者本人,传送出视觉信号,使他们得知他感到很乏味。

就这种情况而言,他的姿势并不是有意做出的,也许他连自己正在向外发出信号这一点都不知晓。如果有人提醒他,他会说他一点也不觉得乏味,而仅仅是有点疲倦。如果他很诚实,或者很直率,他便会承认,只要注意力被吸引就很容易消除疲倦感,一个真正能吸引人的讲演者,从来用不着担心,会在听众中间看到像他这样萎靡不振地用手托着头的人。

在课堂上,一个对学生大声吆喝"坐端正"的教师总是要求那种注意力集中的姿势,以表明他的课正在引起普遍的兴趣。这充分说明姿势信号的巨大作用:当教师看到学生坐得毕端毕正时,他就感到他们在"注意听讲",尽管他心中完全明白,学生们的精神是被迫振作的,并非真的对他的课感兴趣。

许多从属姿势发出的情绪信息,不仅发出者本人没有意识到,甚至连旁人也不是有意识觉察到的。这就好像在我们的社会交往的表面现象后面有一个隐秘的通讯系统在发生作用。我们做出一个动作,这个动作被别人看到,它的含义被读懂,但并不大声宣讲出来。我们往往会"感觉"到某种情绪,但并不对它作具体的分析。有时,一个这种类型的动作会成为某种特殊境况的代表而且逐渐被我们认同。譬如,当我们说到某种麻烦的事情时,我们会说:"这下可要让他搔头皮了!"这表明我们已认识到在窘困与搔头皮这个从属姿势之间存在着联系。尽管如此,这种联系大多数是在意识层次之下发生作用的,甚至会完全被我们忽略。

在联系比较明显的情况下,我们当然可能通过人为的方式利用从属姿势来影响事态。假如一个学生在听演讲时并不感到疲倦,但他想侮辱一下演讲者,他便会有意识地采用一种无精打采的姿势,并且知道这一姿势的含义会被全场的人所理解。这是一种形式化的从属姿势——一种被人为地用来作为纯信号的机械性动作。一般的"礼貌动作"中有许多也属于此类。譬如,当我们作客时,主人要招待我们吃饭而我们并不饿或者不喜欢他的饭菜,这时我们只要适当地发出一点客气的信号,主人马上就会明白而不再勉强我们了。对于每一个成长中的儿童来说,要学会更好地适应社会行为准则,用这种方式控制自己的从属姿势是他必须学习的课程之一。

表现姿势
人类和其他动物共有的生物性姿势

原生姿势分为六种主要的类型,其中五种是人类独有的,这应该归因于人类复杂的、高度进化的大脑。例外的一种类型我称之为"表现姿势"。这类姿势不仅为全人类所共有,而且其他一些动物也同样会做出。其中包括在人际交往中不可缺少的一种重要信号——脸部表情。

所有的灵长目动物都有脸部表情。越是高级的物种,脸部肌肉就越趋精巧,从而使脸部能够发出各种各样差异细微的信号。在人身上,这种倾向达到了顶峰,可以说,绝大多数的非语言信号都是由人的脸部发出的。

人的手也很重要,因为它们已经从远古的苦役中解放出来。通过改变手的姿势和动作,人类可以表现出许多微小的情绪变化,尤其在人们面对面的交谈中。我在这里使用的"手势"一词和我们平时所说的"做手势"的含义不同,它仅指人们在社会交往中为了强调语气,双手在讲话的同时无意识做出的动作。

肢体行为>>Peoplewatching

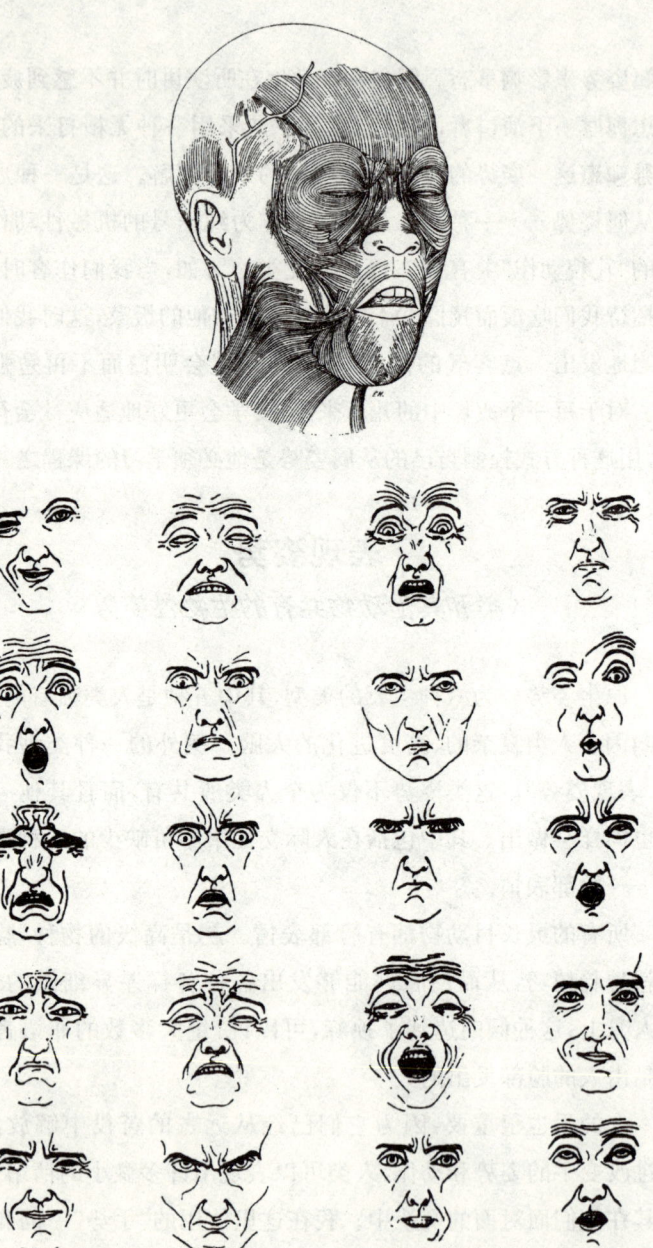

这里罗列的种种表情(下图)来自查尔斯·奥伯特所著的有关哑剧艺术的书中。脸部肌肉图(上图)来自厄内斯特·胡贝所作的一项脸之进化的研究。

姿 势

以上说的这些自然姿势通常是自发性的，在很大程度上是被视作理所当然的。是的，我们说，他做了个鬼脸。但是他的眉毛是朝哪边翘的？我们说不上来。是的，我们说，他讲话时挥动着手臂。但是他的手指是弯着的还是笔直的？我们记不得了。这并不是我们粗心大意。我们全看到了，我们的大脑也把我们所看到的记录下来了。我们不必分析这些动作就能理解它们，就像我们不必拼写出别人说的话就能理解那些话一样。在这方面，它们和前面那种从属姿势很相似，但又有不同，因为在这里没有任何机械性功能——仅仅是信号而已。微笑、嗤鼻、耸肩、噘嘴、大笑、皱眉、挥手、点头，均属此类。这些姿势几乎是全世界每个地方的每个人都会做的，虽然在细节和背景方面可能会因地不同，但从根本上说，它们基本上是我们所共有的动作。我们每个人都有复杂的脸部肌肉，其职能就是供我们做表情；我们每个人都是两腿站地而不用四肢爬行，这样双手便腾了出来，而当我们解释、争吵和说笑话时两手便会在空中舞动。我们失去了可以摇动的大尾巴和戟张的毛发，但我们成功地代之以神奇灵动的脸和挥洒摇舞的双手。

在本源方面，表现姿势和从属姿势有着密切的联系，因为它们都根植于原始的非交往性动作。一个人说话时握紧拳头，其本源是攻击对手时的有意识动作，而一个人发愁时皱眉则可以追溯到原始人在进行面对面搏斗时下意识做出的保护眼睛的动作。但是，区别在于原始的身体动作和它的终极衍变物即表现姿势之间已不存在直接的联系。微笑、噘嘴、皱眉、眨眼、假笑等等表情，就其全部实际目的而言，现在已成了纯粹的姿势，其功能仅仅在于交流感情而已。尽管具有全人类的普遍性，表现姿势不管怎么说在很大程度上是受文化影响的。我们每个人虽然都具有一整套发达的微笑肌肉，但我们并不以完全相同的方式、在相同的场合、对相同的事情发出微笑。譬如，所有的儿童一开始很容易微笑乃至放声大笑，但是某个地区的风俗习惯可能要求一个人成年后必须掩饰自己的感情，其结果是那个地方的成年人在笑的时候可能几乎毫不出声。这些因地而异的"仪表准则"时常造成一种假象，使人把表现姿势误认为是区域性的而不是全人类共有的行为模式。

模仿姿势
通过模仿传递信号的姿势

　　模仿姿势就是尽可能准确地模仿某个人、某件物体或者某种举止。这里，我们已离开动物性遗传而进入到人类独有的领域。模仿姿势的基本性质是，它试图再现某一事物。模仿姿势并无形式化的惯例可拘泥，也就是说，一个成功的模仿姿势可以被一个过去从未见过这种姿势的人所理解。它无需先在的知识，也没有必要设立条分缕析的惯常方法系统。模仿姿势有四种：

　　第一种是社交模仿，或者说"戴上合适的面具"。我们每个人都这样做过。在宴会上，我们一个个笑容可掬，而事实上我们心里可能并不高兴；同样，参加某人的葬礼时，我们的脸色总要比我们的真实感受悲哀得多。这里的原因是人们希望我们这样做，而我们为了取悦他人，也就做出了这样的假姿势。但是，这种情况不应该和心理学家所谓的"角色扮演"相混淆。当我们使用社交模仿时，我们欺骗的仅仅是他人，而当我们进行"角色扮演"时，我们欺骗的不仅是他人，还有我们自己。

　　第二种是戏剧模仿——这是男女演员们的领域，他们为我们的娱乐生活而模仿各种各样的事物。从根本上说，这种模仿包括两方面的技巧。其一是进行模仿前的准备，特别是观察模仿对象的动作。譬如说，某演员扮演一个将军，他便会花大量时间观看军事纪录片，从中他可以分析每一个细小的动作，然后在他自己的表

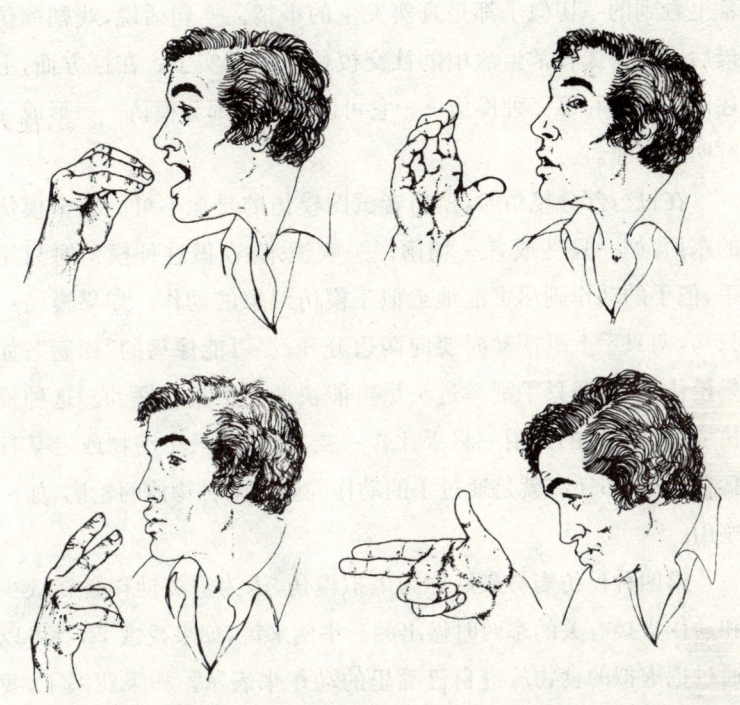

由于模仿姿势旨在模拟或再现真实事物或动作,所以即使是陌生人或外国人通常也能理解。譬如吃东西、喝水、抽烟和开枪的模仿姿势与实际生活中的同类姿势几乎没有区别,只是手里没有具体的东西罢了。

演中将它们再现出来。其二是充分想象和体验人物的心理状态,当他进入这一状态时,他便会无意识地做出合乎人物心理状态的身体动作。

这两种技巧,虽然我们在分析它们的时候是分开的,事实上每个演员在运用它们时则是结合在一起的。过去,动作表现通常是高度风格化的,但是现在,除了哑剧、歌剧和笑剧,其他表演领域已达到了真假难分的惊人程度。过去那种在观剧时主动配合的观众也变成了现在这种在暗处静观的窥视者。演员的旁白不需要了,观众的参与也不需要了。我们不由不充分相信,自己在舞台或银幕上看到的一切似乎都是真实发生的事情。换句话说，戏剧模仿最后已变得像日常生活中的社交模仿一样真实了。在这方面，上述两种模仿和第三种模仿——它可以称之为部分模仿——形成了鲜明的对照。

在进行部分模仿时，模仿者试图模仿的是他不可能完全模仿的东西，如一只鸟或者一场雨。一般说来，在做这种模仿时只用手，但手的动作则尽可能地近似于模仿对象的动作。如果模仿一只鸟，两只手上下摆动时要向两边分开，尽可能像鸟的"翅膀"；如果模仿下雨，两只手则举过头尽可能快地上下直线摆动。这种模仿姿势最常见的是用一只手比作一支"枪"、一只小动物或者某种猛兽的爪子；还有就是通过手的动作勾勒出某种物体的轮廓，如一座山。

第四种模仿姿势最好称为虚拟模仿，因为这类动作是在缺少和动作直接有关的东西时做出的。举例来说，如果我饿了，我可以通过把虚拟的食物放进自己嘴里的动作来表示。如果我渴了，我可以把一只手举到嘴边，做出拿杯子的动作，并假装朝自己的嘴里倒水。

部分模仿和虚拟模仿的重要特征，同社交模仿和戏剧模仿一样，在于力求真实。尽管未必能做到，其目的却在于此。这意味着它们能被普遍地理解。在这方面，它们和下述两种显然具有文化局限性的姿势适成对照。

简要姿势
经过简化或减缩的模仿动作

简要姿势是经过简化或者减缩的模仿姿势。这种姿势力求从动作中抽出某种主要特征，然后单独加以表现。这里，不再有任何要求真实的意图。

由于需要在多种场合迅速地做出一种模仿动作,简要姿势通常作为一种姿势的缩略形式而出现。就像在普通语言中我们将 can not 一词缩成 can't 一样,一个准确地模仿牛的姿势也被缩为简单地向空中伸出两个手指以表示牛的双角。

当一种模仿姿势中的某一因素按这种方式被选择出来加以保留而其他的因素则被缩略或者删去时,这一姿势也许仍有可能很容易理解,但是,如果过于简化,则很可能在那些"不知内情"的人看来会显得毫无意义。所以说,简要姿势有其区域性局限。如果说,原初的模仿姿势是复杂的,包括多种明显的特征,那么不同的区域会选择其中不同的关键特征作为各自的简化形式。这些不同的简化形式一旦在各个区域得到充分确定,那么各地使用这些动作的人就会越来越不愿承认其他区域的形式。区域性姿势逐渐演变为"某一确定"姿势,在交流性姿势方面,很快会发展出类似于语言中发生的某种境况。正如各地区有自己的方言一样,各地也有自己的一套简要姿势。

举例来说,美洲印第安人以这样的姿势表示一匹马:一只手的两指叉开"骑坐"在另一只手的手指上。西斯特教会的僧侣则用稍稍低下头并甩动前额上想象中的鬃毛来表示"马",而英国人倾向于做个马步并拉动想象中的缰绳来表示。在这三种表示同一物的不同姿势中,英国人的姿势比较接近于虚拟模仿,所以很可能被其他两种人所理解,至于另两种姿势呢,则由于高度简化,很可能除了他们圈子里的人,别人谁也无法理解。

然而,有些对象由于具有与众不同而引人注目的特征,即使用简要姿势加以表示,也不大会引起误解。我们上面提到过的牛,就是这方面很好的例子。人们总是用牛的两只角来表示牛,而牛的两只角又总是用两个手指来表现的。事实上,如果一个美洲印第

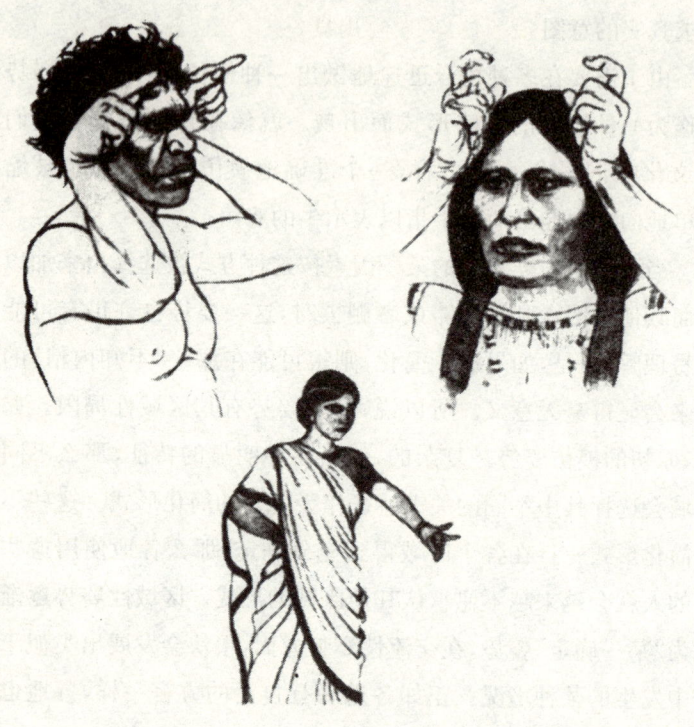

由于简要姿势所表现的是事物的某一特征,而且是形式化地加以表现的,所以对区域性姿势不了解的人永远也不会明白其含义。但是,有些事物的特征过于明显,往往会被世界各地的人不约而同地选中。譬如,表示牛的简要姿势,不论在澳洲土人那里(上左)、印度舞女的表演中(下图)还是美洲印第安人那里(上右)都强调它的两只角。

安人、一个印度舞女和一个澳洲土人聚在一起,他们一定能相互理解各自表示牛的姿势,我们大家对他们各自的姿势也同样都能理解。但是,这并不是说他们的姿势是一模一样的。美洲印第安人表示牛的姿势很可能是在模仿野牛的两个角,是向里弯的,而不像驯养的牛那样是前指的。美洲印第安人的姿势就反映出这一点,他的两手放在太阳穴旁边,两食指向前伸出又向里弯曲。澳洲土人放在太阳穴旁边的两手的食指则是笔直向前的。至于印度舞女,她的手指也是伸直的,但并不是把两手放在太阳穴旁边,而只是把一只手齐胸抬起,再向前伸出食指和小指而已。由此可见,每一种文化都有它自己的动作变体,但是,由于牛的双角是一种那样显著的特征,所以尽管有区域性差异,关于牛的简要姿势在绝大多数文化中还是可以被正确理解的。

象征姿势
表现情绪和观念的姿势

一个象征姿势显示一种在物体和动作方面没有简单对应物的抽象品质。这里,我们已进入到一个远离具体、明确的模仿姿势的阶段。

譬如,你会用怎样的一种无声信号来表示愚蠢?你也许会采用唯妙唯肖的戏剧模仿,做出一副嘴里流着口水的白痴样子来。但是,彻底的白痴相,并不能准确地表现出一个正常成年人偶然的愚蠢行为。你也许会用一个食指敲敲自己的太阳穴,但这个动作也缺乏精确性,因为它同样可以用来表示一个人头脑很聪明。为了把意思表达得更清楚,你也许还会用一个食指在太阳穴旁边打圈圈,以表示"这里有一个螺丝松了"。作为变化形式,你也可能把食指抵在太阳穴上转动,以表示这头脑是团团乱转而不稳定的。

许多人会理解这些"太阳穴-食指"动作,但也有人并不理解。他们可能有自己的区域性表示愚蠢的姿势。这些姿势,同样会使我们感到迷惑不解,如:敲敲一只抬起的手肘、用手在半闭着的眼睛前面上下拍动、把一只手举起来不停地转动,或者把一根食指平贴在前额上,等等。

有些表示愚蠢的信号动作在不同的国家具有完全不同的含义,这又使情况进一步复杂化了。举例来说,在沙特阿拉伯,用食指的前端触摸下睫毛可以表示愚蠢。但是,同样这个动作,在其他一些国家则具有不信任、赞成、定约、怀疑、警告、狡猾、危险或者罪恶等多种意思。造成这种表面意思混乱的原因十分简单：用手碰眼睛，做这一姿势的人无非是要强调眼睛作为视觉器官的重要性。这里传递的信号不外是要表示："是的，我看到了"，或者"我不能相信我的眼睛"，或者"保持敏锐的目光"，或者"我喜欢我所看到的东西"，或者其他你可以想象到的种种视觉信号。就这方面而言，关键在于要了解在某一文化中由这一姿势象征性地表现出来的关于"看"的特定性质。

因此，我们面对着两个和象征姿势有关的基本问题，即：当我们从一种文化转到另一种文化时，我们发现一种意思可能由不同的动作来表示。同时又发现不同的意思也可能由同样的动作来表示。对此，唯一的解决办法只能是对每一种文化抱一视同仁的态度，并且像学习它们各不相同的语言一样学习它们的象征姿势。

在此过程中，如果能在动作和意义之间找到某种固定联系，那当然是有益的。但这并不总是能做到的。在某些情况下，我们甚至都无法了解某些象征姿势是如何产生的。它们具有象征性，因为它们表示某种抽象品质，这一点是清楚的。但是在动作和意义之间的联系最初是怎样建立起来的？关于这一点，在它们远古的历史中再也考证不出来了。这方面，一个很好的例子就是来自意大利的表示戴绿帽子丈夫的动作。这个动作就是做出一对角，不是把两个食指放在太阳穴上，就是把一个食指和一个小指伸出来。这里，手指动作的含义不成什么问题，即表示一头牛的两只角。如果这样，这种动作似乎应该归入简要姿势。但是，它们并不仅仅传递"牛"这样一种信息，而是表示"性背叛"。所以，这是一个象征姿势，而若想解释这一姿势，就必须发现牛和性背叛之间的联系。

从历史上说，这样的联系显然已无处可寻了，所有的仅仅是一些大概的猜测。问题在于"用手做角"这种形式在意大利很普遍，

姿 势

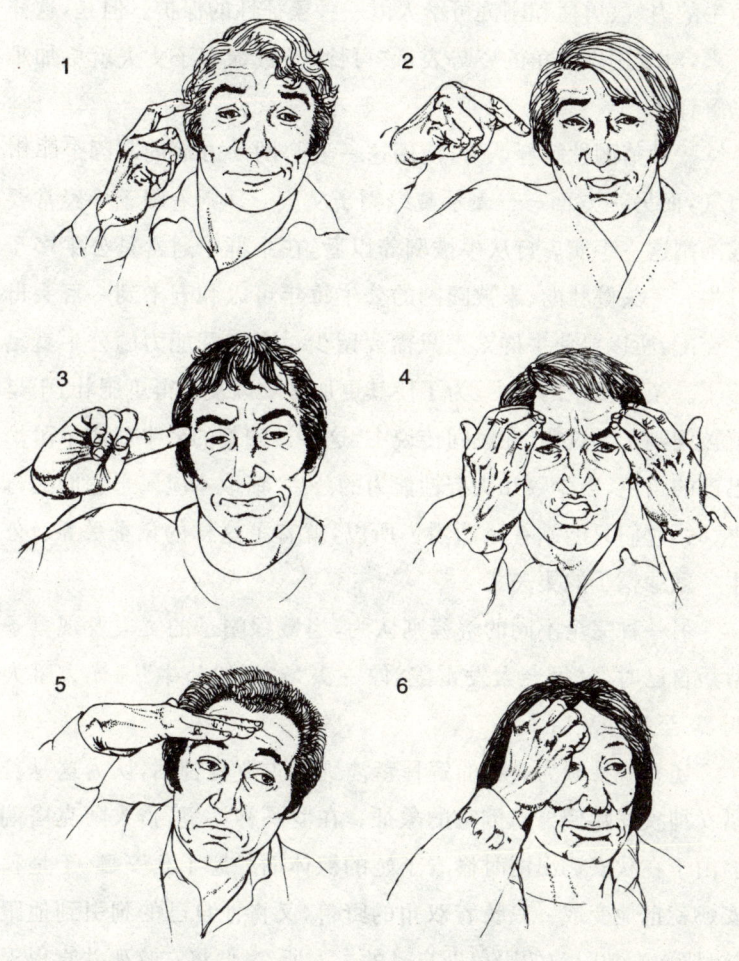

象征姿势往往很难加以解释,因为它们的起源已不可考。但是有一些,如表示"愚蠢"的象征姿势,仍可加以推测。这些姿势虽因地而不同,但几乎总是表示"脑子里什么地方出了毛病"。譬如(从左到右),敲太阳穴、在太阳穴旁旋圈、钻太阳穴、拍前额、扇眉沿和按摩前额。最后这一种仅限于在某些印第安人那里使用,但其他各种在世界各地都很普遍。

而且有着完全不同的含义,虽然它同样用来表示牛角。用手做角本质上说是一种保护动作,以对付想象中的威胁。很清楚,这是因为牛的力气、勇猛和刚健可给人以一种象征性的保护。但是，这样一来，对于用做牛角的姿势表示"可怜的"戴绿帽子丈夫就更加难以解释了。

一种猜测性解释认为，使用这一姿势的一方面的起因是牛有力气，而另一方面——表示戴绿帽子丈夫——则着眼于牛经常要被阉割这一事实。自从牛被驯养以后，在牛群中通常是公牛多于母牛。一头健壮的、未被阉割的公牛每年可以和五十到一百头母牛交配，所以要使牛群繁殖只需要留少量有交配能力的公牛就足够了。至于多余的公牛，为了使其更加驯顺以及长得更肥壮，于是就被阉割了。这样，在民间传说中，这些被阉割的公牛就成了可怜巴巴的角色，当少数几头有性能力的公牛"窃取本应属于它们的母牛"时，它们只能站在一边看。所以，就有了这样的象征关系：公牛＝戴绿帽子的丈夫。

另一种完全不同的解释则认为，当戴绿帽子的丈夫发现妻子背叛自己时，每每会大发雷霆，像一头"发疯的公牛"一样大吼大叫，甚至乱冲乱撞。

还有一种颇为典雅的解释牵涉到了古罗马神话，认为这是狩猎女神狄安娜使男子倒霉的象征。在罗马神话里，猎人阿克塔瑞翁由于在狄安娜出浴时偷看了她的裸体而触怒了狄安娜，于是狄安娜就把他变成一只长着双角的野兽，又将他自己的狗引到他跟前，那狗不知眼前的野兽即自己的主人所变，便将它咬死并吃得干干净净。

另外，又有人把这和古代行巫术的妓女联系在一起。这些女人崇拜一些戴着"荣誉之角"的神——也就是说，角在这里象征着力量和男性——这些神喜欢世间的女人秘密地献身于它们，而当它们一旦得到了这样的女人，便会把自己神圣的角置于这个女人的丈夫头上。按这种说法，耻辱之角是从荣誉之角变来的。

以上种种说法似乎还不够，又有人信心十足地提出，这是因为雄鹿有角（在古代，"鹿角"时常也被泛称为"角"），因为大多数雄鹿在发情期里都找不到配偶而少数强壮领头的雄鹿则占有大量的雌鹿，这些"长着角"的鹿中的大多数便是不幸的"戴绿帽子丈夫"。

最后，有一种大胆的解释干脆说这跟牛和鹿毫无关系。他们认为，这和古人阉鸡时的习惯有关。当时人们总是把被阉的雄鸡的冠也割掉，并把鸡脚上的肉距移植在上面。这样，当这些鸡长大后，当然也就有了"角"，而这就是角和戴绿帽子丈夫之间的象征性联系的起源。这种说法的根据是 cuckold（戴绿帽子丈夫）一词在德语里的对应词 hahnrei 的本意就是"阉鸡"。

当你读完这些相互冲突的解释之后，如果你觉得自己真正了解到的仅仅是关于"公鸡和公牛的故事"的话，那也没有什么大错。显然，我们在这方面与其说是在进行历史考证，不如说是在发挥丰富的想象力。不过，就这个姿势被人注意的时间之长而言，倒充分说明了一种象征姿势的真正起源已再也无法探寻到了。像这类有争议的例子还有许多，但仅这一个就足以说明总的情况。

当然，也有例外。有些我们今天仍然会下意识做出的象征姿势，很容易就能找到它们的起源。"把手指交叉成十字"就是一个很好的例子。这个动作虽然被许多非基督教徒所使用，但是在古代它是基督教会的一种祝福手势。最初，人们一般是用两条手臂交叉在身前以做出十字架的样子，先是垂直交叉，后来变成斜着交叉。今天，在有些国家，即使在非宗教场合也能看到人们把这个动作当作一种祝人好运的手势。然而，在更多情况下，人们不再做这种交叉手臂的动作，而是举起一只手，把食指横压在大拇指上做出一个象征性的十字。最初，这是一种"自我祝福"的隐秘手势，做的时候是要把手隐藏起来的。今天，当人们祝愿自己免遭不幸时，很可能仍然会用这种隐秘的方法，但作为一种祝人好运的信号，现在

肢体行为>>Peoplewatching

意大利的表示"戴绿帽子的丈夫"的手势在一幅18世纪的绘画（上图）和19世纪哈勒昆的表演（下图）中就可看到。这个对意大利人来说是严重侮辱的古老动作，其象征含义的起源已无从查考，但人们提出了不少大相径庭的理论。

已变成一种公开做出的动作。要解释这种变化只要指出这样的事实即可，那就是交叉手指没有明显的宗教意味。从象征意义上说，交叉手指的含义仍在于乞求上帝的祝福，但是由于这种手指的小动作已经和正式的交叉双臂动作相去甚远，所以很容易便作为一种祝人好运的普通动作而进入到日常生活中。显然，今天有许多人嘴里喊着"祝你好运"并用手指做出十字时，他们心里并不知道自己正在做一种基督教的崇拜动作。

技术姿势
由少数专业人员做出的姿势

技术姿势是由少数专业人员制定并严格地在他们的特殊活动范围内使用的。对任何一个非专业人员来说，这些姿势是毫无意义的。由于使用的范围十分有限，它们在任何文化中都不能算作主要视觉交流领域的一个部分。

在目前使用的技术姿势中，电视录像室内所用的一套信号动作是个很好的例子。我们在家里的电视屏幕上看到的播音员，在录像室内是面对着一位"录像室主任"的。这位主任又通过耳机和控制室内的节目总指导联系，把总指导的指示通过简单的视觉姿势传递给播音员。譬如，要指示播音员随时作好播音准备，他便把自己的一只前臂举起并保持垂直。要播音员在几秒钟内必须停止播音，主任便转动自己的前臂，就像一根快速转动的时钟指针，意思是"时间很快就要用完"。如果要播音员延长播音时间，即要他再多说一点，主任就把双手合在胸前并慢慢地向两边拉开，就像在拉长什么东西似的，意思是："往下拖！"而如果要求播音员马上停止讲话，主任就会迅速做出一个自己卡自己脖子的动作——"扭断！"在这些信号动作中，并没有固定的规则。它们是在早期电视工作中逐渐发展起来的。虽然我上面列举的那些动作目前是被广泛使用的,但这并不排斥各电视录像室自己编定一套供自己专用的信号动作。

技术姿势由专业人士使用,不是社会一般姿势的构成部分。比如英国起重机司机的信号姿势(上图)和消防人员的信号姿势(下图)。

其他一些技术姿势可以在某种无法进行语言联系的活动中看到。譬如,潜水员在水下无法相互通话,只能用动作来表示潜在的危险情况。对他们来说,表示危险、寒冷、痉挛和疲劳的姿势尤其重要。其他信号,如:是的、不、很好、不行、上或者下,由于使用日常动作来表示也很容易理解,所以是不需要用技术动作来增加麻烦的。但是,你用怎样的动作向同伴表示你发生了痉挛呢?回答是,你可以有节奏地握紧和放开你自己的一只手——一种很简单的姿势,但很可能它会救你一命。

由于非专业人员不会做技术姿势而引起的不幸事件,时有发生。譬如说,有几个度假者泛舟海上,不巧船沉了。他们奋力游泳,最后游到了一块小小的礁石上。他们浑身湿透,又冷又怕,不知道怎么办才好。这时,谢天谢地,他们发现远处有一只小渔船正朝着他们驶来。当渔船驶到礁石附近时,他们拼命地朝它挥手。但是,只见那船上的人也向他们挥手,船却驶过礁石在远处消失了。如果这几个度假者中有人曾是在海上工作的"专业人员",他们就会知道,在海上,挥手仅仅是表示问候而已。要表示遇难,他们应该垂直地上下摆动两条手臂。这才是在海上表示"救命!"的特定动作。

使人啼笑皆非的是,如果遭遇沉船的是些海上专业人员,他们发出准确的求救信号,而驾驶着船经过附近水域的人则是几个度假者的话,那么,这几个度假者会对自己看到的那种古怪动作感到迷惑不解,也可能根本不加注意。所以,只要在技术领域内闯入了非技术人员,总会产生姿势方面的问题。

消防人员、吊车司机、机场导航员、赌场收付员、拍卖行拍卖师和餐馆服务员都有他们自己专门的技术姿势。他们之所以要使用一套信号动作,不是因为他们在工作时必须保持安静或者必须保守秘密,就是因为他们即使讲话别人也无法听清。我们这些普通人看不懂他们的动作,也不必看懂,除非我们也想进入他们的专业领域。

与其他姿势不同,密码姿势是一种正式的信号系统。这些姿势以复杂的系统方式相互关联,所以它们已构成一种真正的语言。这类姿势的特点是,没有其他单位动作作为参照,单独一个动作是没有意义的。技术姿势也可能是有系统编制的,但是,在做技术姿势时,每一个姿势可以完全独立于其他姿势之外单独做出。相反,在做密码姿势时,所有的单位动作都是按严格的系统原则相互联结在一起的,就像有声语言中的字母和词一样。

肢体行为>>Peoplewatching

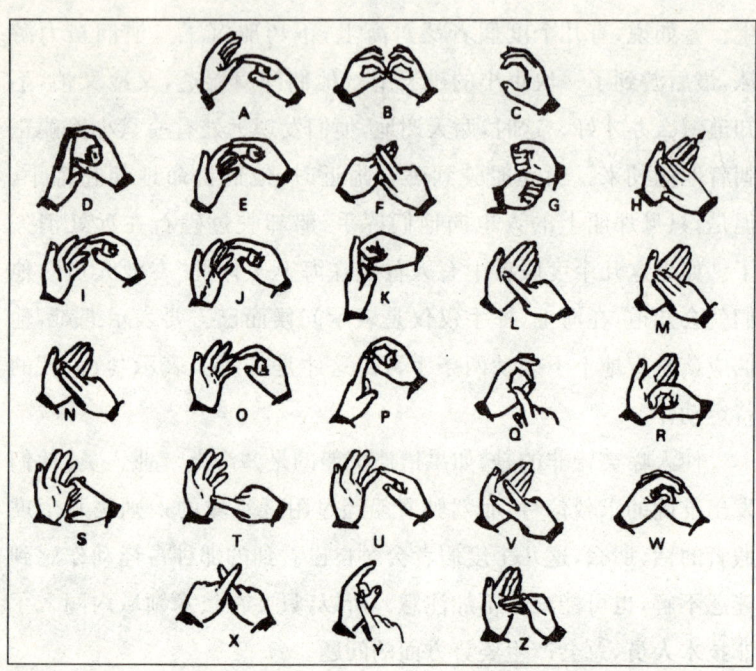

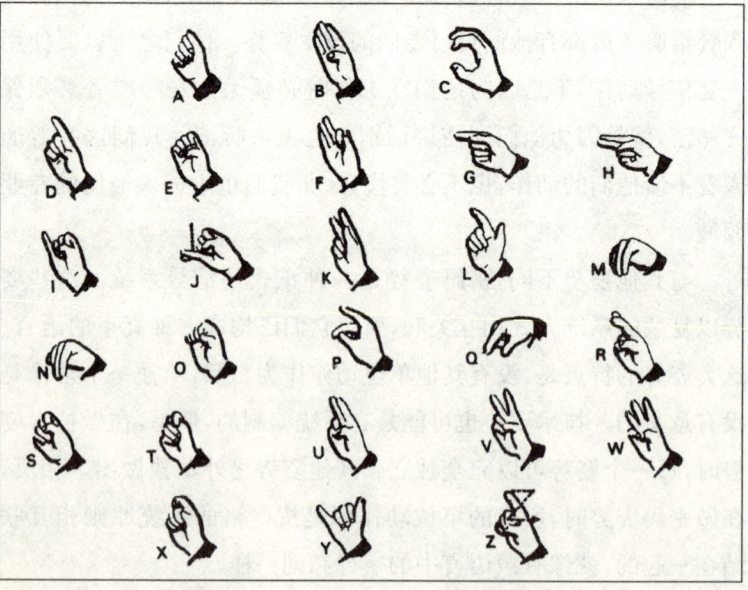

姿 势

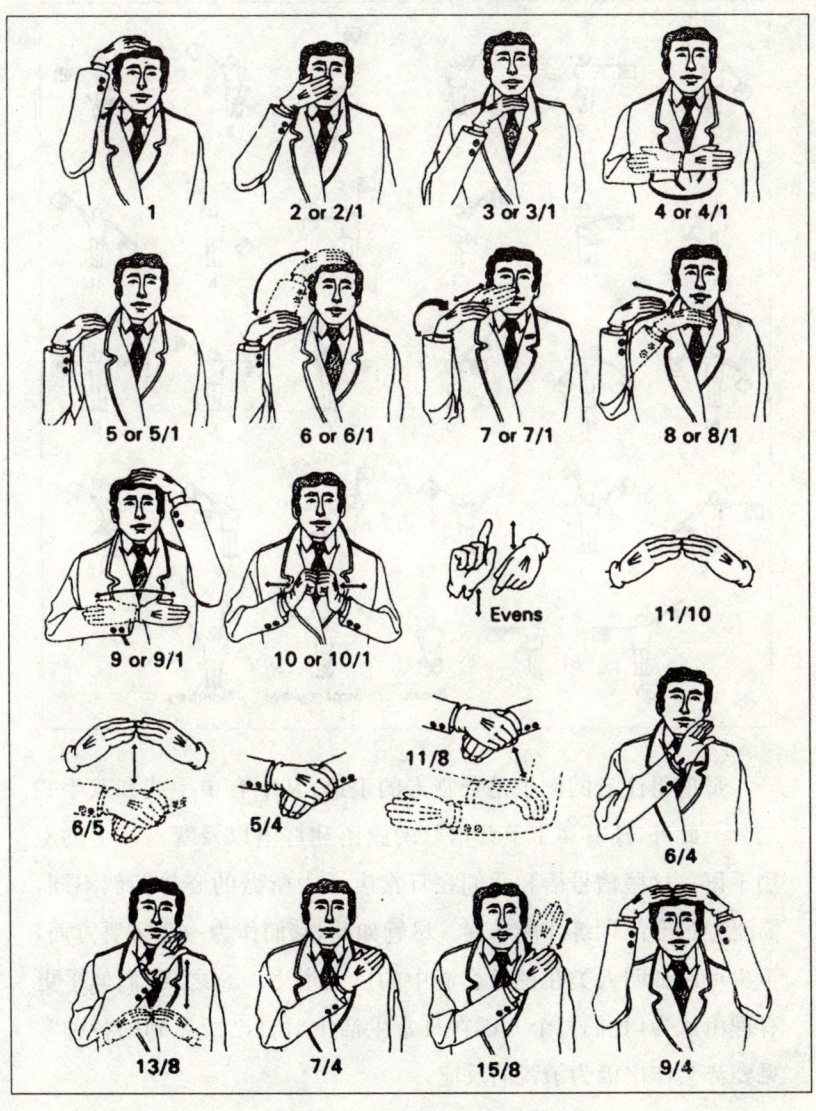

密码姿势只有作为人为编排和设计的信号系统才有意义。比如,双手式和单手式的聋哑人密码(42页上图和下图)、航海交流时所用的旗语密码(44页图)和赛马场赌马下注的手语(43页图)。

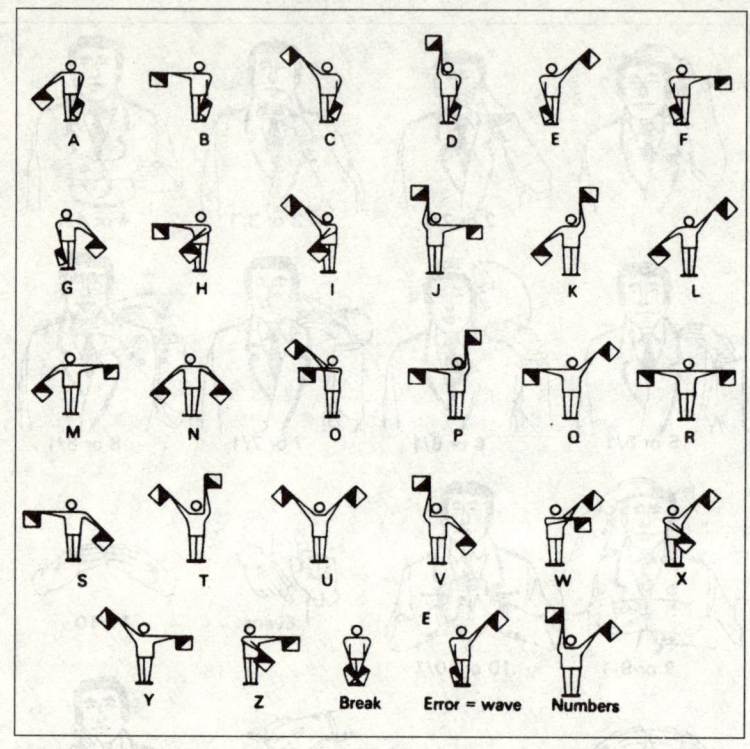

最值得注意的例子是聋哑人的手语,其中有单手式和双手式之分。此外,还有属于手臂信号的旗语和灯语以及赛马场上的专用手语。这些信号语和我们在日常生活中所做的姿势截然不同,需要经过专门训练才能掌握。尽管如此,它们作为一个重要方面,至少可以证明人类在视觉交流中的巨大潜力。总之,我们似乎更有理由认为,我们每个人都在日常生活中对自己所见到的各种常见姿势会作出极为敏锐的反应。

姿势变异
姿势的个人或者地区性变化

根据定义,姿势传递信号,但这些信号必须清晰可辨,我们才能理解其含义。它们不能含含糊糊而必须鲜明突出,才不致与其他信号相混淆。因此,它们势必要发展为一种"标准形式"以相对表现出细微的变化。在各种不同场合,它们总是以某种"标准",即以同样的速度、同样的强度和同样的频率,表现出来。

这种情况和电话铃颇为相像。不管打电话的人怎样着急,电话铃总是以固定的音量、固定的音调和固定的间歇不断发出声音。电话线路对待一个普通电话和对待一个生死攸关的紧急电话是完全一样的。唯一的区别仅仅是由于接电话的人来得迟早,而使电话铃响的时间长度有所不同而已。这看上去似乎不太合理,因为有时事情确实很紧迫,打电话的人急切地希望电话铃能响一点,再响一点。然而,严格规定电话铃的音响质量具有重要意义,那就是:可以增强它的明确性。没有人会把电话铃响和门铃响或者闹钟响混淆起来。电话铃响的固定形式和固定强度使它不可能被误认。

在人的姿势方面,这种形式化过程也在发生作用。当然,人并不希望自己的姿势像电话铃那样被完全固定,但是在许多情况下,它们可能或者已经发生和电话铃相似的情况,由此含混性降低,信息明显。

当一个发怒的人挥动拳头时,很可能,他在不同的场合都是以同样的速度、强度和幅度做出这一姿势的,即拳头在空中急促地前后摆动。也很可能,他的速度、强度和幅度跟其他挥动拳头的人是一样的。你不妨试一下,如果你握着空拳,用较慢的速度、较弱的力度和较大的幅度做出一种挥拳姿势,那么毫无疑问,你这个姿势不会被人理解。旁观者很可能会以为你在锻炼手臂,唯独不会想到你做出这个姿势是要表示示威的意思。

我们的姿势大多数已形成这种标准化表现倾向。大多数人以相同的方式挥手,以大体相同的速度鼓掌,以相同的幅度招手,也以同样的节奏点头致意。这并不是有意识形成的。我们仅仅是在顺应文化的一般规范。在不知不觉中,我们为自己交往中的那些往来的信息铺平了道路。我们总是设法使自己的姿势和同伴的姿势相一致,而他们的姿势却是和我们一样的。我们全体一致使自己的姿势保持一体化,直到完全协调,就像有个无形的文化指挥者在控制着我们似的。

但是,就像在人类行为中经常能看到的那样,这一普遍的原则也有例外。我们并不是自动机。我们会表现出个人特质——文化主体的个体变异。一个人,如果他长有一口特别漂亮的牙齿,那么,即使在最普通的场合,他也会咧着嘴微笑。另一个人,如果他

姿势变异

的牙齿很难看,那么,即使在最强烈的刺激下,他也往往只是抿嘴而笑。对于同样可笑的事,有的人放声大笑,有的人则吃吃地笑。这些就是姿势变异,使每个人具有自己的行为"风格"或者个体性。虽然较之于普遍的姿势统一性,它们仅仅是些微小的差异,但它们却可以成为个人的重要标记。

还有一种姿势变异,它的存在乃是因为某种颇为罕见的特殊姿势,所以不大容易和其他任何姿势相混淆。正因为使用的人少而且有其明确特征,这种变异没有形成标准形式。一个很好的例子是意大利人摸耳朵的姿势。在意大利,这个姿势总是表示同样的意思,即:某个男子被认为有女性倾向或者搞同性恋。人们不经常做这个姿势,而且也没有任何其他触摸耳朵的姿势会和它相混淆。其结果是它没有标准形式。做这一姿势时可以拉,可以拧,可以扯,可以弹,也可以就那么碰一下,但表示的意思却永远是一样的。因此,观察者在看到这些不同的动作时不会困惑,不像其他一些相近的姿势,往往会使他难以分辨。对于这一姿势,没有任何迫切的要求,想使它成为一种精确的动作。至于这一姿势的起源,可能来自女子戴耳环这一事实:摸耳朵就是摸一摸想象中的耳环,也就暗示出某种女性特征。虽然就这个特殊的例子来说,姿势变异似乎不会引起困惑,但是就其他一些姿势而言,情况就变得复杂多了。撮手姿势很能说明这种情况。最初,这个姿势是一种在谈话中用来强调某句话的动作:大拇指和其他四个手指尖合拢在一起并往上指。当说到关键的地方,手

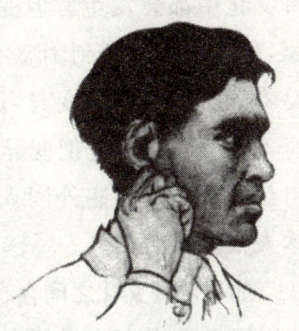

意大利人的触耳姿势有多种变化形式,但意思均指某个男子有女人气。你可以捏耳朵,轻弹耳朵,拉耳朵(如图所示)。所有这些动作,都有相同的含义,由于不存在别的触耳信号,因此这种姿势的各种变异不会造成混乱。

便会做出这种姿势并不断地晃动。

就这种形式而言,这种姿势几乎在世界各国都能看到。但是,在有些地区,这种基本姿势已演化为好几种特殊的变异姿势,而且各有其特殊的地方性含义。在希腊和土耳其,这个动作的意思是"很好";在西班牙,则表示什么东西"很多";在马耳他,它具有挖苦、嘲弄人的含义;在突尼斯,它用来提醒人注意:"慢,慢点";在法国,意思是:"我很害怕";而在意大利,这个动作最普遍,通常伴随着不耐烦的质问:"事情到底怎么样了?"在以上每一种情况下,动作本身也是按特殊的地方形式做出的。譬如,在马耳他,手是一下子往下沉的;在突尼斯,手慢慢地往下沉几次;在法国,在做这个动作时手指有细微的开合;而在意大利,则是手迅速地上下摆动。

事实上,原始的撮手姿势现在已经演变成各种完全不同的动作,每一种都应该被认为是独立的姿势,它们不再是真正的姿势变异,而是一个有亲缘关系的姿势群。这种情况在任何一种文化中都会发生。但是,当一个人从一个国家到另一个国家,他很可能会感到困惑不解。由于他把外国的姿势仅仅看作是本国类似姿势的变异,因此他无法理解,为什么它会具有完全不同的含义。他把变异当作个人或者地方特性,于是便以为自己所看到的那些外国人简直是在用一种古怪的方式做出他本人很熟悉的姿势。

如果两种文化之间存在着广泛的接触,那么,毫无疑问,在一段时间之后,姿势差异便会开始扩大,最后才不会产生混乱,而如果没有这种接触,误解也就不可避免。这很好地说明了为什么在一种文化内部会形成标准化的动作模式,以及在此过程中人们是怎样避免信号上的含糊性的。除开某些特殊情况,一般说来,姿势变异会对这种秩序构成威胁,所以往往会被排除或者减缩。这样,每种文化都形成自身的一整套清晰、明确的分立视觉信号,每个信号单位都明显地有别于其他单位。只有当我们的旅行爱好和现代化交通工具把我们带到异域他邦时,这样一种有效的人际交流系统才开始失效。

多义姿势
具有多种含义的姿势

在不同的时间和地点，一个多义姿势可表示若干种完全不同的意思。

当一个美国人想要表示 OK、很好、真妙、了不起等意思时，他会举起一只手，用大拇指和食指做成一个圈。这只是美国人赋予这个圈的特定含义，若在其他国家，他也许会惊异地发现，它的意思是完全两样的。

譬如，在日本，这是一个表示钱的姿势。在法国，它的意思是"零"或者"没有价值"。在马耳他，它的意思是：某人是个 Pooftah——男同性恋者。在撒丁岛和希腊，无论对于男子还是女子来说，它都是一种带有侮辱性的污秽动作。

不用说，这些不同的含义很容易使不同国家的人相遇时引起各种误解，而且，说这些相互矛盾的含义有其最初的来源,也会使人感到大惑不解。要找到这方面的解释,我们必须先了解在每一种情况下所使用的基本象征手法。

美国人表示某事物很好的含义,来自表示精确的手势。如果我们要说某物精确或者很精密,我们会做出仿佛大拇指和食指之间拿着一件很小的东西的动作。当说到某种微小事物时,全世界的人都会无意识地做出这个动作。他们拿着的东西当然是想象中的——看上去仅仅是一个拿着东西的动作。这样,他们的大拇指和食指自然而然就形成了一个环或者一个圈。在美国,这种无意识的手势逐渐被引申为一种有意识的信号,表示"精密"的意思变成"完全正确"或者"很好"的意思,著名的 OK 也就此产生。

日本人表示钱的意思则来自完全不同的本源。那就是硬币,而硬币是圆的。所以,很简单,做一个圈的手势也就是象征着钱。

法国人表示"一无所有"或者"没有价值"的意思同样来自于一个简单的等式,不过,这里的圈不再代表钱,而是代表无。无=零=一无所有=没有价值。

至于那些和性有关的意思,它们是相互有联系的,而且具有相同的基本象征意义。这里,由大拇指和食指做出的圈代表人身体上的一个洞。因为洞是圆的,这个手势可说唯妙唯肖,因此在马耳他,它作为一种姿势表示男子同性恋(暗示肛门)。在撒丁岛和希腊,使用这个姿势虽然对两性都有侮辱的意思,但从根本上说,仍然是对人体部分的模拟。这样使用这一姿势有其悠久的历史,至少在两千年前就出现了。在一幅古代瓶饰画上,画着四个在健身房外洗澡的壮男子,其中的一个显然在做这个表示洞的姿势取笑另外三个人。

所以,这个简单的做圈手势,根据其在各国不同的起源,可以表示精密的东西、硬币、无或者人体的某个洞。由于视觉上的相似性,它们又进而引申为五种不同的象征,即:很好、钱、没有价值、

 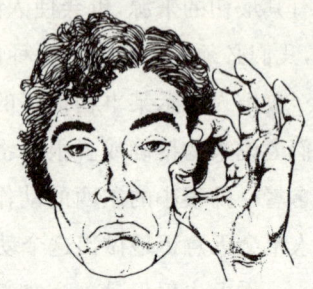

用一只手的拇指和食指做成一个圈。这一手势在不同的国家有不同的含义。美国人只知道其中一种含义,即表示"OK"(左图),但在法国人那里,这一手势只有与微笑同时出现时才表示"OK",其他情况则表示"零"或"没有价值"(右图)。

同性恋或者性要求。

　　这种情况已很复杂,但是当一种意思和其他几种意思融合在一起的时候,情况就更复杂了。美国人的 OK 手势现在十分流行,甚至已侵入到欧洲。在英国,本来没有任何地方性的做圈手势,所以美国的 OK 手势没有受到什么抵制就输入了。今天,没有一个英国人会出于其他的目的而做这个手势。但是,在法国,情况就大不相同。他们过去已经有表示零的手势,所以当 OK 手势被引入时就产生了麻烦。今天,许多法国人仍然把做圈手势当作表示"零"的信号动作,其他一些人则表示 OK。"零"的意思在法国南部占优势,而 OK 的意思则在北部更为普遍。虽然这会引起麻烦,但是在一般情况下,人们根据做出这一手势时的氛围总是能避免混乱的。如果做手势的人看上去很快活,那么他的意思多半是OK;如果不快活,那么就是"零"。

　　这里引出另一个重要问题,因为在英国,或者在美国,做圈手势仅有一种含义,所以做这个手势时,脸部表情就没有什么区别了。手势的含义一清二楚,根本无须参考氛围。如果一个英国人在做 OK 手势时故意阴沉着脸,由于手势的含义非常明显,他的脸部表情反而会被忽略,或者被认为是在开玩笑,是装着不高兴。

通常,只要某一姿势具有单一的、清晰的和大家熟悉的意思,就会发生这种"超越氛围"现象。但是,一旦一种姿势具有多种含义,那么,氛围就变得十分重要。

像做圈手势这样一种多义姿势相对来说比较罕见,但是,仍有不少手势具有一种以上的基本含义。无论在哪里,只要动作本身带有含糊性,那么,通过广泛的观察就不难发现,这个动作总会产生歧义。

譬如,用手指接触太阳穴或者前额的动作通常是象征性地表示和大脑有关的情况,但是这种情况又会各有不同。有时,它表示"聪明"——"有头脑",有时,它又表示"愚蠢"——"没头脑";接触嘴的动作既可以表示"饥饿"、"干渴",又可以表示"能说会道"或者"笨嘴笨舌";同样,和眼睛有关的动作既可以表示"有眼力",又可以表示"没眼力"。总之,大多数基本姿势都朝着不同的方向生发出不同的象征意义。

姿势替换
传递同样信号的不同姿势

正如一种姿势可能有多种不同的意思,多种不同的姿势也可能有同样的意思。如果某种基本信息在各类文化中都显得十分重要,那么,它就极有可能会通过多种在形式和来源两方面都截然不同的姿势传递出来。

如果两个男子站在路口,看到一个富有魅力的少女走过,这时一个男子很可能会向另一个男子做个简单的姿势,表示他对那个少女的外貌很欣赏。他这样做,即使在单一文化的范围内,通常也有好几种方式;而当我们把网张得更大,在好几个国家的路口观察这种转瞬即逝的小插曲时,可能出现的姿势种类也就更为可观了。这里的插图显示了十二种不同的姿势,其意思都是:"多么漂亮的姑娘!"

第一至第四种姿势是对姑娘的外部特征所作的

姿势替换

品评:

一、捋脸颊。做姿势的人把一只手的食指和拇指分别放在自己的左右颧骨上,然后轻轻地往下捋至两颊。这个姿势象征性地表示某个漂亮姑娘的脸很圆润。据说,它起源于古希腊,那时人们把蛋形脸作为女性美的标准。直至今日,希腊仍然是这个姿势最常见的地方,但是在意大利和西班牙,现在也能观察到。

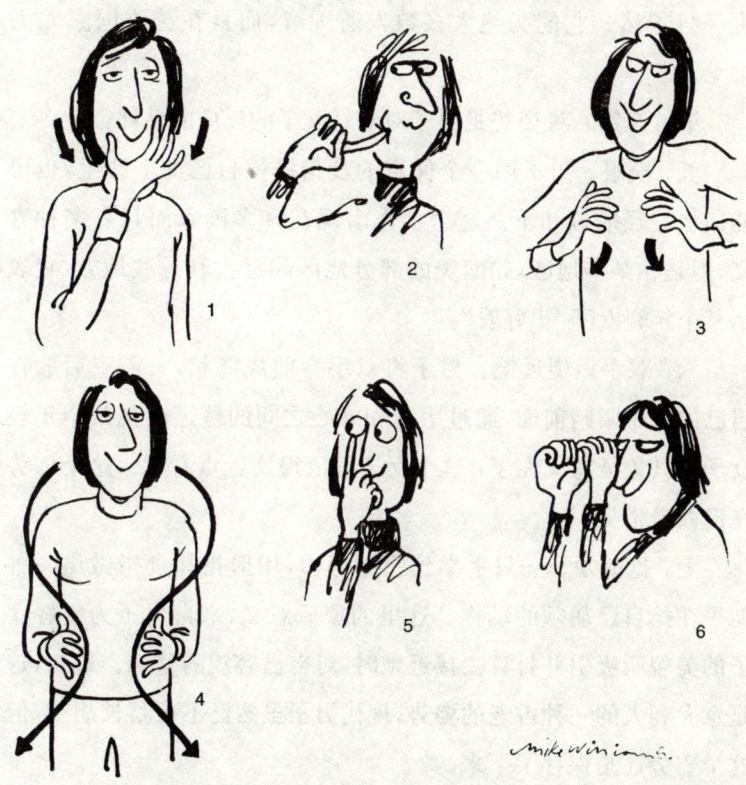

二、钻脸颊。用一个食指顶住脸颊中央转动几下。这个姿势有两种可能的来源。一种是,认为这个姿势象征性地表示某种东西吃起来味道很好,作为引申义就是说那姑娘"很有味"。另一种则认为这个姿势强调某个漂亮姑娘脸颊上的酒窝。今天,在整个意大利,包括西西里和撒丁岛,人们普遍使用这个钻脸颊姿势,但是在其他地方则很少见。

三、勾勒胸部。用双手示意性地勾勒出女子胸部的曲线。这个姿势的原意一目了然而且广泛地被人采用。

四、勾勒腰部。双手在空中从胸前滑至胯部,夸张地勾勒出女子躯干的轮廓,强调其细腰宽臀。同样,这个姿势的原意也一目了然。它能为绝大多数人所理解,而且在英语国家尤为常见。

第五至第八种姿势是男子对年轻女子的反应的品评:

五、摸眼。男子用一个伸直的食指摸摸自己的下睫毛,也可能往下轻轻地拉几下。这个动作出现在许多国家而且有多种含义,但是在某些地区,如南美的部分地区和意大利一些地方,它表示某个年轻女子"很好看"。

六、双手做望远镜。男子将双手弯曲成筒状,一前一后放在自己的一个眼睛前面,通过手指和掌心之间的缝道凝视某个年轻女子。其象征意义在于:这个女子很值得凑近点看看。这个姿势在巴西最常见。

七、捻胡须。一只手举到脸颊旁边,用拇指和食指做出一种似乎在捻自己胡须的动作。这里的象征意义,来自男子为年轻女子的美貌所吸引并打算去接近她时,对自己容貌的整饰。最初,这是意大利人的一种古老的姿势,现代男子虽然已不再蓄长胡须,但这个姿势还是保存了下来。

八、手按胸。男子用右手按住自己左边的胸口。这个姿势的意思是:某女子实在太美,以至于使他的心怦怦乱跳。在英语国家,这是个被认为过于"做作"的姿势,但是在某些南美国家,这个姿势则被人能很随便地在非正式场合所采用。

姿势替换

第九至第十二种姿势是男子希望对某女子做某种事时所做出的:

九、吻指尖。男子吻吻自己的指尖,然后张手将吻飞送给女子。当然,这种飞吻动作可以直接表示对女子的欣赏或赞美,但是当那女子不在时,也可以用来向自己的男友表示愿望。吻是针对女子的,但信息则传递给他的男友。这个姿势在法国特别流行,不过,今天在其他许多国家也能看到。

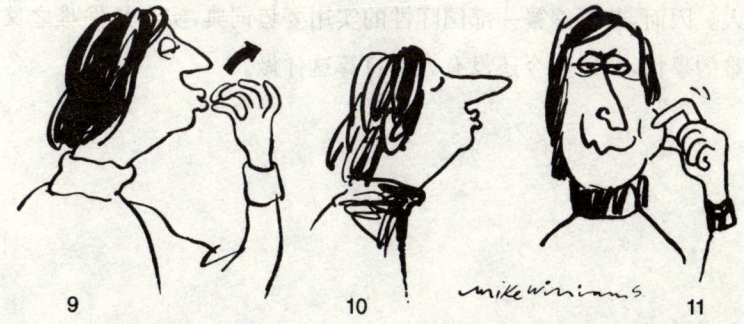

十、吻空气。男子朝着女子的方向用嘴唇做亲吻动作。同样,这个姿势可以用来向自己的男友表示愿望,意思是:他很想吻

一下那个女子，因为她太美了。在大多数情况下，这是在那女子不注意的时候才会做。在英语国家，作为一种替换姿势，它比那种比较"老式"的吻指尖姿势更为常见。

十一、拧脸颊。男子拧自己的脸颊，以表示自己很想对某女子也这样做。这个动作在西西里最常见。但在其他地方也时有所见。

十二、掂乳房。男子用双手在空中做出掂的动作，好像他正托着某女子的两个乳房在上下掂着。这个含义很浅显的姿势在欧洲和其他一些地方很流行，而有些人即使自己不做这个姿势，看到了也很容易理解。

表示女子美貌的姿势还有许多。但以上所列举的几种已足以说明，像男子为女子外貌所引起的反应这样一种基本信息，必然会有各种各样的表现形式，不仅在一种文化内部是如此，在不同文化之间也同样如此。连同其他的基本信息，人类在象征化方面的创造力，使姿势替换的可能性大得惊人。因而，若要编纂一部国际性的实用姿势词典，实在是件难之又难的事情，所以至今还没有人真打算这样做。

双重姿势
由两种原始姿势合成的信号

一个双重姿势由两个不同来源的独立姿势组合而成。

在意大利以及地中海周围其他一些国家,一种很普遍的威胁动作就是用一只伸直的手掌在空中劈一下,即劈手姿势。它的意思很清楚,即:我要把你的头砍下来。在突尼斯,这个姿势时常又和法国人表示"零"或者"没有价值"的手势——用拇指和食指做成一个圈——结合在一起。突尼斯人在威胁别人时常常会做出这种手做圈加劈的姿势。拇指和食指做成圈,同时另外三个手指伸得笔直而且紧紧靠在一起。然后,整只手就这样在空中劈几下,意思是:"我明天就杀了你!"这里,两种原始含义结合成一个整体。所以整个姿势的意思是:"你没有价值,我明天就杀了你!"

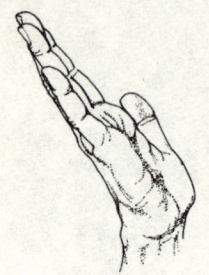 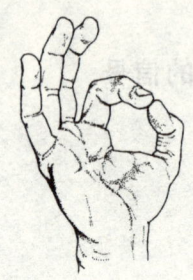 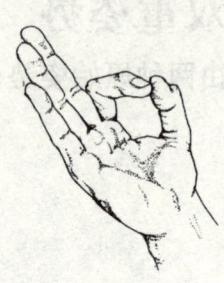

手砍(左图)是一个简单的威胁姿势,手做圈姿势(中图)在这里是"零"或"没有价值"的意思,这两个姿势可以合成"做圈-砍"的姿势(右图)——这个双重姿势在突尼斯有双重含义:"你一钱不值,我将宰了你。"

在日常生活中,这种类型的双重姿势是极其罕见的。在发出视觉信号时,人们通常一次做一个姿势。姿势交往不像语言交往,并不将视觉性的"词"组成视觉性的"句子"。当然,我们可能会一个接一个地做出一连串姿势,或者在做手势的同时又做鬼脸,但是这和把两个不同姿势融合在一起而成为一个新的复合单元是两码事。可以找到的少数例子几乎都是把两种意思基本相同的动作结合在一起,这种双重形式的动作旨在于传达双重强度的信号。譬如,带有侮辱性的摇前臂姿势,很可能会和同样带有侮辱性的摇中指手势或者把大拇指夹在食指

北美印第安人表示"漂亮"时所使用的双重姿势,由表示"看"的姿势(盯着以一只手掌模拟的镜子)与表示"好"的姿势(另一只手掌向下横在胸前)重合而成。

和中指之间的猥亵手势结合在一起。通常,这些手势都是单独做出的,但是一旦合在一起做出,其意在伤害他人感情的侮辱性质也就强化了。

只有当我们进入北美印第安人的手势语或者聋哑人的手语这样的特殊领域时,我们才会经常看到那种将两种不同含义的姿势结合在一起的双重姿势。譬如,印第安人表示漂亮的手势是举起一只手,伸开手掌,像一面镜子似的放在自己眼前,同时另一只手横压在自己的胸前,手掌朝下。后面这个动作的意思是"好",结合着前面那个表示"看"的动作,就是好看=漂亮。

混合姿势
由若干种不同因素合成的姿势

一个混合姿势由若干种因素组合而成,其中每一种因素至少有某种程度的独立性。

许多姿势仅有一种因素。如果有个人伏案工作,有人问他工作是否顺利,他也许会翘翘大拇指作为回答。他做这个动作时可能既不停止工作也不抬起头来,而仅仅伸出一个大拇指翘着的手。他身体的其余部分没有任何表示,但他的意思已经被理解了。

这是个简单姿势,与牵涉到其他有关特征的复杂姿势形成鲜明对照。人的笑,或者毋宁说当人放声大笑时所发生的情况,是混合姿势的一个很好例子。就其最高强度而言,笑同时包括:(1)发出尖锐的或者洪亮的声音;(2)张大嘴;(3)两个嘴角往后拉;(4)鼻子皱起;(5)眼睛闭上;(6)两个外眼角旁边出现皱纹;(7) 流泪;(8) 头往后仰;(9) 双肩耸起;(10) 身体摆动;(11) 手拍大腿或按住腹部;(12) 跺脚。

无论何时,只要你观察一个人笑,你都可以在这十二个方面给他打分。全得满分的情况很少见。你可能仅打到一个方面的分,即那种身体不动又闭着嘴的笑,也可能十二个方面的分都打到,即不加控制的捧腹放声大笑。然而,更多的是,你可能观察到和六至八个方面有关的中等程度的笑。即使笑声也被省略——如一种默默无声的笑或者一张表现笑的照片——笑的信息仍然会传递出来。

一个混合姿势由三种因素组成。首先,是基本因素。这种因素必须被表现出来,姿势才能被理解。就一种简单姿势而言,如翘大拇指,基本因素就是姿势本身——仅此而已。但是就混合姿势而言,如笑,就谈不上固定的基本因素了。如果有足够的其他因素,每一种因素都可以被省略。上面列举的十二种笑的因素,其中没有一种对传递笑的信息来说是绝对基本的。每一种都可能被另一种所取代。

其次是关键因素。这种因素不一定被表现出来,但它们是姿势呈现时的最重要的特征,其特殊性质是通过其自身而不需要其他因素就能传递信息。虽然在笑这个姿势里笑声不是基本因素,但它是关键因素,因为它可以在不需要其他视觉因素的情况下传递笑的信息。

再次是扩展因素或者说辅助因素。这种因素不能单独起作用,而仅仅是在其他因素已出现的情况下传送信息。譬如,倘若一个人缩紧头颈或者头往后仰,这些动作单独并不意味着"笑"。在笑这个姿势里,大多数视觉因素都属辅助性的,但是就其他一些混合姿势而言,情况就大大不同了。

譬如,表示无可奈何的姿势,其中的关键信号就多于辅助信号。一个完整的无可奈何姿势包括：(1)双肩稍稍往上抬；(2)两臂下垂，两手摊开；(3)头略微朝一边倾斜；(4)两边嘴角往下拉；(5)两条眉毛往上扬。这五种信号中有四种是关键因素，可以单独发生作用。我可以仅仅抬起然后放下自己的双肩就做出一个完全能被理解的无可奈何姿势。我甚至可以稍稍抬一下我的一个肩，而另一个肩根本就不动。同样，我可以用我的手。我只要摊摊双手或者一只手就能表示无可奈何。我只要夸张地耷拉着两个嘴角，身体其他部分保持不动，也同样可以传递这一信息。甚至，我只要扬扬眉毛也能达到这个目的。只有头倾斜这一因素不能单独起作用，所以它是整个表示无可奈何的混合姿势中唯一的辅助因素。

遗留姿势
其原始境况久已消失、但其自身仍然存在的姿势

遗留姿势即脱离其自身原始境况的姿势。它可能是一种历史遗留物,在产生它的历史时期过去之后,其自身仍然存在,也可能是个人遗留物,譬如某种一直延续到成年期的婴儿行为方式。

一种姿势能从早期历史阶段存留下来,通常有其特殊原因——某种稍稍胜过现代同类姿势的方便之处。没有这种方便之处,它便会随着产生它的历史境况一起消失。打电话姿势是一个很好的例子。电话铃响了,打电话的人要和某人讲话,而那个人在既嘈杂又拥挤的房间那一头。于是,接电话的人就叫他稍等片刻,自己穿过房间去叫那个人。当他看到那个人时,他便对那个人做做姿势,意思是:"你有电话。"他这个姿势是怎样做的呢?现代电话自身并没有可供模仿之处。若要做,也至多做出一个手握

听筒放到耳边的姿势，或者用嘴无声地说"电话"，嘴唇动作尽可能地夸张以使对方明白。但是在很久以前，人们使用的则是一种有摇柄的老式电话。这就为一种比较容易被理解的手势提供了基础：一只手放在耳朵旁边，然后前后旋转几下。这一简化姿势——摇+耳朵——表示的意思是："有人已摇了电话机叫你，所以请你过来将耳朵放在听筒上。"这个姿势很有效，因为它不会和其他任何姿势相混淆。由于这一姿势比现代同类姿势更加易懂，它便超越了电话机设计上的变化。即使在今天，虽然那种有摇柄的电话机早已废弃不用，但这一姿势仍然在欧洲和南美的某些地区被保留了下来。它现在已经完全脱离物质上的原始基础，成了人们世代相袭的习惯姿势。作为一种历史遗留姿势，它今天仍为人们所使用。但今天的人们也许连听都没有听说过摇柄电话机，所以对它的来源也就一无所知了。

同样，英国人所使用的那种表示某物在发臭或者是废物的原始动作，也是一种遗留姿势。这种动作是举起手去拉一只想象中的抽水马桶水箱的拉绳，好像要把某物冲进粪池。那种水箱装在高处的老式抽水马桶实际上很快就被低水箱的新式马桶所取代，后者在使用的时候是扳一下一个小小的扳手或者按一下按钮，水箱里的水便会冲入马桶。像现代电话机的情况一样，这种扳扳手或者按按钮的动作缺乏自身的个性或者独特性，若加以模仿很可能别人会看不懂，而作为信号动作，这也就完全失去了意义。所以，仍像电话机的情况一样，过去的技术以及由此而产生的动作便以一种遗留姿势的形式被保存了下来。就这个例子而言，那种老式的抽水马桶现在还没有像摇柄电话机那样已经完全绝迹，但是可以肯定的是，即使到了它们完全绝迹之时，这一姿势也仍然不会消失。

有些古代姿势，在产生它们的境况消失几个世纪之后仍然存在着。在现代希腊,最原始的姿势大概要算所谓的"魔刹"(moutze),它起源于拜占庭时期。这个姿势是:对着别人的脸伸一下一只张开的手掌。对一个外国人来说,这似乎谈不上有什么恶意,但是对于一个希腊人来说,这却是一个明目张胆的侮辱动作,带有恶意嘲笑的意味。它会引起对方的愤怒,所以在发生交通纠纷时人们常常用

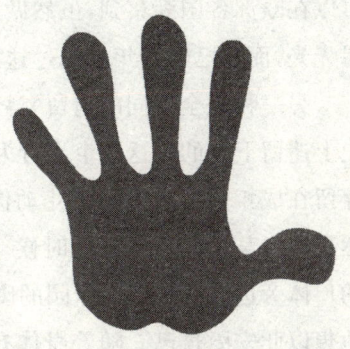

这个希腊的汽车贴纸,留有拜占庭时代的余韵,其意图是向跟在后面靠得太近的汽车司机发出一个"魔刹"式的侮辱。

它,如一个司机叫另一个司机给他让路,就会做这个动作,因为他明知那个司机即使发怒也打不到他。要理解这个姿势的内在含义,我们必须返回到几百年前的古代街市上,那时囚犯是要被绑着游街的,为的是让老百姓来折磨和侮辱他们,而侮辱他们的最好方法,是抓一把污物扔到他们脸上。在英国和其他一些国家,过去也以类似的方法侮辱那些被示众的囚犯,但是只有在希腊,这种扔污物的动作才作为一种历史遗留姿势而被保存下来。尽管现在人们做这一动作时,(1) 手上不再拿污物,(2) 手离开脸有一定距离,(3) 时间已过去了几百年,以及(4) 绝大多数人已经不知道这个动作的原始意义了,但是它仍然被认为是一个粗野的动作。由此可见,遗留姿势有顽强的生命力。

颇为文雅的遗留姿势是用手指捻想象中的胡须。今天,除了像画家萨尔瓦多·达利这样的例外,一般人几乎都不蓄长胡须,尤其不会蓄那种向两边翘起、两头尖尖的上唇胡须,但是在过去,尤其在欧洲各国的军界,这种式样的胡子很普遍,一个男子还可以因为能熟练地梳理胡须而向同伴夸耀一番。这些梳理动作今天仍然

可以在欧洲各国观察到,虽然做这些动作的男子,嘴的上下都已刮得光光,而且已经多年未见过这种翘起的上唇胡子了。

另一种完全不同的遗留姿势是从个人早期生活中而不是从历史上遗留下来的。这些个人行为中的遗留物几乎都是以伪装形式存留在成年人生活中的幼儿动作,而且总是发生在成年人内心突然呈现出某种儿童状态的时候。一场灾难之后,受害者坐在亲人的尸体旁边或者被毁的家园的废墟上,身体不停地前后摇着,绝望地想以此安慰自己。随着身体有节奏地前后摇动,他的双手会抱住双膝或者腰部。眼睛里流着泪,抽泣着。所有这些动作在成年人的日常生活中是很少见的,但是在儿童身上却很普遍。孤寂的成年人,通过一种无意识的自我安慰,会重返于那些曾赐给他安全与舒适的儿童行为模式。那紧贴着孩子的身体给他以保护的父母怀抱早已不存在了。此时,那痛苦的成年人只能用自我拥抱来代替父母的拥抱,用自己有节奏的摆动来代替母亲怀抱的轻摇。这种自我拥抱和自我摇动就是来自往日童年生活的个人遗留动作,虽然作为替代性动作它们也许并不充分,但是在危难之际,它们显然可以给人以某种小小的安抚。

另一个比较平常的例子是那种简单的歪头动作。当一个成年人想对另一个成年人表示要求,希望从他那里获取某种报偿或者好处时,时常会做出一副笑脸,头歪在一边,同时两只眼睛满怀希望地凝视着对方。这个动作在思想解放的女权主义者那里是找不到的:这是那种装得像个"小姑娘"似的女子,在向某个男子进攻时所做的哄骗和引诱动作。她虽是成年人,却扮演着他的年幼的女儿的角色,因为歪头动作作为一种遗留姿势,其来源是幼儿在休息或者要求舒适时把头靠在父母身上的动作,或者在与父母进行抚爱性身体接触时的动作。虽然,在成年人的遗留形式中,头已不再直接靠在对方身上,但是歪头动作本身就足以引起对方的庇护感。不知何故,男子一般很难抵御这种诱惑。

歪头动作不仅限于用来哄骗他人,在许多"富有魅力的少女"照片上也能看到。她们一面微笑着,一面富有挑逗性地把头歪在一边,似乎在说:"我很希望把头靠在你肩上。"有些男子在最动情、最惬意的时候也会采用这种手法,似乎竭力想表达这样的感情:"我实际上并不是一个刚强、无情的男子汉,只不过是个无依无靠的小男孩。"

在所有的个人遗留姿势中,最重要的也许是那些其源头一直可以追溯到婴儿期的姿势——那时我们不是吸母亲乳房里的奶,就是吸奶瓶里的奶;而就是在这吸奶过程中,我们每个人最初享受到了无比舒适的一刻。它们显然给我们留下了不可磨灭的印象,以至于在我们往后的生活中时常会重现各种寻求口腔舒适的动作。这些动作通常是经过层层伪装的,所以人们很难相信,说一个嘴里叼着烟斗或者雪茄的老商人,实际上是在用一种巧妙的方式含着一个婴儿橡皮乳头,以获得口腔舒适感。颇为明显的是儿童吸手指——甚至很大的儿童也时常这样做,从中很容易看到它与吸母乳的联系,而且其次数的多少是和吮吸时间的长短成正比的。尽管如此,一旦进入了成年期,我们便不得不放弃这种稚气的行为,至少,必须放弃那些明显稚气的行为。于是,口腔舒适动作不得不经受大变动。在婴儿期,吸母亲的乳头或者奶瓶上的橡皮乳头;稍大一点,变为吸专用的、上面没有孔的橡皮乳头;到了儿童期,吸手指;少年期则咬指甲和含铅笔头;最后到了成年期,变为嚼口香糖、叼香烟或者雪茄、吸烟斗等等。认为吸烟是为了获得尼古丁刺激远不能解释这种行为所带来的全部享受,就像含糖果并不仅仅是为了满足味觉一样。同时发生的口腔和某样东西的接触以及舌头和嘴唇的吮吸动作本身,作为婴儿期舒适感的重现,也是至关重要的。

有人认为,甚至我们表示"不"的摇头动作也可以追溯到个人的早期生活。婴儿在不饿的时候会把头猛地转到一边,以此拒绝母亲的乳头或者盛在调羹里的食物。换句话说,摇头最初是一种拒绝动作,是对食物的否定——"不要!"而我们成年人表示否定的这个信号动作就是从这里发端的。只不过我们不问由来就接受了这个动作,因此也就没有想到,它很可能是一种来自个人早期生活的遗留物。

除了把头转到一边表示拒绝食物,婴儿还会用舌头把食物或者乳头推出来。吐舌头因此也就成为一种很基本的拒绝动作。在成年人生活中,我们在两种不同情况下使用这一动作:(1)当遇到某种麻烦事情的时候,或者,(2)当有意识地想冒犯某人的时候。伸出舌头以表示无礼,显然和婴儿拒绝食物的动作有关,但是集中注意力时吐吐舌尖的动作,粗看起来似乎就不那么容易解释了。然而,对这一动作的仔细研究(不仅对成年人,同时也对幼儿园儿童以及如大猩猩等大型猿类的研究)表明,我们在这里同样处于遗留姿势的领域。

观察者们注意到,幼儿园儿童只要想避免和谁接触,就会伸伸舌头。如果他们正在忙于做什么事,突然好像有什么事打扰了他们,他们也会伸伸舌头。这不是那种有意想对人表示无礼的"伸出全部舌头"的姿势,而仅仅是无意识地从闭着的双唇之间稍稍露一下舌尖的动作。由此表明,吐舌尖并不纯粹是"集中注意力"姿势,同时也有"请不要打扰我"的意思。这也说明了为什么儿童在做比较困难的家庭作业或者比较复杂的手工劳动时,经常会吐吐舌尖。我们一旦把这个动作理解为一种拒绝姿势,它就既适用于解释婴儿吐出奶头的拒绝行为,也适用于解释有意识对人无礼的吐舌头行为。当观察者把注意力转向猿类时,他们发现同样的原则在那里也一样适用。这无疑表明,这个特殊的遗留姿势甚至还具有超越人类行为的广泛意义。

然而,批评者马上指出,伸舌头在某些色情场合与其说是表示拒绝,不如说有表示"过来"的功能。但是,对那些性感的舌头动作所作的密切观察表明,它们属于一种特殊类型。这里,舌头不是把什么东西推出来,而是卷曲着,转动着,好像在寻找什么东西。看来,这类动作和婴儿用舌头寻找母亲乳头的动作有关,和用舌头推出乳头的动作无关。它们来自婴儿期觅食时的舌头动作,是一种完全不同类型的遗留姿势。

接吻也属这一范畴。在早期人类社会,商业性儿童食品尚未出现,母亲喂养幼儿时先将成人食物嚼烂,然后通过嘴唇对嘴唇接触吐入幼儿嘴中,这自然包括母亲和幼儿之间大量的舌头和嘴的接触动作。今天看来,这种类似于鸟类的育儿方式似乎很古怪,但我们的祖先也许就这样做了不下十万年,而且,几乎可以肯定,今天成年男女之间带有性意味的接吻,就是一种从这些原始育儿动作直接演化而来的遗留姿势。然而,就这种情况而言,接吻就不是个人遗留姿势(因为我们早已不用这种方式喂养幼儿),而属于历史遗留姿势。至于它是否像前面提到的希腊人的侮辱动作那样是通过世代相习延续下来的,还是通过先天遗传获得的,眼下我们还无法断定。然而,不管它属于哪一种,至少就现代恋人的那种深度接吻和舌头相触动作而言,我们确实已经返回到了远古的嘴对嘴育儿阶段。也许,对成年人的许多其他动作同样可以作类似的溯源。

有些文章的作者给人这样的印象,似乎在成年人的行为中一旦发现了遗留因素,也就说明这些行为是可笑的或者多余的。真实情况恰恰相反。作为现代成年人,我们在今天之所以会做出某些遗留姿势,就是因为这些姿势对我们有其价值。出于某种原因,它们在日常生活中仍然给我们以帮助。了解它们的起源是为了阐

母亲将咀嚼过的食物嘴对嘴地喂给她的孩子。

明它们的价值,而不是要把它们斥为"幼稚"或者"陈旧"。如果一个受害者前前后后地摇着自己的身体以感受到类似于当初在母亲怀里所得到的安抚,也许有助于他更好地面对自己所遭受的灾难。如果一对年轻恋人嘴对嘴地相互吮吸舌头以感受到类似于远古时代幼儿在接受母亲喂食时所得到的舒适,这种感受也许有助于他们加强相互之间的信任,从而促成他们互结连理。

这些都是有价值的行为方式,虽然用弗洛伊德的话来说,这些行为意味着"退化"。但是,它们在成年人生活中显然发挥着有效的作用。弗洛伊德的理论之所以经常对它们加以批评,乃是因为心理分析学家所碰到的往往是它们的极端形式,即那些无限制地用儿童行为替代成年人生活的精神病人。对所有的遗留行为一概加以攻击——就像弗洛伊德主义者所倾向于做的那样——等于在说:任何人都不应该服用阿司匹林来解除头痛,因为有些人是严重的忧郁症患者。人类行为的观察者是在人们的日常生活中而不仅仅在病房里进行观察,所以他或许有幸能避免这样的错误。

区域信号
因国家和地区不同而变化的信号

　　区域信号即受地理位置限制的信号动作。如果把一个挪威人、一个朝鲜人和一个马萨人同时放逐到一个孤岛上,他们很容易通过动作相互交流基本情绪和基本意图。我们人类有着一整套共同的动作、表情和姿势。但是,也有可能产生误解。这是因为每个人都从自己所属的文化中接受到一套特殊的区域信号。这些信号对于其他文化中的成员来说简直是毫无意义的。如果和那个挪威人一起被放逐到孤岛去的是一个瑞典人和一个丹麦人,他就会发现相互之间的交流更加容易,因为他们来自相近的国家,意味着他们在很大程度上有共同的区域性姿势,因为地方化动作就像许多语言一样,并不是严格地按现存国界分割的。

　　把姿势和语言进行比较很有意思,因为这样做马上就能暴露出我们在姿势分布方面的无知状态。关于语言分布情况,我们已经知道得很多,但是关于姿势分布情况,我们却知之甚少。如果你要求一个语言学家谈谈某种语言的分布情况,他会给你提供非常精确、详细的信息。不管怎么说,他会指出这种语言从一个国家到另一个国家的演变情况。他甚至可以向你出示世界上某些地区的方言分布图,而且可以像希金斯教授谈皮格马利翁一样驾轻就熟地向你介绍某些俚语是怎样局限于大城市的某些地区的。然而,如果你想要一张世界姿势分布图,无论去找谁都会大失所望。

尽管如此,这方面的工作已经开了头,新的实地考察目前正在进行。虽然这种研究工作还处于初创阶段,但是最近在欧洲和地中海一带的调查研究,就某些姿势在不同地区的演变情况提供了某些宝贵的线索。譬如,有一种简单的姿势,即用一根食指轻叩鼻子的一侧。这个姿势在英国被大多数人理解为是用来表示秘密或者阴谋的,意思是:"别做声,不要让它扩散出去。"但是,当人们穿过欧洲来到意大利中部时,发现这个姿势的意思变成了一种有意的警告:"当心,有危险,他们很狡猾!"两种意思是有联系的,因为它们的中心点都是狡诈。在英国,是我们狡诈,不泄露秘密,而在意大利中部,是他们狡诈,所以我们必须提防他们。在两种情况下,叩鼻子

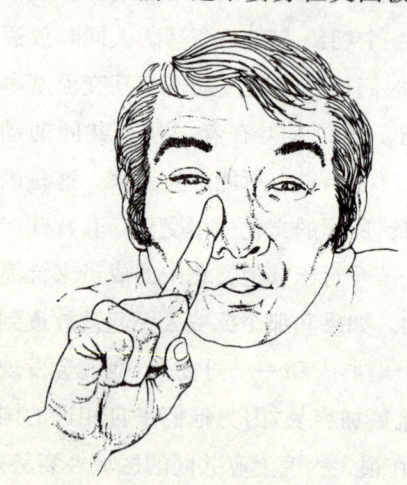

轻叩鼻子姿势。在英国,它被用来表示秘密或阴谋,而在意大利,它却是一种友好表示,意思是:"当心,有危险!"

姿势都象征性地表示狡诈,但狡诈的出处已有了变化。

这个例子说明,一种姿势可能在相当大的区域内保持同样的形式,而且具有基本相同的含义。但不管怎么说,它在不同的区域内所传递的信息却是截然不同的。姿势分布得越广,就越有可能发生这样的变化。另一个例子是拉眼皮姿势,即:用一根食指抵住下眼皮并往下拉,使眼睛变得很大。在英国和法国,这个姿势的主要含义是:"你骗不了我,我已经把你看透了。"但是在意大利,同样的姿势则表示:"睁开你的眼睛,留点神,他是个无赖。"换句话说,基本意思仍然和警惕有关,但是已经从"我很警惕"变成了"你要警惕"。

就这两个例子而言,在上述两个地区都有少数人用其他的意思来解释它们。这里的情况并不是"要么全部,要么没有",而仅仅是信息传递时主导倾向的变化。这多少说明了区域信号变化时的微妙性。当然,偶尔也会有一种信号从一个地区传到另一地区而发生彻底变化的情况,但是更为常见的则是程度上的变化。

有时,现代区域信号的地理分布情况也可能和过去的历史事件有关。譬如,拂下巴姿势——即用几根手指的背面由下至上拂下巴的下部——在法国和意大利北部是一种侮辱性动作。在那里,它的意思是:"让开,你在妨碍我。"在意大利南部,它虽然也有否定的意思,但是已不再带有侮辱性,而只是表示"什么也没有"或者"不"或者"我不能"或者"我什么也不要"。这种发生在罗马和那不勒斯之间的突变令人深感兴趣地想到了这样的可能性,即:两者的区别应归之于古希腊的有力影响。古希腊人曾以意大利南部为殖民地,他们由南向北推进,但却在罗马和那不勒斯之间停止了。今天的希腊人使用拂下巴这一姿势的方式和意大利南方人完全一样。事实上,这一姿势(以及其他一些姿势)的分布区域很明显地正好与古希腊文明的中心区域相符。我们的

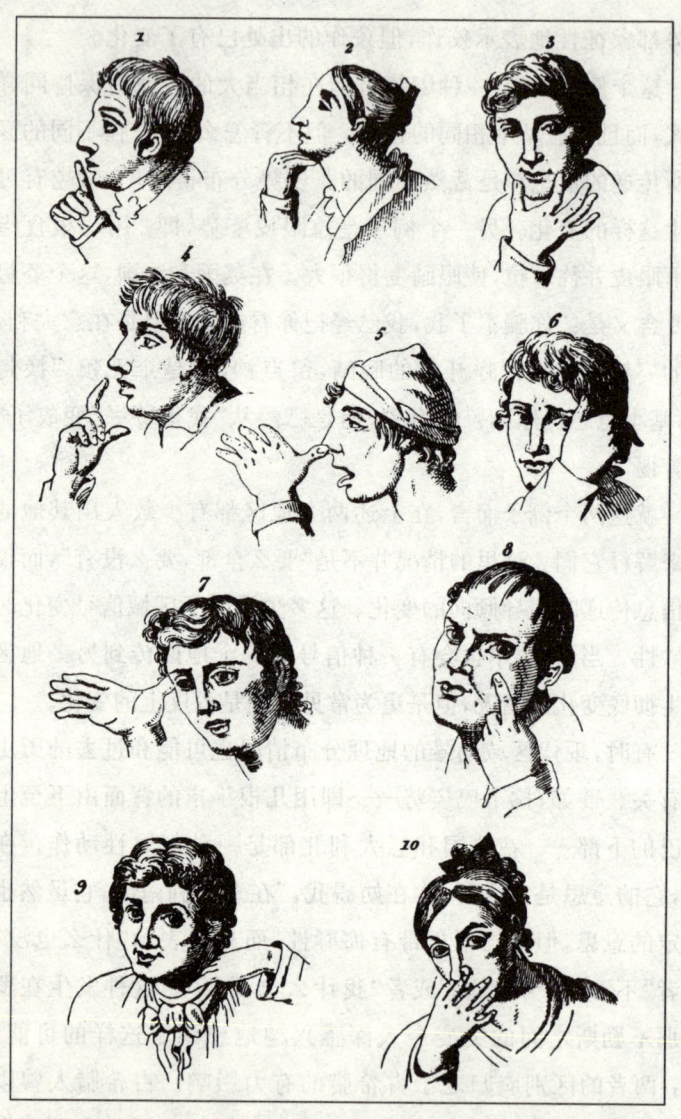

许多姿势有区域性限制,但有一些则在相当大的范围内通用。这里的十种那不勒斯人的姿势,其含义分别是:(1)轻声;(2)否定;(3)漂亮;(4)饥饿;(5)嘲笑;(6)疲倦;(7)愚蠢;(8)当心;(9)不诚实;(10)狡猾。其中有一些,如(1)和(5),至少为欧洲人所熟悉;另一些,如(9)和(10),则除了意大利人,其他地方很少有人能理解。

语言和建筑一直都表现出古希腊影响的痕迹,所以说古希腊人的姿势也有同样的影响力本不足为奇。有趣的是,为什么他们的姿势没有随着时间的推移传播到更远的区域?古希腊建筑学和哲学的影响曾遍及很远很远的地方,然而像拂下巴这样的姿势,却出于某种原因没有作同样的旅行。许多国家,如英国,根本就没有这样的姿势,而其他一些国家,如法国,则在不同意义上使用它们。

另一种历史性影响发生在北非。在突尼斯,拂下巴姿势又变成了侮辱性的。虽然突尼斯离法国比离意大利南部更远,但突尼斯人做"法国式的"拂下巴姿势,不做"意大利南方人"的拂下巴姿势。这里的解释是:法国在突尼斯的殖民影响甚至在非正式的肢体语言方面也打上了帝国的印记。现代突尼斯人在姿势方面更像法国人,而不像任何未受过法国人影响的邻国居民。

这里的问题是,和其他社会行为相比较,姿势是不是更具保守性。人们时常谈论最近的时装式样,但没有人听说"今年流行的新姿势"。看来,姿势确实具有某种文化持久性,而且其程度不亚于许多民间习俗和许多儿童游戏及儿童歌谣。然而,新的姿势偶尔也会悄悄潜入人们的生活并在那里扎下根来。两千年前,"姿势强势"的民族显然是古希腊人。今天,则是做着胜利手势和翘大拇指手势的英国人,还有做着 OK 手势的美国人。这些手势已经传遍整个欧洲和世界其他许多地方。在第二次世界大战中,它们作了第一次伟大进军,以后又不断挺进,甚至闯进了南欧的一些"姿势富国"。尽管如此,它们仍只能算是例外。今天所做的大多数地方性动作,都有其数百年的悠久历史。

加强信号
在讲话时强调节奏的动作

　　加强信号显示讲话者的思想节奏,它们的基本功能在于指示语言中的重点。在我们的言谈中,这种信号是那样不可缺少,以至于当我们在打电话的时候也时常做着手势。

　　在谈话或者公开演讲时,讲话者所做的手势中大多数是加强信号。一个专心致志讲话的人,他的手很少会闲着,而是上下左右不断地动着,仿佛在指挥他自己的语言"音乐"。对于这些动作,他自己也仅仅是模糊地意识到。他知道自己的手在动,但若要他具体地说出这些加强信号,他是很难做到的。他会承认"自己挥动着手",而这就是全部的回答。让他看他自己讲话时的录像,他会为自己的手竟然像跳芭蕾舞似的在空中舞动而感到十分惊讶。

这种不断变化着的手势,有着特殊的意义。如果加强信号仅仅是为了在讲话的时候打拍子,它们也就不值得多谈了。然而,问题在于每一个节拍都是以特殊的手势打出的,这些手势因不同的场合、不同的个人和不同的文化而变化无穷。手打拍子,是要表示:"这是重点,这是重点,这是重点……"而随着打拍子做出的手势,则表示:"这就是我在强调重点时的心理状态。"对这些有节拍的手势(或者姿势)可以先进行详细的分类,然后再研究它们在现实生活中的演变情况。以下是一些最重要的类型:

一、空手轻握。人的手有两种握的基本动作——轻握和重握。在做轻握动作时,使用的是拇指尖和其他手指尖;做重握动作则整个手都要参与。当我们小心翼翼地拿着小东西并想准确地操纵它们——如写字或者穿针眼时,我们使用的是轻握动作。所以,当我们讲话的时候,虽然手里什么东西也没有,但为了表示这样的意思,我们也时常会做出轻握动作。换句话说,我们做的是空手轻握动作。这种形式的加强信号反映出讲话者想准确地或者说非常精密地表达自己意思的愿望。他的手强调他所指出的重点非常微妙。

最常见的空手轻握有两种:撮手和"拇指-食指"相触。在做撮手动作时,五个手指尖聚在一起围成一个小孔,就像一个以绳收口的小钱袋的袋口。

做"拇指-食指"相触动作,只是把两个手指尖并在一起。这个动作做起来比做撮手动作更省力,所以很明显,它是空手轻握动作中最常见的形式。

二、意向性轻握。做这个加强姿势时,手做出一种意向动作,仿佛正小心翼翼地拿着一个细小的物件,但又不像穿针眼动作那样将拇指尖和食指尖并在一起。这是一种空握姿势,所反映的心理状态是要求人们轻而又轻。通常,这里有一种表示做姿势者本

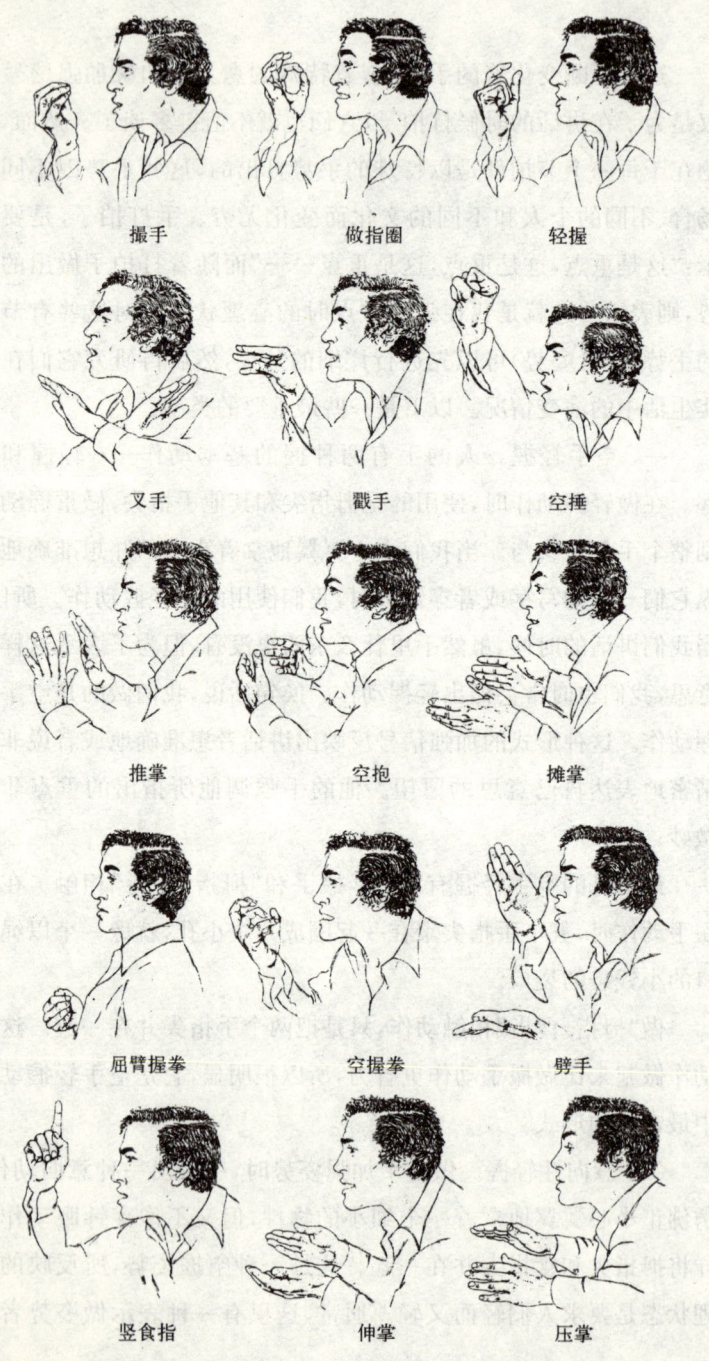

做着手势的演讲者使用的一些非常有特色的强调手势。

人还有疑虑的意味,仿佛他还在继续寻找似的。他的手在空中摇动,表示快要找到答案了,但是还没有真正找到。

三、空手重握。我们在做如拉缆绳或者敲锤子这样的粗重活时,使用的是重握动作。手指紧紧地扣住被握的东西。当空手做这个动作时,温和的形式是屈手,强烈的形式是握拳。做屈手姿势时,蜷曲的手指只是轻轻地接触手掌。这是一种颇为乏味的加强姿势,既不反映思想的精致,也不反映情绪的强烈。相反,握拳动作虽然不太文雅,其传递的信号却是清晰可辨而且是强有力的。

在所有的加强手势中,握拳动作带有最明显的情绪信息,因此,在各种不同形式的动作中,它最容易被用来表示某种成熟的、既定的思想。一个优柔寡断、内心无主的政治演讲者为了使听众相信他很有勇气和决断力,他很可能会有意地、欺骗性地采用握拳这一加强姿势。换句话说,这个动作太容易被人理解为某种基本情绪的可靠标志。

四、意向性重握。讲话者在讲话时如果想控制或者摆脱某种情势,但一时又没能做到,便会用手做出这种僵硬的专注重握动作。这就是乱抓姿势——手指紧张地伸开,然后稍稍弯曲。整只手在空中乱舞,但动作又不完整。

五、空击。这时,手已不再是持物的器官,其自身就成了一种钝器。它不再抓、攫或者握,而是劈、戳或者捶。但是,这些动作仍然是在空中做出的,即劈、戳或者捶空气,而不是某种坚硬的物体。

劈手——用僵直的手掌像斧头一样从空中劈下——是气势汹汹的讲话者希望自己的想法能打破疑团,从而得到明快解决时所做出的加强姿势。劈手的特殊变异动作是叉手,即:两前臂呈水平交叉,然后同时向外劈出。叉手动作更强烈地表现出讲话者的不满或者反对情绪。在做这个动作时,讲话者仿佛在克服某种含有敌意的障碍,用双臂将它左右推开,以此表明他对反对意见的否定。

戳手——用指尖对着听众猛刺——也是一种气势汹汹的动作,而且它的对象更加明确。它是针对听众而不是针对一般性问题做出的。

空捶是加强姿势中最气势汹汹的动作,当讲话者把手握成拳头在空中捶打时,他的情绪表现得一清二楚。这种加强动作和空手重握中的握拳动作很相像,但通常总是可以将两者区别开来的。握拳动作表现为用手抓握空气,而空捶动作则是用拳捶打空气。在两种情况下,手都有可能气势汹汹地挥动着,但只有在做空捶动作时才给人以"大打出手"的感觉。

六、展手。除了想象性的抓握或者打击,手还可以简单地伸展在身体前面并保持一种中性的姿势,即手指并拢,手掌摊开。这里,掌心的方向是重要线索。掌心朝上:乞丐的乞讨手势。这种加强手势表示讲话者乞求听众同意。掌心朝下:头脑冷静的克制手势。这种加强手势显露出讲话者极想平息或者缓和某种普遍情绪——减弱它,从而控制它。掌心朝前:抗议者的拒绝手势。两个掌心朝前的手掌仿佛在保护着讲话者或者仿佛在把某种想象中的东西从身前推开。它反映出一种抵制情绪。掌心朝后:寻求安抚者的拥抱手势。这种加强手势通常用双手同时做出,掌心朝着胸部。它们停留在身前,仿佛在拥抱一个无形的同伴。这里反映出讲话者有一种想接纳某种思想,包揽讨论中的各种观念,或者暗示性地想把他人拉近自己的意图。掌心朝一边:谈判者的伸手姿势。像握手似的伸出一只手,并以加强动作在空中摇动,从而反映出讲话者想伸手去碰碰同伴的意愿。他的主要情绪显然是迫切希望与听众沟通,使自己语言中所表达的思想"深入"他人的内心。

七、意向性触摸。手指呈放射型展开——所谓"手-扇姿势"——有其特殊的加强含义。这种模拟接触姿势在专业发言人当中尤其普遍。发言人张开自己的手,仿佛要用每个手指尖去触摸每一个听众。由于强调指尖触摸,这个微妙的动作和前面提到过的轻握加强姿势有着联系。所不同的是,这里手指不再相互接触,如撮手动作那样,而是做出一种触摸听众的意向性动作。

八、双手接触。如果讲话者用自己的左右手做出某种手对手接触动作,这也有加强作用,尽管这样做已不再是为思想打拍子,但他可以获得一种"握住自己手"的安抚感,从而能继续讲下去。

然而,这种自我亲密动作时常会跟强调重点的愿望发生冲突,所以我们可以观察到讲话者处于一种矛盾状态——绞在一起的双手和故作镇静的神态很不协调。手虽然没有分开,但也会随着讲话者思想的变化而抽动或者跳动。这种低调的加强姿势在那些为某种社会紧张局势而感到焦虑不安、同时又迫切希望和同胞沟通思想的人中间最为常见。

九、食指示意。手的加强动作通常要使用所有的手指,但是有一种常用手势却仅用一个手指——食指——来发挥其主要作用。这就是伸食指姿势。

它有两种常见形式,即:食指前指和食指上指。食指前指时是指向听众或者讨论中的某个对象。指向对象也许是强调对象重要性的方式,但直接指向听众中的某一个人则是一种专横的、盛气凌人的举动。当讲话者用食指点着某人并有节奏地加强这一动作时,被指的人显然会感到一种公开的敌意或者压力。即使仅仅是指向空中,听的人也总是会觉得这是在指着他的鼻尖。

食指上指也可以看作是一种威胁或者欺压动作,但是原因稍稍不同。这里,食指被象征性地当作一根棍子,被举起来准备象征性地一击。讲话者用这种姿势——举起一只手并有节奏地摆动着——是在进行恐吓,因为这个动作和古代举臂下击动作有联系。

我们知道,即使是年幼儿童和猿类也将举臂下击作为一种基本的进攻动作,而当成年人参与某种非正式的暴力活动如城市骚乱时，他们十有八九都会采用这种动作。说不定，这是人类的一种先天行为方式。所以，尽管食指本身是一件那样微不足道的象征性武器替代物，但当讲话者把它像一个小型钝器那样高高举起并不断摆动着时，听众很可能会感到由衷的恐惧。

十、头部示意。手不可否认的是最重要的示意器官，但身体的其他部位也有助于讲话者强调自己的意思。头做出一种稍稍前倾的姿势就时常能起到辅助作用。每一个头部前倾动作包括一次较快的下俯和一次较慢的上仰复原。头部前倾是一种幅度很小的前挺动作，只具有轻微的进攻性质。但事实上，这种形式的加强姿势通常在态度强硬而咄咄逼人的演说中也会被使用，而这显然和它起源于冲刺示意动作有关。

十一、身体示意。类似于头部示意，但使用整个身体的身体前倾动作。这可以看作是加强姿势中最富有戏剧性的例子，讲话者在做这个动作时显然进入了自己作为发言人的角色。交响乐队指挥在指挥演出时，可以说以最夸张的形式做出了这种有节奏的动作；不过，在某些拼命想吸引听众而过于紧张的演讲者身上，我们也同样可以看到这种动作。

另一种身体示意是身体摇摆，这在通俗歌星演出时最为常见。他们每每左右摇摆着身体，有时是为了强调某些歌词，但更多的显然是为了加强音乐的节奏感。

十二、脚示意。在一般情况下，脚很少被用来做加强动作，但有一个特殊的例外——跺脚。这种脚的加强动作几乎总是和愤激之情联系在一起，表示讲话者已经到了大发雷霆的地步。每讲到一个关键字眼就跺一下脚，这种加强动作的效果就像用拳头擂桌子一样，在于它既能被看见又能被听到。

以上是一些最主要的加强信号。对于每一种信号所反映的基本情绪，我也作了提示，但这些提示绝不能被解释得过于刻板。它们与其说是结论,不如说是可能性。理由很简单:因为存在着"个人固有"因素。我们每个人都表现出对某些加强信号的偏爱,而随着时间的推移,我们会越来越多地使用这些信号,以至于把其他信号完全排除在外。我们的加强姿势固然会因为情绪的变化而有所不同,但一般说来,我们自己偏爱的手势所涵盖的情绪,总比上面简单分类中所提及的要多得多。

　　加强行为中的其他一些差异也同样被注意到了。有人认为,某些民族的手势多于其他民族;下层阶级的手势多于上层阶级;不擅言辞者的手势多于能说会道者的手势。

　　民族差异看来确实是存在的。对电影镜头的研究已经证实,大多数地中海国家的人比北欧人更经常地做手势。这种倾向在地域性方面比在民族性方面表现得更为明显,其中的原因好像和气候差异有关,但究竟为什么会有这种差异,至今还没有人能够解释。

　　阶级差异也有可能存在,但是被过分夸大了。诚然,维多利亚时代的上层阶级对任何形式的社会自由都抱憎恨态度:灵活地把手和手臂"用作讲话时的辅助工具"就曾被一百年前在伦敦出版的《良好社会习惯》一书的作者斥为"粗俗不堪"。然而,人们注意到,维多利亚时代的公开发言人实际上也是做手势的。在当时甚至还可以买到不少专门讨论在演讲时如何更有效地利用手势的书籍。所以,现实生活有其自身的逻辑,即使是维多利亚时代,事情也不像粗看上去的那么简单。今天,来自那个时代的某些残余影响依然存在,有些人从小被教得规规矩矩,讲话时也不敢随意做手势,但是总的来说,社会各阶层之间已经不存在鲜明的界限。在任何一个社会阶层中,都有喜欢做手势的人和不喜欢做手势的人。

　　至于说不擅言辞的人多做手势,反之则少做,似乎没有充分的证据。这种说法的意思是,口讷的缺陷可以用手势加以弥补,所以不擅言辞的人在讲不清楚的时候就自然会做起手势来。事实上,情况同样不这么简单。有些能说会道的人固然是"动嘴不动手"的，但还有许多同样能说会道的人，则说起话来每每是手舞足蹈的。当今一些最杰出的雄辩家同样也是最喜欢做手势的人。相反，许多最笨嘴笨舌的人同时也是最笨手笨脚的人——他们的手和他们的嘴一样不善于表达。

除了阶层之间的差异和个人之间的差异，在加强信号方面，还有同一个人在不同场合的表现差异。由于加强信号与讲话时的语调和情绪有关，所以它是随讲话时的具体境况和具体内容而变的。譬如，一个人在杂货铺订购日常用品时就不会像他在和人热烈争论时那样做加强手势。同样，如果他是个热情的人而不是个冷冰冰的人，他做手势的可能性也就会大些。热情的人总希望别人来分享他的热情，往往要强调每一句他自己认为很重要的话。冷冰冰的人则对自己的任何想法都不抱希望，所以也就没有这样的冲动了。

热情人的行为提供了另一条线索。他的加强信号反映出他极想在别人心中也激起同样的热情。他从别人那里得到的反应越好，他就越会觉得自己很成功。他越是觉得自己很成功，也就越来越——无意地——加强自己讲话的调子。相关听众的反应是一个直接影响讲话者的加强信号强度的关键因素。洗耳恭听、句句顺从的听众会使他的手势慢慢地停下来。相反，认真而又有不同意见的听众则每每会使他的手挥舞起来。因为他要赢得这些听众，就必须反反复复地强调自己的话。记住这一点，也就马上明白了：为什么在大众面前公开演讲的人总比私下谈话的人更喜欢做手势。即使是同一个人，若让他在大庭广众当中作演讲，较之于和某个朋友作单独交谈，他会发出更多的加强信号。其理由说起来似乎有点自相矛盾，这乃是因为他在公开场合得到的反应少于私下场合。在和朋友交谈时，朋友总是不断地点点头或者笑笑，讲话者便明白自己的话已经完全为对方所认可。既然这样，也就无须作什么手势加以强调了；相反，在大量的听众面前演讲，听众不会时不时地笑笑或者点点头来表示赞同。他们和演讲者没有任何个人关系。他们瞪着他，始终没有其他的反应，直到他演讲完毕才报之以礼节性的掌声。所以，对于演讲者来说，台下一张张听众的脸就成了一种挑战——他们没有像朋友一样点点头，那他们究竟在想什么呢？他们对我的想法会表示认可呢，还是不以为然？于是在无意识中，演讲者认定，唯一可靠的办法就是进一步强调自己的想法——让他们听得更明白！这样一来，即使在私下场合最少做手势的人到了讲台上，也就变成一个老是挥动着手臂的人了。

最后需要补充的是，除了以上种种，加强信号还有其他许多微妙的变异。可惜我们在这方面至今还缺少深入的研究。因此，要详细汇报手势"方言"的具体情况，便只好有待于今后的实地考察成果了。

指示信号
指点和招呼：引路动作

指示信号即指明方向的动作。它引起旁人的注意，或者引导他的具体行动。总之，它是指示者。在科学专著里，它被命名为"直证信号"，但这似乎有点不必要地故弄玄虚。

我们指指某物，实在是简单之极，谁都会这样做。不过，话得说回来，其他任何动物都不善于这样做，广泛地使用指示信号是人类特有的才能。事实上，指示能力还是人类的一种本质特性，而且具有各种各样的表现形式。

最简单的指示信号是身体指示，这是我们人类和其他动物唯一共有的指示形式。如果某种外部刺激物突然惊动了一只动物，这只动物会迅速转过身来面对着刺激物的方向。这个动作很可能会引起旁边其他动物的注意，从而一起向同一个方向转过头来,虽然它们自己可能还没有感觉到究竟发生了什么事。这种动物身体指示本能已为我们所特别利用。譬如,有一种专门用来寻找猎物的猎犬,其名字就很恰当地被称作"指示者"。

人类身体指示行为可以在任何有重要人物出现的社会性集会上观察到。当我们走进一个房间,看到许多人正围着一个人并且都脸朝着他,我们便能知道当中这个人的地位非同一般。在街上,当我们看见一群人围在那里看什么东西时,同样也会激起我们自己的好奇心。如果发生了什么事故,首先赶到现场的人会围成一圈,他们的这种身体指示信号很快又会引来大批的旁观者。

人类身体指示行为仅仅是一种无意识做出的姿势。我们并不把它当作有意识的信号——相对于其他同时发出的信号,这种信号是次要的。在有意识发出的信号中,最常见的形式无疑是食指指示。当有人在街上向我们问路时,我们可能会详详细细地告诉他,但是在说话的同时我们又几乎每次都要做出食指指示动作。即使在这种指示显然是多余的情况下,我们仍然会情不自禁地做出来,而这种动作几乎可以在世界各国观察到。在有些地方,用手指指东西是一种禁忌,于是便代之以头部指示,即头朝着指示的方向一甩,同时伴随着嘴唇一开一合的动作或者发出一点什么声音。头部指示动作在中美洲和南美洲、非洲以及在廓尔喀人和北美印第安人中间最为常见。

头部指示的一种特殊

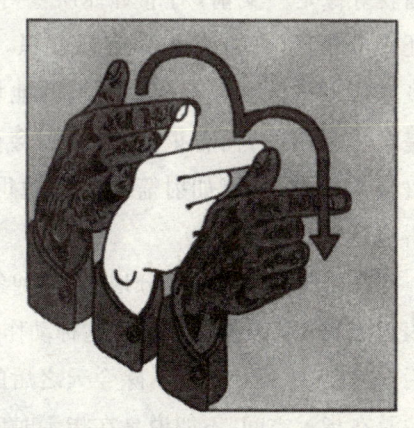

食指指示是指明某对象位置的指示信号,而手掌指示则用来指明到达某处的途径。指示远距离对象时,食指向上抬起,就像一支箭头稍稍向上以便射中远距离目标的箭。

形式是比较隐蔽的目光指示。如果我想提醒你有人走进了房间而你还没有注意到，我可以迅速地朝他们的方向看一眼，然后又收回目光看看你，看你是否已经明白。很可能，我需要这样重复地做几遍你才会明白我的意思。这是一种有意识的、经过强化的凝视动作，但做起来仍需要小心谨慎，要是做得太过分，就会被第三者观察到，而要是达不到一定强度，又引不起你的注意。

回到人类最重要的指示器官——手，这里也有某些变化形式。除了食指指示，还有手掌指示，即把五个手指同时作为指示工具。食指指示和手掌指示之间的区别很微妙。如果我在街上问某个人："火车站在哪里？"他回答说："就在那里。"这时他多半是用食指指示的。如果我问："到火车站去怎么走？"他回答说："就从这儿往前走。"这时，他多半会用整只手——大拇指朝上，其余四指分开——为我指出方向。

换句话说，用整只手指示是一种指明途径的指示信号，而用一个手指指示则更多地用于指点某个目标所处的位置。这里，食指就好像是一支箭，对准着你所要寻找的目标。这类动作有时还十分精确，如在有些部落社会里，目标的远近是以食指的角度来表示的。如果我问："最近的池塘在哪里？"要是很近，食指是几乎平指的；而若很远，食指则会稍稍往上翘起。目标越远，食指翘得越高，就如射箭时箭头翘得越高（45度以内），箭就飞得越远。

在希腊和意大利部分地区，这种象征手法具有一种很特殊的表现方式——食指跳跃。做这种动作时，伸出的食指向下勾着，然后向前跳，每跳一次表示除今天之后的一天。这种指示信号与其说是在指示空间，不如说是在指示时间，而借着这种方式，一对男女青年可以在人声嘈杂的房间里不用说一句话便商定约会时间。他们的问题大体这样：

男的心里想说：我们明天五点钟见面，怎么样？动作：(1) 指指女的，再指指自己(＝我们)；(2) 跳一下食指(＝明天)；(3) 张开五个手指(＝五点钟)。

女的心里想说：不行，我想还是后天五点钟见面吧。动作：(1) 头往后一仰(＝不行)；(2) 食指跳两下(＝后天)；(3) 张开五个手指(＝五点钟)。

使用食指和中指的双指指示动作则是一种不很常见的指示信号，只有在偶尔的情况下，需要指示某种介于食指指示(指示目标)和手掌指示(指示途径)之间的东西时才为人们所使用。

最后，是拇指指示——一个有着古老而血腥历史的动作。在古罗马，这是个决定生死的指示信号。当一个角斗士在角斗场竞技时被打败，他有可能免于一死，也有可能当场被胜利者杀死。而胜利者的决定则受到台上观众用拇指做出的动作的影响。现在人们普遍相信，这种拇指姿势是拇指翘起表示生，拇指放下表示死，但这显然是对古代文献的误解。对这些文献的仔细研究表明，所谓"拇指翘起"实际上很可能是"拇指藏起"——把拇指隐藏在其余四个手指的下面——而所谓"拇指放下"实际上是"拇指下指"。观众在角斗场的看台上，他们若要把拇指指向场上的角斗士，自然只

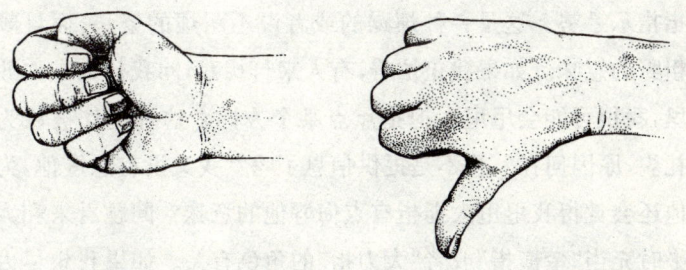

拇指藏起和拇指下指信号。古罗马人表示"杀死他"的手势是拇指下指，而表示"饶了他"的手势是拇指藏起，不像通常认为的那样是拇指翘起。

能是往下指。所以,这个决定生死的手势应该是:拇指藏起表示生;拇指下指表示死。

我们已习惯于拇指翘起和拇指放下的现代含义,于是便对古代的类似动作作了似乎很不确切的解释,但事实依然是:拇指翘起的拉丁原文——pollice compresso——按字面上的解释意即"拇指压下",这就很难用来描述表示赞赏的现代翘拇指动作了。古代这两种动作的原意显然以简单的模仿为基础。拇指往下戳,其余四指收拢,是对杀戮动作的模仿——把剑戳进失败者体内。这是观众所做的一种没有剑的戳剑动作,其意在于鼓励胜利者对失败者做出同样的动作。如果要发出相反的信号——免他一死,不要用剑戳——他们同样是伸出手来,但拇指已很明显地藏到其余四个手指的下面去了。

也许是出于古代传说,意大利人至今仍很少使用表示"OK"、"很好"、"真妙"等意思的翘拇指手势,至少比英国人或者法国人要少得多。调查表明,百分之九十五的英国人和法国人都承认他们是这样使用翘拇指手势的,而在意大利人中间这个数字仅为百分之二十三。更多的意大利人宁愿使用"英国式 OK"手势,而且承认他们是从电影和电视中看来的。

除了这种特殊的使用方式,还有一种比较一般、也比较直接的拇指指示手势。这是一种烦躁的或者说不耐烦的姿势,而且颇有点粗野的意味。如果我正忙着,有人来打扰我,问我什么东西放在哪里,我很可能会甩甩大拇指点点某个方向。这种动作被认为很不礼貌,原因何在?我不是提供信息了吗?我又没有怠慢他,为什么他还会觉得我甩甩大拇指有点侮辱他的意味?问题看来和大拇指平时充当"蛮横指"或者"大力指"的角色有关。如果我想尽力把某种东西按下去,我通常会使用大拇指而不大会使用其他手指。当我们稳稳地抓住某件东西时,大拇指的力量相当于其他四个手指加起来的力量。当我们谈到某人"在我们大拇指底下"时,意思就是他在我们的控制之下。所以,甩甩大拇指是无意识地在标榜自己的体力。由于这个手势暗示着某种内在的力量,下属人员在上司面前是禁止使用的。除非故意想冒犯,年轻人一般也不用这个手势指点年长者。

这个原则的唯一例外是指示者越过自己的肩指点方向。如果他彬彬有礼,他理应转过身来用食指指点,但是如果转身有困难,那么把拇指举过肩向后指指也会被人接受。譬如,交通警面对着川流不息的车辆,这时若有人问路,他便会用大拇指从肩上向后指指。

除了我们称之为"指点"的姿势,还有另一类特殊的指示信号,那就是"招呼"。这里,仅涉及一种方向,即:朝着招呼者本人。这是"过来"或者"到这边来"信号,而且也有许多种变化形式。

最常见的招呼形式是招手——四个手指(除了大拇指)一起上

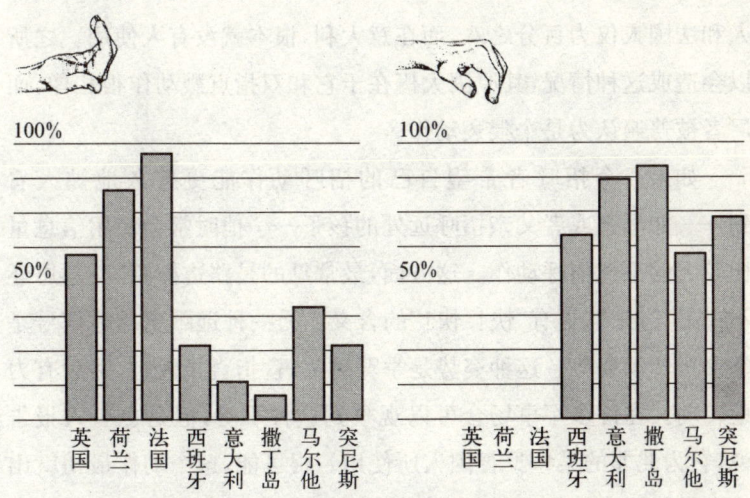

招手动作有两种:在一些国家是掌心向上,在另一些国家是掌心向下。图表显示了当你从英国穿越欧洲旅行到非洲时看到的变化。

下摆动。有些人在做这个手势时掌心朝上,有些人则掌心朝下,而这取决于你生活在什么地方。如果你是英国人或者法国人,你招手时掌心总是朝上的,而若你是意大利人,你通常会使用掌心朝下的招手姿势。这是因为意大利人所使用的送别挥手姿势和英法的招手姿势看上去几乎一模一样。如果他们使用英法式招手姿势,便会引起误解。

在世界其他大部分地区,常见的都是掌心朝上的招手,但掌心朝下的变化形式在亚洲和非洲的某些地区以及西班牙和南美国家也能看到。

食指招手不及招手那么普遍,在英国它有点逗弄或者取笑的意味。在法国这种意味就不明显,所以它在那里的普遍率是英国的两倍。在意大利又极为少见,尤其是掌心朝下的食指招呼更为少见,在被调查的三百个意大利人当中仅五人使用过这种动作(百分之一点七)。

还有一种罕见的变化形式是双指招手。使用这种动作的英国人和法国人仅为百分之八,而在意大利,根本就没有人使用。之所以会造成这种情况,其原因大概在于它和双指点戳动作很相像,而后者被普遍认为是个猥亵动作。

如果一个招呼者希望自己的招呼动作能更持久地被人看到——如母亲或者父亲招呼远处的孩子——他时常会使用信息量比较大的手臂招呼动作。这方面,最常见的是路边挥臂,其意思还不仅是"过来",更有"快!快!"的含义。另一种远距离招呼信号是举食指转动姿势。这种姿势是举臂过头,食指直指天空,然后有力地转动。在许多军事场合可以观察到这种手势,但是也有人报告说,它为北非的某些贝督因人所使用。很可能,这个动作最初就出现在贝督因人中间,而军界是后来从他们那里借用的。

在北美可以观察到的另一种奇特现象是按需使用手指作招呼

动作。如果你看到一群人而你只需要招呼其中的一个人到你身边来,你只要使用食指。如果你需要两个人过来,你可以同时使用食指和中指,而若需要三个人,那就把食指、中指和无名指一起用上。这种"怪异"招呼动作在突尼斯也有发现,但是我们还不清楚,它是一种地方特点呢,还是一种具有较普遍意义的动作。

一种夸张的而且颇有点逗弄意味的"校长式"招呼动作是两指先后招呼。在做这个动作时,不是两个手指同时摆动,而是一个接着一个,先是小指,接着是食指。有些喜剧演员把这个动作当作一种"强忍愤怒"的讽刺信号。就起源而言,它显然是一种介于普遍的招手和抓握动作之间的双重姿势。

最后是头部招呼,这个动作一般只是在双手拿着东西而无法做平常的招呼动作时才使用。一个特殊的例外是那种带有性意味"过来"的勾引性头部招呼。这个动作只是稍稍地扬扬头,暗示出一种性要求,虽然它现在更多的是在开性玩笑的时候被使用,在正式的色情场所反而不太常见。

除了指点和招呼,作为一般的指示信号,还有多种手和臂的动作。譬如,摆手姿势——举起一只手,掌心朝前并有节奏地推动——指示对方回去;反向摆手姿势则引导对方朝手动的方向行动。举手表示向上;沉手表示向下。

总而言之,所有这些指示信号都证明人是动物王国中最优秀、最精到的指示者。对此,我们或许认为理所当然,但是如果认识到所有这些指示信号之间的微妙差别,那么就会相信,即使在这方面也存在着一个复杂的姿势世界,而人就是凭着它才得以准确无误地表达出自己周围的事物、地方和人"在哪里"。

是非信号
表示同意和接受或者否定和拒绝的方式

许多人相信,要表示"是"和"不"只有一种方式,即点头和摇头,并且认为这两个动作是全球通用的。这接近于真实情况,但绝不是事实的全部。在某些地区,还有其他一些不太为人所知的头部动作被区域性地用来表示肯定和否定,外来人若不了解,就会遇到种种麻烦。头部动作主要有以下五种:

一、点头。头垂直地上下点一次或者几次,其中往下的动作成分比往上的动作成分更为重要。从根本上说,这是一种呈初始阶段的鞠躬动作,即头刚往下垂就中途停止了。既然鞠躬是自降身高以示谦卑的世界性行为体系的一部分,那么,如果发现点头动作几乎在任何地方、任何时候都会出现,并且永远表示"是"而从不表示"不",也就不足为奇了。即使在像澳大利亚土著这样与世隔绝的部落社会里,人们发现当这些土著第一次遇到白种人时也同样使用表示"是"的点头动作。由此看来,这个动作不仅有几千年的历史,而且是在不同的时代、不同的地方独立形成的。它的普遍性肯定无法用近期的殖民活动或者旅游探险者的输出加以解释。

除了澳大利亚土著,点头动作在亚马逊印第安人、爱斯基摩人、斐济人、巴布亚人、萨摩亚人、巴林人、马来亚人、日本人、中国人和非洲部落成员中间都能观察到。在欧洲、南北美、澳大利亚和新西兰的几乎全部白种人也同样使用这个动作,甚至在先天失聪和失明的人以及畸形小头而没有语言能力的人中间,仍然可以观察到。以上一长串的名单无疑还可以进一步加长,但已经强烈地暗示出,表示肯定的点头动作很可能是人类的一种先天动作。如果真是这样,那么对于少数例外,即那些使用其他头部动作表示肯定的人,就需要有特别的解释。很可能,他们所做的头部动作并不是常见点头动作的替代,而是对它的扩展。譬如,据有些旅游者说,在斯里兰卡,人们是以摇头代替点头的。当表示同意某个建议时,当地人就左右摆摆头,而不是上下点头。仔细研究表明,这种情况仅仅在涉及赞同某种协定时才发生,而若问一个具体的问题,人们仍会以平常的点头来回答。所以,它是看对象而定的。对于大多数人来说,对任何需要作肯定表示的问题仅有一种"通用反应",而对于其他一些人来说,则有多种准确的表示法。表示肯定的点头有以下几种不同的含义:

注释性点头,表示:"是的,我仍然在听。"

附和性点头,表示:"是啊,多么迷人。"

理解性点头,表示:"是的,我明白你的意思。"

契约性点头,表示:"那好,我就这样做。"

确定性点头,表示:"是的,那是正确的。"

这些含义不同的点头,只要其中有一种在某个地区为其他某种头部动作所替代,那么就很容易引起旅游者普遍的注意,原因就是因为它与众不同。于是,这些旅游者便会带回很不精确的消息,使人误以为那里存在着完全不同的表示肯定的信号体系。

二、摇头。头水平地从一边转到另一边,其中左转和右转同样重要。这是最常见的否定反应形式,包括各种各样的"不",从"我不能"和"我不愿"到"我不同意"和"我不知道"。它还能表示不许可或者迷惑不解。

像点头一样,摇头基本上是全球性的;也像点头一样,它通常在那些有其他否定动作的地区仍然被保留着。就起源而言——关于这一点,我们在前面已经讲过——它被认为是从婴儿拒绝乳头、奶瓶和调羹的动作中直接演变而来的。当父母硬要婴儿吃东西时,婴儿的否定反应是把头扭到一边,然后又扭向另一边,尽量地避开他眼下不需要的食物。这种左右转动的头部动作就是成年人摇头动作的雏形,同时也解释了为什么摇头不论在哪里永远是一种否定信号。

三、扭头。头猛地转向一边,然后又恢复到正常位置。这是半摇头动作,而且意思也和摇头一样。埃塞俄比亚部分地区和其他一些地区的人就使用这种动作表示"不",而这个动作和婴儿拒绝食物动作的联系甚至比摇头还要明显。

四、摆头。头有节奏地从一边摆到另一边,就像一个倒置的钟摆。对于大多数欧洲人来说,这个动作的意思是:"也许是,也许不是",因为这时模仿着"走这条路还是走那条路"时的选择动作。但是,据说在保加利亚和希腊某些地区、南斯拉夫、土耳其、伊朗和孟加拉,头的这种摇摆动作是用来代替平常的点头动作的。在这些地区,这个动作的意思是"是",而不是"也许",而且人们对它比对平常的摇头动作还要熟悉。

19世纪,习惯以摇头表示"不"的俄国士兵占领了保加利亚,他们一定很难了解当地居民。因为保加利亚人表示"是"的动作看上去和俄国人表示"不"的动作十分相像。于是便麻烦四起了。为了解决这个问题,俄国人训练自己在要表示"是"的时候就左右摆摆头,同时不再使用他们自己表示否定的摇头动作。他们以为这样一来问题就解决了,没想到竟产生了更大的误解。因为保加利亚人不知道,俄国人究竟是在使用他们那套老动作呢,还是临时性地变换了他们的动作。这样一来,所有的头部信号都统统失效。

保加利亚语中的有些短语为找到这种表示肯定的摆头动作的起源提供了线索。那里,人们有这样的说法:"我把耳朵给你。"或者:"我耳朵好好的。"这就是说,摆头动作是把耳朵侧向同伴以表示注意的风格化形式,肯定某人的兴趣,后来演变为一般性的肯定。

五、仰头。头猛地往后一仰,然后不太猛地恢复正常位置。这可能是一种经过变化的点头动作,然而在许多地方却是一种表示"不"的特殊方式。许多信号都根据"对立原理"发生作用,这也是其中的一例。所谓"对立原理",其实很简单,即:如果两种信号的含义是互相对立的,那么以它们为基础而产生的动作在形式和方向上也将是对立的。举例来说,要做出某种权威姿势,身体就要抬高,而要做出某种卑微姿势,身体就得蜷缩而降低。同样,如果说点头表示"是",那么可以料想,表示"不"的信号就是它的反面。和头部向下的点头动作形成对立有两种方式:一是向两边摇的动作,即摇头;另一种就是向上的仰头动作。

可能是因为没有摇头动作那样显眼,仰头动作的使用范围十分有限。主要的中心地区是希腊,所以它有时也被称之为"希腊式不"。但是,它仍然传播到了地中海周围的许多地方,因此今天不仅在希腊能看到,在塞浦路斯、土耳其、南斯拉夫、有些阿拉伯国家、马耳他、西西里以及意大利南部也同样能看到。就像拂下巴姿势(在前面已讨论过的一种区域信号)一样,仰头动作的分布范围

用一只手的指背拂下巴是意大利南方人用来表示否定的手势。这种手势是仰头动作的一种扩展形式。

也显然和古希腊在鼎盛期的势力范围相吻合。看来情况是这样的：尽管两千多年已经过去，这个古希腊人的动作依然在曾经是古希腊殖民地的那些国家里被保留下来了。为了证明这一点，在意大利中部曾做过一次专题研究。最后发现，尽管意大利现代交通十分发达，而且全国都布满了国家电视网，现代罗马人依然用摇头表示"不"，而那不勒斯人依然用仰头表示"不"。在这两个城市之间的乡村地区，很明显地存在着以那不勒斯北面山区为界的分界线。分界线以南，几乎每个人都使用仰头动作；分界线以北则使用摇头动作。就仰头动作所及的范围来看，情况仿佛像古希腊人从未离开过意大利南部似的。

然而，对于大多数意大利南方人来说，并不是每一种否定都可用仰头来表示的。摇头动作偶然也被使用，尤其是在表示确定性"不"时。仰头带有很强的情绪色彩，往往表示"不，你不能！"或者"这糟透了！"或者"不！！！"——有时，它还会由努嘴、抬眼、举眉等动作或者发出"嗯，嗯"的声音加以强调。若在一定的距离外，在做这个动作的同时还会附带做一下拂下巴动作。

更为复杂的问题是，在世界上另外一些地方，仰头动作竟然和意大利人的意思截然相反。在新西兰毛利人、菲律宾塔咯人以及某些埃塞俄比亚人中间，仰头的意思不是"不"而是"是"。这种分布情况简直令人费解，不过仰头动作会被用来表示"是"倒不是出乎意料。当我们紧张地解决了某个问题时，我们每个人几乎都会松口气，发出一声"啊哈！"与此同时，我们的头也会向后一仰。

是非信号

这是一个高兴而惊异的动作,意思是:"啊,是的,当然如此!"而"啊,是的"是很容易被简化为"是"的。看来,在好些和外界无关的情况下,事情就是这样发生的,同时这也解释了为什么仰头动作没有像点头和摇头那样成为遍及全世界的是非信号。它缺少它们所具有的那种特性。

以上五种主要的是非信号都是头部动作,但还有其他表示"是"或者"不"的方式则和手有关。父母警告幼儿不要做某件事时常不用摇头来表示,而是摇摇食指。这是一个替代信号的例子,即以身体的某一部分"代表"另一部分。也可以说,手从头那里借用了动作,而且在做的时候比头更挺直,其信号也就更有力。所以当父母感到焦急或者发怒的时候,往往会对幼儿做出这种比较强烈和比较急迫的摇指动作,而不大会摇头。另一种变化形式是摇手。这个动作做起来和摇指差不多,只是掌心是朝着对方的。

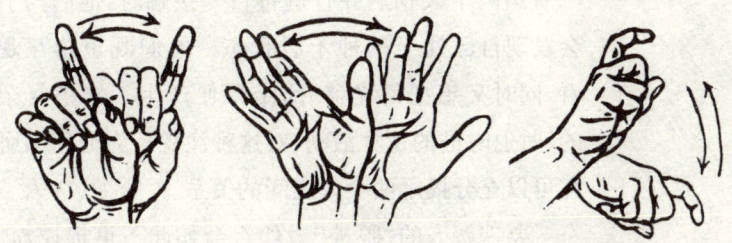

摆动食指或摇动手掌时常取代摇头动作。这是替代动作的一个例子:以肢体的一个部分(食指或手)替代常用来发信号的器官(头)。与此相类,北美印第安人表示"是"的信号是上下划动一根食指,以这个动作替代点头。

根据北美印第安人手势语研究者提供的材料,印第安人表示"是"的手势是向上伸出一个食指,然后有节奏地往下磕动食指尖——又是一种替代信号。不过,这次是"手鞠躬"或者"手点头"。印第安人表示"不",是用一只手往上一拂,这同样是对典型的头部动作的模仿,也就是说是向上的而不是往后的"仰头"。

注视行为
直视和扫视：相互观看的方式

当两个人相遇并且进行目光接触时，他们马上会发现自己处于一种矛盾状态。他们既想相互观看，同时又想把目光移开，结果便产生一连串复杂的、时退时进的视觉活动，对这种注视行为的仔细研究可以充分揭示两个人之间的关系。

要理解人的"眼神"为什么会如此不可捉摸，必须充分认识到，人为什么要观看别人，又为什么要把目光移开，其原因并非单一，而是多种多样的。就以一对刚进入恋爱初期的恋人为例，他们之间明显地表现出多种注视模式。如果说，无论男女在这个阶段都比较害羞，他们的目光总是分开着而且会长时间地注视着远方，那么，当他们相互交谈时，也仅是迅速地交换一下目光。在大部分时间里，他们会呆呆地看着地面，或者凝视着相反的方向。有时，他们看着地面的目光会显得那样专注,好像自己脚边的地面上有什么非常吸引人的东西似的。他们的眼睛牢牢地盯在那里,其神情仿佛像是在专心致志地找寻着地面上某个细小的污斑。在他们的内心深处,恐惧感和性吸引力之间正在发生冲突,而正是这种冲突使他们茫然不知将自己的目光置于何处。随着关系的进一步发展,随着恐惧感的减弱,他们之间目光接触的次数也开始增多。然而,羞涩心理依然存在,他们还不会面对面地相互直视,而是仍然像过去一样时不时地扫视一下对方。只是,这种敏感的扫视动作现在已经变得更加经常,持续时间也更加长了。如果其中有一个比较大胆,他(或者她)便会深情地、较长时间地注视此时很可能仍然呆望着地面的她(或者他)。像"他没有把目光从她身上移开"和"他对我看了好一阵子"这样的句子,就是用来描述这种关系的。

通常,当一对恋人已经建立起真正的亲密关系并消除了一切恐惧感之后,他们便会偎依在一起,长时间地相互凝视着,偶尔才把目光移开,柔声交谈或者作一点轻微的身体接触。从害羞开始,到单方面的渴慕,再到情浓意密的相互爱恋,在这过程中同时也包括两人目光相交所用时间的大幅度增长,用"目不相离"这一短语来表示热恋实在是再恰当不过了。

改换另一种完全不同的情况来看看:如果在两个人的关系中,地位的作用明显地胜过感情,他们的目光又会是怎样的呢?假设有一个下属人员做错了一件事,被叫到上司的办公室去接受训斥。他一走进办公室,马上就会端详上司的脸色以猜度他的心情,但是上司却坐在办公桌前,眼睛朝着窗外张望,勉强地瞥了他一眼。上司叫他坐下,随后便开始振振有词地指责他,眼睛依然望着窗外。突然,那下属的回答激怒了他,他转过头来瞪着这个倒霉蛋,脸上还露出一副凶相。他这样瞪了好一会儿。在这当中,那下属都不敢抬头去看他的眼睛。这个可怜虫忧心忡忡地把目光移开,他的头也就越垂越低,最后连脸也看不见了——真正是"丢脸"。上司仍在说着诸如"我看你怎么办"之类的话威胁他,事实上,上司的眼睛也确实看着他,怒视着他垂到了胸口的头。然而上司太过分了,那下属实在忍受不住。他猛地跳起来,开始对着上司大声叫喊。随着情绪的突然改变,变成公开的敌对情绪,他的视觉行为也发生了变化。现在,他也开始两眼瞪着上司,两个人面对面地怒目而视。下属失去了控制,转到办公桌那边,挥拳把上司打倒在地。这时,上司考虑到生命安全,反而一下子变得又惊又怕,其脸部表情也彻底变了。只有他的眼睛仍瞪着发怒的对手。然而,他这时已经是恐惧万分地瞪着眼,而不再是神气活现地瞪着眼了。为了保护自己,他不敢把目光从那握着双拳、浑身颤抖的下属身上移开,一秒钟也不敢。

从上述的场景变化中,我们可以看到注视行为的各种明显变化。我们看到,被动的上司和被动的下属同样会把目光移开:在上司未被激怒之前,他傲慢地对待下属,眼睛望着窗外,似乎对下属不屑一顾。至于下属,当受到上司严厉训斥时,他低垂着双眼,同样诚惶诚恐地不断把目光移开。我们还看到,主动的进攻和主动的恐惧都会使人用眼睛瞪着对方。发怒的上司、反抗的下属以及最后惊恐的上司,在每一种情况下,都用眼睛直视着对方,不是一种直接的威胁表现,就是一种生怕受到攻击的惊恐表现。

综观上面两个爱与恨的详细事例,可以说,直视表示性爱、愤怒、恐惧等强烈情感,而扫视则和羞涩、傲慢、屈辱等情绪有关。由于从根本上说注视的类型只有两种——移开目光和投出目光,所以,和这一动作同时出现的脸部表情所显示的心情,主要也只有三种——爱、愤怒和恐惧。虽然在上面讲到那种情绪强烈的情况下,当事人的脸部表情可能很典型,一眼就能看出,但相对来说,像这种情况毕竟很少见。大量出现的社会情况都是淡化的,或者说被减弱的。即使是短暂出现的性兴奋、仇恨或者焦急等情绪也常常掩饰在社会礼节的假面具之后。在宴会、约会、娱乐会以及其他各种聚会上,如果某个男子发现自己和某个女子谈得特别投机,他多半不会明显地暴露其内心从而也就不会做出一种贪婪的面部表情。他会冷静地把谈话引向自己所希望的目标,但表面上仍然装得好像仅仅是在进行一般的友好交谈。另一个男子,发现自己特别憎恨主人,同样也会克制自己,尽量不显露出带有敌意的脸部表情。第三个男子,在谈笑风生的同伴中间感到自惭形秽,照例也不会让自己的脸上显露出赤裸裸的焦虑表情。

在这些较为节制的情况下,不太强烈的感情也可能受到控制,人们的外部表现都清一色地被化为一种几乎是统一的"点头和微笑"。然而,眼神并不像微笑那样容易训练。当我们举杯和碰杯的时候,我们很难意识到自己眼睛活动的变化。这时所发生的是,当我们和同伴交谈时,我们把目光从他们身上移开或者投向他们的时间会有少量的、非常少量的增加。某个男子发现某个女子美貌动人,他可能不会用其他形式显露自己的感觉,但他的眼神会显露出来:当他们目光相遇时,他会稍稍地多看上她几眼。另一个男子,当他不得不去和异常丑陋的女主人谈话时,他内心感受也许不会通过他的微笑表露出来,而只能从他朝女主人投出的短短几瞥中观察出来。同样,那个面带微笑、但心怀恶意的客人,老是斜眼瞅着同桌的人,结果是那些同样面带微笑、但神经过敏的同桌人,也对他报以不同往常的目光。

和这些情况有关的一个显而易见的问题是,那个对你"多看几眼"的客人究竟是喜欢你呢,还是讨厌你?但这个问题已超出了注视行为的范围。目光的不同方向只能告诉你,别人对你比往常稍稍多了点注意或者少了点注意。至于这种注意的确切性质,则需要通过其他非语言线索才能发现——也许它们一直在通过那种有礼貌的微笑显示出来也说不定。然而，尽管直视动作的增减仅仅是一般性的指示而已，只带有少量的心理特性，但它们毕竟还是十分重要的社会线索，当我们每次和别人相遇、交谈时都会无意识地对它们作出反应。

它们之所以重要，乃是因为我们有一种特殊的眼睛部位——眼白——它有助于我们更惹人注意地做出眼睛动作。其他灵长目动物没有这种眼白，因此它们目光方向的变化就不太明显。不过，它们当然也不需要一个小时接一个小时地面对面站着进行交谈。事实上，目光接触之所以会成为人类的一种如此重要而有效的联络方式，其原因就在于语言的进化。

看着两个人在认真交谈时的眼睛，你会观察到一种高度个性化的目光"舞蹈"。一个人开始讲话时，先朝对方瞥一眼；然后，当他边想边说时，他望着别的地方；最后，他讲完后再瞥一下对方，看看他对自己说的话有何反应，而当他这样做的时候，对方一直在看着他。但是现在，由于对方已听完他说的话，对方从听讲者变成了讲话者，于是同样把目光移向别处，只是偶然转回来瞥一眼，看看自己说的话效果如何。就这样，谈话和目光的变化以一种显然可以预测的方式来来回回地进行着。

在一般的交谈中，两人目光的短暂接触点是发生在这种听、讲角色的交换之际，这时两人注意力的变化情况会显露出来。也就是在这种交换之际，色迷迷的男子会稍稍地拖延一下。当他听完某个漂亮姑娘对他说的一段话后，他开始讲话，照理来说，他这时应该把自己的目光移开，但是他仍然直勾勾地看着她。这使她感到不舒服，因为他迫使她要么和他双目对视，要么就是在他讲话的时候把她自己的目光移开。如果在他瞪着眼睛讲个没完时，她的目光躲躲闪闪，那她就会显得是在"害羞"，而这是她极不愿意的。如果她大胆地和他双目对视，那他已经迫使她给出了"情人的凝视",这也是她极不愿意的。不过,他很可能不会做得这样过分。他会稍稍地延长自己的凝视时间,其程度足以传达信息又不致引起任何反感。

还有一些变化形式也可以在绝大多数社交聚会上看到。譬如,有的人讲话很啰嗦,讲起话来没完没了,连他自己也等不及讲完了再来看看别人的反应,于是他便在讲话过程中时不时地用眼睛扫视别人。有的人天生贼眼溜溜,一会儿神经质地集中注意力(投出目光),一会儿又神经质地放松注意力(移开目光)。他的目光来来回回游移不定,使别人觉得很不舒服。还有就是那种过分热情的"崇拜狂",他们对自己所崇拜的人似乎百看不厌,只要那个被崇拜的人在场,他们的眼睛就老盯着他(或者她)。这使得那个被崇拜的人很不自在,不知道眼睛看他们好呢,还是不看他们好。

这些特殊的情况打破了一般社交场合中注视行为的来回平衡,即:表示感兴趣,但又不带有强烈的感情色彩,而对于这种平衡的灵活和精妙,我们通常是意识不到的。只有当我们遇到某种不寻常的古怪目光时,我们才会加以注意。这种情况在面对大量听众发表演说时每每会发生。演说者登上讲台,一眼望下去只见无数双眼睛正盯着他看。当他开始讲话时,他不可避免地会感到这众多的目光有点可怕,于是他不敢直视它们,把自己的目光举向空中或者垂在讲稿上。但一个有经验的演说者知道这办法并不好,正确的办法是强迫自己经常直接地看着听众,就像和单个人讲话时一样。这样做之所以重要,是因为对于每个听众来说,演说者事实上是个一对一的对话者。如果他的目光没有适时地投向听众,听众就会觉得他很傲慢。所以,专业演说家的解决办法是,隔一段时间就用目光扫视一下听众。

电视台新闻广播员碰到的则是完全相反的问题。对他来说,不存在盯着他看的眼睛,而只有录像机镜头。在镜头的上方有一个自动提示器,上面会一行行地打出他要讲的话。在读这些文字的时候,他的目光不必从镜头上移开——确实,若把目光移开就难免读错。但是这样一来,在家里收看电视的人眼里,他就显得好像老是朝他们瞪着眼睛,因而会觉得他的样子很不自然。解决这个问题的办法是在他的广播桌上放一张稿子,偶尔他可以不看自动提示器而看看稿子,以此来缓和他那种瞪眼睛的紧张姿势。有的广播员则通过灵活使用自动提示器来解决这个问题。他站在录像室里,样子好像在作即兴发言,目光时不时地有意离开录像机。他虽然没有稿子可看,但他可以看看上面,或者看看旁边,就像对待一个真人一样对录像机讲话。这样,在收看电视的人眼里,他就显得自然多了。

对于长时间的注视,我们都极其敏感,所以儿童在做那种对瞪眼睛游戏时都极难做到在一段较长的时间内不把目光移开。直接的、眼对眼的注视似乎具有一种内在的威胁性,甚至当我们有意识地对自己说那仅仅是一种游戏的时候,也同样如此。当我们很小的时候,有什么东西在眼前一闪,我们就会一下子把眼光移开。与此很相像,我们似乎觉得直视着我们的目光总会造成伤害,而许多迷信活动就是由这种感觉引起的,最明显的例子是所谓的"邪恶目光",人们普遍地坚信它会给人带来厄运。

致意表现
"你好"和"再见":迎接和告别

　　致意表现旨在表示我们希望他人幸福,或者至少希望他们平安无事的意愿。它传达友好的或者不存敌意的信号。当某人到达的时候、离开的时候或者显著地改变了社会地位的时候,致意表现最为频繁。我们为他的来、他的去和他的改变而向他致意,于是我们也就有了欢迎仪式、告别仪式和庆祝仪式。

　　两个朋友久别重逢之际,他们之间就会有一种特殊的欢迎仪式。在重逢的最初一刻,他们把自己的友谊信号增强为超友谊信号。他们微笑和抚摸,多次拥抱和接吻,一般说来,他们的行为要比往常亲密得多,也慷慨得多,他们这样做是因为他们要补偿失去的时间——失去的友谊。因为在他们分离期间,他们不可能相互递送为维护他们的关系而需要的那无数种细微的、无时不在的友谊信号,也就是说,他们之间已相互欠下了一大笔信号债务。

这笔债务必须及时还清,以保证友谊的纽带不致被过去的时间所侵蚀。于是就有了热烈的重逢场面,而这正是一次性还清债务的具体表现。

欢迎仪式一旦结束,过去的朋友关系现在已再次确立,他们便可以和往日一样友好交往。不过,也有可能他们还得长期分开。如果是这样,那么就会出现一次告别仪式,届时将再次出现超友谊信号。这次,它的作用是使两个朋友各服下一剂强烈的友谊兴奋剂,以使他们在分离的日子里时常回味友谊的滋味。

同样,如果某人的社会地位发生了巨大变化,我们也会向他们发出大量的友好表示,因为我们既是在告别他们过去的自我,同时又在欢迎他们新的自我。当小伙子和姑娘成为丈夫和妻子时,当丈夫和妻子成为父亲和母亲时,当公爵成为国王时,当总统候选人成为总统时,以及当竞争者成为胜利者时,我们都会这样做。

无论是具体的有人来到和离开,还是社会变化中象征性的来和去,对此我们都有正式的纪念程序。我们纪念生日、圣诞、新年、婚礼、加冕、周年、就职和退职。我们举行迁居宴会、欢迎宴会、告别宴会和葬礼。在所有这些场合,我们本质上都在做出致意表现。

越是庄重的场合,程序就越是严格和制度化。即使是比较普通的、私人的、甚至是两个人的仪式,也有明确的规则可循。不管哪一种仪式,开始或者结束的时候一般不可能没有某种形式的致意活动。这一点甚至就我们写一封信而言也是正确的。我们总是用"亲爱的史密斯先生"开始,用"您忠实的……"结束,而且这种致意规则是那样地具有强制性,即使史密斯先生对我们来说一点也不亲爱,我们对他也无须忠实,可我们仍然得这样写。

同样,我们和自己并不欢迎的客人握手,当他们离开的时候还要表示遗憾,虽然我们心里巴不得他们早点滚蛋。所以,当我们真正想表示欢迎和惜别的时候就非得加以特别强调不可了。

事先经过安排的社交性应接活动有一种明显的结构,可以分为四个不同的阶段:

一、不便表示。为了表示友好,我们要在不同程度上"亲自出动"。这说明我们不怕麻烦。对于主人和客人双方来说,这都意味着"重视"。对于客人来说,那就是要作长途旅行,而对于主人来说,那就是必须从自己的住所里走出来。越是不方便,欢迎的意味越强烈。国家元首欢迎外国贵宾要亲往飞机场。弟弟迎接从国外回来的姐姐也要去飞机场。这是主人可以做出的最大限度的身体移位形式。从这个极端往下,随着不便程度的降低,主人离开住所的距离也就越来越近。他可能仅仅赶到当地火车站或者汽车站。也可能,他连家门口的马路也没有穿过,只是从窗户里看到客人来了之后才走到大门口来。也可能,他只是等到门铃响后才跑到过道上或者客厅里来。也可能,他仍然躲在自己的房间里面,让孩子或者仆人到大门口去照应客人,然后让客人自己走进他的房间。最低限度的不便表示是:当客人走进房间时,主人从椅子上站起来,即只是垂直地而不是水平地移动一下身体。如果客人已走近主人,而主人依然坐着,那就是说他已经把事先有准备的社交应接活动的第一个阶段统统省略了。这种省略在今天极为少见,某种程度的自愿不便几乎总是要表示一下的。如果是由于意外事件或者动作迟缓而不可避免地造成了省略,那么到最后真正见面时,主人也要为此而郑重地道歉。

告别的时候,不便表示又以基本相同的形式重复一遍。这里,最低限度的表示是主人对客人说一声"您走好"。由此往上,主人移动身体的距离逐渐增大,一般的程度是"我送你到门口"。再高一点程度的形式是走出屋子,站在路旁目送客人走远。如此直到最高形式,即伴随客人一起到火车站或者飞机场。

二、远距离表示。应接活动的关键时刻是在进行身体接触的时候,但在此前有一段相互最初看到对方的时间。主人和客人一见面,马上会作出一种确认反应。在大门口相见通常会省略这一阶段,因为门一打开随即就可以进行身体接触。但是在大多数其他情况的迎接活动中,首先做出的则是远距离表示。它包括六种视觉成分:(1)微笑;(2)扬眉;(3)抬头;(4)招呼;(5)挥臂;(6)示意性拥抱。

前面三种成分通常总会出现,而且是同时做出的。在相互确认之际,头会稍稍抬起,双眉一扬,脸上露出明显的笑容。抬头和扬眉的时间可能非常短促。它们是惊讶成分和微笑同时出现,表示在看到朋友之时"不胜惊喜"。这一基本模式有时还会(也可能不会)增设一种手臂动作,最简单的就是招呼——举起一只手。更为强烈的形式则是挥臂,这是典型的远距离迎接动作,而最强烈的表现则是示意性拥抱,即迎接的人朝着朋友的方向伸出双臂,似乎他对即将要进行的真正的拥抱已经等不及了。有时,还会加上热烈的飞吻动作,而这同样是对即将进行的真正接吻的预先模拟。

和前面一样,同样的动作在告别活动中会再次出现,不过,示意性拥抱出现的可能性较小,比较多的是飞吻动作。

在这些远距离表示中,微笑、抬头和扬眉看来具有世界普遍性。它们在那些从未和白种人有过接触的土著部落里也已经被观察到。举起一只手臂以某种形式做出招呼和挥臂动作,也肯定是世界性的。手臂动作的具体形式在各文化中可能有所不同,但是在世界上只要有人的地方看来都存在着某种手臂动作。就像示意性拥抱一样,这些动作可能产生于想伸手去接触他人的冲动。就招呼动作而言,虽然是举起手而不是伸出手(因为这样在一定距离外可以看得更清楚),但是,从根本上说,这个动作仍然是想触摸远处朋友的形式化表现。有些偏重"历史性"的解释——如说举起手是为了表示自己手里没有武器,或者说手向上挥动是对出示自己佩剑动作的模拟,以此表示忠诚,等等——虽然在某种特殊条件下可能是正确的,但是按此解释,这类动作又显得太普遍、太一般,所以很难作为各类招呼动作的代表。

挥手有三种主要形式:垂直挥手、反掌挥手和横向挥手。垂直挥手时,掌心朝着朋友,手上下反复摆动。这看来是挥手的"原始"形式。就起源而言,它似乎是一种空拍动作,手拍着远处朋友的身体,仍属对即将进行的友好拥抱的预先模拟。反掌主要出现在意大利,也是一种拍的动作,只是手朝着挥手者本人的方向反复摆动。对于非意大利人来说,这看上去颇像是呼唤动作,但是从根本上说它是空抱的又一种形式。横向挥手在全世界都很普遍,其动作是:掌心朝着朋友,手有节奏地左右摆动。这看来是其他两种挥手的改进形式。从本质上说,它增强了动作的能见度而且突出了拍的动作。由于手改为横向摆动,拥抱的性质就没有了,但是它却戏剧性地获得了视觉效果。从横向挥手再进一步,就有了挥臂动作——单臂挥动,甚或双臂挥动。

三、近距离表示。紧接着远距离表示,有一段相互走近的短暂间歇,其后便是身体实际接触的关键时刻。最热情的接触是全拥抱——双臂抱住朋友的身体,同时伴随着胸部、腹部和头部的接触。往往还会出现紧搂、拍背、亲脸颊和接吻等动作。这之后也可能出现热烈的近距离目光接触,以及捧脸颊、摸头发、大笑甚至流泪,当然,还有始终未消失过的微笑。

从这种完全不受拘束的表示往下,有一系列强度逐渐减弱的身体接触,其最低点是形式化的握手。具体程度取决于:(1)过去关系的亲疏;(2)分离时间的长短;(3)迎接活动的公私性质;(4)地方的、文化的行为准则和传统,以及(5)分离期间所发生的变化。

在远距离相认和致意之后,便出现近距离表示——身体接触。这种表示的形式从简单的握手到完全拥抱,各不相同。在某些文化中,亲吻脸颊和蹭鼻子颇常见,但在另一些文化中,这是令人吃惊的举动。

以上这些条件大部分是不言而喻的,仅最后一项需要解释一下。如果某个朋友在分离期间曾有过不寻常的经历——或者是某种磨难,如被监禁、生病和遇到灾难等;或者是某种成功,如获得某种奖励、某种胜利和某种荣誉等——那么,人们在迎接他的时候就会出现更加热情、更加强烈的拥抱。这是因为,致意表示既有迎接的性质,同时又有纪念的性质,所以它实际上具有双重的力量。

在不同的文化中,近距离应接动作的形式也有所不同。不管怎么说,这种表示的基本点是相互正式拥抱,但是在不同的地方它往往会有所变化或者有所简化。在有些文化中,拥抱时头对头的接触具体表现为鼻尖对鼻尖揉擦、嘴对脸颊吮吸或者脸颊紧贴脸颊。在其他一些文化中,形式则变化为相互吻脸颊,即用嘴唇迅速地接触一下对方的脸颊。还有一些文化中,譬如在法国和俄国,男子和男子也接吻,而在其他许多文化中,这种男子间的接吻则被认为太女性化而加以摒弃。

尽管这些文化变异情况十分有趣,但不应该因此而忽视这样的事实,即:它们都是从一种根本动作——拥抱——变化而来的。拥抱是根本性和全球性的人类接触行为,是我们每个人从少年期、儿童期乃至婴儿期便知悉的行为,而且只要行为准则允许,只要我们希望表示一下和他人的亲密感情,我们就会重现这一行为。

四、"亲善"表示。经过正式的身体接触之后,我们进入应接活动的最后阶段,这阶段和猿猴的亲善表现很相似。我们虽然不是相互梳理皮毛,但我们会作"亲善交谈"——讲一些本身意义不大、但分明表示我们对相见感到很高兴的"客气话",譬如"你好吗?""你能来太好了!""你一路平安吧?""你气色很好!""我来替你拿大衣!"等等。这类话不必回答,只要听就行了,因为它们的重要性仅在于表示问候、关心和高兴,至于具体的内容,或者说问得是否有必要,那是无关紧要的。有时,这种亲善表示也会表现为帮助对方脱或者穿大衣,而且通常还伴有一些过分体贴的亲切话。有时,客人方面还会增添一种礼物表示,带一点小东西送给主人作为附带的、物质形式的致意表示。

亲善表示结束之后,两个朋友便离开进行应接活动的特定地点,并开始重温他们往日的友好关系。这样,致意表示已趋完善,而且起到了它的重要作用。

相比之下,未经事先安排的应接活动要简单得多。

譬如,我们在街上或者从家里看到一个朋友走过,我们仅做一点普通的远距离表示——笑笑或者挥挥手——也可能什么表示也没有。或许,我们会做点近距离表示,通常是做个简化的拥抱动作,如拍拍肩之类,但更多只是握握手。当我们分离时,也会有所表示,但经常是在最后分手之际才相互发出远距离告别信号。

引荐性应接活动则具有另一种形式。如果我们初次遇见某个人,远距离表示就会被省略。理由很简单,因为对方不是老朋友。然而,我们也做一点近距离表示,一般总是握握手,同时也会对新认识的人笑笑或者和他作一点友好的闲聊作为一种亲善表示。事实上,我们已经把他当作朋友对待,虽不是亲密朋友但至少是个朋友,于是我们便将他引入自己的圈子并和他建立某种社会联系。

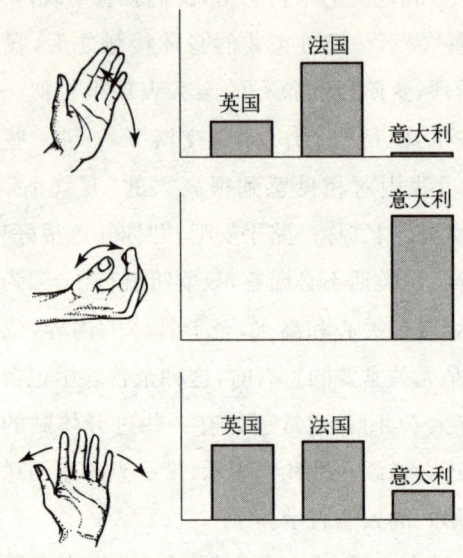

挥手动作的三种基本形式。当你从英格兰穿过法国到达意大利,会发现人们各有其喜爱的挥手动作。在英格兰是横向挥手唱主角,在法国却是上下挥手,在意大利则是地方性的手掌微屈向后挥动动作。所附图表显示了上述三地使用三种动作的人的比例。

作为一种灵长目动物,我们显然很善于进行各种应接和告别活动。其他灵长目动物固然也有某些简单的应接活动,但我们远胜过它们。此外,我们所作的那些告别表示则是它们所完全没有的。回顾历史看看我们的祖先,可以发现人类之所以会有这样的发展,似乎本有其充分的理由的。大多数灵长目动物都生活在关系相当密切的群体内,偶尔也需要分开,所以当再次聚集在一起时,它们会做出一点小小的应接表示。但是,它们却极少根据某种有计划的方式有意地分开,所以它们无须任何分离表示。早期人类以狩猎为生,男性狩猎群体每月需要在某个时期内有计划的外出狩猎,然后带着猎物返回栖息地。这样,经过几十万年,我们便自然需要有致意表示了。当整个群体分成一个个"工作组"时，我们需要告别形式的致意表示，而当各"工作组"再次会聚时，就需要应接形式的致意表示。由于狩猎的成败意味着生死，所以与此有关的这些致意表示也就不能被看作是区区小事。相反，它们标志着原始群体生活中的关键时刻。无怪乎，直到今天我们仍然是一种那样善于致意的动物。

姿势对应
朋友间无意识的动作一致

当两个朋友在一起作非正式的交谈时,他们通常采用相似的身体姿势。如果他们是至交,对正在谈论的问题又取相同的态度,那么他们的身体所采用的姿势就会更加相像,甚至会成为相互临摹的复本。这并不是在有意模仿。这两个朋友正自发地置身于我们称之为姿势对应的状态中,作为友好交往中身体自然表示的一部分,他们无意识地便会这样做。

之所以如此,自有其道理。一般说来,只有在两个地位大体相等的人之间才能建立真正的友谊。这种地位相等可以从多方面加以说明,但两人在面对面相遇时采取相同的放松或者警觉姿势无疑是一方面的明证。这时,他们的身体在相互传递一种无声的信息,似乎在告知对方:"瞧,我和你一样。"这种信息不仅是无意识地发出的,而且是无意识地被理解的。两个朋友在一起时仅仅是"觉得对劲"。

姿势对应的精确形式也可能被明显地观察到。两个在餐馆里交谈的朋友同样用肘支着桌面,身体以同样的角度倾斜,表示同意时,以同样的节奏点头。另两个朋友斜倚在扶手椅上,他们以完全相同的方式跷着腿,同样把一只手放在大腿上。而两个站在墙边闲聊的朋友则同时靠在墙上,同样斜着身体,同样是一只手深深地插在裤袋里,另一只手放在屁股上。

更令人惊异的是,他们交谈时的动作也几乎是同步的。一个人放开自己跷着的腿,另一个也会这样做。当一个人点燃一支烟或者要来一杯酒,他总是尽力促使另一个也和他一样。如果没有成功,他会很失望。这倒不是因为他真的对朋友是否抽烟或者喝酒很在乎,而是因为他们俩如果不同时抽烟或喝酒,他们的动作就有点不同步了。所以,我们在这种场合时常会看到一个朋友坚持要另一个朋友和他一起抽烟或者喝酒,尽管后者显然对此不感兴趣。"我不想一个人喝"或者"难道让我一个人抽烟?"像这样的话在这种场合是经常能听到的;而更为经常的是,那个被要求的朋友,虽然不太愿意,但为了保持同步,最后也只好勉强地屈服了。

另一种有助于姿势对应的常见要求是:"来,找个位子坐下,你一个人站在那里大家都觉得不舒服。"当一群朋友在一起时,通常会力图使各自的身体姿势和动作节奏合拍,每个人主观上会感到比较"安适"。如果其中一个人要破坏这种"安适",那很容易,只要采用一种与众不同的姿势——或者正襟危坐,或者坐立不安——就行。

同样,如果其中的一个与众不同地做出一种萎靡不振的姿势,那么就会使其他人都感到不快。他们先会逗他,和他开玩笑,而如果出于某些个人原因,他对他们的玩笑也不感兴趣,那么他们便会认为他是个"扫兴的人",弄得大家都不欢而散。这个人既没有说一句带有敌意的话,又没有做任何直接有碍其他人的事,为什么大家会感到不快呢?只是因为他破坏了一群人的姿势对应。

因为行为一致即意味着同等地位的友谊,所以地位高的人可以有意识地利用它来安抚地位低的人。一个医生要使一个病人在他面前轻松自在,就可以有意识地模仿病人的身体姿势。如果这个病人静静地坐着,身体前倾,双臂抱胸,两眼低垂,那么医生可以坐到他旁边,和他采用同样的姿势。这样,医生要成功地和病人交谈就可能容易得多。相反,如果医生一本正经地端坐在写字台旁边,那么他便会发现自己很难和这个病人接触。

地位高的人和地位低的人在一起,他们总会通过自己的身体姿势表示出他们之间的关系。因此,一个下属人员在这方面若不注意就很容易得罪上司。医生有意识地放下架子和病人保持姿势对应,会对病人起到安抚作用,相反,下属若模仿上司的姿势,会大大地激怒上司。如果一个下属在和上司谈话时不像往常一样坐在椅子边上或者倾着身子认真听着,而像他面前的上司一样歪着身子又叉开双腿,那么,不管这个下属的话说得怎样有礼,他的动作本身就会大大地刺激上司。我们在这方面做的实验表明,下属的这种表现往往会直接导致他被上司解职。

有时,也可能在同一群人中间观察到两套不同的姿势对应。通常,这和一群人争吵时"站在哪一边"有关。如果一个群体中的三个人和另一个群体中的四个人发生争吵,那么小团体内的人在身体姿势和动作上每每会倾向于一致而和对立小团体的人有别。有时,团体内的某个人改变了立场,甚至在他还没有宣布自己立场的改变之前,我们便能预知到这一情况,因为他这时已经开始改变自己的身体姿势。至于想尽力控制整群人的中间人,他可能采用中间身体姿势,抱着双臂像这一边的人,叉着双腿像那一边的人,似乎在表示："我保持中立。"

最近,有人使用慢动作镜头摄下某些争吵场面以研究其中姿势的些微变化。结果表明,其中有些小动作的"微观同步"极其微妙,其变化情况若用肉眼是很难观察到的。两个密切配合的"盟友"的每一次短促的点头、伸指、努嘴和侧身都配合得十分漂亮,而且其中的节奏变化也不同寻常,只有通过仔细的慢动作分析才能清楚地揭示出来。尽管如此,人的头脑看来也能吸收一般的同步信息,并且能对那些与我们保持姿势和动作对应的人作出恰如其分的情感反应。

一项进行了八年之久、用慢动作摄影对人们的非正式交谈的研究表明,人们在讲和听时所做出的节奏性动作配合,其完成时间时常短至四十八分之一秒。因为研究者对每秒钟四十八个镜头的影片加以逐一分析时,在同一个镜头中也可能看到讲话的人和听的人同时做出的一些短促的小动作。譬如,讲话的人在对不同词句作出强调时抽一抽身体,听的人身体某个部位也会做出相应的细小动作。一般说来,两个人交情越深,他们动作的节奏也就联系得越密切。然而,就这种情况而言,对应的是节奏而不是具体的姿势。两个人的具体动作未必相同,但动作的频率则是相同的。譬如,讲话的人可能稍稍点点头或者手轻轻摆动一下为自己的话"打节拍",与此同时,听的人则以侧侧身体作为对应节奏。一项重要的发现是在对正常人和精神病人的交谈情况加以同样的慢动作摄影后作出的。这里,很少有或者根本就没有身体动作的同步——对应消失了,密切的节奏联系也消失了。这是因为,当正常人试图和精神病人进行社交接触时,精神病人特殊的行为方式使他强烈地感觉到"陌生"。

最近的美国俚语中出现了"goodvibes"("感觉很好")和"badvibes"("感觉很坏")这两种说法,其中 vibes 的意思就是"摆动"(vibrations),而用"摆动"的好坏(意即两人在动作、姿势方面的配合默契与否)来表示"感觉"的好坏,可以说正是反映了人们已经本能地认识到,姿势对应和身体细微动作的无意识同步在日常社会生活中的基本重要性。

关系符号
表示人与人之间个人关系的信号

关系符号就是表明两人之间存在着个人关系的动作。如果两个人手挽着手走在街上,他们的挽手动作在旁人眼里就是一种符号,表示他们之间有某种个人"关系"。像这样的关系符号还有许多。作为社会动物,我们对每一种细微的变化都能作出精确的反应,不仅能判断某种个人关系是否存在,而且能判断这种关系的性质如何。

关系符号的最明显的表现形式就是身体的接近,即:两个人虽然没有相互接触,但他们同起同坐,几乎形影不离。然而,在当今拥挤不堪的社会里,这种情况往往会被误认。在各种人满为患的公共场合,人与人就靠得很近,但这并不说明什么问题。即使在不很拥挤的场合,也可能会有许多的陌生人挤在一起,但这只是一种临时的、非个人的关系,并没有其他任何含义。两个男人在街上谈了几句话,然后一起走向某个街口,他们可能是老朋友,也可能是素不相识的陌生人,仅仅是刚才其中的一个在向另一个询问时间,或者询问去附近邮局的路怎么走。所以,毫无疑问,除了身体接近,我们还需要作更多的研究。

我们得到的线索既模糊又复杂。举例来说,一个年轻男子搀扶一个颤颤巍巍的老妇人穿过马路,或者一个酒鬼被人扶出酒吧。在这两个事例中,我们如何识别关系符号呢?那个老妇人和那个搀扶她的年轻男子既可能素不相识,仅仅是她恳求他相帮而已,也可能她是他的亲爱的姨母,对此我们怎么能说清楚呢?同样,那酒鬼很可能根本就不认识扶他出酒吧的人,也可能他们是交往颇深的酒友,对此我们又怎能说得清楚呢?

事实上,我们通常是能够说清楚的,只是如果问怎样才能说清楚,我们会一下子解释不上来。我们每个人都很善于识别关系符号,甚至无需多作思考就能识别。但是,若要了解其中的原因,最好还是从"关系"的原始形式开始。由于"关系"(tie)一词的定义要求两个人必须是相互认识的,所以任何社会关系总是以互报家门作为其最简单的开始。刚刚结识时,时常是握握手,相互微笑,点点头,道声谢,而且相互都很注意对方。随着关系的加强,通常是在多次见面之后,便进一步相互了解个人经历。这种相互了解会加强两人的关系,因为它是两人共同行为的语言替代物。通过相互告知过去的经历,现在这两个人在有意扩展他们的关系时便有了时间基础。

由此看来,无论是在朋友间、同事间,还是在情人间,一种关系从一开始就有若干方面的特征。当观察到这些特征时,我们便可以充分肯定,我们所看到的是一种萌芽状态的或者说正在形成中的关系。

至于已经形成的关系，则与此有着明显的差异。老朋友、多年的恋人或者配偶，他们之间很少再出现关系形成阶段时的那些客套。其具体特点如下：(1) 个人称呼趋于随便。在关系刚开始时是问"他是谁？"后来认识了，称他为"史密斯先生"，后来称他为"约翰"，后来还可能亲昵地称他为"乔尼"，而关系再发展下去，就会使用一些非个人的亲热称呼。根据关系的性质，这些称呼大体有：宝贝、亲爱的、老兄、伙计等几种，或者就简单地称作"喂"。当然，称名不称姓的习惯仍然被沿用，但这时大多是在对第三方说话时才使用，如问："你看见过约翰吗？"或者在远距离呼喊时使用，如："约翰，你就在那里吗？"(2) 握手动作也极少使用。在恋人之间或者在配偶之间，作为迎接或者告别表示的握手动作已完全消失，只有在开玩笑或者打赌的时候才偶尔出现。在老朋友之间，握手动作也越来越少，除非是在久别重逢之际。有趣的是，在这方面也有民族差异，法国人就特别喜欢在建立了相当亲密的关系之后仍然经常使用握手动作。(3) 表面上的客气，即谈话时不断地微笑和点头，仅限于在社交场合才出现。老朋友或者配偶，两个人会默默地静坐良久而不会觉得有必要相互作点愉快的闲谈。(4) 注意力分散。两个有持久关系的人不再相互注意，也不再做出各种姿势以吸引对方的注意力。初期阶段的那种全神贯注的交往，现在已让位给一种比较放松、比较安详的共处。(5) 关于个人历史的交谈已毫无必要——这些是两个人早就听过的东西。

从初始关系变为长期关系，其中最引人注目的特点是，已经建立了牢固关系的人在相处时经常会表现得像陌生人一样。如果我们观察坐在公园里的三对人，一对是陌生人，另一对是年老的夫妇，这两对人的外部表现几乎一模一样。他们都静静地坐着，相互之间长时间地不予注意。第三对人显然是年轻的恋人或者新结识的朋友，因为他们老是在相互注意着。如果他们是一对尚未做过爱的恋人,他们不仅会相互注意,很可能还会不停地交谈。如果他们已经做过爱,相互关系比较牢固,那么他们这时也会有片刻的沉默。但是,尽管如此,他们之间的注意并不会因为不说话而分散,就像那一对年老夫妇那样。他们会通过各种身体动作表现出这种注意,尤其是通过亲密的身体接触。

既然关系符号会随着长期关系的建立而大大地减少,那么如何才能识别这种关系呢?回答是,尽管一对"关系"成熟的人很少有所表露,但是总不免会透露出不少细微的、有节制的痕迹,而从这些痕迹中即可看出他们关系的深度。由于彼此已非常了解,他们能非常敏感地相互觉察到对方的意图。他们不再明确表示他们下一步该做什么——已经没有这种必要。一对打算离开某个社交聚会的已婚夫妇,只要相互交换一下别人几乎察觉不到的目光就会同时站起身来。一对站在房间两端的老朋友,只要在相互看的时候,稍稍延长一下脸上的笑容,就足以达成默契而作出共同反应。两人走在街上,其中一人改变方向,另一人无须与之交换意见也照样会跟着改变方向,就像鱼群中的两条鱼一样。这种情况间接地透露出他们之间存在着的某种不用言明的相互理解。

现在,我们来回答开始时提出的那些问题:我们能不能说清楚,那个搀老妇人过马路的年轻人是老妇人的侄子呢,还是个陌生人?我们能不能说清楚,那个把酒鬼扶出酒吧的人是酒鬼的朋友呢还是陌生人?这是两个颇为棘手的问题,因为这里牵涉到的两个人——老妇人和酒鬼——引起的是不寻常的亲密反应,这种亲密反应甚至从他们不认识的人那里也能得到。一个无力自助的成年人每每会发出假婴儿信号,这种假婴儿信号引起的则是假父母反应。所以,不管是否存在个人关系,那老妇人和那酒鬼总能得到他人的帮助,而且帮助者的动作看上去很像是关系符号。要说明他们究竟是否存在着个人关系,必须审察其中一些独特而又不很明显的迹象。

先看老妇人的事例。如果那年轻人是个陌生人,他可能会扶着她的手臂,手握她肘以下的某个部位。而且在他扶她穿过马路时,他和她身体之间会有小小的空隙。如果她是他的姨母,她可能会挽住他的手臂,手穿在他的臂弯里,而且在穿过马路的时候,她的身体会紧挨着他的身体。

这种区别从事情一开始起就会表现出来。如果他俩是陌生人,刚遇到时会有一套礼貌表示:老妇人请求年轻人帮助,然后年轻人才扶住她的手臂;如果他俩本来就有某种关系,穿马路之前就不需要这一套了。老妇人很自然地就会挽住年轻人的手臂,而且他们会同时举动,不需要为此作一点交谈。

同样的原则也适用于酒鬼的事例。不过,这里又多出了一个问题。那就是酒鬼可能已醉得不省人事,不可能主动地靠在朋友身上(如果扶他的人是他的朋友的话),所以和陌生人扶他就没有什么区别了。既然这方面找不到线索,就必须在其他方面寻找。这些线索已不能从扶的动作本身中找到,但在那些扶他的人的脸上却是可以找到的。如果他是他们的酒友,他们在扶他的时候脸上会带着笑,会和他开玩笑,会把这件不太好的事变为一件趣事,以此来缩小他们自己的清醒行为和他们朋友的失控行为之间的差距。如果那酒鬼是个陌生人,他们的脸部表情就不会那么轻松,而是比较认真,甚至有可能显得很沉重。这种区别有时为一些惊险小说家所利用,以此作为一种似乎可行的方法描写几个人在众目睽睽之下从一幢大楼内移出一具尸体。几个人扶着一具尸体,一边笑着闹着,给人的印象是他们正扶着一个醉得不省人事的人,而且这个人和他们有着很好的个人关系,他们正把他扶回家去"睡一觉"。在这种情况下,给人以他们有着个人关系的印象是十分重要的,因为这样,别人再来帮忙的可能性就会小得多。既然他们是好朋友，旁人便觉得自己没必要再参与了，因为即使是最助人为乐的人，也总是倾向于帮助无人帮助的人。

我们就是用这样的方式以及其他许许多多的方式识别周围人的关系符号的。在此我们只能从关系判断形成时所表现出来的多种特点中选择几方面的特点加以讨论。在现实生活中，我们随时都在对大量的、分散的关系迹象作出反应，同时在我们内心无意识地加以平衡从而得出合理的结论。这一点对于那些因为其职业的缘故而对关系符号具有高度敏感性的人来说尤其正确。也许，最能识别他人关系的行家是旅馆接待员，他们每天看着一对对的人来来去去，所以他们几乎一眼就能看出：哪一对人是已婚夫妇，哪一对人是已婚的、但不是夫妇；哪一对人是一个已婚、一个未婚；哪一对人是未婚的、但装得像夫妇；哪一对人刚刚结婚正在度蜜月。在所有这些情况中，男人女人都可能尽量做出像一般已婚夫妇那样的行为举止，但在行家的眼里，他们的关系符号会使他们露出真相。一对私通的男女在这方面可能犯的最大错误就是相互之间注意得太多；其次的大错误是对很普通的服务给予过高的报酬。他们也许很知道要装得像真的夫妇那样讲究实惠，两人之间要显得颇为平淡，但是一旦做起来，他们很可能会忽略掉一对真正的夫妇间最关键的一方面，那就是动作和姿势上几近简明的同步和协调感。

有意识搞假关系符号的例子还有许多，在这些欺骗手法中有些还需要特殊训练或者有专门知识。行踪诡秘的间谍世界里就充满了这类伪装。谍报人员必须在不被人觉察的情况下碰头和交换情报，所以必须隐瞒他们真正的关系而伪装成其他关系。便衣警察同样是隐瞒自己正式身份的行家。在这里，一个姿势上的错误很可能要付出生命的代价。

有时，这种危险的错误也能反过来发挥作用。譬如，有意识地使用某种关系符号的策略，可以使某个黑社会成员在其圈子里变得声名狼藉。这只要使他被其同党看见在和某个警察进行"友好"交往即可。警察和黑社会成员相遇当然是相互抱着敌意的，但是，如果在分手时警察故意对那个黑社会成员笑笑或者眨眨眼，或者假装在他耳边嘀咕几句，这种情况一旦被其他黑社会成员看见的话，那么他将很难使他的同党相信，他和警察之间没有任何秘密联系。在这种情况下，真可以说一个简短的关系符号胜过千言万语。

假关系符号也是走私犯的惯用手段。单身男人很自然会引起怀疑，所以职业走私犯常常用一整套家庭关系符号来伪装，他带着"妻子"，一群吵吵闹闹的孩子，手里还抱着一个婴儿去通过海关检查，而海洛因就拌在爽身粉里。

这类极端的假关系符号也许在小说里比在现实生活中更为常见，但是不那么极端的欺骗手法却常常为那些希望抬高自己社会身份的守法公民所使用。我们每个人都遇到过这样一种人，他们见人就吹嘘自己认识多少多少重要人物，并暗示自己和这些人物有着不同一般的亲密关系。另一种抬高自己社会身份的普遍手法是让人看到自己和"正派"人在一起，而不让人看到和"不正派的"人在一起。那些排他性的俱乐部和社会团体就是靠着这种心理来维持生存的。

在普通的家庭生活中，作为关系符号的一般称谓随处都有。当一位"小姐"成了一位"太太"之后，她就要永久性地带着"太太"这一关系符号，即使她的丈夫不在也同样如此。此外，她还要戴结婚戒指——一种象征性的关系符号——它代表着那些只要她的丈夫在，她就应该表示的身体关系符号。这种象征物在每个社会都能找到。在有些社会，未婚女子戴某种与众不同的帽子或者穿某种独特的服装，以表示其和已婚女子的区别。在另一些社会，寡妇在丈夫死后要永远穿黑衣服，以表示她和已故丈夫的关系。

最近，特别是在美国，有些女子对这种象征性关系符号大为不满：她们坚持用新造的称谓"女士"(Ms.)来代替"小姐"(Miss)和"太太"(Mrs.)。但是，这种做法并没有成功，因为几乎每一个"女士"不是一个"小姐"就是一个"前任太太"(ex-Mrs.)，所以"女士"通常仍用来称呼"非太太"(non-Mrs.)。这样，本打算用统一称谓来称呼一切已婚和未婚女子的愿望也就落空了。关系符号依然存在。

和"女士"潮流截然相反的情况是在不存在关系的时候使用关系符号。这种情况在乡村地区比较常见。在那里，一个成年女子做"老姑娘"简直是一种污点，所以即使有一个没有真实关系的关系符号也比没有关系符号要强。一个没有男朋友的年轻姑娘甚至不得不把她的哥哥当作假冒的男朋友，以此表示自己并非无人追求。作为变通方法，她也可能让某个男青年公开和她表示亲密，虽然事实上她并不喜欢他，仅仅是为了在其他比她幸运的姑娘前面显示一下明确的关系符号。她甚至到最后还会嫁给他——不是为了钱，不是为了归宿，更不是为了爱，而仅仅是为了公开表示关系符号，因为在她所生活的那个社会里，这是一个女子成功的标记。

在某些特殊情况下，婚姻的一般外部关系符号还可能被用来作为私下搞同性恋的伪装。无论是男同性恋者还是女同性恋者，都发现在某些社会场合，如果他或者她明显地带有异性恋的关系符号，那么私下搞他的或者她的同性恋关系就会方便得多。而要假冒异性恋者，最方便的办法就是使人认为他或者她已经结过婚。

至此，我们一直是在总体上谈论关系符号，没有打算把它分成不同的类型。这里的问题是，在特定条件下，几乎任何一种动作都可能成为关系符号。两个人在一起所做的每一件事或者不做的事都可能为了解他们个人关系的性质提供线索，然而，不管怎么说，我们还是可以对它作一点有用的、当然也不免有点简单化的分类。

具体如下：

首先，是间接关系符号：显露两人关系的东西。(a) 两人同时在场。这是一些两人合用的器具，如喝水时合用的一只杯子，睡觉时合用的一张床，吃饭时合用的一张桌子，或者洗澡时合用的一块毛巾。这些器具即使在两个合用者的动作关系符号未被观察到的情况下，仍然能反映他们之间的关系。(b) 两人不同时在场。如果两人中有一人或者两人都不在时，某些东西仍能显示出关系的存在，如订婚戒指，结婚照片，在一棵树上刻着的"约翰爱玛丽"的字样，书上的献辞，或者水手胳膊上的刺青等等。

其次，是直接关系符号：显露两人关系的动作。(a) 相互亲近；(b) 做出相同的表情和姿势；(c) 语言交流；(d) 身体接触。

这最后一项——身体接触——也许最有意思。在这方面，我们可以观察到各种各样明显的动作，每一种都为我们了解某种特殊关系的性质提供了信息。对此，我们将在下面的章节里加以具体考察。

身体接触关系符号
同伴之间在公开场合的接触方式

只要两个人的关系以一个人对另一个人的身体接触方式表现出来,身体接触关系符号也就得到了显示。当这种接触发生时,我们所看到的是这样一种吸引过程,即:两人之间的关系逐渐地克服了个人尽力想维护其自身空间的自然倾向。但是,由于"保持距离"和"进行接触"之间存在着根本性的冲突,所以即使是友好的触摸也有多种形式和程度上的差异。

尽管实地观察表明身体接触可能多达四百五十七种,但其中有许多是极为罕见和意义有限的。另外一些是属于医生、教士和理发师等职业人员的职业性接触。还有一些是通常仅限于在卧室里进行的私下接触,所以也不能被视为个人关系的公开表示。剩下来的,即常见的、社交性的亲密接触,一般认为可以大体分成十四种。我们在进行身体接触时，绝大多数的关系符号就是通过这十四种形式表现出来的。它们是：

一、握手。在不存在个人关系的场合，在关系很疏远的场合，或者久别重逢的场合，都可能出现这一动作。由于这一动作是应接时的一般礼节，它作为关系符号的意义不在于它的基本形式，而在于它的加强形式。通过一般性的握手动作是远远表达不出现有的或者过去的关系程度的。要表达强烈的感情，握手的人必须超越一般形式。

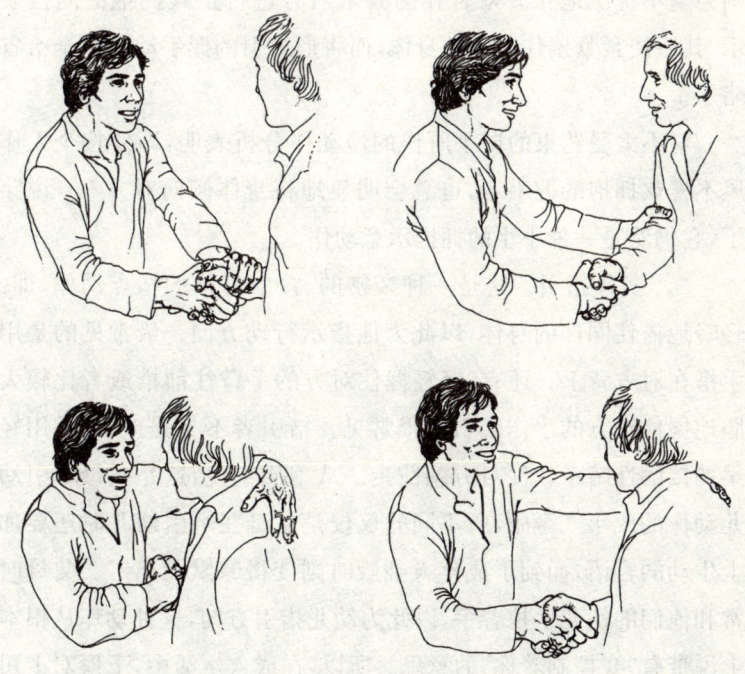

握手加强形式。由于简单的握手动作给人以一本正经的感觉，在热情会见时便需要以各种方式予以加强。如图所示，从上而下分别是：握手、握手加握臂、握手加握肩、握手加拥肩，其热情程度逐渐加强。

对握手所作的最常见的加强是左手按搭，即在用右手正式相握时伸出左手按在对方的右手背上，或者搭在对方的右臂或者右肩上。如果要使这个动作变得更为强烈，可以把相握的右手拉到微微收拢的胸前，同时用左手以单臂拥抱姿势抱住对方的双肩。可能的话，还可以用脸颊贴住对方的脸颊或者用嘴亲吻对方的脸颊。

　　这套动作是那种稍有点拘谨的迎接者所作的拥抱。情形仿佛是，他或者她对另一个人表现出一种迅速增长的热情，握手便增强为拥抱。相比之下，对相见本来就抱有迫切心情和亲密之感的人，则会毫不犹豫地张开双臂作为要求对方进行正式拥抱的间接表示，其后便紧紧搂住对方的身体，而将形式上的握手动作完全给省略了。

　　对不太受约束的握手所作的慢动作分析表明，即使按个人作风不喜欢拥抱的握手者，也总会明显地将身体倾向对方——说穿了，它仍然是一种小小的拥抱示意动作。

　　二、身体指引。这是一种亲密的、接触身体的指点动作，即：轻轻地搭住同伴的身体，以此为他指示行动方向。最常见的是用手搭在对方背上。还有，轻轻握住对方的手臂往前推或者比较大胆地握住对方的手作牵引也很常见。指引者不是强迫，而是用轻柔的接触性暗示敦促对方朝前走。从本质上说，这是父母牵引幼儿动作的成年人翻版，所不同的仅仅是父母在牵引幼儿时还要加上生动的言语，而到了成年人翻版时则变得缄默无声了。父母时常和他们的幼儿手拉着手，以此为幼儿指引方向，这种动作从根本上说带有"我控制着你"的意思。所以，在成人生活中，下属对上司或者客人对主人是极少做这种动作的。事实上，这是一种主人用来表示自己比客人优越的委婉方式，因为客人既然处身于他人的"领地"，只能暂时地屈居"低位"。即使在夫妇之间，这也是一种临时占上风的表示，一种左右形势的动作。如果妻子对丈夫使用这种动作,在旁人眼里它就会是一种伪母亲关系符号。反过来如果男子使用,同样会给人以"当家做主"的印象,而如果不适当地使用,则马上会被人认为自负和以尊者自居。

三、拍。又一种原始的父母动作,一种不牵涉身体其他部位而仅用手做出的简易拥抱。拍在迎接、祝贺、安慰、相爱以及平常表示友好时都会被人使用。像身体指示一样,两个成年人之间做出这一动作,时常也有伪父母的意味。拍幼儿时几乎可以拍他身体的任何一个部位,但拍成年人时则必须限制在手、臂、肩膀或者背这几个部位,这样才具有"中性的"性质。拍成年人的头部、臀部、大腿或者膝盖不是带有优越感就是带有性意味。这方面一个有趣的例外是足球运动员在射入一个球之后的拍头。成年人拍头通常带有开玩笑性质——"多么聪明的孩子!"——但是足球运动员做这个动作,实际上是表示祝贺。究其根源,这大概是从童年时代遗留下来的动作。我们可以观察到,男孩时常会学父亲的样子拍拍其他男孩的头,而现在流行在足球场上的显然是这种习惯的继续。

四、挽臂。在所有的关系符号中,最明显、最公开的也许就是挽臂,它从根本上说是一种表示同行的信号,一方对另一方稍稍地加以控制。在大多数情况下总是女子用自己的手勾住男子的臂弯,似乎以此可得到支持和保护。然而,支持和保护在很大程度上是象征性的,所以这个动作与其说是体弱的女子想得到强壮的男子的实际帮助,不如说是想在视觉上显示一种情感联系。换句话说,这个动作并不是为他们自己做的,而是为了让人看到才做的。只有在年老体弱的人中间,才出于体力方面的考虑而相互挽着手臂。一对健康、年轻的男女在没有其他人的地方行走时很少挽臂——他们把它留到社会场合才做。譬如在某种正式场合,如在教堂过道里行走时;或者在某种非正式场合,如在商店里闲逛时。

作为一种关系符号，挽臂几乎可以说是一种表示相互占有的信号。

五、搂肩。因为男子一般总是比女子高大，这个动作通常是由男子对女子做出的。作为一种具有男子气的动作，它在两个表示有"伙伴"关系的男子中间也被随便地使用。它是一种半拥抱动作，所以和正面拥抱不同，它既可以作为正式的关系符号，也可以作为临时的关系符号。如果两个男子相互搂着肩走路，那也至多表明他们喜欢这样做。对于许多男子来说，这还是唯一的方式。尽管如此，它并没有被大量使用，因为做着这个动作即使对于中等速度的行走也有妨碍。搂肩的简化形式——手搭肩有时也被人采用，尤其是当一个男子向另一个男子匆匆地解释或者督促什么事情的时候，最容易出现这个动作。它有助于限制对方的行动，使对方紧靠着他，从而不得不聆听他所说的每一句话。

六、拥抱。被人紧紧地抱着是一种强有力的童年经验，所以成年人不到感情十分激动之际是不会做出这一动作的。只有年轻恋人们才经常显露出这种戏剧性的关系符号，因为当他们在一起时，他们总是不同程度地处于感情激动的状态中。对于其他成年人来说，它不是一种私下的性姿势，就是一种表示"离合"的关系符号。"离合"就是分别和重聚，是人际关系中的两个重要时刻。一对男女一旦分开，尤其是长期分开之后，过去两人在一起时的印象就会以最高强度浮现出来，而且在整个分离期间始终保持着这种强烈的印象。他们仿佛在尽力做着热情的拥抱的动作，以配得上他们未分离时相互之间所做的全部接触。而当这对男女重逢之际，他们又会用相互紧紧拥抱作为两个人的小型团聚仪式。

这方面的第一个例外是交谊舞。作为场所性表现，交谊舞体现出一种形式化的身体正面接触，其中用双臂环抱的动作因素被省略了。看着一对男女在舞池里旋转，颇有点像是在看着两个人挣扎着想拥抱，只是由于有各自的手挡着才未成功。这种似乎被凝固的半拥抱动作和真正的拥抱之间有着很大的区别,所以即使对于两个比较陌生的人来说,也是颇为"安全的"。跳舞的人可以享受到拥抱的滋味,但又不必显露其全部的关系符号。

第二个例外是现代足球运动员的胜利表示。尽管这也许算不上"离合"的境况,但其中的确有强烈的情感表现。"表现"一词用在这里很合适,因为射入一个球之后,运动员们的拥抱、跳跃首先是做给他们所属俱乐部的赞助者们看的。像挽臂一样,这是一种在很大程度上需要旁观者的动作。

最后一个例外是在普通宴会迎客和送客时出现的那种拥抱。这里的情况和足球场上的情况正好相反:没有情绪激动,却有"离合"因素。客人的来到和离开也许在客人心里和主人心里并不会激起强烈的情绪,但大家还是要拥抱一番。对他们的具体动作的仔细观察表明,这种拥抱大多数是马马虎虎的。一般说来,它们实际上并不比舞池里的那种接触强多少。手臂稍稍搭一搭——算不上搂抱;脸颊轻轻贴一下——算不上接吻;身体几乎没有接触;拥抱的各个方面都被大大地简化了。换句话说,宴会告别接触已几近于握手一样被形式化了,仅仅是为了表示关系中的某一时刻才需要手对手地接触一下,所以根本算不上热情拥抱。

七、手拉手。当我们刚刚学会走路想要探知自己头顶上的那个新奇世界的时候,我们便开始体验到手拉手动作了。最初,它的作用是防止我们摔倒。后来,成了大孩子,它的作用是在穿过拥挤的地方时防止我们被挤散,或者在交通繁忙的时候阻止我们跑到马路当中去。甚至到了我们比较有独立行动能力的时候,这个动作作为一种特别保护措施在穿过大马路时仍然有用。后来,到了青春期,它作为一种父母对子女的动作已不复存在,但作为一种"年轻恋人"关系符号它又重新出现。对于恋人来说,它的特殊性在于它是一种相互的动作。两个成年人手拉着手,两个人做出的动作是一样的,所以它反映的是一种平等关系。这一点使它与挽臂产生了本质的区别,在挽臂时总是一方充当"优越的支持者"角色,而另一方充当"被支持者"的角色。两人手拉着手便不会有这种地位问题。他们处于一种相互授予的轻松状态,谁也不需要"攀住上面的手",因为在手拉手时根本不存在"上面的手"。

八、搂腰。一对年轻男女在手拉手时,他们的躯干部分并没有相互接触。他们的身体虽然靠得很近,但当中有一定间距。当做搂腰动作时,这种间距就消失了:他们各自以身体的一侧相互挤在一起。作为一种更为亲密的关系符号,手搂腰动作分明显出一对恋人之间已有了比较牢固和深厚的关系。做着这个动作行走颇为麻烦,所以它几乎无例外地仅限于在一对男女悠闲而性感地散步时才被使用。其情形仿佛是,他们既想往前走,同时又想进行拥抱,于是便采用了这种搂腰的折衷办法。

像手拉手一样,搂腰几乎永远是一种异性恋的关系符号,因此与搂肩形成了强烈对照。就关系符号的意义而言,手臂从"友好的肩部"移到"性感的腰部"标志着一种巨大变化。其原因可能是腰部离生殖器区域比较近,所以很自然,就像臀部和大腿一样,它也被视为是一个性接触部位。

九、亲吻。用嘴唇接触他人不是一个简单的关系符号,而是一整套关系符号,其中的区别以吻在身体哪个部位而定。在公开场合所能见到的最亲密的亲吻形式——作为一种可以接受的关系符号——是嘴对嘴接吻。我们在前面把接吻当作一种遗留姿势加以讨论时已经说过,在直接递送食物之前,嘴对嘴是母亲给幼儿喂食时采用的共同动作。这种喂食方式在各种部落社会里至今仍然被使用,甚至在欧洲的偏远村落里也能观察到。作为对母亲送食的反应,幼儿会把自己的舌头伸入母亲嘴中而作出一种独特的寻觅动作。所以,我们可以把它视为人类的一种古已有之的先天行为。尽管在现代文明社会中,这种动作作为育儿活动中的惯常因素已不再出现,但是仍然存在着以年轻恋人探舌接吻形式出现的成年人翻版——这是母婴交往活动重现为成年人亲密行为的一个鲜明例证。然而,嘴对嘴接吻现在一般仅限于在热恋中的情人之间才有可能,其部分原因是这一动作具有很强的性兴奋潜力,部分原因是现代社会很讲究卫生习惯。虽然其中的性成分意味着做这一动作的男女是典型的异性恋者,但是在有些国家,则有可能观察到两个男子热情地嘴对嘴接吻,而且在这样做的时候不带有任何性成分。

  一对刚开始建立关系的年轻恋人也可能会采用嘴对嘴接吻动作,这只能说他们是从求偶的后期阶段那里借用的。这种早期接吻形式每每只有一个简短的接触动作,即相互稍稍碰一下嘴唇,没有任何舌头动作。结婚时间已很久的老年夫妇一般也尽量避免那种过于热情的接吻,同样仅做一点简短的唇对唇接触,而且这样的动作还很大程度上仅限于在迎接和告别时才做。一对喜欢在公开场合进行长时间热烈接吻的男女,完全可以被认为正处于关系发展的重要阶段,而且毫无疑问是在朝着好的方面发展。至于老年夫妇,他们只有在即将长期分离的时候或者久别重逢之际,或者刚刚经历过某种巨大的感情波动——如赢得了某种胜利,遭遇到某种灾难,或者从某种危险中逃脱——之后,才会公开做出这样的动作。到了这样的关键时刻,嘴对嘴关系符号便在众目睽睽之下毫不害羞地一再出现。

  嘴对嘴接吻的一种偏离形式是相互亲脸颊,这是种强度明显降低了的接吻形式。已婚夫妇有时虽然也会以此作为一般接触,但它却是亲戚朋友间迎接和告别时的典型动作。由于这种动作信号较弱,所以人们与其不适当地接吻,还不如亲亲脸颊来得安全,它的羞怯意味使它被人们当作不带性成分的接触而加以接受,于是便在各种社交场合广泛地使用。

　　另一些吻可以根据接触身体部位的高低加以分别。首先是尊者对卑者的吻，起源于父母吻幼儿的头顶。这种吻带有优越感，所以当一个成年人这样吻另一个成年人时，通常会传递出伪父母信号。吻身体上其他的高部位也同样如此，如吻前额和吻鼻尖。这两种吻是典型的父母动作，或者伪父母动作。其次是吻手，由于手在身体上的部位较低，所以吻手也相应表示吻者的身份低于被吻者。这是一种表示尊敬或者自谦的吻，其卑微感来自它需要和鞠躬动作同时做出。在古代，作为一种严格的社交礼仪，男子必须吻女子的手。为了解决身份上的问题，地位显赫的男子便把女子的手抬到自己嘴边再吻，这样也就避免了卑屈的鞠躬动作。

　　十、手摸头。用手摸同伴的头其实是一种很亲密的举动。这种关系符号的亲密性基于它所暗示的信任感，因为头是人体最敏感、最容易受伤害的部位——所有的重要感觉器官都集中在头部——而手，则是人体上最具伤害性的一种潜在的武器。本来，允许他人接近和去碰摸他人就需要碰摸者和被碰摸者之间具有高度的信任感。碰一下一个陌生人的手臂，他就会有所警觉。摸一下他的头，他马上就会进行防卫。这十分明显，而就在这种很明显的现象背后存在着一种常备不懈的无意识警惕感，它会对任何实际威胁我们头部的行为作出反应，不管这种威胁多么遥远或者表面上不像是威胁。只有在最亲密的知心朋友之间，或者在恋人和相亲相爱的配偶之间，才允许对方的手进入这一区域。所以，即便是最短促、最轻微的手对头接触，也是一种表示两人之间存在着高度信任感的关系符号，而不像我们所想象的那样，仅仅是一种无足轻重的小动作。

　　十一、头靠头。当一个人的头和另一个人的头靠在一起时，其情形就像是"急性的"接吻采取了一种"慢性的"形式。和手摸头一样，这在年轻恋人那里比在年长夫妇那里更容易看见。这种关系符号的特殊意味,在于它表明一对头靠头的男女对其他人的活动漠不关心。他们把头靠在一起,或者脸颊贴着脸颊,显然等于在说:"对我们来说更重要的是相互接触而不是关心世界上发生了什么事。"作为一种信号,它表明这两个人已置身于世界之外,而他们在这样做的时候也确实经常会闭上眼睛。胜过其他任何恋爱关系符号,头靠头是一种排他性动作,它把一对恋人和我们其余的人分割开来。

十二、抚爱。用手或者偶尔用其他的器官如鼻子、舌头或者脚轻轻地抚摸、揉擦、舐舔和擦摸同伴的身体,几乎总是带有性的意味,而且很容易引起生理上的兴奋。在公开场合,它似乎永远是这样一种年轻恋人的关系符号:他们已进入紧张的热恋阶段,这时他们对世界上其余的事情一概不感兴趣,而排他性地专注于探知对方的肉体及其反应。有时,在某种社交聚会上也能观察到例外情况,那就是一对年长的夫妇偶尔也会轻微地做出这种动作。不过,这通常是漫不经心地抚摸一下配偶身体的某个部位,而作为一种无意识信号,它向其他人显露出两人之间关系的深度。这是他们可以让人看到的最极端的行为。只有在极偶然的情况下,这类动作才作为一种有意识的信号为一对夫妇所使用,其目的是想夸耀他们的夫妇关系以引起他人的羡慕。

十三、身体支承。儿童经常坐在父母腿上,父母也时常抱着他们。这种行为方式在快活的青春期内会再度出现:女青年坐在男青年腿上;男青年抱着女青年。它还会重现于某种仪式:新郎把新娘抱进新房。在成年人生活中的其他时候,身体支承仅限于应付某种无法自助的情况,如晕倒、生病或者喝醉酒等。由于它具有应急动作的性质,所以极少甚至根本就不显示关系,即使素不相识的陌生人也可能这样做。作为一种婴儿期亲密行为方式,身体支承和其他一些婴儿行为方式不同,它并没有作为一种重要的关系符号延续到成年期。之所以会有这种区别,其原因十分明显,那就是体重的迅速增加很快使人难于"支承"了。

十四、玩笑式攻击。在成年人之间,有许多动作——如扭手臂、揪头发、拧耳朵,还有撞、推、挤以及用肘戳他人身体等——从根本上说是进攻性的,但是假如这些动作以某种节制的方式加以减弱直至没有伤害性的话,那也是完全可以做的。这样不仅不会被认为是带有敌意的举动,反而会被解释为是不拘小节的友好表示。作为关系符号,它们表明进行玩笑式攻击的人和"受害者"之间有着这样一种关系,即:"受害者"本人很乐意接受这些假装有敌意的攻击动作,而攻击者丝毫不用担心自己的举动会被对方误解。它们证明了他们之间已熟悉和相知到了即使被对方轻轻地擂一拳或者拧一把也"不在乎"的程度。有时,这是一个人对另一个人进行亲密接触时的唯一方式——如父亲对刚成年的儿子——因为他知道更加直露的抚爱接触会使双方感到难堪。

以上对一些比较常见的社会性关系符号所作的概述当然不免过于简单。如果客观地加以分析,这类动作的微妙性和多样性简直令人吃惊。这是因为人类是这样一种善于爱、善于建立关系的动物,因为我们有着这样复杂的社会生活。我们每个人都有几十种不同的关系——配偶、子女、父母、亲戚、朋友、邻居、同事、老师、学生、雇主、助手等等。我们不仅清楚地意识到我们自己和这些人的关系,而且还清楚地意识到他们之间的相互关系。我们无论在什么地方相遇或者相聚,我们的感觉器官总是不断地把与这些永远变化着的关系有关的信息输入我们的大脑。我们每天都要识别成千种不同的关系符号,同时向周围的人传送出几千种我们自己的关系符号。它们不仅是一种使我们知道谁爱谁以及爱得多深的途径,它们还是一种使我们得以进入社会生活之网,从而使我们与他人联结在一起的有效方式。

自我接触行为
自我亲密：我们为什么以及如何触摸自己

只要我们接触自己的身体，就有了自我接触行为。自我接触和异体接触适成对照，后者仅指对他人身体的触摸。与他人进行身体接触对我们来说并非是随随便便的。我们对自己正在做的事情——不论是友好的拍背、情意绵绵的抚摸，还是恶狠狠地打斗——总有着清醒的意识。但是，当我们在进行自我接触时，大凡都会把它看作是理所当然的。既然是自己摸自己、自己抓自己或者自己拥抱自己，又没有侵犯他人的人身权，我们也就很少去想它了。然而，我们在自我触摸时的这种无意识性质并不意味着这些触摸是不重要的或者无意义的。恰恰相反，它意味着，这些触摸可以为了解我们内部的精神状态提供真实的、未受到意识干预的宝贵线索。

自我接触的最常见形式可以十分恰当地称为自

我亲密。除开梳理和为保护身体而进行的清洗和护理动作，在我们所有针对自己的接触动作中，这类自我亲密动作占大多数。确切地说，自我亲密就是自我安抚，因为它是无意识地模仿被他人接触的动作。

当我们在做某种自我亲密动作时，我们会把自己身体的某一部分当作是他人的。在幼儿期中，如果我们受到了惊吓或者伤害，父母便会搂抱我们，并且温柔地将我们轻轻摇动。他们会拍拍我们，摸摸我们，抚爱我们，从而使我们感到安全和舒适，受到爱护和照顾。作为成年人，我们仍时常感到缺乏安全，缺乏温柔感，而这时已不再有父母的双臂来庇护我们了。尽管如此，我们有自己的双臂，于是我们便把它们作为替代物。我们会拥抱自己的身体并轻轻地摇晃，或者会和自己搀手，一只手紧紧地握住另一只手。

像这样一个好像两个人似的做出动作的方式有许许多多，大多数仅仅是些细微的自我亲密动作——大致就是一种快速的触摸——但它们透露出的信息是一样的：想得到一点小小的安抚。最常见的是那些抬起一只手触摸自己的动作。城市居民尤其倾向于触摸头部。他在大部分时间里安坐于室内——坐在办公桌前或工作台旁，周围还有一大群同事，经常感到很紧张，处于一种矛盾的、迟疑不决的或者烦躁不安的状态中，而这时他的手便会不知不觉地伸到头边。他可能用手撑着头，好像他的脖子一下子变得软弱无力而支撑不住了；也可能若有所思地摸摸脸或者把指关节轻轻地压在嘴唇上。手的支承动作重现了当初幼儿把头靠在父母身上的感觉，而手的抚摸动作重现了受父母抚爱时的感受。至于把指关节压在嘴唇上，就像许多其他形式的嘴部接触一样，是返回到吮吸母乳的时刻（或者，就此而言，是代替恋人的嘴）。

通过对数百种这类手对头的动作研究，我们已经知道，对于解决成年人在紧张的社会生活中需要某些小小的安抚这一问题来说,其中哪些动作是最常见的。根据出现的频率,它们是:(1)托颚;(2)托下巴;(3)抓头发;(4)托脸颊;(5)摸嘴;以及(6)托太阳穴。无论是成年男子还是成年女子都可能做出这些动作中的每一种动作。不过触摸头发的动作在女子中间出现的可能性为男子的三倍,而托太阳穴动作在男子中间出现的可能性则为女子的两倍。

抱臂动作,即用双臂在胸前筑起一道保护屏障,也有某种自我接触的安抚成分,其样子就像是一个做到一半的自我拥抱。事实上,任何把身体的某一部分紧紧贴住另一部分的动作都可能产生这样的效果,即给予自己以一点小小的安全感。譬如,人们在紧张的时候大多会"合起手来",不是把手指交叉在一起,就是用一只手掌握住另一只手掌。同样,各种形式的叠腿动作也产生一种腿对腿的自我亲密效果,因为一条腿的表面受到了另一条腿的安抚性挤压。用一条腿夹紧另一条腿可以加强这种感觉,所以做这一动作的人很明显地表现出他需要得到安抚。

有些腿部动作,不知什么原因,几乎总是由女子做出的。这些动作包括抱腿和握大腿。

抱腿就是把两条腿同时往下弯起,直到双膝碰到胸部,然后用双臂抱住两腿,头低垂在膝上。这也许是一种最引人注目的方式,因为以这种方式一个人用自己身体的一部分创造出了第二个人。弯叠起来的两腿提供了一个可以拥抱、依靠和栖息的形体。手臂、躯干和头都得到了身体接触时的安抚感。尽管如此,这种姿势在男子中间却不多见,抽样调查表明,女子和男子的比例为19:1。也许,其原因在于这种姿势的自我安抚意味太重,不免会太明显地暴露出它和幼儿行为的联系,所以男子一般都羞于这样做。另一种同样带有强烈的女性气的自我亲密行为是头垂肩姿势。在做这种姿势时,女子把自己的肩膀当作父母的或者情人的。这种姿势也颇为直露，男子一般都避免这样做。第二种女性动作就很难这样解释了，那就是手握大腿姿势。根据抽样调查，我们发现这种姿势在女子中间出现的可能性十倍于男子。坐着的时候用双手握住自己的左右大腿并不是一种明显的"幼儿期安抚动作"，但是，不知什么原因，男子还是避免做这种形式的自我接触。也许，这里的某种性的成分可以用来解释这一情况。在求爱过程中，男女抚爱时大多是男子用手去摸女子的大腿，所以，到了进行自我亲密的时候，大多数是由女子再现这种形式的身体接触。

最后，还有一种特殊形式的性自我接触——手淫。这里，手作为性交对象的替代物，其用途是十分明显的。这一事实表明，手淫是一种显而易见的变通方式，以替代异体性接触。正因为它反映了得不到性伴侣并暗示着无能力得到性伴侣，人们便把它和羞耻联系在一起并不公正地予以谴责。然而，对于那些缺乏性交对象的人来说，它却是一种缓和性焦虑的无害方法，尽管有许多人对此公开持相反的看法，但说到底也不会有什么灾难性后果。当然，就正式的观点而言，它受到谴责并不总是因为它是交媾活动的一种可怜的替代行为。在不同的时代有各种不同的理由，从眼睛会变瞎到会患精神病，各种各样可怕的后果都相继被人认为是反复进行这种"自我摧残"所必须付出的代价。今天，我们虽然会对这些古怪的警告一笑了之，但在当时人们却是严肃对待的，而且对所有的身体自我安抚行为似乎都抱有敌意。

成年人通过抚弄他或者她自己的身体以获得某种安全感和充实感，这种需要至今仍被人斥之为退化或者幼稚。然而，这些人既无法解除现代成年人的紧张感和焦虑感，也无法阻止那些"更具伪装的"自我接触行为。如果一种自我亲密动作——如揉一下自己的脸——与身体安抚之间的关系相当模糊，那么谁也不会指责它，谁也不会认为它会导致某种严重的能力丧失。于是，那些细微形式的自我接触行为便继续无争议地、大量地为成年男女所采用。只有当这些行为的起源或者功能变得太明显时，它们才会成为攻击的对象并受到社会的谴责。因此，全世界的成年人——他们不管在哪里都需要有身体抚爱形式的情感支持——将继续进行自我按揉、自我支承、自我抚摸和自我拥抱，这些动作虽则短暂，其结果却会使他们得益匪浅。

非语言泄漏
无意识的自我暴露

在社会生活中有许多这样的时刻：我们希望隐瞒自己的真实感情而不知怎么总不能成功。丧偶的母亲尽量不使自己的孩子看到她过于悲伤而被人们说成是"装出一副勇敢的面孔"，好像是她在自己的真实面孔上戴上了一副假面具。如果我们用这种方法来作假而没有成功，那么关于我们真实情感的信息又是怎样泄漏出去的呢？这种非语言泄漏的根源在哪里？我们怎样才能识别某人是在作假？

丧偶的母亲就是一个例子。她作假之所以失败，是因为没有巨大的压力非要她成功不可。事实上，作假失败对她反而有好处。要是这位丧偶的母亲在掩饰自己的悲伤方面做得过于成功，她就会被人批评为缺少感情。同样，如果她对自己的悲伤不作一点别人看得到的克制，她就会被说成是缺乏勇气和自制力。所以,她的"勇敢的面孔"是一种典型的虚假伪装,即:伪装者本人很乐意自己的伪装被识破。不管是有意还是无意,反正她希望自己的微笑被人觉察出是勉强做出的。

但是,如果需要作假的压力很大,情况又会怎样呢?一桩谋杀案中的被告明知自己有罪,但又竭力想证明自己无罪,这时他就处于作假必须成功的巨大压力之下。他得谎话连篇,而且在说谎时必须配合自己说的谎话做出相应的身体动作。他如何做到这一点呢?他或许能控制自己的言语,但他能控制自己的身体吗?

回答是,他能控制身体的某些部位,但不能同样有效地控制其他部位。凡是在他的日常生活中他能充分意识到其动作的那些身体部位是容易加以控制的。他最了解自己的微笑和皱眉——这些他在镜子里就曾看到过,还有,其他一些脸部表情也是他十分熟悉的。所以,最善于作假的是他的脸部。

其整体的身体姿势可能会提供给其他人某些有价值的线索,因为他对自己身体姿态的端正程度、萎靡程度或者紧张程度未必能永远充分意识到。但是,由于那些要求在某些特殊场合举动必须规规矩矩的社会准则,这些身体姿势的价值又会被大大降低。一桩谋杀案中的被告,不管有罪还是无罪,传统上总要求他在受审时坐立端正,而这很容易导致姿势上的"信号弱化"。

手的动作和姿势是更为有用的线索,因为他很少会意识到它们,而且通常也不存在任何会减弱手势表达的社会行为准则。当然,如果他是在接受军事审讯,那么他的手也可能因为严格的军队礼仪而减弱信号:作为一个军人,他这时必须毕恭毕敬地肃立着,这使他比普通人更容易在手势上隐瞒真相。但是,在一般情况下,他总会做出手势,而这些手势便可以作为他作假的线索加以仔细研究。

最后,特别有意义的是他的腿和脚,因为腿和脚是他最少意识到的身体部位。然而,在实际情况中,身体下部的动作往往是看不清楚的,所以它们的用处也十分有限。桌子之类的用具会挡住审问者的视线。这也说明了,为什么人们在会谈或者商业谈判时,总觉得坐在一张书桌或者谈判桌旁边进行谈话似乎比较舒服。这一事实有时在具有竞争性的会谈中也被利用,人们把双方代表的椅子孤零零地放在房间的中间,这样在会谈中每个"当事人"的整个身体就暴露无遗了。

总之,作假的最好方法是把信号严格限制在语言和脸部表情的范围内。在这样做的时候,最好是把身体的其余部分隐蔽起来,或者不停地做出各种杂乱的机械动作,因为这些没有规则的身体动作会使对方辨不清哪些是真正的作假线索。换句话说,如果你不得不说谎,最好是通过电话或者隔着一堵墙。作为变通方法,也可以在说谎时一边穿着针线或者在忙于停放车辆。如果你的身体大部分暴露在对方眼前而又没有其他的机械动作可做,这时你要成功地说谎,就必须全身配合做出相应的虚假动作,而不能单靠你的语调和脸部表情了。

对于我们中的大多数人来说,要全身作假是很困难的,因为缺少这方面的实践。在日常生活中,我们几乎不需要有意识地作假。我们或许会自我作假——自欺欺人——但那是另一回事。我们都无意识地扮演着角色,但这和有意欺骗他人的行为仍然不能相提并论。当我们有意说谎时,时常是破绽百出的,应该说只有那些极其粗心大意的人才不会发觉。但有时,一些我们觉得并不粗心的人,事实上也没能觉察到我们在说谎。我们到处说谎,但始终没人戳穿我们。造成这种情况的原因,可能是我们的同伴觉得戳穿我们会使大家难堪,但也可能是他们一时被我们的行为搞糊涂了,所以没能认清我们说谎的具体性质。就难堪的情况而言,他们事实上完全知道我们在说谎,只是因为我们所说的谎无伤大雅,所以他们觉得与其戳穿我们，不如顺着我们的谎言大家客客气气地交往下去。这种情况在某些友好的交际场合尤为多见。譬如，在一次晚宴上，我们吃到了一道味道很不好的菜，当女主人再次邀我们吃这道菜时，我们便会很有礼貌地说谎而谢绝。我们不会向她说明真相，而会说吃饱了或者说正在忌食这种菜等等。如果她看穿我们在说谎并知道了真正的原因，她多半也会顺水推舟地不再勉强我们，免得破坏了晚宴上的和谐气氛。她不但不会戳穿我们，相反还会顺着我们的谎话发挥一番，和我们谈上几句关于谁的胃口大、谁的胃口小或者谈谈她自己的忌食情况等等，而且还尽量使自己的神情和彬彬有礼的客人们的神情相协调。这样，双方都在说谎而且双方都知道对方在说谎，只是因为双方都希望对方感到愉快，这种说谎游戏也就顺利地进行下去了。这就是合作说谎，它在许多社交场合还扮演着主要角色。

　　第二种未戳穿谎言的原因，是没能准确地认清谎言。说谎者的举动使他的同伴感到很费解，不知道如何来对待这些举动。他们知道他没有说真话，因为他的身体动作不协调或者和他说的话不协调。但是，他虽然注意到了这种不协调却无法猜透他打算隐瞒的究竟是什么。如果有这么一个人走进一个房间，他的行为举止使房间里的其他人越来越觉得不对劲，这时，倘若他们已猜透隐藏在他的谎话和作假背后的真情，他们便可以设法加以对待——要么戳穿他，要么和他合作说谎——但他们又无法猜透，所以一时被他给懵住了。这种被搞糊涂的情况每每发生在社交聚会上。举例来说，一个刚刚遭受了个人不幸的客人，他试图装出很快活的样子，而且想自始至终都这样，但是，由于他内心的真实感情时时在折磨着他，他无论是摆手还是点头，动作都会做得有点过分。如果在整个聚会过程中，他的同伴们为了免使聚会受影响而始终没有点破他的作假行为的话，那么当他最后离开时，他们也一定会重重地叹一口气,如释重负般地开始猜测导致他举止反常的原因。

事实上,我们每个人都很少有机会可以公开戳穿他人的谎言,这是因为,即使是一般社交性质的说谎行为也不是很常见的。我们不仅不经常说谎,即使说谎也不会漫无边际,就是说,我们中的大多数人可以算作是泄漏者,而只有很少一部分人,他们才是职业性的非泄漏者。

非泄漏者就是那些以重复和持续作假行为——甚至已遭到公开质疑的作假行为——为职业的人。就他们所选择的职业而言,除非他们能成功地说谎并坚持自己的谎言,否则将一事无成。这样,他们便变得很善于利用时机(即准确地选择说谎的时间)而且能全身作假。这也许需要多年的训练。但是有时在有些最优秀的职业人员中间,我们甚至可以看到那种把作假和说谎提升到一种艺术高度的情况。这里,我指的不仅是那些大家都知道的职业作假者——那些优秀的男女演员——而且也指其他一些超级说谎者,即职业外交家、政客、律师、魔术师、巫术家和旧汽车推销员。对于这些人来说,说谎不仅是一种谋生手段,而且还是一种久经磨炼的高超技艺,其高超程度甚至使我们绝大多数人在绝大部分时间里都乐于受其蒙骗。

在普通的泄漏者和职业性非泄漏者之间存在着巨大的区别,至少比一般泄漏者所想象的要大得多。普通人时常听人说:"人人都可以当电影演员。"或者:"做外交家也平常,不过是香槟加撒谎而已。"但是,若真的让他去试试,他马上会洋相百出。譬如走路——难道还有比走路更容易的事吗?——要在大量的观众面前,既缓慢又放松地、神态自然地从舞台的这一边走到那一边。相比之下,一个普通人的姿势和一个职业演员的会显出天壤之别。他走起来既郎当又笨拙,简直像和朋友一起在街上溜达。在大量的观众面前,这个泄漏者就是觉得没法放松,他越是努力,情形越糟。

　　现在从作假者方面转到识别者方面来看看,这里有什么至关重要的特别线索呢?美国研究人员所做的一系列实验,为我们提供了某些答案。他们给一些年轻的、正在受培训的护士放映影片,时而让她们看一些诸如截肢手术这样的血淋淋场面,时而又让她们看一些比较轻松的场面。放映了一些镜头之后,他们要求这些未来的护士叙述刚才所看到的那些场面,时而要求她们说得真实,时而又要求她们说得不真实。在她们说的时候,一些暗藏在周围的摄影机便摄下了她们的每一个动作和表情。这样,研究人员便有可能对说真话时的动作和故意说谎时的动作进行详细的分析,并研究两者之间的区别。

　　那些护士很难做到不说谎,因为事先告诉过她们,作假技巧对于她们的职业前途来说是一项很重要的成绩。因为,作为护士,她们要学会如何安慰焦虑的病人,告诉他们说他们的身体正在康复,或者设法不让医生详细知道病人在抱怨什么。此外,还要求她们在做这种安慰工作的同时不能暴露出半点悲观情绪。要成为一名优秀的护士,必须先学会做一个善于说谎的人。所以,这个实验不仅仅是一种学术活动。事实上,在那些护士中以后取得成功的,也就是在复述影片内容试验中最善于做假动作的那些人。

　　然而,即使是最善于做假动作的人也不能做到十全十美,实验人员还是在她们说真话时和说谎时的身体动作方面,发现了一些重大的区别。具体如下:

　　一、在说谎时,那些护士降低了简单手势的出现频率,即她们平时用来加强语气的手势动作明显地减少。这里的原因是,作为讲话时的"图解者",手的动作并不是有意识做出的姿势。当我们讲得激动时,我们固然知道自己"挥着手",但我们并不确切地知道自己的手究竟是如何挥动的。我们意识到自己的手在动,但我们并未意识到自己的手在如何运动,这就使我们对这些动作可能有的明确性发生了怀疑。我们无意识地感觉到,它们可能会泄露我们的内心,也可能别人不会注意到它们,于是我们便有节制地做这些动作。这并不容易。我们得把手隐藏起来,或者放着不动,或者把它们深深地插进口袋里,或者比较自然一点,把两只手紧紧地握在一起。有经验的观察者则不会因为我们这样做而受骗——他知道,既然那些年轻护士的小手都意味深长地僵着不动了,那其中必有原委。

二、在说谎时,那些护士增加了手对脸自我接触动作的出现频率。我们在交谈时都会不时地去摸自己的脸,但是这类简单动作的出现次数在说谎的时候会戏剧性地增多。这时,有些手对头动作比其他类似动作更容易出现,因为手在做这些动作时的性质是根据它和头的哪部分接触而定的。说谎时,手倾向于:摸下巴、抵嘴唇、捂嘴、摸鼻子、揉脸颊、搔眉毛、挖耳孔和捋头发。这些动作中的任何一种在说谎时都可能会明显地增加,但其中有两种增加得特别明显,那就是摸鼻子和捂嘴。

捂嘴比较容易理解。谎话是从说话者的嘴里说出的,这时他头脑中的某个部分对此感到不舒服,于是便向手发出信息,命令手去"捂住"他所说出的话。说谎者无意识地抬起自己的手,仿佛想塞住自己,但不知什么缘故,他又不得不让这些话继续从自己的嘴里说出来,因为他头脑中的其他部分不允许这样做。于是,谎言便源源而出。结果是手做了个半途而废的捂嘴动作,仅仅和嘴稍稍接触一下就结束了。这个动作有好几种典型形式,譬如:手指张开拦在嘴唇上,把食指放在上嘴唇上,或者把手放在嘴边。

必须补充说明的是,如果你观察到某人做出这种用手部分地捂住嘴的动作,这并不是说这个人一定是在说谎。它仅仅意味着,他这时比手远远地离开嘴的时候更可能是在说谎。捂嘴有个明显的缺点——它的意思太直露。有时,当这个动作由一个孩子笨手笨脚地做出时,成年人一眼就能看出他想撒谎,于是会大声质问:"你老是遮遮掩掩的,想骗谁?"成年人自己伪装得比较巧妙的手捂嘴动作可能不致遭到这样的公开揭穿,但它们仍然会使人感到有点不舒服。要克服这种缺点就得加大伪装成分,而这就是我们要加以考察的另一条重要的动作线索——摸鼻子。

有些观察者已注意到,摸鼻子和说谎之间有着很明显的联系,但没有人想进一步作出解释以说明为什么会有这种联系。在我看来,这种联系有两方面的原因。首先,举到嘴附近的手已经有了偏移,而嘴的附近当然只有鼻子。手也可以放到下巴上,但这样就到不了嘴边;也可以放在脸颊上,但这样手不免太偏。只有鼻子端直位于嘴的上方,是放手的理想之地:手只是稍稍地高出几寸,既可以继续捂住嘴的一部分,同时又可以把他人的注意力引向鼻子。

作为一种经过伪装的捂嘴,摸鼻子已成为最常见的说谎动作,但是它之所以如此普遍还有第二个原因。当故意说谎时,即使是最老练的说谎者也不免会有所紧张。这种紧张导致生理上的某些细微变化,其中有些变化很可能会增强鼻孔附近皮肤的敏感性,使鼻子有点发痒。这虽然是一种几乎觉察不到的感觉——其细微程度使我们很难意识到——但它却有助于鼻子成为对于手来说很具吸引力的接触部位,它当然不是手做出动作的直接诱因,而只是在手一旦开始做捂嘴动作并需要伪装时,有助于把手引向鼻子而已。

三、在说谎时,那些护士的身体摆动次数有所增加。一个孩子坐在椅子上不停地摆动着,显然是想从椅子上溜下来,任何父母都一眼能看出这种不安静的征兆。在成年人身上,这些扭动身体的动作已经大大减少或者说已大大地受到了压制——因为这也是一种太明显的不安信号——但它们并没有完全消失。仔细观察就会看到,成年说谎者常常做出轻微的、已退化了的扭身体动作,而且这种动作在他说谎时比他说真话时出现得更为频繁。它们不再是像幼儿那样扭动，而仅仅是躯干姿势的稍稍变化，看上去好像是说话者想从一种坐的姿势变到另一种姿势似的。

这些未加掩饰的身体摆动是在表示："我希望自己是在另外一个地方。"而姿势的变化分明展示出想逃跑的示意动作。

四、在说谎时，那些护士大量使用一种手的动作，即单手耸动。在其他手势出现频率上升的同时，这一手势更为常见。情形仿佛是，嘴在说谎，手却在推卸责任。

五、在说谎时，那些护士的脸部表情和说真话时的脸部表情几乎没有什么区别。几乎，不是完全。因为即使在最具自我意识的脸上，也会有一些非常微妙的细小表情在漏出真相。这些细小表情是那样转眼即逝———一秒钟也不到———所以未经过训练的观察者是无法觉察到的。然而，若经过专门训练，加上使用慢动作摄影，即使在一般速度的影片上也能够捕捉到它们。所以在一个训练有素的观察者面前，甚至脸部也不能作假。

这些细小的表情是由于脸部过快地显示内心感受而造成的。当一种情绪变化要求得到表现时，脸部肌肉可以在一秒钟之内就把它显示出来。来自头脑的相反信息，即要求脸部"停止显示"的信息，经常来不及赶上前面的要求显示情绪变化的信息。这样，一种脸部表情刚刚做出，不到一秒钟就被相反的信息所取消。而在这一瞬间，闪过脸部的就是这些细小的、转眼即逝的表情。它被那样迅速地压制下去，以致大多数人根本就没有看到。但是，只要仔细地观察，它是能够被觉察到的，而且是一条有助于识破谎言的最好线索。

这样的实验当然也存在着问题。美国的研究人员创立的这种实验室试验，在其自身的范围内是很有效的。它清楚地告诉我们，当人们想说谎时会出现什么情况；它向我们表明，当人们在试图全面作假时他们的身体动作是怎样泄露天机的；它使我们得以探测到那些最细微的动作。但是，由于这种试验只限于此，它却没能告诉我们，这是不是这类行为变化发生时的唯一状况。它证明了，人们在说谎时，手对脸的动作会有所增加而手势则有所减少，但它没有指出，产生这些后果的原因是不是仅仅在于说谎。换句话也就是说，说谎是全部的原因呢，还是一部分原因？

实地考察似乎表明，它仅仅是部分原因。举例来说，两个人在谈话，其中一个突然破口大骂另一个人。这种辱骂是意料不到的，那个被骂的人一时竟无以言对。他在对方的骂声中呆坐了好几分钟。最后，他开始作答，而且回答得很冷静，很镇定。在这种相互一来一去的语言交往中，存在着高度张紧的一刻，即一方开始辱骂之际，而就在这时，那被骂的人抬起手摸了摸鼻子。这就是我们已经知道的发生在说谎时的摸鼻子动作。但是，现在这个摸鼻子的人不可能是在说谎，因为他什么话都没有说。在他的手离开鼻子后好一会儿，他才开始说话，而当他开始说话时，他仍然显得很平静而且头脑很清醒。

第二个例子：一个人接见另一个人。接见者问了几个很简单的问题，而且马上就得到了回答。接着，他又问了一个比较复杂的问题，所以那个被接见的人开始回答的时候颇为犹豫，于是便用手指摸了摸自己的鼻子。但是他并不打算说谎，因为那个问题并不需要说谎，仅仅是一个需要他认真想一想的复杂问题而已。

在这两个例子里都不存在说谎的现象，而摸鼻子又显然是和说谎有关的动作。这三种情况有怎样的共同点呢？它们都含有一个紧张的开端。那个被骂而摸鼻子的人虽然没有说话，但是他内心却正在为对方突如其来的冒犯而感到震惊。他的头脑开始发热，但在表面上他仍然显得很镇静。这时，他的内部行为(他正在思索)和他的外部行为(他未采取行动)是互不协调的。同样，那个被突然要求回答复杂问题的人，思想和行动也是分裂的。他尽力想回答得很流畅，但他的头脑这时正在费力地应付这问题中的复杂点。于是，他的内部思想和外部动作也同样地不相协调了。

把这两种情况和说谎时的情况相比较，可以清楚地看到它们有着很大的共性。故意说谎的本质，在于头脑里所想的没有在外部语言行为中反映出来。说的是一回事，想的则是另一回事。所以，说摸鼻子是一种说谎信号很可能是把问题简单化了。应该说，摸鼻子——其他类似的动作也一样——是内部思想和外部思想被迫分裂时的一种反映。这只能说是一种非常一般的、带有普遍性的作假，而说谎仅仅是这种一般的、普遍性的作假行为的一种特殊表现罢了。当我们拼命想显得镇定而内心正为辱骂或者难题所折腾时，从某种意义上说，我们是在作假，但不能说是在说谎。换句话说，除了说谎，我们还有更多不诚实的表现。所以，一旦我们想对说谎进行实验观察，就很可能会忽略我们所发现的这种行为的普遍重要性。

由此可见，非语言泄漏实际上所显示的不仅仅是说谎，而且还显示出由于紧张时刻思想和动作的不协调而产生的一种很微妙的内心和外表的基本冲突。然而，即使这意味着我们不能断定一个摸鼻子的人必然是在说谎，我们仍然可以肯定他头脑里一定有某些东西是他无法用语言向我们表露和交流的。也许，从严格的意义上说他并没有在说谎，但他确实对我们隐瞒了某些东西，而这一点，就是由他的摸鼻子动作泄漏给我们的。

矛盾信号
同时发出两种相互对立的信号

当我们不诚实的时候,我们的行为时常会分裂。它会变得像一副拆散的拼板玩具一样零零碎碎。本来,我们的动作是和谐连贯的,现在它们则矛盾、散乱地拼凑在一起,而当观察者观察到这种情况时,他马上就会警觉到其中必有蹊跷。举个很简单的例子:一个人友好地微笑着,同时又紧握着双拳。他的脸在说"我很高兴",但他的手却在说"我很愤怒"。对于这种相互对立的信息,我们如何作出反应呢?我们是相信其中的一个呢,还是两个全信,抑或两个都不信?

要回答这个问题,必须在两难信号和矛盾信号之间作出明确的区分。这两种信号都包含有对立的成分,但是就两难信号而言,其中的对立是由某种混合情绪导致的。譬如,一个流氓侮辱了某人的妻子,这个人既憎恨那个流氓，同时又很怕他。他的憎恨情绪使他想上去揍那个流氓一顿，而他的害怕情绪又使他防卫性地退缩。他的身体同时服从了这两种相反的驱使，于是便使他做出一种两难性的威胁姿势。这一两难信号就是由进攻和退缩两种相反的示意动作混合而成的。他避开那个流氓，同时又对他怒目而视并做出一种准备打斗的手臂动作。至于那个流氓，他这时看到了两种信号，就会在它们之间进行衡量。他把两种信号都认作是真实的并加以接受，但必须判断出其中哪一种反映出较强烈的冲动。他可不可以进一步去侮辱这个人呢，或者这样做不免过分，会使这个人横下心来跟他打个明白？

像在这样的情况下，两难信号中的两个对立部分都被视为是真实的，对它的反应按对立部分的强弱比较而定。但是，另一个例子，即一个人微笑着同时又紧握双拳。情形又怎样呢？他难道真的同时感到高兴又感到愤怒，还是其中一种信号是真的，另一种是假的？很可能后者是真的，即：这个人真的很愤怒，但他又尽力想用一种虚假的微笑来掩盖这一事实。由此看来，这就不是一个两难信号的例子（基于两种真实情绪的混合），而是一个矛盾信号的例子，它基于一种真实情绪，但又以故意的外部作假加以掩盖。

当然，也可以反过来说这个握紧拳头微笑的人实际上是要表示友好，只是出于某种原因，他装出一种似乎抱有敌意的样子。这就是说，他的微笑是真实情况的反映，而他的紧握拳头成了故意的伪装。要在这两者中间作出判断，我们必须回头重温一下在"非语言泄漏"章节里所作的讨论。一个矛盾信号中的两种对立成分，其中有一种不是属于轻微作假型，就是属于严重作假型。行为者对自己所做的某种动作越自觉，就越容易作假。无意识做出的动作是谈不上作假的，它总是反映行为者真实的内心情绪。

记住了这一点，便有可能排出一张有关各种行为的"可信性程度表"。按照可信性程度由高到低的顺序,大体可以这样排定:(1)自发信号;(2)腿和脚的信号;(3)躯干信号;(4)不自觉的手势;(5)自觉的手势;(6)脸部表情;(7)语言表达。

这样的排列当然不免粗略,但是在我们目前的知识状况下,它至少可以作为一种一般性的指南。举例来说,如果你观察到一种由第(1)、第(3)、第(6)和第(7)类成分组合而成的矛盾信号,那么,根据它们不同的可信性程度,你就有理由放心地相信来自第(1)和第(3)类成分的信息而不用理会来自第(6)和第(7)类成分的信息。这七类成分中的六类可以概要地分述如下:

(1)自发信号。这是所有信号中最可信的,因为我们即使在意识到它的时候也无法控制它。单凭意志想使身体出汗或者使面孔发白,这几乎是不可能的。通常只有优秀的女演员才能按导演的要求流泪,这时她会强迫自己进入一种真实的悲苦心境,借此才流出泪来。然而,即使就这一类最可信的信号而言,偶尔还会出现伪装。譬如,装疯卖傻时的呼吸混乱就可以伪装。我们每个人都可以凭意愿喘息、呻吟和叹气。但是,尽管如此,我们都极不愿意将此作为一般作假手段中的一部分,因为它需要集中相当大的精力以保持一种虚假的呼吸频率,同时还要把握住其他方面的作假成分。所以呼吸行为一般仍可以作为一种反映真实情绪的可信线索。

自发信号来自生理变化,而生理变化是不受意识控制的,所以很明显,当我们想从一种矛盾信号中分辨出真伪成分时,它具有特殊的价值。然而,遗憾的是,它仅仅在比较强烈的情绪波动时才会出现。在一般情况下,我们便只得面对其他的身体动作了。

(2)腿和脚的信号。在一般社会交往中,当人们坐着交谈时,身体的下部似乎最容易逃脱意识的控制。其主要原因可能是我们的注意力都集中到了脸上。即使在可以看到对方全身的情况下,我们仍然会把注意力集中在他的头部。离开脸越远的身体部位，我们就越不加以注意。脚离开脸最远，所以人们也就觉得最没有必要对自己脚的动作施加有意识的控制。然而，它们却为我们了解他们的真实情绪提供了宝贵线索。

关于脚的有用线索，明显的例子是我们时常会碰到这样的情况：某人在耐心听我们说话，表面上看来他似乎很感兴趣，还时不时对我们微笑和点头，但是就在这样做的同时，他的脚却在有节奏地上下拍打着地面。有个很有名的美国电视节目主持人就很喜欢做这种泄露性的脚部动作，有人曾建议他在自己的鞋底上印上"救命"二字。如果真这样做的话，那么他上身的那种端庄、从容的仪表，就会随着他在观众面前每次跷起脚板发出"救命"信号而遭到彻底的破坏。然而，如果没有这种文字的帮助，大多数人就不大会意识到，这位节目主持人正觉得很不耐烦，心底里正希望能拔腿走掉。这是因为大多数人的注意力都完全集中在他的上身。

脚的另一种泄露性动作是稍稍地向前伸——脚趾微微跷起——这种动作也可能和表示友好的上身动作同时出现。这里，脚的敌意表示是更值得相信的成分，而上身的友好动作倒是很可疑的。还有就是那些紧张的挤腿姿势，它们和松弛的脸部信号是矛盾的。或者是不安地移动着腿，脚反复地摇晃着，这表明某人表面上似乎很乐意呆在某个地方，心里却焦急地想离开。或者是带有性意味的腿部动作，它和上身的端庄姿势是冲突的。这些腿部的性感信号包括：露腿姿势、两条腿相互磨擦或者用手摸腿。如果这些动作是由一个上身姿势并无性感甚至是反性感的年轻女子做出的，那么很可能，这正表明了她的性敏感度远比她所能承认的为高。

（3）躯干信号。在非正式场合出现的身体姿势是一种有助于透视其真实心境的外部指示，因为它反映出全身肌肉活动的一般基调。一个情绪激动的人,不管他怎样努力,要他做出一副萎靡不振或者懒洋洋的姿势总是很困难的。同样,就这种情况而言,特别能给人以启发的是观察一个感到厌烦的年轻同事注意地听一个令人厌烦的年长同事讲话的情形。那年轻人会点点头,动动眉毛,轻声地重复一句,甚至会聚精会神地向前倾着身子,但是他的躯干信号却仍然会使他露出真相。他这时当然不可能做出一副纯粹懒洋洋的姿势来,这样做会使他暴露无遗,所以他只能通过加强有意识的控制使自己的身体姿势足以保持振奋。然而,时不时地,他的这种躯干控制开始有点松懈了。他的身体几乎无意识地开始滑向一种厌烦而懒洋洋的姿势。在这种趋势尚未完全显露出来之前,他会感觉到自己身上正在发生的情况,于是便会挺挺身体振作一下。要是把握得好,他还可能借表示同意的机会随势挺挺身体,同时很有力地点点头,于是这个挺身体动作表面上就显得似乎是他所发出的肯定信号的一部分了。如果那个年长的同事自顾自地讲个没完,那个年轻的同事也许就无需这样多费周折。不过,如果他的振作动作太不隐蔽的话,那年长的同事便会突然感到不安,感到不知所措,于是会喃喃地说:"……大概我讲得太多了……"对此,那个年轻同事马上会表示否定,同时会使用全部的自我控制力重新振作身体,使其恢复到一种相当认真的姿势。

（4）不自觉的手势。手受到的控制稍稍地多于脚、腿和躯干,这是因为手经常处在视野之内。如果我们在讲话的时候挥动着手,我们可以看到手就在我们眼前晃动。我们虽然不认真注意这些动作,但还是会"大体看到"它们,所以我们对它们是大体意识到的。手的许多动作是一些尚未界定的、含糊的、因此也没有合适名称的左右或者上下摆动,这些是所有手的动作中最少受到意识控制的部分。一个气势汹汹地挥着拳头大谈人类需要和平共处的政治家向我们发出的是一种矛盾信号,其中可信的成分是手的动作,而不是言论。

（5）自觉的手势。手的许多动作可以作小型标志使用。它们是一些约定俗成的手势，是有意识做出的。表示胜利的 V 手势就是一个很好的例子。我们虽然没有有意去设计这样的手势，但是当做出这些手势时我们是充分意识到的。它们明显地和一般手势有区别，对于后者我们仅仅模糊地意识到。因此，像这种被充分意识到的手势倘若作为矛盾信号的一部分出现时，它们是不可信的。没有任何理由证明它们是真诚的。事实上，它们几乎和脸部表情一样可疑，较之于上面已经列举过的那些信号，总的来说它们理应受到忽视。如果一个失败了的政治家做出表示胜利的 V 手势，这也许反映出他不屈不挠的斗争精神，但根本没有反映出他在做这一手势时的内在心理状态。伴随着 V 手势出现的其他一些失败信号倒可能会显露真相，如萎靡不振的身体姿势就是一种最明显的迹象。

（6）脸部表情。我们对自己的脸部会有充分的意识，通过脸部表情作假是很容易的。当一个矛盾信号出现时，其中脸的成分没有多大用处。不过，即使是这样，脸上还是有某些线索。脸部表现可以分为两大类。就像手的动作一样，这里也有自觉的表情和不自觉的表情。所谓自觉的表情也就是"装模作样"，而且随时都可以照样做出。它们包括这样一些具体表情，如微笑、大笑、皱眉和噘嘴等。由于它们有名称，我们似乎可以更为熟练地运用它们。我们会说"给他一个微笑"或者"我害怕自己会笑出声来"，其意思就是在我们心里已存在着这些表情的固定形象，并准备着在适当的时候把它们显示出来，而这并非靠基本心境的变化，只要有意想这样做就行。其他一些我们向来不自觉的脸部表情就不可能这样容易加以复制。这一类表情包括眼睛稍稍地眯一下、前额皮肤紧缩、嘴唇微微地抿一下和颚部肌肉迅速地抽搐一下，等等。脸是那

矛盾信号

单侧矛盾信号(左图)。将这张脸的一侧用纸遮起来,则这个人在微笑;将另一侧遮起来,则他面有怒色。他的嘴同时发出两种矛盾的信号。通过将每半个脸与其在镜子中的映像连起来就可以发现这一点(中图和右图)。

样复杂,可以做出几百种紧张的和放松的、收拢的和抽动的表情,可以表现出用任何其他动作都难以表现的基本心境的变化。做一个微笑表情或者深深地皱一下眉,所涉及的微妙的肌肉变化就已经相当可观,况且我们还不能排除它们同时出现的可能性。

譬如,某人表面上脸带微笑,而其真实的基本心境则是悲哀的或者抑郁的,这时他的微笑很可能会由于脸部的某种不自觉的轻度紧张而有所变形。这种变形有两种常见的形式。最普遍的是那种嘴角下垂式微笑。不知什么原因,一个人如果感觉到很悲哀或者很抑郁时,他想在伪装出来的微笑中有意识地抬起嘴角,总会觉得特别困难。他整个脸可以显得很快活,眼睛周围的皮肤也欢愉地皱起了,但就是两个嘴角拒绝往上抬起以配合整个脸部趋于上举的形势。和普通的微笑相比,这种微笑是呈放射形的,而嘴角作为一种矛盾迹象已透露出这个人的内心真相。除了这种微笑,还有一种较不常见的微笑,即:一边的嘴角服从了"装着微笑"的命令,而另一边的嘴角则拒绝服从,于是便出现了那种大家都知道的似笑非笑。

抛媚眼（右图）包括两种矛盾信号：害羞地低垂着头，同时又大胆地用眼睛凝视。这与真正的害羞（左图）不同，后者是同时垂下头和眼睛。

总之，我们可以说，只要出现一种矛盾信号，其中的两种相互对立的信息就不可能都是真实的，虚假的一种可以对照着上面的可信性程度表加以辨认。这里有三条基本原则，即：要确定某个动作大体上是反映真实情绪的，它必须是（1）离开脸部比较远的；（2）动作者本人很少意识到的，或者，（3）是一种尚未在普通人中间被认可为行为单位的不自觉的、无名称的动作。

记住这些，当我们遇到矛盾信号时就比较容易参透其真正的含义了。如果我们观察到一张笑脸，同时又观察到身体很僵直，我们就会相信身体，而不会相信脸。如果我们观察到一张愤怒的脸，同时又观察到手老是做着乞讨的姿势，我们就会相信手。即使两种相对立的信号同时来自某某人的头部，我们也能够对它们作出判断。譬如，我们要是观察到羞怯低垂的脸上，一双眼睛正从下往上大胆地望着我们，那么我们就相信眼睛。我们之所以这样判断，乃是因为我们知道羞答答地"垂着头"是固定姿势，所以更容易有意识地加以利用。这个例子再好不过地说明了，矛盾信号是如何引起观察者注意的。头和眼睛同时低垂是一种真正害羞的反应而且见者不怪。大胆地举目看人也同样具有真实性。但是两者同时出现——害羞的头和大胆的眼睛——则会使观察者警觉到其中的矛盾。当我们看到这种表情时,往往会感到很不舒服,于是便给它取了个带有贬义的名称——"忸怩",而且时常会说:"不要忸怩作态!"可见,在我们的语言中已经对富有吸引力的害羞和毫无吸引力的"忸怩作态"作了精妙的区分。

短缺信号
不自觉的低强度反应

短缺信号就是未达到通常强度的信号。在某种情况下,它甚至还达不到人们所期待的程度。

一个很明显的例子就是闪电式微笑。这种微笑往往会在一张平静的脸上迅速一闪,很快便消失得无影无踪。相比之下,一般的微笑从出现到最高强度再消失,其延续时间要长得多。有时,我们可以看到两个朋友在街上相遇,当他们分手之后脸上仍可能留着微笑。但是,闪电式微笑则会在微笑者刚转过脸之际就一下子消失不见。这种微笑时常仅延续不到一秒钟的时间,因此它很容易被误认为是一种故意的冷落。

短缺信号的另一个例子是那种不寻常的快速扫视。短缩目光接触时间会使我们感到不安,如果我们的一个同伴老是用这种目光看我们,我们马上就会有所反应——时常是无意识地——会觉得他好像有事瞒着我们。

　　出现短缺信号的原因是,一个人的真实心境和他的社会"表现"发生了抵触。他内心并没有某种感受,但他却试图模拟表现此种感受的外部符号,于是他就无法顾全自己的"动作"。这是因为——仍以闪电式微笑为例——当他处于真实的想微笑的心境中时,他是从不考虑或者意识到他的微笑程度和情绪程度之间的确切关系的。他虽然知道其中必有联系——当他稍感高兴时他微微一笑,当他十分高兴时他放声大笑——但他从不费心去弄清这种联系的层次差异。所以,当他想装出某种联系时,他就不可能装得唯妙唯肖,而只能发出一种与真实的微笑在细部上有着不少区别的虚假微笑信号。这种缺陷可能会因具体情况而有所不同。

　　闪电式微笑仅仅是各种有缺陷微笑中的一种,还有一种是凝固式微笑,其短缺情况和闪电式微笑截然不同。在闪电式微笑中,笑的强度是合格的,但笑的时间长度不够;在凝固式微笑中,时间长度虽然合格,强度却不够。换句话说,当一个人想做出勉强的或者虚假的微笑时,他总是无法处理好这一复杂动作的。要做得十全十美,他必须在相当的程度上复制出笑的全部成分。这就是说,他必须拉开嘴唇、抬起嘴角,并调整脸的其他部分,要有合格的强度以及相应合格的时间长度。此外,还要以合格的比率使笑在他脸上出现和消失。如果这听上去很复杂,回答是因为笑本来就很复杂。令人惊异的倒不是我们偶然能看到那些显然模拟得不够充分的短缺信号,而是有人竟然能时常模拟出十全十美的微笑。

　　男女演员就是这方面的行家,但这也仅仅是近代电影的产物。舞台演员总是不得不夸张自己的舞台动作和表情。如果男主角必须对女主角笑笑或者对哪个坏蛋皱皱眉,虽然对方仅离他咫尺之遥,但他的笑必须被坐在后排或者包厢里的观众看到。要使一个仅十二寸的微笑信号传到一百尺外的地方,实在是件很不自然的事情,所以他只能大大地夸张这一表情。早期电影的情况也同样如此,但随着特写镜头的大量使用,影视演员也开始抛弃"大模样"而致力于对现实生活中的姿势和表情的完善模仿。这需要特殊的技艺和全新的演员素质,因为在避免有意识地夸大动作的同时,仍存在着会使表演显得呆板而缺乏表现力的危险。今天,在质量低劣的影片中仍能看到这方面的缺点。演员不是夸大动作就是一再地显露出短缺信号。就后面这种情况而言,他们一般都能准确把握主要信号,但在表现次要信号时就有了缺陷。譬如,脸部表情做对了,很普通的手的动作却做错了。比较成功的演员看来都具有一种模仿心境的能力,即"迫使"自己进入某种需要的心理状态,然后就让自己的脸和手自然地做出表情和动作。

对于无须为电影表演问题费心的人来说,虽然在需要有礼貌而不得不压制自己真实感情时也会遇到一般社交活动中的普遍问题,但绝不会碰到这些特殊的困难。尽管如此,还是有一个例外,此时我们至少会暂时地碰到像摄影机前的电影演员所碰到的那种窘迫局面。那就是在我们拍全家合影照的时候。摄影师要我们脸带微笑,然后他就开始调整镜头。我们一个个虚假地笑并尽力保持着,但是——就像任何一张全家合影照都能证明的——这不是一件容易的事。好的摄影师在按下快门前会逗逗你,这样你照片上的笑就可能与普通全家合影照上的笑截然不同。

后者之所以存在短缺信号,其主要原因在于我们对许多姿势和表情的精妙和复杂性是意识不到的,所以当处于不同的心境时也就不可能十全十美地把它们模拟出来。另外一个因素是由我们的真实心境引起的内在阻力。就像经常看到的,如果这是一种相反的心境,譬如,悲哀却要装得愉快,那么很可能,身体动作中的每一种"愉快倾向"都会被悲哀心境拉向反面,模拟出来的动作也就往往达不到期待程度。

　　说到"期待"程度,这里有某种动作的一般被接受形式的含义。换句话说,有一种(合理的)假设,即假设我们每个人都知道什么是合格的微笑。这种知识是从我们自己的外部表现以及其他社会成员的外部表现中推导出来的。继续以微笑为例来说,根据对先天性盲人的研究,我们清楚地看到微笑是一种先天反应,但是任何一个和盲人交谈过的人又都知道,盲人的微笑是一种奇怪的微笑。它缺少普通微笑中的那种细微差别。这似乎表明,我们先天获得的是这种行为的原始胚胎,继而在社会生活中进一步加以精制。我们在这样做的时候是无意识的,因此当我们想模拟它时往往会产生短缺问题。但是,这一精制过程在不同的文化中,由于各地不同的行为准则也可能会有所不同。所以,当我们遇到其他文化中的成员或者和他们在一起时,要辨认短缺信号又多了一层复杂性。由行为准则引起的一种主要差异是对某些在各地都出现的动作的不同程度的"衰减"。在某些文化中,甚至真正感到高兴的时候,通常对笑这个动作也要有所克制。如果我们遇到一个来自这样一种"不可思议的"文化的人,那么可以想象得到,当我们自以为观察到一种带有伪装性质的短缺信号时,实际上我们看到的是一种真诚的、但"经过衰减"的表示。这样的问题可能使我们在和外国人打交道时无意识地感到困惑,其程度也许会超过语言上的困难。对于那些长期生活于本国社会、只是短期到国外度假的人来说,情形更是如此。要是你观察这样一种人和他们的外国房东谈话时的脸部表情,你会发现一种很古怪的现象。由于认识到自己在国内交往中的那些微妙因素已不复存在,他们便采用一种既原始又费劲的方法来避免因无意中显露出短缺信号而可能产生的危险:他们做每个动作都很夸张。他们不仅大声讲话、哈哈大笑,而且微笑时特别用劲,点头时增大幅度,其他的友好姿势也一概加以夸张表现。由于没有足够的时间学习当地的非语言"姿势方言",他们本能地感觉到这是最安全的方法。但是,夸大一种视觉信号可能和克制它一样不自然。抱着这样的思想,我们现在从短缺信号转到它的反面——过度信号——去看看。

过度信号
高强度反应

一个动作只要在特定的环境下做得过分强烈，便构成了过度信号。

对一句稍稍有点逗趣的笑话长时间放声大笑的人是很可疑的。我们会本能地感到，他其实并不高兴，但又想掩盖这个事实，所以才做出了过分的反应。或许，我们还会觉得，他其实心不在焉，根本就没有听见我们的笑话，而他过分地大笑只不过是一种预防措施而已。或者，他也有可能没有听懂我们的笑话，但又竭力想装出听懂的样子。实际情况究竟如何虽然无法确定，但我们能认定他的反应是虚假的，因为它太过分。

像短缺信号一样，过度信号也反映出一个人在作出虚假反应时对正确强度的判断失误。造成短缺信号有两种原因：对正常反应中微妙性的无知以及

173

对内在心境的压制。过度信号同样有第一种原因,但没有第二种原因。在"过分作出"某种反应时,我们也许并不知道自己不可能十全十美地模拟正常反应,但我们确实没有服从自己的内在心境。相反,我们拼命和它作斗争。我们仿佛在对自己说:"我要用笑来掩盖我的悲哀;我知道悲哀可能会显露出来并影响我的笑,所以我要大声地、长时间地笑,要使我内心深处的痛苦无法压倒它。"

不幸的是,这种补偿过程极容易变成过度补偿,作假的痕迹也就昭然若揭。导致这种失败的原因在于假笑者没有能力平衡自己的账目。他对自己(当然,是无意识地)说:这句笑话值得付出四分笑,可我现在还有三分悲哀。要取得平衡,我必须付出七分笑才使等式两边相等。从理论上说,这应该是有效的,但是在实际上,用这种方法平衡两种不同的心境和动作却极其困难,因此假笑者往往会做得过分。他只能如此,因为他总感到有必要筑起一道确实有效的屏障以防止他的自控力——那正帮助他隐瞒真实心境的自控力——彻底崩溃。

莎士比亚很了解这种现象,他曾写道:"那夫人矜持有余。"确实,在那些太拘谨于性感信号甚或反性感信号的女子中可以发现许多过度信号的例证。最明显的是那种年轻女子,她们老喜欢拉自己的裙子,一次又一次地把裙子往下拉,即使坐在椅子上,裙边并没有翻起来,她们还是会时不时地去拉拉它。另一种情况是,有些女子总喜欢把自己的双腿像搓绳子似地绞在一起,或者像要用它们来夹碎胡桃似的紧紧并拢着。就这样的情况而言,这些女子如果在男子面前,如果他既没有蹲下身体窥视她的裙子里边,也没有试图用手掰开她双腿的话,做出这样的动作,那显然是过分的,作为一种性表现,这样的动作可以说仅次于大大地张开双腿暴露其分叉处。它提醒人注意,她们其实很注重自己的性别。像大多数反性感信号一样,它作为非性感信号引起的却是相反的效果。

过度信号

一个人到了自己不熟悉的社会环境中,往往很难做到"行为适度",他不是短缺,就是过度,就如这组1920年的贝特曼漫画所描绘的那样。

(顺便提一句,那些过分热心的反色情主义者,甚至那些不太热心、但赞同反色情主义的人,其行为之所以可疑和可厌,原因也就在于此。)

与短缺信号一样,过度信号在来自不同文化习俗的人相遇时也有引起误解的危险。如果我们遇到一个人,他笑得太响,背仰得太后,手挥得太久,很可能我们所看到的是一种正常情况,因为就他的特殊文化背景而言,他所遵循的行为准则并不像我们这样要求对这类动作加以减缩。但是,虽然在这种情况下可能引起误解,其程度并不像我们想象的那样普遍。这是因为我们可以通过某种微妙的方式很快地感觉到人类行为模式的一般可靠性。我们以此为线索排除矛盾信号而且准确地判断出他的动作并非作假。尽管如此,我们和他在一起仍有可能感到很不自在。我们会信任他,但又会发现很难一下子适应他那些在一般社会条件下发出的强烈信号。我们会觉得他疯疯癫癫,而他毫无疑问会告诉他的朋友说,他觉得我们呆头呆脑。

文化间的磨擦主要起因于文化有两种不同的类型,即外露型和保守型。外露型文化指责保守型文化克制反应、减缩动作,因此容易作假。既然他们很少显露感情,要想隐瞒感情当然也就容易。保守型文化反驳说,外露型文化中过多的姿势意味着他们对一些区区小事也会大动感情,所以别人不可能分辨出什么时候他们真的很兴奋,什么时候是假兴奋。凡是在这两种类型的文化中都生活过一段时间的人却知道,这两种观点都是错误的。在每一种文化中,都十分明显地存在着某种从弱到强的视觉表现系列,问题仅仅在于你要学会选择适当的强度来表现你自己,就像选择适当的无线电波来发送信号一样。如果能学会这样做——因为要学会一门外语绝非易事——你就完全能够觉察出作假行为,分辨出非语言泄漏、矛盾信号、短缺信号和过度信号。不管各种文化中的行为方式多么不可理解,或者多么令人眼花缭乱,这些有助于"看透本质"的基本信号,从根本上说是存在于任何一种文化中的。

身份显示
表示社会地位的方式

　　身份显示就是某种程度的权威性的外部表现。在原始社会,权威性是靠蛮力获得的,部落成员中最强壮的居于"等级"之首,最羸弱的居于"等级"之末。在现代社会,这种体力的权威性已由其他形式的权威性所取代。肌肉优势已让位给继承优势、组织优势和创造优势。大力士的崇高地位已由超级继承者、顶级组织家和超级天才所占据。这是我们今天所能看到的三种高级身份,而且每一种都有显示其自身权威性的特殊方式。如果说,原始大力士炫耀的是发达的肌肉,那么现代继承者、组织家和天才所炫耀的则是他们的家世、影响和作品。

　　有人认为,取代肌肉而成为现代最高身份显示的是金钱,这种看法严格地说并不正确。不仅有身无分文的贵族、经济拮据的政治家或者穷困潦倒的艺术天才,而且他们仍会因自身的家世、权力或者创造才能而受到相当程度的尊敬。不过,我们还得承认,有爵位、权力或者才能再加上有财产可以使你在"势利小人"中间享有双重高级身份。当然,这也会使你成为嫉恨的对象。他们当面对你致敬,转身就会对你嗤之以鼻。其结果是,身份显示变得越来越微妙。在古代,封建君主只要愿意,可以傲慢无礼地显示其权威。他们的服饰、珠宝、宫殿和娱乐都旨在于炫耀这种权威,而他们之所以能这样,乃是因为他们拥有卫队、打手和监狱——这些东西随时都可以用来对待反对者。所以,从某种意义上讲,他们和炫耀发达肌肉的原始大力士并没有多大区别。然而,到了近代,下层人民开始谋求联合,以反对封建君主。多数人的力量终于起了决定性作用,传统的暴君被赶下了宝座。从那时起,新兴的权威便不得不通过施阴谋和耍手腕的方式来维护其高级身份。因此,对现代身份显示的研究实际上也就是饶有趣味地对其加以"揭发"。

对于现代王位继承者来说,新的形势意味着他们有排场而没有权力;对于现代组织家来说,则意味着有权力而没有排场。作为这个灰沉沉的世界的一种点缀和装饰,现存的皇家贵族仍然显示着他们的服饰和礼仪,但他们没有真正的权力;与此同时,那些政治领导人始终握有大权,但他们只能小心翼翼地穿着灰沉沉的平民服装。换句话说,只要其性质与剧场里的演出相差无几,一种高级身份显示仍可以搞得轰轰烈烈,但是,如果它是以真正的权力为后盾的,那就必须适当地淡化。

这种淡化的身份显示有若干种形式。一种是把身份显示从个人身上移开。一个总统,或者一个国家元首,穿得很平常,出门也仅坐一辆黑色汽车。金光闪闪的王冠和金碧辉煌的御辇已不复存在。他微笑和握手。君王的威严和必须向他鞠躬或者下跪的规矩已不复存在。他显示其身份仅表现为周围有一大群由顾问和警卫

先天动作：婴儿对母亲乳房的先天反应。和其他哺乳动物一样，人类婴儿无需学习就会对母体的这种刺激物作出反应。

习得动作：有许多姿势是从社会生活中汲取来的。银幕上那种西部牛仔富有男性粗犷魅力的叉开双腿的姿势（上图）和一群男孩玩耍的姿势（下图）适成对照。

从属姿势:这是带有派生信息的机械性动作,但是由于专心致志的听众通常会显出很警觉的样子,所以在演讲者面前显示出萎靡不振的身体动作,就难免会发出表示烦腻的信号。

变异姿势：这是偏离了一般原则的姿势。一个主题姿势的三种变异：猛烈抬前臂。这是一个许多西方国家共有的象征阳具的侮辱动作，但其具体形式因地因人而异；比如，平伸手式，即一个手掌向下加拳头的形式，或一个手掌向上加拳头的形式。

混合姿势：这是由若干种不同因素合成的姿势。人类的笑（右图），就其充分表现形式而言，是一种由十二种主要成分组成的混合姿势。

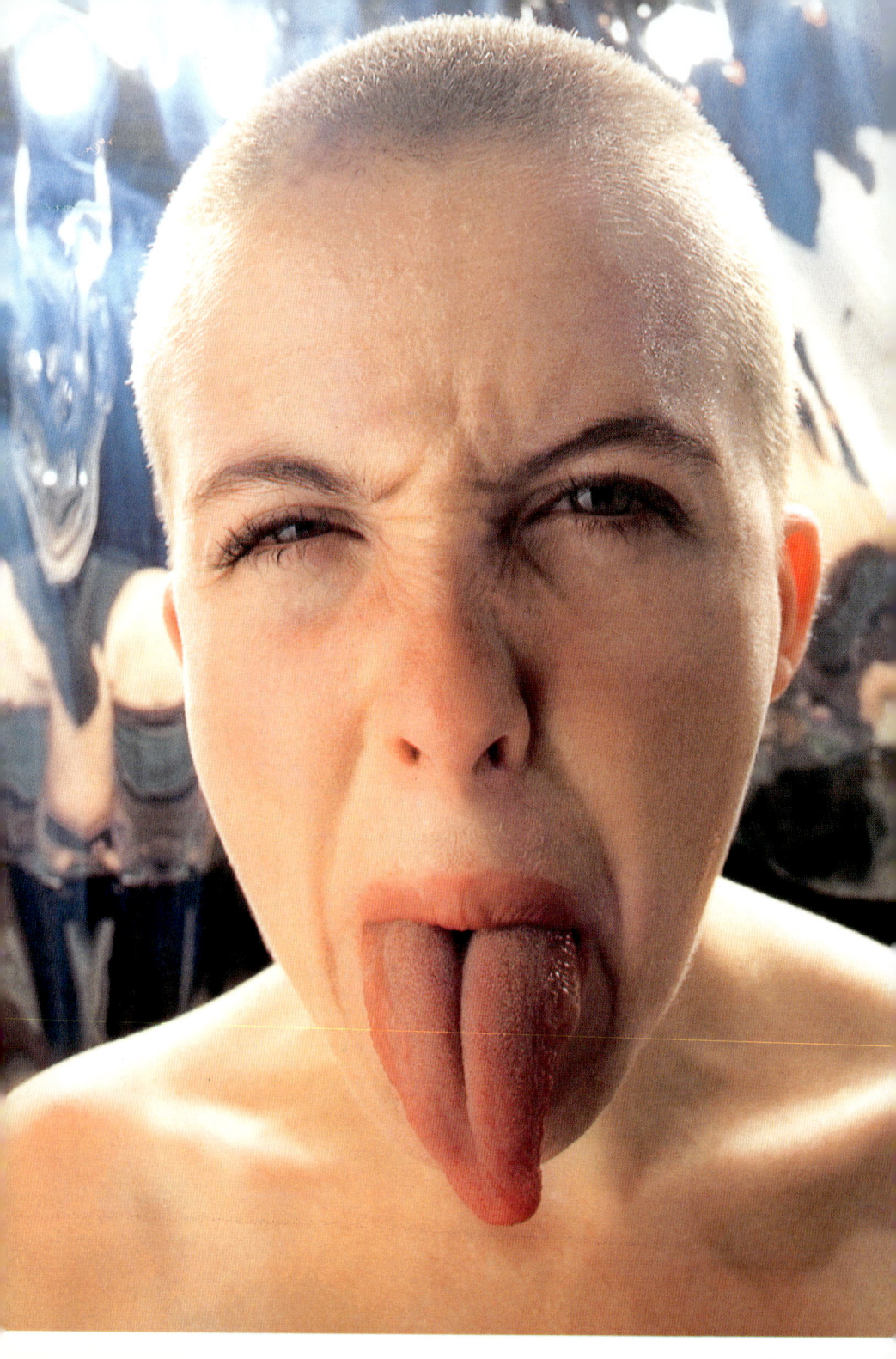

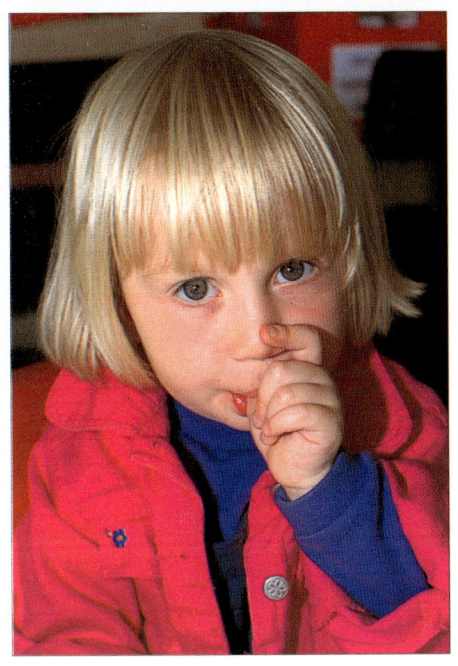 

遗留姿势：这是由原始时代遗留下来的姿势。嘴部接触是最普遍、最常见的遗留姿势。当人紧张时，用嘴接触某种东西可以暂时重温当初含着母亲乳头时的安慰感。在儿童中间，嘴部接触的常见形式是吮吸拇指，但到了成年期，吮吸拇指则为咬铅笔、舔嘴唇等动作所替代。

另一种遗留姿势是吐舌头，有多种形式，包括露舌苔（左图）和吐舌尖（右图），所有这些动作都源自婴儿吮吸母亲的乳头。

区域信号：有许多手势在不同的地方有不同的含义，譬如，撮手（左上图）和指圈（下图）在欧洲各地的含义就完全不同。表示胜利的 V 手势（右上图）一开始也是区域性的，只是到了第二次世界大战后才成为全球通用的手势。

加强信号：这是人在讲话时为强调自己的情绪而做出的手势，有的表示关切（上图），有的表示威胁（右图）。

是非信号：用一只手的指背拂下巴（左图）是意大利南方人用来表示否定的手势。

注视行为：近距离直视对方的眼睛，既可表示愤怒（下图），又可表示亲昵（右图）。

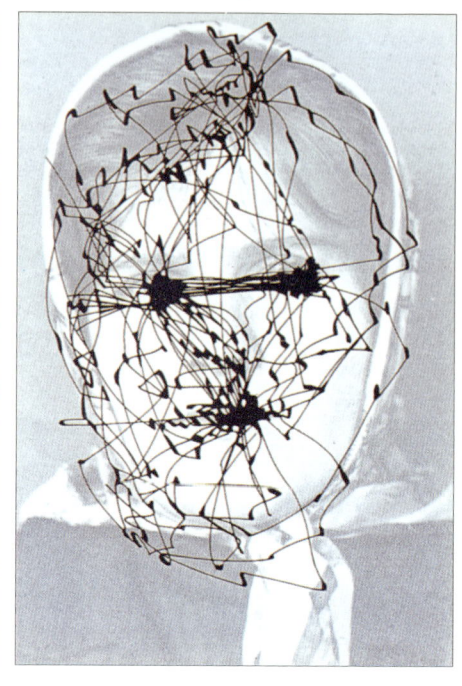

当近距离直视一个人的脸时，在任何一段时间内我们都不会始终把目光停留在某个固定的点上。我们的眼睛扫视他人的脸容，但特别注意眼睛和嘴。正如图中显示的一个实验对象凝视一幅中年妇女照片时记录下来的目光移动的轨迹。

姿势对应：当两个身份相同、意趣相投的朋友面对面交谈时，常会采取相同而对应的身体姿势。这种姿势可以是前倾身体（上图），也可以是两人都用手撑着头（下图）。

致意表现：人类远距离致意的动作是挥手（左图），在这种情况下，往往是手掌向上，因为手掌颜色较浅，更容易被远处的人看到。

　　关系符号：这是表示个人关系的符号。在塔希提岛上，按当地习俗，女人用花来表示自己有没有伴侣，若把花戴在脸的右侧（上图），表示她没有伴侣，你可以找她寻乐，而若把花戴在脸的左侧（左图），则表示她已有伴侣，"请勿染指"。

　　身体接触关系符号：这是人们在分开场合表示两人关系的身体接触动作（右上图和右下图）。

自我接触行为：自我搂抱是自我接触的极端形式，即一个人做出通常由两个人做出的动作，其意思是他极需要得到安慰。

组成的随行人员。警察为他开道,私人保镖使他免受干扰。

如果把等级从君主和总统稍稍往下移一点,我们便看到另一种淡化形式。这种形式与"入时物"(inthings)的出现有关。这是某种活动或者某件东西,它们之所以能显示高级身份,仅仅是因为它们只有具有高级身份的个人才做或者才拥有。它可能很昂贵,也可能并不昂贵,但它总是时髦的。它可能是一瓶入时的酒、一家入时餐馆、一款入时轿车、一处入时疗养地,或者一套入时时装。"入时"(in)就是"熟谙时髦",而在具有高级身份的个人当中只有少数精华才"熟谙时髦"。这种显示身份的方式特别为非王室的继承者所喜欢,如大笔家产的男女继承人、富家子弟和社会名流等。这就是所谓的 jet-set(有钱乘喷气飞机环游世界的)阶层。与王室成员一样,这些人也没有真正的权力,有的只是社会地位优越。但是,和现代王室成员不同,这些寻欢作乐的男女不喜欢正式礼节和公开仪式。这个阶层的本质是排外性——它排斥其他阶层,仅将其身份显示局限在自身的活动范围内。其奢侈性因为具有私人性质而有所淡化。他们依然工作,因为即使在他们很有限的社会圈子内仍然存在着相互之间的倾轧,所以还得勤奋为宜。很自然,身份显示要是能达到更大的范围当然是件乐事,但这也可能有危险。一旦招来妒忌,很可能会使他们再次被推上某种以新形式出现的"断头台"。

然而,由于妒忌的温和表现是模仿,这里就有了问题。"不入时的"人竭力想仿效"时髦的"人。坐在一处灯光幽暗的、过去做过屠宰场的屋子(最近的"入时"餐馆)里的是两个显示高级身份的人,他们喝着鹿角酒(最近的"入时"酒),戴着苏丹产的念珠(最近的"入时"珠宝),穿着连衫工装裤(最近的"入时"服装)。只有真正的"时髦的"人才知道这些新花样,但旁边有一个爱管闲事的专栏作家却把这些东西详详细细地写了出来。于是这地方很快就挤满了仿效者,"时髦的"人只得转移。但不久,同样的事情又发生了。

如果以为这些"时髦的"人不想抛头露面,那当然是幼稚的。他们是在作秀以表示不想抛头露面,但他们明确知道自己这样做是不会有什么效果的。这样他们便可以抱怨说,他们常去的地方被弄得人满为患,他们的时尚也被廉价的模仿弄得一塌糊涂。这样一来,他们既可以成为社会时尚的领导者,同时在他人眼里又显得他们似乎并不想故意充当这一角色。所以,人们也就无法指责他们,说他们厚颜无耻地在社会等级较低的人面前炫耀自己的身份。

从继承者转到组织者方面,我们可以看到同样的手法在起着作用。这里,同样存在着对"有限显示"的强调。地位次于总统和总理的重要组织者是政界要人和大公司经理、部长和行政官员、社团头头和金融大亨,等等。这是一群真正有实权而没有排场的人——一些有巨大影响但样子平平常常的人,他们将自己的身份留给下一级人员去显示。在他们的个人办公室里,他们的权力谨慎地、几乎觉察不到地通过无数种不同的方式表现出来。对于外界来说,这些表现中有许多可能是毫无意义的,但是那些接近他们的人却很知道其含义,而且一看就能明了。

举几个例子来说明:譬如说皮鞋显示。具有高级身份的组织者所穿的皮鞋总是擦得亮光光的,而且有经验的人一看就知道这种皮鞋出于第一流的鞋匠之手。就像所有灵长目动物中的强者一样,高级组织者也倾向于给自己搞一些华丽的小装饰,而且对一般低层次的人往往会忽略的细节很注意。譬如,电话机显示。这就是,办公桌上的电话机多于实际需要的数量,其中还有一只和公司总机不通的私人电话机,其颜色和其他电话机不同,其号码也只有与该办公桌主人有个人关系的人才知道。有高级身份的人自己不拨电话——有别人代拨。甚至不惜花更多的时间去叫人,也不愿意自己拨。因为操纵任何机械装置——甚至电话机——都具有"体力劳动"的意味,所以是低身份的人做的事。

电话机显示近来又发展为汽车对话机显示。这样,高级组织者便可以通过不断和人对话显示他多么忙碌。这些汽车对话机有一根特殊的天线伸在汽车外面,这在那些知情的人眼里就成了权力的进一步显示。正因为如此,美国的一家公司竟销售了一大批可以装在没有对话机的汽车上的假天线。毫无疑问,这样的仿效权势者的行为将迫使有高级身份的人改用新的形式以显示其身份。在选用汽车方面也发生了类似情况,随着仿效者不断地仿效,有高级身份的人只得不断更换汽车,从这种型号换到那种型号,从这种牌子换到那种牌子,如此等等。

还有公文包显示。低级身份的公务员必须处理小事(不注意小事是一种最极端的高级身份显示),所以总是带着塞满各种文件而显得胀鼓鼓的公文包。再高一点等级的人,公文包就要稍为瘪一点,因为他只携带重要的文件。到了非常高的等级,就什么也不带了。在组织者的最高层,对于那些具有高级身份的人来说,随身携带任何办公材料都是绝对禁忌的。就如最近有人指出的那样,在工商界拿公文包的人也就是拿长矛的人。他们是保护将军的,他们并不是将军。

办公室坐具也是用来表示身份的东西。在为客人提供豪华而极其舒适的坐具的幌子下,有高级身份的人让客人坐在那种非常低的软椅上,使客人的身体几乎接近地板。这样,当主客都坐定时,主人便高高在上,并居高临下地俯视着客人。这种玩意实际上是古代统治者要求臣民对他下拜的现代翻版。

今天的高级组织者们就是用这些方式以及其他许多方式来显示其身份的。对于不了解内情的外界人来说,这里的种种奥妙很容易被忽略,因为即使在工商界,国家和国家之间,公司与公司之间,也有许多不同的方式。由于现代文化趋势的巨大影响,身份显示已不再像过去那样是一种公开的炫耀,而是地方化和行业化了。许多高级身份的特征完全是人为造成的,其根据仅仅是一些具有高级身份的人所作出的个人选择而已。但是,不管怎么说,在这个权势信号的迷宫里仍然贯穿着某些普遍原则。一个原则是时间,另一个是服务。时间要永远少于需要,服务要永远多于需要。高级组织者必须永远显得异乎寻常的忙。下属必须耐心等待他的指示,他的日程表必须排得满满的,接见时间必须严格规定并尽量地缩短。高级组织者一旦离开发号施令的地位,他也可能会很悠闲,但是只要在这个地位上,他的生活就必须受时钟的统治。如果做不到这一点,那就意味着他的个人品质有失众望。这一点,对于许多王位继承者和社会名流来说也同样如此,他们必须卷入喘不过气来的"社交漩涡",他们闪烁的个性必定极受欢迎。

至于服务,这对真正的有权有势者来说甚至更为重要,服务人员永远是不可少的,但是在过去,中等地位的人也能像具有高级身份的人一样拥有许多仆人。现在,仆人已减少到几乎等于零,所以拥有仆人也就更加成了权势的象征,如有专门的司机开车无疑是一种高级身份的显示。最近,伦敦上流社会曾一度大为不安,原因就是有一个具有特别高级身份的男子勇敢地在街上骑自行车代替乘豪华轿车,以此作为他反污染的表示。这本该受到称赞,但对于其他具有高级身份的男子来说,用骑自行车作为一种新的身份显示不免有点过分,所以他们便报之以嘲笑。另一个高级身份的男子,一个勉强接受部长职务的探险家,他经常坚持步行去办公。这个举动同样在他的上层同事中间引起了猜疑和敌意,尽管事实证明在市中心乘着高级轿车慢慢地爬行(糟糕的交通!)还不如步行来得快。然而,从身份的角度看,反对者的意思显然是:步行者人人一个样,那种坐在司机后面、上下车有人开门和关门的服务显示就荡然无存了。

在前面,我们曾讲到三种高级身份,即:继承者、组织家和天才。天才的情况留到现在才讲,是因为有其特殊性。他们的身份显示在于他们的作品:作曲家用乐曲来显示,科学家用发现来显示,雕塑家用雕塑,建筑家用建筑,如此等等。他们的地位是由其创造的物事的质量而非行为方式决定的。一般来说,继承者和组织家不会留下什么东西。他们死了,他们的社会事务或者商业事务也就随之而去。但是具有创造性的天才却不会死。他们随自己的作品而永生。这在身份方面给了他们极大的优势,于是他们也极少碰到身份显示方面的种种麻烦。事实上,他们对身份的显示漠不关心倒几乎成了他们的一种身份显示。就他们而言,衣衫不整、举止怪僻是很寻常的事,因为他们享有芸芸众生所无法企望的社会自由。这是他们的作品为他们争取到的权利。

最后,社会集团中的那些低级身份成员的情况又怎样呢?他们并不全处于最低等级,所以在他们之间仍存在着以多种独特形式表现出来的身份差别。其中有模仿者。这种人,我们前面已提到过,他喜欢仿效有权有势的人。他以一种卑微的方式模仿那些具有高级身份的人的举动。譬如,要是他买不起一幅珍贵的油画,他会买一幅复制品挂在墙上。他买不起真正的珠宝,就给妻子买一些假珠宝。他的屋子里到处是假古董、仿羊皮和仿木塑料制品。总之,他宁愿要昂贵的仿造品,也不要实实在在的真用品。此外还有自夸者。大言不惭本是小男孩的典型身份显示方式——"我比你做得好"或者"你不行,我才行"等等——但是,这种情况随着成年期的到来很快就会消失。即使依然存在的话,也会变得比较隐蔽,它会转变为攀附名人、不负责任的吹牛说大话。当然,具有高级身份的人是不会这样的,但他们通常总希望别人吹嘘他们。这样便为另一种人——阿谀者——提供了合适的社会地位。权势者喜欢有几个肉麻的阿谀者为他们唱赞歌,而马屁精就是巧妙地使用拍马功夫使自己成功地从下层爬到中等地位的。

除模仿者和阿谀者之外,还有调笑者。这又是一种低级身份的人。他设法使他侍奉的权势者更加轻松地和同伴玩乐,他取悦他们,这才使自己不致被撵走。无法得到他们的尊重,他就用讨他们欢心的方法得到他们的宠爱。

还有唠叨者。这种人老是讲个不停,以此引人注意,从而抬高自己的社会地位。最后,还有好辩者。他出没在各种社交场合,随时准备挑起争论。通过扰乱社交生活的平静水面,他招徕了别人的注意,从而稍稍地提高自己在社会中的地位。

我们每个人都知道并辨认得出这几种人,而且每天都可能碰到他们。但是,我们最好永远也不要碰到另一种形式的身份显示,那就是伪原始人。这种人一旦无计可施,就会采用原始的体力来显示他个人的支配权。抢劫犯、强奸犯和凶杀犯就属这种人:抢劫犯并非无钱到了绝望的地步,强奸犯也不是性饥渴到了绝望的地步,他们只是发疯般地(虽然是暂时地)想对他人施加暴力支配权。确实,通过最粗野的方式获得支配权是他们的行为宗旨,而他们也只能通过这种方式来获得它。

就强奸而言,最常见的原因就是这种显示支配权需要的严重受挫。一个感到性饥渴的男子,本可以毫无麻烦地寻找一个妓女来满足性需要。强奸者所需要的不仅仅是性满足,更重要的是受害者彻底的、乞怜般的可怜相,需要他的受害者的彻底屈服——他需要她显得卑微而顺从,因为他唯有用这种极端的方法才能暂时体验到自己的身份优势。那就是性身份,它并不仅仅存在于人类行为中,其他许多灵长目动物都这样使用性——作为一种显示优越性的方法。对于其他动物来说,这已经形成一种高度形式化的程序,即:雄性骑在雌性背上做几下胯部顶戳动作,至于生殖器是否插入，那倒是无关紧要的。事实上，在猴子和猿类中间，"强奸者"既可以是雄性的，也可以是雌性的，"被强奸者"同样也可能两性都有。这里唯一重要的是，骑在上面的显示其优越性，被骑在下面的则表示承认这种优越性。可悲的是，在人类中间，这种形式化程序业已消失，猴子或者猿类的颇为合理的姿势反成了一种损伤性的野蛮摧残。然而，对于我们大多数人来说，有幸的是一般社会生活中的身份显示毕竟已抛弃这类使用蛮力的方式，并且已进入到言语交流和视觉显示这样一种既有节制、又无限复杂的领域。

领地行为
某一限定区域的防卫

领地就是设防的空间。从广义上讲,人类领地有三种:部落的、家庭的和个人的。

人们很少为防卫这些"已被拥有的"空间进行肉体上的冲突。但是,如果有人越过界限,冲突便会发生。侵略者蚕食他国领土,黑帮集团侵入对手领域,过路人爬进果园,窃贼闯入屋子,恃强凌弱者肆意插队,司机偷偷泊放车辆,所有这些入侵者都必然会遇到不同程度的抵抗,从有力的驱赶一直到殊死的搏斗。即使法律站在入侵者一边,保护领地的冲动仍会十分强烈,甚至平时安居乐业的人也会失去控制,奋力相拼。不管从社会角度讲有多么充足的理由,要想把人们赶出他们的家总会导致攻防状态,其情形就像中世纪的城堡战一样。

事实上,这种极端情况很少发生,而这正好表明领地信号作为一种预防混乱的手段所起的巨大作用。有些愤世嫉俗的人宣称："任何财产都是赃物。"但实际上恰恰相反。产权,譬如说拥有空间,作为一种分享制度,与其说会引起争斗,不如说会减少争斗。人是一种合作共存的动物,但也有竞争性,只是他为获得优先权而进行的竞争是以某种不致陷入混乱的方式作为前提的。领地权的确定,就是这样一种前提。它在地域上限定优先权。我在我的领地内拥有优先权,你在你的领地内同样拥有这种权利。换句话说,优先权是在空间上加以分配的,我们每个人或多或少都能享有一点;即使我是个体弱多病又智力低下的人,即使在不属于你我的地方你可能优先于我,但只要我退入自己的领地,我仍然能享有充分的优先权。一个人再卑微,也总有家作为他的领地。

当然,我可能会受到某个进入我家庭领地的人的恐吓,但他的这种侵犯行为对他来说是有危险的,对此他得三思而行,因为他知道我这时的抵抗冲动会异乎寻常地成倍增长,从而把我平时的畏缩情绪一扫而光。我的中心领地受到侵犯,我很可能不惜和他相拼——可能是象征意义上的,也可能是真正的大打出手——而其结果则很可能是两败俱伤。

鉴于这样的原因,每一种领地都必须明白标示出来。就像狗在它的活动区域内跷起腿把自己的气味弄在每棵树上一样,人这种动物在自己的家庭领域内也会象征性地跷起腿来。不过,由于我们天生是视觉动物,在绝大多数情况下我们采用的是视觉信号,所以关于这种视觉信号在部落、家庭和个人这三个层次上的情况很值得我们加以探讨。

第一,部落领地。我们曾是部落动物,在历史上的数十万年间,我们就生活在许多可能不超过一百人的小群体内。这些小群体是社会的基本单位,其中人与人之间都有亲缘关系。从本质上讲,部落领地就是家加上周围的一片狩猎地。任何邻近部落侵入我们的社会空间都是不许可的,必须加以驱逐。随着这些原始部落扩展成农业性的超级部落以及最后形成工业性的国家,其领地防卫系统也就越来越发达,原始部落小小的家庭领地已变成庞大的都市,原始部落出战前涂在身上的颜料已变成军旗、胸章、制服以及各种特有的标记,原始部落战前的舞蹈也变成了国歌、进行曲和战斗口号。部落领地的分界线已变成固定的国界,不仅时常有人警惕地巡逻,而且还设有防卫机关——堡垒和瞭望塔、检查站和高墙,还有今天的海关。

当今世界,每个国家都挂自己的国旗作为领土主权的象征性表示。但是,仅仅有爱国主义并不能使人满意。潜藏在每个现代公民身上的原始部落狩猎者的幽魂发现自己不能满足于仅仅作为那样一个庞大群体中的一员,因为其中绝大多数人和他个人并没有什么关系。他虽然和他们一样充分感觉到有共同的领土需要防卫,但这种防卫机制已无任何个人的特性可言。要一个人对一个由五千万甚至更多的人组成的部落抱有强烈的归属感确实很难。于是,他便组织一些比较小型的、和他有更多个人关系的、类似于真正的原始部落的亚群体——地区俱乐部、同龄会、联合会、同业公会、体育协会、政党、互助会、社交组和抗议团,等等。确实,极少有人不属于这些分散的群体中的任何一个,不从中获得某种部落忠诚感和兄弟般的友情。所有这些群体都有其自身的领域信号——会标、会服、总部、会旗、标语,以及其他种种表示群体存在的标志。按部落领域权原则,带有标志的地方就是群体的活动场所,只有当爆发大规模的战争时,这些群体才会一致服从更高的群体——国家。

这些现代伪部落中的每一个都拥有其特殊的"家庭"领地。在极端情况下,非其成员一概不得进入这一领域。在一般情况下,他们虽可以作为客人而进入,但其活动权利要受到限制而且必须遵守有关的规定。这些群体在许多方面都很像小型国家,有自己的会旗和会标,还有自己的边界警卫。制度严格的俱乐部还有自己的"海关"——门卫人员,他检查你的"护照"(会员证),并将未经同意的非会员拒之门外。还有"政府"——俱乐部委员会,以及部落长者的突出地位——挂在墙上的那些俱乐部前任领导人的画像或者照片。在这些特殊领域的中心部分,有一种强烈的安全感,一种共同抵御外部世界的气氛。俱乐部里的大多数谈话,无论是严肃的还是轻松的,都针对着俱乐部边界以外,即那扇保护性大门外面的"那个世界"里所发生的种种令人讨厌的事情。

就像在军队和大公司里一样,在那些表现出明显的等级区别的社会团体中,也有许多时常是不成文的领地规则,这些规则是和社会上正式的等级制度相抵触的。具有高级身份的人,譬如俱乐部首脑人物或者管理人员,原则上可以进入任何由较低等级的人所占据的地方,不过在实际上他们很少使用这种权利。除非是正式的检查,俱乐部首脑人物一般极少进入会员餐厅或者活动室。尽管他的支配地位赋予他进入这些地方的权力,但他仍把它们看作是异己的领地。至于俱乐部职员,由于他们经常和首脑人物在一起而且能参加各种会议,所以在工作时他们也有某种超出其职务范围的领地权。这跟军队和公司里的情况差不多。在每一种军队和每一个公司里都有两个相互对立的部落:军官对士兵,管理人员对工人。他们各自有特殊的生存领域,他们的冲突表面上似乎是纯粹的等级矛盾,实际上是领地防卫行为的表现。资方和工会之间的谈判实际上是在谈判桌这一中立地带进行的部落战争,而他们所要解决的诸如工资和工作条件等问题,也就是部落间的领地问题。确实,如果一方太快地接受另一方的要求,得胜的一方反而会感到惊异,从而会由衷地怀疑对方可能在设圈套。因为不经过长时间的讨价还价,领地感不仅表现不出来,而且会显得毫无意义。

　　同样,各种体育迷组织或者同龄会之间的敌意表现从根本上说也就是要在对方面前显示自己的形象。除了一些罕见的例外,他们一般不会相互袭击对方的总部,把里面的人赶出来或者对他们大加侮辱。他们至多在双方领地的交界处混战一番。这在足球比赛时表现得特别明显,那时球迷俱乐部的总部都从俱乐部所在地临时性地移到了看台上,但即使这样,一些相互间的打斗行为通常仍发生在两群人的非正式边界上。报纸常常会夸大报道,说在这样的事件中有多少人受伤,但只要仔细观察一下当时所牵涉到的球迷人数,马上就会明白,相对于其他那些群体性敌对行为,即使有一些严重的意外发生,那也是微不足道的。因为每挥一拳或者每踢一脚的同时伴随着一千次的叫骂、狂舞、高歌和敌意姿势。

　　第二,家庭领地。从本质上说,家庭是育儿单位,所以家庭领地就是育儿场所。这一空间的中心部分是卧室,相当于其他动物的窝或者巢。我们蜷缩在床上,会有一种领地上的最大安全感。一个典型的家庭,卧室每每设在楼上,这样才算是一个安全的窝。因为它离门厅比较远,而门厅是与外部世界不断进行接触的地方。中间还隔着一道防线,那就是外来者也可以进入的客厅。此外,在房子的周围时常还有一个原始狩猎地的象征性遗留物——院子。院子里种着的蔬菜和养着的鸡鸭同样具有原始的象征意义,但如果种的是花草,养的是小狗小猫,那就谈不上实用性而仅仅具有装饰意义了。尽管如此,作为一个真实的领地空间,院子仍有一道分明可见的界线——篱笆、围墙或者栅栏。这些东西往往只是一种示意性阻挡物,其作用仅在于把家庭这一个人世界从整个公共世界中区分出来。任何外来者,不论是客人还是闯入者,只要越过这道界线,马上就会处于不利地位,就像越过一道分水岭,他的优先权微妙地、但确实无误地丧失了。他进入了这样一个地方,在那里他即使做一些在其他地方认为是理所当然的小事情也先要征得同意。这一领地的主人无需动一下手指就能显示其优先权。这是因为在家庭领地内到处留有所有者的"印记":房间里放着的或者墙上挂着的装饰物和用具、房间的布置、家具、色调、风格,所有这一切都是主人选定的,而且都和这一特殊的家庭领地保持着一致。

现代建筑学上的一大悲剧就是,家庭领地这一重要的生存空间被标准化了。对于一个家庭来说,最重要的一个方面是:它应该仅在大体上和其他家庭相同,在具体的细节上应该有许多差异,使自己成为一个独特的家庭。不幸的是,由于建造一排排相同的房子或者一幢幢相同的公寓比较便宜,于是所有的家庭居住单位都一体化了。尽管如此,人的领地欲望本身却是逆这一潮流而行的,房屋的主人会尽其所能在自己这一宗不可小视的财产上打上自己的标记。他们自己设计院子,自己油漆大门,自己布置窗帘,自己粉刷墙壁,自己选择各种装饰用品,尽力创造一个独特的、与众不同的家庭环境。只有当他们完成了这种"筑窝"工作之后,他们才真正感觉到"在家里",才有安全感。

即使是举家外出,他们仍会以一种稍为简单的方式重复这一过程。譬如,到海滨去,他们会把各种个人用品放进汽车,而汽车本身则成了他们临时的、可移动的家庭领地。到了海滩上,他们用毛毯、浴巾、篮子或者其他什么用品作为标志占据一小块领地,而且每次从海水里爬出来后都要回到这里来。即使他们全体一起离开去洗海水澡,这块地方仍然明显地带有领地性质,其他家庭来到时会给予承认,会自觉地在适当的距离外安置他们自己的"家"。只有当整个海滩上已布满这些有标志的空间时,新来的人才会硬挤进来,从而使领地和领地之间的距离缩小了。尽管这样并没有直接带来不便,但他们对自己不得不挤到他人海滩领地之间的行为总感到有某种入侵的意味,而那些业已建立领地的"主人"也同样会有被入侵的感觉。

在公园里,在野外,或者在河岸边,只要一个个家庭成群地聚集在一起,也会发生类似的领地问题。如果这种空间竞争一旦引起轻度的敌意,那么毫无疑问,由于这里不存在分享空间和在空间上限定优先级的领地制度,很可能最后会导致极大的混乱。

第三,个人空间。如果一个人走进候车室,坐在一长排椅子的一端,那么我们可以预料第二个进来的人会坐在哪里。他不会紧挨着第一个人,也不会离他远远地坐到另一端去。他会在这两极之间选择一个适中的位子坐下。第三个进来的人也会这样做,第四个,第五个——如此等等,直到最后进来的人不得不坐在两边紧挨着人的位子上。同样的行为方式也能在电影院和公共厕所里,以及在飞机、火车和大客车上观察到,这反映出一个事实,即:我们每个人不论走到哪里都随身带着一个可以称之为个人空间的流动领地。如果他人进入这一空间,我们会觉得受到了威胁。如果他们离这一空间太远,我们又会觉得受到了歧视。结果便产生了一系列微妙的空间调整,这种调整通常是完全无意识地进行的,而且能使人与人之间尽可能地保持适中的距离。要是在某种十分拥挤的情况下,我们也会相应地调整反应,允许缩小自己的个人空间。挤在电梯里、高峰时间的商店里或者某个小房间里,我们谁也没有办法,只能允许身体对身体的接触。不过,当我们这样放弃自己的个人空间时,我们仍会采用某种特殊的技巧。这种技巧从根本上说就是把别人的身体看作为"非人的"东西。我们故意地忽视他们,他们也同样忽视我们。如果可以避免的话,我们尽量地不面朝他们。我们收起脸上的所有表情,让它们形成空白。我们会仰头看着天花板或者低头看着地板,同时把身体动作减少到最低限度。像装在罐头里的沙丁鱼一样,我们呆呆地站着,尽可能地不发出任何信号。

即使在不十分拥挤的情况下,我们仍倾向于停止自己的社会交流,因为毕竟是在大量的陌生人面前。对做集体游戏的孩子所作的仔细观察表明,如果他们挤得太紧,孩子与孩子之间的交流就会减少,尽管从理论上说这时有更多的机会进行接触。与此同时,他们在游戏中的侵犯和损害行为倒反而有所增多。由此可见,个人空间——"一肘之地"——对于人类这种动物来说是至关重要的,无论谁忽视了这一点都会招来极大的麻烦。

诚然,我们也会感受到拥挤时的兴奋,这种反应也不能忽视。但是,此拥挤非彼拥挤。使人感到十分高兴的是一种"看热闹时的拥挤",而不是高峰时间里的那种挤作一团。两者之间的区别在于,看热闹时的拥挤是所有的人都脸朝向一边,注意力都集中于一定距离外的某一有趣的事物。譬如,在剧场里,你可能会对一个直挺挺坐在你前面位子上的陌生人或者一个从你面前挤过并紧挨着你坐下的人感到非常恼火。还有,那两边共用的椅子扶手既可能成为相互谦让的地方,也可能变成相互争夺的领地分界地带。然而,当演出一开始,所有这些对个人空间的入侵行为都被忘记了,大家的注意力不再集中在这些发生拥挤情况的小空间上。现在,每个观众都觉得自己有了空间上的联系,不是和挤在一起的邻座,而是和台上的演员发生了联系,不管怎么说,这里的距离是非常大的。与此相反,在高峰时间的人群中,每个挤在当中的人都争先恐后,而且始终如此。这时不可能再有那种和远距离外某个演员的空间联系以供摆脱困境,有的只是推推搡搡和摩肩擦背。

我们之中那些经常处身在拥挤的人群中的人,虽然能逐渐学会如何更好地进行自我调整,但是谁也免不了偶尔侵犯他人的个人空间。这是因为人与人的关系不是基于强烈的敌意就是基于同样强烈的爱心。在整个童年时代,我们不是被抓在别人手里接受爱抚,就是被抓在别人手里受着伤害。同样,到了成年期,任何一个侵犯我们个人空间的人,实际上也是在这两种极重要的人际关系中对我们做出其行为的。即使他的动机明显地既不带有敌意也不带有性成分,我们仍然会觉得,对他的逼近我们很难克制自己的反应。不幸的是,不同的国家对于怎样才算真正的靠近具有不同的观念。这方面,若要测验一下你自己的"空间反应"是很方便的:当你和某人在街上或者在任何一种开阔的空间里谈话时,你可以伸出手臂测量一下他和你之间的空间距离。如果在西欧,你会发现他和你大约相距一臂之远,也就是说,当你伸出手臂时,你的指尖正好碰到他的肩膀。如果在东欧,你会发现他和你之间的距离大约是到腕部,而如果在地中海地区,你则会发现对方和你的距离更近,甚至还不到肘部。

  因此,当来自这些不同国家的人聚在一起谈话时,麻烦的事就出现了。比方说,有个英国外交官在某个外交场合遇到了一个意大利或者阿拉伯外交官。他们开始友好地交谈,但很快习惯于一臂之远的英国人开始觉得有点不舒服了。他并不知道其中的确切原因,本能地往后退一点。对方却向他逼近一点。显然,双方都试图根据本国情况确定个人空间距离。但这是不可能的。那地中海国家的外交官每逼近一次固然会使他自己感到很舒服,但英国外交官却觉得有威胁。反过来说,那英国外交官每次往后退一点固然也感到舒服,但对方会觉得受了冷落。为了适应这一情况,谈话的人时常边谈边在房间里慢慢地走动,但仍有许多次这样的外交活动,最后还是以习惯一臂距离的西欧外交官被习惯肘部距离的地中海国家外交官逼得背贴墙壁而告终。除非人们能充分理解这里的差异并且能相互容忍,否则"身体领地"方面的这些小小差异将继续作为一种异己因素,在不知不觉中干扰外交活动的和谐,以及其他形式的国际交往。

  如果说,在谈话中也存在着距离问题的话,那么,当人们必须有个人空间才能工作时,困难显然会更大。别人紧挨在旁边,个人身体领地的无形边界受到压力,会使人难于集中精力从事非社交性的工作。住在公寓里的居民、同寝室的学生、挤在舱房里的水手,以及许多人合用一间办公室的职员,必然会遇到这个问题。他们用"作茧"来加以解决。他们使用各种方式把自己和别人隔开。当然,最好的"茧子"是一间个人小房间——一间私室、一间个人办公室、一间书房或者一间工作室——这样才真正不会受附近领地主人的影响。对于从事非社交工作的人来说,这是理想的环境。遗憾的是,人们实际上还无法享受到这种"奢侈的"空间待遇。他们的"茧子"只能是象征性的。有时,他们还可以设置一些小小的阻碍物,如一道帷幕或者一块挡板,以此标示出个人空间的疆界,但是当这样也无法做到时,就不得不另想办法了。其中之一就是确定"喜爱之物"。每个合用空间的人有意培养一种偏爱,并反复表示直至成为固定行为,譬如专坐某张椅子,专用某张桌子或者专去某个凉亭,如此等等。其他人逐渐地尊重他的偏爱,干扰也就相应减少了。这种办法时常也被正式使用(如这是我的办公桌,那是你的办公桌),但是即使不这样,各人也很快会选定自己喜爱的地方。史密斯教授在图书馆里有一张他喜欢坐的椅子。这张椅子并非真的属于他所有,而是他总坐在那里,别人也就不去坐了。餐厅里的某个位子、会议室里的某把椅子,几乎成了某人的私有财产,这也是常有的事。甚至在家里,父亲也可能有他喜爱的用来看报或者看电视的椅子。另一个办法是做障眼姿势。就如一匹马对其他马的反应过分敏感时主人会在它眼上戴上一副眼罩一样,人们在公共场合专心阅读时也会用双手做成一副假眼罩。他们将双肘撑在桌上,双手举到眼边挡住两边的视野。

第三种强调身体领地的方法是使用个人标记。把书本、报纸或者其他个人用品放在自己喜欢呆的地方,以此让别人知道这里已经有人占用。这种撒放个人用品的方法,在公共交通工具里最为常见,某人要想使人知道他旁边的位子已被占用,就在上面放上自己的东西。在许多情况下,精心设置个人标记可以作为一种非常有效的领地显示,甚至当领地主人不在场时也同样有效。在一所图书馆所做的实验表明,在一张桌子上堆放一叠杂志可以成功地使这个地方保留七十七分钟(平均数),如果再在椅子背上挂一件运动衫,那么"保留效果"可以延长到两小时以上。

使用这些方法,我们既有力地防卫了自己的个人空间,同时又几乎不带敌意地阻止了他人的干扰。就整个领地行为而言,其目的是要用信号而不是用拳头来防卫空间,而且在部落、家庭和个人三个不同层次上,它都是一种保证空间分享的明显有效的机制。但又很显然,情况好像并非永远如此,因为报纸和电台不可避免地要夸大报道那些例外的事件,并且以此宣布,信号已经失效、战争已经爆发、帮派已经开战、邻居已经结怨,或者合作已经分崩离析。然而,即使有什么领地信号真的已经失效,此外还有无数种其他的领地信号至今仍未失效。它们虽然没有在报纸上被提到,但是不管怎样,它们已构成人类社会的一个重要特征,即人作为明显的领地性动物的社会特征。

阻挡信号
社交场合的身体自卫动作

　　人在某种物质性的阻挡物后面觉得比较安全。如果某种社交场合多少带有点威胁性,那么设置这样一种阻挡物就成了当务之急。对于一个在陌生人面前的儿童来说,解决这个问题的办法通常是躲在母亲身后,随后伸出头来偷看那个陌生人,看他或者她接着会做什么。如果母亲不在身旁,那么就躲在一把椅子或者某件家具后面。如果陌生人坚持要接近,那么必须把脸也藏起来。如果陌生人对这些明显的恐惧信号仍无知觉,继续想接近,那么没有别的办法,只能放声大哭或者溜之大吉了。

　　这种行为方式随着儿童的不断成熟而逐渐消失。在十几岁的女孩身上,可能仍观察得到:当真的或者因开玩笑而感到窘迫时,她会用手或者一张纸蒙住自己的脸,一边咯咯地傻笑。这种儿童期的躲藏行为,随着儿童年龄的增长会缩减为青春期的害羞,而到了成年期,可以指望它全部消失,这时我们便会大胆地去应付客人、主人、同伴、亲戚、同事、顾客,或者朋友。但是,在各种社交场合,我们仍会遇到那种在我们小时候曾使我们害怕得躲藏起来的人,所以,每次见到他们仍会有轻微的威胁感。换句话说,恐惧依然存在,但其表现已变得间接了。作为成年人,我们必须控制或者压制任何想抽身逃跑或者躲藏起来的原始欲望。越是正式的场合,社交对象越是优越或者不熟悉,我们越会感到不安。如果对处于这种情况下的人加以观察,那么从他们的许多细小的举动中便可以分明看出,他们仍然"躲在母亲的裙子后面"。这样的行为依然存在,但其表现则已变为某些不太明显的动作和姿势。这些动作和姿势就是成人生活中的阻挡信号。

　　阻挡信号的最普遍形式是挡身动作,就是双手或者双臂在身前相互接触,形成一道就像安装在汽车前端的保险杠一样的横在身体前的临时"栏杆"。这个动作和穿过拥挤的人群时所做的那种将前臂横在胸前直接挡开别人的动作不同,它通常在一定的距离外做出,譬如在某个神经紧张的客人走向某个有身份的主人时,他无意识地就会做出这个动作。如果事后马上问他,他也不可能记起自己曾这样做过。它永远以某种伪装形式出现,因为如果直接以阻挡或者遮掩的动作形式出现,那显然会赤裸裸地暴露其意图。不过,伪装是因人而异的。我们来看一些具体的例子:

　　一个将受到盛大欢迎的贵宾钻出他的豪华轿车。在他还未正式跟迎接团成员相见和握手之前,他必须穿过大楼前面的开阔地,因为欢迎仪式就在大楼的入口处举行。那里已聚集了大群的人,都远远地看着他,记者的照相机不时地一闪一闪。即使对于一个最老练的外交家来说,这也是一个颇觉紧张的时刻,而且当他在穿过这种"礼节性空间"时,会显露出轻度的恐惧感。他一边往前走,一边情不自禁地把右手伸向左边,仿佛在扣左袖上的纽扣似的,从而使右臂横在自己身前。他走了几步,会暂时把手放下,然后又伸过去,直到最后,他走到欢迎他的人面前,伸出手去和他们一一握手。

在这同一场合,还有一个贵宾是女性。就在那男贵宾边走边抚弄衣袖的时候,她却边走边把右手伸到左边,轻轻地动了动挂在她左臂弯里的手提包。

这类动作有多种变化形式。男的可能用手指摸摸衣服纽扣或者手表带,女的可能用手掌抹抹衣袖,尽管它一点也没皱,或者整一整挂在左臂上的披巾或者上衣。但是,不管怎么说,这里有一个基本的特征:当高度紧张的时候,就会出现挡身动作,一只手臂在身前接触另一只手臂,从而在客人和迎接的人中间形成一种临时的阻挡物。

有时,也会出现半阻挡。一只手臂摆到身前,但并不与另一只手臂接触,而是做出某种整整衣服之类的小动作。这带有更大程度的伪装,一只手抬起并放到身前做出一些轻抚或者轻摸动作,但并不越过头或脸的远端一侧。

挡身动作的较少伪装的形式见之于那些缺乏经验的人。一个走进餐馆的男子,当他穿过店堂时,边走边搓着双手,好像在洗手似的;要不,就是将双手紧握在胸前。

在迎接场合,当一个人走向另一个人的时候,就会出现这样的阻挡信号。有趣的是,实地考察表明,迎接者和被迎接者同时做出这类动作的可能性极小。不管身份如何,做出挡身动作的几乎总是新到的人,因为是他进入了迎接者的家庭领地。迎接者是在自己的地盘上,或者,即使不是他们的地盘,他们也是先到者,至少暂时性地对那个地方拥有领地"权"。这在迎接的时候赋予他们一种毋庸置疑的优越地位。只有当他们的身份远远低于新到者的时候——这对于他们来说也许是很麻烦的——他们才有可能充当"挡身的角色"。既然他们做了,新到者来到时也就省略了这类动作。

以上的观察可以使我们对阻挡信号中的暗语有所了解。它表明:虽然这种信号的发送和接受都是在无意识当中进行的,但其含义却十分明显,即在于表示"我有点紧张,但我不会退缩"。这样,它也就成了一种谦卑动作,自然会使其他人稍稍地增加一点优越感和舒适感。

当迎接活动结束后人们站着相互交谈时,情况就有所区别。这时,如果某人(也许是为了在嘈杂的交谈声中听得更清楚)太凑近另一个人的话,对方可能同样会感到某种威胁的意味,就像他刚才走向迎接者时所感到的一样。但是,现在所需要的不仅仅是摸摸袖口上的纽扣,而是某种较为持续的动作。当然,总不见得在对方凑近你的整段时间里一直摸着纽扣。所以,需要一种比较稳定的姿势。在这种情况下人们喜欢采用的挡身动作是抱臂,就是把左右两臂绞合在一起置于胸前。这个姿势——一种完备的、身体前部的阻挡信号——可以保持相当长的时间而不显得古怪。它无意识地传递出"不要再靠近我"的信息,所以在比较拥挤的社交场合被大量地使用。它还被宣传画家所使用,作为一种表示"这不行!"的姿势,而且也为站在大门口不让人进去的门卫人员所正式使用。

当坐着的时候,如果旁边的人过于靠近,也同样可以使用抱臂姿势,甚至可以朝相反方向跷起一条腿作为加强动作。另一种变化形式是把紧握着的双手按在两腿分叉处,并在两腿之间搓动,仿佛在保护生殖器似的。这种特殊形式的阻挡信号,其含义十分明显,尽管发出信号的人和旁边的人都可能没有意识到。此外,对于坐着的人来说,最重要的阻挡信号也许就是一件很普通的用具——办公桌。许多人每天坐在它后面,像系着一条宽大的、木质的高级腰带。如果没有办公桌挡在前面而让他面对面地跟人交谈,他就会有赤身露体的感觉。只有躲在办公桌后面,就像我们童年时躲在母亲裙子后面一样,他才会感到在陌生人面前似乎有了一种保护。这是一种超级阻挡物,不论从生理上还是从心理上说都是如此,因为在它硬邦邦的怀抱中,人们会获得一种间接的、然而却是持久的舒适感。

防御行为
对真实的或者想象中的危险所作出的反应

像任何其他物种一样，人类在遇到危险时会尽力保护自己。人的身体几乎没有任何天然的"盔甲"，所以极容易受到伤害。我们绝无仅有的天然保护物是几块硬骨头，即分布在眼睛周围的五块突出的骨头——两块眉骨、两块颧骨和一块鼻梁骨。它们在头部受到打击时有助于减轻伤害，有助于大脑和眼睛的保护，从而使我们在遭到肉体攻击后依然能保持思维和视觉能力。

作为对这种骨质防御工事的增援，人类还普遍地采用多种保护动作。从出生后四个月起一直到成年，每个健康的人在突然遇到危险时都会表现出一种独特的"警觉方式"。这是一种瞬息间的反应，要想明确地看到，通常的办法是在有人的地方出人意料地朝天开一枪，然后迅速地举起照相机。随着照相机"咔嚓"一声，人们的警觉姿势就被记录在胶片上了。这种警觉姿势人人都一样：眼一闭，嘴一张，头一伸，双肩一耸，双臂一弯，身体一冲，腹部一收，双膝稍稍一沉。

这些显然是防御性蜷缩动作的第一阶段，身体开始紧缩，变得更小、更坚实，以承受可能的打击；眼睛密切注意，双肩和双臂随时准备保护头部。

进一步的警觉方式可以在任何骚乱中或者在有什么坚硬的东西从空中飞来的时候观察到。头垂得更低，双臂迅速护住脸部。即使在形式化的拳击场上，处于守势的拳手也采用同样的姿势：在保护自己免遭对方重击的时候，他首先保护的是自己的头。

在另一种特殊情况下，首先保护的对象就有了变化。联防的足球运动员，在对付一次任意球的时候会在自己的球门前筑成一道人墙，由于面对着对方的罚球员，他们很可能会被高速踢来的球击中。这时，他们不再遮住自己的脸，而是用双手护住生殖器。因为，在这种情况下，他们可以直接看到对方的动作，一旦球飞起，他们便能迅速地低下头，所以他们首先需要防护的是一下子不太容易防护的身体部位。把身体扭向一边毕竟比低一下头要来得慢，于是双腿分叉处在这种特殊情况下就成了最容易受伤的地方。尽管如此，在罚任意球时所摄下的照片表明，除了手的位置有所改变，其他方面和一般的警觉方式并没有什么区别，还是双肩微微耸起，脸部表情显得十分紧张。虽然足球运动员的头受过专业训练，但在刹那间，他们仍会作出典型的防御反应。

在施行野蛮的肉体攻击时，受害者通常会保持沉默，但是在有可能逃跑之际，或者万分痛苦和一时绝望之际，他们时常会作出另一种防御反应——尖叫。这种刺耳的叫声不仅是人类和猿猴所共有的，而且也是其他许多哺乳类动物所共有的。作为一种呼救或者提醒同类进行自我保护的信号，这也许是动物世界中最普遍的现象。任何一种动物在发出这种叫声的时候都具有相同的含义，所以即使是某只动物在这样叫，我们也能理解它的意思。当然，这种叫声也有变化，有的听起来更像是抗议，有的听起来则更像是警报，但有一点是确定无疑的，那就是它们都带有痛苦和恐惧的含义。就人类而言，不仅在尖叫的音高方面，而且在它出现的频率方面，都明显地存在着两性差异。成年男子在极度痛苦中固然也会发出尖叫，但在一般的痛苦和恐惧中则很少这样。儿童和成年女子在两种情况下都会尖叫。这种差异在那些有"大铲斗"、"巨轮"和"鬼见愁"等大型玩具的游乐场里表现得特别明显。在那里，当这些玩具一次次地把人们送到空中时，因享受到这种"安全的"恐惧而发出刺耳的尖叫声的几乎都是女子，而男子的较为粗钝的叫声则极少听到。

　　如果要人们表达出他们最大的恐惧，或者说出他们最害怕的事物，他们的回答会令人惊异，仿佛他们并不生活在现代社会似的。他们所害怕的不是那些当今真正的凶手——高速轿车、炸弹、子弹和匕首、环境污染和人口膨胀——而往往是一些古老的恐惧物，如某些滑动的、爬行的、弯弯曲曲的动物，瘟疫和害虫，雷声和闪电，密闭的小房间和令人晕眩的高处。这并不是说他们不怕现代文明中的危险，而是当他们被问及恐惧之物时，他们忽略了眼前可见的东西，反而到心底里去搜寻那些朦胧的残余。他们找到的是一些制作恐怖电影的材料，尽管这些东西在现代社会中已极少成为真正的危险，但它们的形象仍然在人的头脑中徘徊。

　　最令人恐惧的莫过于蛇。不仅在那些实际受到蛇害的国家是如此，即使在像英国这样的地方，情形也同样如此，虽然你若在那里的乡村地区漫游一年，被蛇咬伤的可能性大约仅五亿分之一。在美国，你被那里的可怕的响尾蛇咬伤的可能性甚至仅为六亿分之一。然而，即使在这样的国家，蛇依然是人们最害怕的东西。这种可憎的动物之所以有此威力,不在于它有一个短短的头,而在于它有一个长长的头颈。

本来,它并不值得人们如此恐惧。但是实际上,人们的反应却十分强烈。譬如在英国,至少有百分之十九的电视观众承认,当他们在屏幕上看到一条蛇出现的时候,不是关掉电视机就是把头扭开。

作为一种防御反应,这种避开蛇的习惯对于我们的原始祖先来说显然有着巨大的实际意义,尤其是当他们离开森林而降到平原上来生活的时候,情形更是如此。这种有益的习惯很可能在几十万年之间始终被遵守着,并一直延续到了现代人身上。确实,对于原始人类来说,要想在地面上生存下去,避开蛇的威胁是一个至关重要的问题。但是,在现代社会中这种对蛇的恐惧竟然还会以如此强烈的形式表现出来,那只能说它不仅曾经和人类的生存息息相关,而且已经进一步成为人的一种先天本能。对此,我们虽然没有证据加以证明,但各种迹象似乎都强烈地暗示着这一点。

人类幼儿在两岁时还不会表现出任何对蛇的恐惧,但是到了三岁,就有了某种警觉,四岁的时候便已经显露出极大的恐惧。这种情况在六岁时达到顶峰。其后,随着孩子从四岁长大到十四岁,才开始逐渐地下降。虽然,在各种年龄上,女孩的反应总比男孩要稍稍强烈一点,但在两性之间不存在很大的区别。到了成年期,在反应上也没有任何明显的变化。弗洛伊德把蛇视为阴茎象征物的解释显然不符合这方面的情况,而作出其他的解释倒是可能的。怕蛇程度的年龄曲线正好和原始社会中幼儿所经受的生活风险情况相吻合。很小的幼儿基本上由母亲小心翼翼地照看着,较大的幼儿则已经能自我照顾。只有不大不小的幼儿(即六岁左右)才处于那种既无母亲照看又没有自我照顾能力的状态,才会发现自己处在极大的风险中。所以,这种年龄的幼儿即使到了今天仍表现出对蛇的万分恐惧。

其他遭到人类强烈憎恨的动物包括蜘蛛、老鼠以及任何出没在家中的爬行动物。小虫子一接触人的皮肤，马上就会引起人的防御反应，其具体表现形式是手的迅速拍打，而且几乎像偶蹄动物用尾巴驱赶蚊蝇一样会自动做出这类动作。这种反应如此强烈，对有些人来说甚至是不可抑制的，以致当一只黄蜂或者蜜蜂飞进一辆行驶中的汽车时，对于驾驶员来说，这种反应很可能意味着一场严重的灾难。尽管他们知道这类昆虫只要不被激怒一般不会叮人，但他们仍然会情不自禁地作出反应，会用手去驱赶它们，从而仅为了免于被它们叮咬一口，竟不惜冒车翻人亡的巨大风险。看来，这仍是一种从我们原始祖先那里遗传下来的、难以摆脱的本能反应，尽管我们对昆虫的生活已了解得十分清楚。

要想确定我们今天的哪些反应可以追溯到我们原始祖先的原始恐惧是很困难的——大型动物肯定也曾骚扰过我们的部落祖先，狮子、老虎和鳄鱼虽然也是孩子们相当害怕的动物，但它们从不像蛇和蜘蛛那样使人毛骨悚然而惊恐万状。也许，这是因为它们曾经是人类公开的敌人，而且在出现的时候总有明显的迹象，所以可以用不同的方法对付它们。毒蛇和毒蜘蛛则不然，它们往往是悄悄地潜入部落居住地或者突然出现在草丛中的，所以极容易引起迅速而紧张的防御反应，而就是这种本能的防御反应至今仍潜藏在现代人的心灵中。

只有在人类中，某种形式的防御反应才会变成迷信。他一面忙于改进非常实际的防身技术（从盾牌到防弹背心，从盔甲到工事），一面又沉溺于发明各种稀奇古怪的自佑手势。这些迷信活动存在于各个时期和各种文化中。它们种类繁多，形式多变，若将它们一一列举出来简直可以编成一整部百科全书。总的来说，它们除了表示某种基本愿望，别无其他意义；也就是说，它们可以使做出这类手势的人在一个充满敌意而又不可捉摸的世界上稍稍获得一点安全感。在这里把它们分门别类看来毫无必要。它们清一色地都由一些被认为能防止厄运降临的动作所组成。由于这些动作和其表示的意思之间没有任何逻辑联系,它们只能被认为是迷信。人们之所以要做这些动作,仅仅是为了"以防万一",因此它们很容易流传开来。如果你告诉人们,把一枚硬币投入泉水可以使他们得到好运,或者说一口气吹灭生日蛋糕上所有的蜡烛会使他们万事如愿,他们当然会很乐意这样去做。即使没有应验,至少在这样做的时候能够一乐,而且是皆大欢喜。

迷信活动令人惊异的特点是,它们即使在最讲究逻辑条理、最有头脑、最重视实际而极少耽于幻想的城市居民中间也能广泛流传而经久不衰。今天,几乎在世界上的每个地方都保留着某种小小的自佑行为:它可能是为某人"交叉两个手指"(一种早期基督教做圣十字架的手势),或者是在说了大话之后"摸树"(抚摸圣橡树以安抚雷神),或者是在某人打喷嚏时说"一百岁"(因为一下子喷出气来可能有损元气),或者是摸摸一块铁以乞好运(因为铁曾经被认为是一种具有超自然力的神奇金属)。这样的迷信活动,有许多在现代高度文明的社会中仍随处可见。每个地区都有一两种特别受人欢迎,而几乎可以肯定的是,人们在做这样的动作时无一知道它们的最初含义。他们边做边笑,一边还说着这多么愚蠢,但他们仍然在做。

有一种很特殊的防御行为,那就是戴护身符、避邪物、符咒或者吉祥物。几百年来,在不同的国家可以说有数百种不同的"幸运象征物"为人们所携带或者佩戴——尽管我们生活在科学时代,迷信活动仍活跃于世界各地。就像前面那种情况一样,人们微笑着承认这些东西全是"没意思的",但他们仍然在做。

有一种特殊的护身符使人类行为观察者深感兴趣,那就是"手势吉祥物"。这种做着某种固定手势的手势吉祥物,据说能给人带来好运。戴着它,也就意味着戴它的人始终做着那个自佑动作。代替临时性的祝福和驱邪手势,这种手势吉祥物既然始终不变地做着同样的手势,人们便认为它具有永久性的护身功能。今天,如果有人在欧洲大陆上旅行,他在那里至少可以买到十种不同类型的"手势吉祥物"。它们以各自不同的方式给人以护佑。有些是很简单的表示高兴或者乐天的手势,譬如表示胜利的 V 手势、翘拇指手势或者圈形的 OK 手势。另外一些,譬如双角手势或者希腊人的"魔刹"手势(即手背朝前一甩表示"去!"的手势),则直接地表示驱赶"邪恶"的意思。此外,还有一种很特殊的护身符,它不是手形的,而是眼形的。这和所谓"邪恶的眼睛"有关。人们一直坚信,倘若被某种人的"邪恶的眼睛"看过一眼,就会遭到厄运。对此,若要保护自己免遭厄运就得避开这种目光,或者作为变通手段,使这种目光避开你。如果你能制止"邪恶的目光"看着你的眼睛,就能平安无事,所以戴上护身符就是为了把"邪恶者"的目光吸引住。譬如,戴一种做着猥亵手势的手形避邪物就能转移喜欢看猥亵事物的邪恶者的目光。但是,如果直接戴一个眼形的避邪物,效果则更好,因为它会替你把邪恶者的目光"瞪"开。

在地中海周围的一些国家,人们至今仍坚信不疑地认为邪恶的眼睛会给人带来厄运,甚至一些很有教养的人对此也会首肯。这通常起因于某种巧合。如果某个人拜访了某个家庭,当他走后不久,这个家庭便有人死亡,或者家里的牲口突然死亡,或者其他什么灾难降临到他们身上,他们便开始怀疑这个人可能有邪恶的眼睛。如果他后来又来拜访,又发生了不幸的事情或者遭到灾难,那么怀疑便会变成确认,这家人便会移居到很远的地方,以免他第三次来拜访。如果他们必须和他见面,事先就会戴上护身符或者避邪物。在有些国家,渔民为了使自己的渔船免遭邪恶的眼睛可能会带来的任何灾难,他们会在渔船的船头上画一对大眼睛,以此来"瞪"开敌人的目光。这种迷信起始于古希腊时代,但至今仍流传在许多地区。在其他一些地方,保护屋子免遭厄运的方法是在屋顶上放置一对牛角——竖起的牛角象征着对未知的敌人的永久性抵抗。

以上种种防御行为都反映出人对潜在危险的忧虑,以及对可能遭到某种莫名其妙打击的不安情绪。尽管现代社会设有专门的防御机构,如警察局、法院和保险公司等,尽管科学的进步已经使我们对周围的世界有了充分的了解,而且已经祛除了许许多多可怕的传说,但我们仍然对那些可能会突然地、令人不可思议地出现的危险抱着一种动物性的警觉。出于这样的警觉,我们也就保留了各种各样的防御行为。

谦卑行为
平息批评或者攻击的方式

当一个人受到攻击或威胁时,他有五种不同的应付方式:他可以斗争、逃跑、躲藏、求援,或者设法平息攻击者。如果攻击者太强而难以与之硬争,又没有地方可以逃跑或者躲藏,也没有人来救援,那么平息是唯一可行的解决办法。谦卑行为就出现在这样的时刻。

人类的被动谦卑行为和其他哺乳类动物大体相同。在万不得已的情况下,人和动物一样也会匍匐在地,缩成一团,呜呜咽咽,并竭力护住自己身上最重要的部位。唯一不同的是,人还会用语言为自己辩护和求饶。

一个被对手逼入绝境的人会显出一副可怜相,而作为动物求生本能的表现,谦卑行为的功能也就在这里。为了求得生存,他必须显得软弱无力,显得不堪一击,其表现仿佛在说:"我已经到了如此地步,你再攻击我,也不过如此,那又何必多麻烦呢?"由于他自己表现出"一败涂地"的样子,也就免除了被真正击溃时的肉体伤害。

要做到这一点,有赖于那些和威胁信号截然相反的信号。施行威胁的人会在对手面前摆出一副架势,他身体高度兴奋,胸脯挺起,脸上生光,拳头紧握,声音低沉而沙哑。与此相反,谦卑屈从的人则尽力使自己的身体变小,变得萎靡不振。他的肩膀耷拉着,脸上黯淡愁苦,双手摊开,声音尖细而颤抖。这样,他一方面收起所有的攻击信号,一方面反反复复传递出这样的信息:他不值得被当作对手看待。

谦卑行为最重要的一个方面就是使自己显得弱小。这有两种方法:把身体蜷缩起来和在攻击者面前伏下身体。这两种因素可以在那些匍匐在地、身体蜷缩得像个球似的卑躬屈膝者身上看到其极端的表现形式,但是在街上行走的人身上我们仍然可以看到较为平淡的翻版形式。长期失业者、社会生活中的失败者以及精神上受抑郁的小人物,走起路来总是弯腰曲背的,他们垂着双肩,冲着脖子,其姿势呈现出下倾的趋势。就像卑微的社会地位是在一个漫长的过程中形成的一样,这种自降身高和蜷缩身体的习惯也是慢慢养成的。诚然,骑在他们头上的老板、上司和达官贵人从未在肉体上对他们施行过威胁,从未在他们面前耀武扬威地挥动拳头,然而,正因为高人一等的优越地位是在长时间的社会生活中慢慢形成的,其影响也就反映在地位低下者同样是在长时间的社会生活中慢慢形成的谦卑行为上。

语言本身就饱含着象征性使用大和小的例子。我们说"他是一个商界大亨"、"他给我的感觉是他高我一等"、"他在同行间享有大名",或者说"他是个愚不可及的小人"、"他是个小爬虫"、"我觉得他微不足道"。在所有这些例子中,没有一个是指实际上的身体大小,相反,全是象征性地指地位的优越和卑微。

"两个男人相遇,每个都认为对方属于更高的阶层"——瑞士艺术家保罗·克利的早期蚀刻画,表现了两个试图使自己显得比对方矮小的人的夸张的鞠躬动作。

将矮小和卑微联系在一起,这样的观念是如此根深蒂固,以致已经实际影响到各人在事业上的成功。譬如,最近的调查表明,就平均身高而言,主教高于普通教士,大学校长高于系主任,经理高于推销员。更有甚者,当身材矮小的人占据高位时,尽管他胸有大志,行动果断,人们仍会觉得他矮小的身材是一个缺陷。一个身材高大的人在高位上可以平平安安,而身材矮小的统治者则必须时时小心,必须一再重新确立他的地位。这方面最典型的例子就是身高仅五英尺四英寸的拿破仑。但是,像这样的人成为统治者总是例外,他们实在很难得到广大的、普通身材的人的敬仰。由此可见,如果你想出人头地,最好在身材上也能高人一头。

如果说,矮小的人甚至在站直的时候也会给人以卑微的印象,那么,通过有意识自降身高的动作显然也就能暂时地表示谦卑之意。如果说,一个被打败的人在别无选择的情况下只能抖抖缩缩地趴在地上,那么,一个地位显赫的人若想暂时放弃其地位,也可以通过某种简短的、形式化的自降身高动作来做到这一点。这是自愿的或者说主动的谦卑行为,即打躬作揖,在许多社交场合,它扮演着重要角色。即使在今天也同样如此。在古代,打躬作揖常见于市井巷里,现代社会虽然有日益强盛的平等风气,但在许多角落里还是能看到打躬作揖的身影。

一个唯唯诺诺的下属在和上司谈话时微微地前倾着身体,这是最轻程度上的打躬作揖。推销广告上往往会出现一个笑容满面的推销员形象,他的身体也微微地前倾着。这个动作严格说来还算不上正式的鞠躬,但其中包含着这样的意思。现在商店里的售货员往往态度粗暴,身体僵直,但就在不多年前,他们在接待重要顾客时还会笑呵呵地鞠躬致意,当顾客走时还要送到门口,然后道别。在一些老式的商店里,至今还能看到比较年长的售货员仍保持着这种殷勤的陪客的传统。

今天,正式的鞠躬通常只有在一些比较庄重的场合才使用。鞠躬者的身体从腰部开始往下弯,头比整个上身要稍稍地往下弯一点。当鞠躬者对一个有身份的人做出这种表示时,对方也可能报之以类似的动作,但程度要轻得多。在不同的文化中,使用鞠躬礼的频率也各不相同。在日本和德国,它至今仍被大量使用,而在美国则几乎不被使用。许多日本人和德国人仍把鞠躬当作一般社交礼节,美国人则从不鞠躬,除非把它当作开玩笑的动作。在其他文化中,虽然在作社交致意时会出现很轻度的低头礼,但正式的鞠躬也仅用于特殊场合,如在某种典礼上向重要人物致敬时。只有在剧场和音乐厅里,鞠躬礼才被全盘地保留下来,而且不论在哪种文化中都是如此。作为对观众鼓掌的感谢,演出者会以传统的方式深深地向他们鞠躬。

在男子平时也戴礼帽的地区,脱帽——同时鞠躬,也可能不鞠躬——是另一种自降身高的方法,因此也是一种表示谦卑的附属方法。因为在古代,鞠躬都鞠得很深,高顶的礼帽几乎会碰到地面。今天,在仍然保留着脱帽姿势的地方,人们时常也仅仅用手指碰碰帽檐——意思意思。

在那些王室仍然存在的国家,我们偶然还能观察到各种带有古代遗风的现代鞠躬姿势。地方显贵向公主、贵人致意时一般都毕恭毕敬地深鞠躬,但和宫廷比较接近的人则有所区别。由于他们需要频繁地鞠躬,渐渐地鞠躬便简化为点头,但为了表示对王室的忠诚,他们在施这种点头礼时动作非常利索有力。这种点头礼既表示他们和王室的亲密关系,同时又表示他们对王室的恭顺。

按一般规矩,女子在王室成员面前要行屈膝礼,但这种降身形式不像鞠躬那样流行,在一般场合极为罕见。上身保持垂直,但整个身体往下一沉的现代屈膝礼有其悠久而有趣的历史。一只脚向后退一小步,然后两膝一弯,也就降低了身高。这实际上是下跪的示意动作。正式的下跪在古代十分盛行,尤其是在朝见国王时,下跪者要双膝着地。到了中世纪,情况有所改变,仅单膝着地的半跪代替了双膝着地的全跪。这是因为,当时教会专权,人们认为只有对上帝才能全跪,世俗统治者毕竟不及上帝有尊严,因此不该受如此庄重的大礼。

到了莎士比亚时代,这种趋势又有了进一步的发展,半跪已经为屈膝礼所取代。无论是女子还是男子,都以屈膝作为下跪的象征表示,在当时两性之间仅有很小的差别。男女都弯膝,同时鞠躬。到了17世纪,这种两性平等的情况便不复存在:男子注重于鞠躬而省略弯膝动作,女子则相反,保留弯膝而省略或者减弱了鞠躬的成分。在女子屈膝礼中残留的鞠躬成分,充其量只是稍稍地前倾身体和垂下眼睑。这种两性之间的分化一直延续至今,唯有在剧场里才能见到例外,在那里,女演员沿袭其男同事的习惯,也时常向观众行男性的鞠躬礼。

从古代到现代,谦卑姿势总的演变情况实际上是一段奴态不断减少、自降身高动作越来越减弱的历史。只有上帝好像仍保持着它的古代尊严,而且公然蔑视这一潮流。教堂里的敬神者们依然对它行全跪礼,而世俗的统治者们却没有这样的福分,他们只得接受一般的礼节。这方面仅有极少数例外,其中之一就是正式行施王权的典礼,那时君主仍受半跪礼和低头礼。但即使在这种场合,下跪动作也因膝下垫有软垫而有所简化,即无需将膝盖一直降至地面。

为了看到那些在正式场合出现的真正奴态十足的谦卑姿势,我们必须返回到遥远的古代。只要我们返回到足够古老的时代,便会看到,即使是全跪姿势也似乎显得五花八门。集大权于一身的皇帝和公侯固然要求而且也得到臣属们的顶礼膜拜,然而在古代王国中,奴仆对主人、囚犯对看守、家臣对老爷也同样要做出这些低贱的动作。最极端的形式是四肢张开趴在地上,脸朝下,这可谓低得不能再低了,仅次于被埋入地下。像这样的趴地动作虽然随着强权政治的衰落而不再多见,但是像全跪和半跪动作仍在一些特殊的场合被保留了下来,譬如天主教教士的任职仪式便是其中之一。

在东方,一种半趴地的动作就是磕头。在做这一动作时身体虽不平贴地面,但首先要双膝跪下,然后用双手扶地,身体往下弯,直至前额碰到地面。这一动作同样作为拜神或者拜祖宗的方式而被保留下来,但除此之外,今天在其他场合已不再看到。就像西方人的点头是古代下跪动作的现代象征表示一样,印度人和阿拉伯人的额手礼看来也是一种磕头的简化形式。在行额手礼时,即用一只手先按一下胸口,然后再按一下嘴,最后按一下前额,做完这三个动作之后,再稍稍地低一下头。手按胸、按嘴、按额,即象征性地表示全身趴地,其意思是说:"在你面前,我愿意让身体上的这些地方碰到地面。"稍稍地低一下头就是示意性的说明。今天,现代阿拉伯人虽然大多喜欢握手,但额手礼仍未完全消失。不过,即使这样,它也已经被大大地简化了,有时仅仅是用手按一下胸口,有时则仅仅按一下嘴唇而已。像所有的谦卑姿势一样,额手礼也避免不了受现代社会风气和人际关系的影响。

另一种特殊的接触形式,即接吻,也经历了同样的命运。在古代,同等地位的人平等地互吻,即:头对头,不是互吻嘴唇,就是互吻脸颊。但是,地位低的人对地位高的人是绝不允许这样放肆的。吻的人地位越低,他所能吻的身体部位也越低。地位最低的人只能"吻地面"。换句话说,他只能吻具有主人身份的人脚边的泥土,即使吻他的脚也是不允许的。随着接吻者地位的升高,接吻部位也相应升高。从脚开始,往上到长袍下沿,到膝盖,最后到手。譬如,在过去,主教可以吻教皇的膝盖,而较低等级的教士只能吻绣在教皇右鞋上的十字架。

吻手,作为最低限度的谦卑性接吻,在最大程度上一直被保留至今。在有些国家,男子吻女士的手作为一种致意表示仍很普遍,尽管在年轻女子中间已不再有这种习惯,因为年轻女子在为经济上的平等权进行斗争时,已慢慢放弃了等级观念。教皇受人膜拜的程度也有所下降,那些受教皇私人接见的人现在可以吻他手上的指环。不过,在吻的时候他们还得双膝下跪,这是今天的教皇唯一能和上帝分享的正式礼节。

在谦卑性自降身高的行为中,还存在着一种不可忽视的矛盾现象。从传统上说,等级低的人遇到等级高的人必须以某种方式降低他的身高,但是,如果等级高的人走进一个坐着等级低的人的房间,等级低的人却要站起来。在自降身高不常见的国家里,站起来迎接客人依然是一种很普遍的礼节。一个人的地位越高,在一个站着的同伴面前坐着的可能性就越大。由于站起来是增加身高而不是相反,所以从表面上看这似乎有悖于"低矮＝谦卑"这一总的倾向。我们的解释是,这里有两种不同的系统在起作用。第一种系统认为,如果两个人相遇,地位低的一方必须降低自己;而第二种系统认为,如果一个人在一群人中间能很随便,他必须是这群人中地位最高的。地位低的人不能很随便,除非地位高的人已经很随便而且希望他们和他一样。由于坐着比站着更随便,坐着就是一种比站着更有地位的动作。主人坐着,仆人则站着听候主人的吩咐。但是,由于坐着的时候身高较站着要低,两种系统明显地发生了冲突。这就是为什么当卑贱者自降身高以表示谦卑和恭顺时还得采用一些很特殊的姿势——下跪、鞠躬、磕头和屈膝等,原因就在于要和随便或者坐着明确无误地区分开来。

由此可见,谦卑性自降身高的本质在于动作的不舒服性或者无能性。只要使自己很舒服,一个地位显赫的人也可以降低身高坐在一张软垫上而丝毫不降低他的身份。为了使有地位的人两者兼得,古代还有一项发明,那就是御座。坐在高台上的一个专门位子上,既可以安然而坐,同时又能凌驾于他人之上。不用说,这很快就成了全世界的君王、统治者和寡头们所常摆的架势。由于它那样彻底地显示出身份信号,所以在无数的文化中,只要有炫耀地位的需要,人们都会不约而同地这样做。

记住这些有关谦卑行为的基本原则,就能够有意识地采用某种有效的方式来平息某种事态。譬如,某个汽车司机因为超速驾驶而被警察叫住,他这时的反应一般总是坐在驾驶室里和警察争辩,以种种理由拒绝承认自己的错误。这种情况屡见不鲜,殊不知,这样的反应本质上是一个未被击败的对手的反应,它会迫使警察进行反击。如果这个司机确实是超速了,那么在这种情况下警察毫无疑问就成了地位优越的一方。司机要免于罚款,唯一的希望是平息他,而平息的方法就是扮演一个十分谦卑的角色。这需要司机做到：(1) 走出驾驶室,因为驾驶室是司机的领地,坐在那里会显出他的架子;(2) 在警察未走过来之前主动走到他跟前,因为警察走的路越多,就越麻烦,而且越会抱有敌意;(3) 采用一种萎靡不振的姿势,身体要稍稍前倾,同时脸上要带有忧虑的表情,因为这会传递出自卑信号;(4) 使用谦卑的语言方式,如完全认错,承认自己很愚笨,同时开玩笑似的自我贬低并直接夸奖警察,因为这会降低司机本人的形象,抬高警察的形象。

如果这个司机很自然地做到了上述各种要求,那么他就会使警察极难再对他存有敌意而坚持要他罚款。他会不由自主地开始觉得心平气和。因为司机通过放弃驾驶室里的优越地位,降低身份从他自己的领地里走出来,加上自我嘲笑、自我批评以及夸奖对方这种语言上的谦卑行为,他已经抹去自己身上所有的"对手"特征,从而表明他似乎不值得再加以打击了。

这种有意使用谦卑表示的方法可以在纠纷中发挥奇妙的作用,不仅对于司机和警察来说是如此,对于父母和孩子,对于邻居、朋友、情人和亲戚来说,也同样如此。人在面对彻底的谦卑行为时,敌意就会化为乌有,这不能不说是一种令人惊异的现象。然而,事实确实如此。这里唯一的障碍是：对于许多人来说,尽管他们明知道这样有助于问题的解决,但要他们做出一点自贬的表示仍是难而又难的事情。因为卑贱的行为不免会使人产生内在的卑贱感。一旦有了这样的意识,事情做起来就会极其痛苦,所以不少司机宁愿和警察大吵大闹而最终被罚款。

也许,在谦卑行为中,最令人奇怪的现象是人处于催眠状态时的反应。催眠师据说是帮助人"睡觉"的,但是实际上他所做的仅仅是触发某种深层的自卑机制。他使用语言上和视觉上的一整套支配方式来达到这一目的。所以,没有哪个催眠师是羞答答的、唯唯诺诺的,或者是支支吾吾的。他一开始催眠就直接地、强制性地、完全地控制被催眠的人。他要求绝对服从:"听着我的话","你要觉得……";他从不说"请听……"或者"你也许觉得……",从不迟疑也从不商量,只是严格地要求。从某种意义上说,这种方法引出的是一种彻底的顺从状态,然后命令被催眠的人按一种奴隶般的方式作出反应。

这也是现代社会中许多显赫人物的成功秘诀,只是形式上比催眠术较隐蔽一点而已。商业界大亨、黑手党教父、名演员、高级将领和政治寡头都给人以某种威胁,从而牵动我们内在的自卑机制,使我们进入类似于被轻度催眠的状态。对付这种情况的最有力的武器就是保持冷漠和不予理睬。任何文化,一旦失去这样的品质,便马上就会可怕地被谦卑行为所淹没。

宗教表现
为取悦臆想中的神祇而进行的活动

　　和宗教信仰不同,宗教表现是向那种被称为神的权威表示谦卑的外在行为。这种行为包括各种形式的自降身高,如下跪、鞠躬、磕头、额手礼和俯拜礼等,还包括唱颂歌、举行忏悔和祈祷仪式,向神贡献祭品和做各种象征性的虔诚姿势。

　　这些活动的作用是想取悦超级权威,从而得到保佑或者免于惩罚。就这种行为本身而言,并没有什么不寻常的东西。在整个动物世界里,弱者都以类似的方式服从于强者。但是,就如我们今天仍能看到的,人类的这些谦卑行为却具有一种很奇怪的特征,那就是它们的对象是某种或者某些从不以实体出现的权威形象,仅以人工制作的偶像作为其自身的代表,而且完全通过那些称为圣人或者教士的代理人施行其权威。这些中间人享有很高的社会地位,因为他们享有神的某些权力。所以,对于圣人来说,至关重要的要使信徒们持久不变地信从那些臆想中的超级权威。为此,有以下几种方式:

一、他们在敬奉不同神的信徒之间挑起不和。这种不和可能是程度较轻的责难,也可能是嘲笑和怒骂,甚至是残酷的迫害。不管他们口头上是否宣扬宽容,反正有许多宗教在实际活动中是不宽容的。这是它们扮演的文化孤立角色的一个部分。忠诚于某种褊狭的敬神方式势必会使人们和其他以不同方式敬神的人发生分裂。这样就产生了宗派,同时也孕育着宗派间的暴力争斗。

二、他们不断地制造各种迹象以使人相信,神会降祸于不虔诚的人。在过去,任何自然灾害——洪水、瘟疫、旱灾或者火灾——都被解释为神怒的显现,是神对不虔诚行为的惩处。他们利用各种巧合制造迷信,同时通过巧妙的暗示玩弄轻信的信徒。

三、他们发明出死后世界并宣称,凡是服从他们的信徒将在那里得到报偿,而不服从他们的人将在那里受尽折磨。有证据表明,远古人类都相信人死后还有生活。古代葬礼中的大量随葬品就是供死人在另一个世界里使用的。这种活动甚至可以追溯到石器时代,而且在往后的数十万年间始终没有什么大的改变。

令人惊异的是,在各种文化中,在不同的时代,那些饱学的有识之士竟然一直会容忍这样的诡计和恐吓。看来,一定有某些因素有利于神的代理人。

首先,也许是最重要的一点,是我们的远古祖先获得了时间观念。其他动物只和现在打交道,也就是说,它们的心境只和此时此刻有关,不可能涉及未来。只有人才能预知自己必会死亡,对此又不能安然处之。任何动物都会尽力保护自己免遭死亡的威胁,面对凶残的对手,它们会逃跑、躲藏、搏斗或者使用其他某种防卫措施,如装死或者喷出某种恶臭的液体。尽管有许多自卫措施,但它们全部都是对直接危险的临时反应。当人预知到自己将来必会死亡时,在他的思想中,那未来的死亡似乎也成了一种直接的危险。他的防卫措施是否认死亡。他无法否认自己的身体会死亡和腐烂——这一事实太明显了,于是他便通过捏造出不朽的灵魂来解决这个问题——他自认为具有一个超越其肉体的灵魂。既然这个灵魂能够在他的肉体死亡之后继续生存下去,他因此也就成功地抵御了死亡对生命的威胁。

这样的观念为神的代理人提供了有力的后盾。他们所需要做的仅仅是不断提醒追随者注意人的肉体是要死的,并使他们相信肉体死后的灵魂生活全操在他们所信奉的神手里。至于其他的一切,那些满心希望自我保存的信徒自己也会去做。

其次,人的早熟性也有利于圣人。早熟是这样一种生物状态,即:某种动物在尚未脱离幼年期时已开始趋于成熟。或者,也可以反过来说,成年动物仍不断表现出幼年的特征。这就是所谓的"彼得·潘①综合征"——某种永远不会成熟的物种,它们处于幼年状态就开始繁殖后代。在许多方面,人是早熟的猿。一个成年人与其说像一只成年的猿,不如说更像一只幼年的猿。他像幼猿一样好奇而贪玩。猿一旦成熟,便会失去幼年的贪玩心理,但是人却一生不会失去这种心理。

同样,狗是早熟的狼。人很喜欢他这个好玩的"挚友",于是它便生出越来越多的小狗。一只完全成熟的家犬仍会像一只幼年的狼一样跳跳蹦蹦地和它的主人玩耍。但是,幼狼长大后就不再玩耍。幼年的狗也会长大,但是就像人一样,它们的行为仍然是幼年期的——它们从不停止玩耍。这就是说,它们会把人当作自己的

---

① 即苏格兰作家 J. M. 巴里所著童话中的主人公,系一永远长不大的小孩。——译注

父母。狗的主人就是狗的威严的父亲或者母亲。由于早熟，狗在能够交配和繁殖的同时，仍然会像处在幼年期一样对父母的威严作出反应，即服从自己的主人。这使它成了人的宠物。换言之，对狗来说，人就是神。

　　人作为早熟的猿处于和狗类似的境况中。当他已经性成熟时，他仍然需要父母———一种超级父母，就像狗需要他作为父母一样。结果是，他发明了神——或者是具有母神形象的女性超级父母，或者是具有父神形象的男性超级父母，甚或是整整的一个神的家族。这些神就像真正的父母一样会提供保护，会施行惩罚，也要求服从。

　　如果问，为什么一个人的真正父母不能扮演这一角色，那么回答是：从生物学角度讲，父母必须比他们的子女高大才能算真正的父母。一个孩子必须仰头看父母。父母必须具有远超过孩子的体力才能从生物学角度提供保护。孩子一旦长大，其体格和父母差不多，而且像他的父母一样开始生育后代，这时真正的父母形象便不复存在了。

　　然而，神和女神是庞大无比的。像父母一样，他们也"高高在上"——他们住在天上，我们必须仰望他们。不管我们年龄多大，我们仍可以称他们为"圣父"或者"圣母"，仍可像孩子般地信赖他们（或者他们的代理人，这些人时常也有类似的称呼，如"教父"或者"教母"）。

　　最后，人高度进化的合作性也有利于圣人。我们的远古祖先在狩猎时，不得不在很大的程度上相互合作。即使是一个酋长也有赖于部落成员的主动合作，而不能仅靠他们被动的顺从。但是，如果他们表现出主动积极性，就有丧失对酋长或者部落的盲目忠诚的危险。另一方面，为了有效地对付同样是成群结队的动物，明智的合作又是狩猎人群所极端需要的。这样，一个酋长如何才能同时得到盲目的忠诚和明智的合作呢？答案是求助于某个超级酋长——某个神。通过对这个神的盲目信仰，使群体以共同的目标为基础结合在一起，同时又让群体的每个成员自由地发挥主动而明智的合作精神。

以上就是有助于圣人成功地确立神的形象和引发宗教行为的三种主要因素：人需要抵御死亡的威胁；人需要超级父母；以及，人需要超级酋长。神能在另一个世界里给人以不朽的生命，能保护各种年龄的"孩子"，能使他们献身于崇高的事业和共同的目标，所以它在人类这种动物中引起了强烈的反响。

对教士和圣人提出的另一个要求是他们必须主持各种感人的仪式。几乎所有的宗教都有繁琐的典礼，借此可以把信徒们纠合在一起。这是一种显示神威的重要方式——神的威严要求大群的人同时对他表示谦卑和恭顺——同时也是一种加强信徒之间的社会联系的有力手段。既然神是超级父母和超级酋长，他们就必须有可以用来"接见"信徒的大厦。如果有某个对人类生活一无所知的外星人坐着飞船飞临人类栖息地，他马上就会注意到，在许许多多村庄和城市中，总有一两座建筑物比其他建筑物高大。这些就是神的大厦——神殿、庙宇和教堂。它们显然是为一些巨人建造的，但是当我们的这位星外客人仔细观察之后，他会不胜惊异地发现，这些巨人永远不在家里住。他们的信徒一再地来拜见他们，在他们的屋子里鞠躬磕头，但他们本人从不露脸。只听见钟声在大地上空回荡，仿佛像他们在叫喊。人确实是一种富有想象力的动物。

利他行为
我们是如何牺牲自己帮助他人的?

　　利他主义是一种无私行为的表现。作为行为方式,它必须具备两个条件:(1)必须对他人有益;(2)必须不为自己谋利。所以,这不仅仅是个有助于人的问题,而是不惜舍己而助人的行为。

　　这一简单的定义忽略了一个生物学难题。如果我损害自己帮助你,那么相对于我自己来说,我增加了你的成功机会。就广义的进化角度而言,如果我这样做,你的后代(或者潜在的后代)就会比我的后代有更好的发展前途,因为我作了利他主义的选择,你的遗传世系将比我的世系占有更多的生存机会。这样过了一段时期之后,我的无私的世系会断绝,而你的自私的世系则会生存下来。因此,利他主义从进化的意义上说似乎是行不通的。

　　既然人类是在其进化的历史上赢得了长期的生

存竞争才繁衍下来的动物,他们在本质上就不可能会有真正的利他主义表现。所以,进化论认为,人类和其他任何动物一样,在行为上必然是彻底利己的,即使当他们显得最富有自我牺牲精神和人类同情心的时候,也同样如此。

这是生物学上的进化论观点,是人们所普遍接受的。但是根据这样的观点,人类生活中的许多"美好时刻"似乎就得不到解释。如果一个人看见一间屋子失火,屋子里有他的小女儿、一个老朋友、一个陌生人,甚或还有一只"喵喵"大叫的猫,这时他很可能会不假思索地一头冲进屋子,奋力地抢救里面的生命,而最后他自己反被严重烧伤。这种行为怎么能说是自私的或者说是为自我的呢?事实上可能是这样,但也必须对"自我"一词作特定的解释。

当你想到你的"自我"时,你或许想到的是此时此刻你自己活生生的躯体,仅此而已。但是,从生物学上讲,应该把你自己看作是你的基因的一种现时栖息处或者一临时的容器才比较正确。你的基因,即你承之于父母又将传之于子女的遗传物质,从某种意义上说是永生不死的。我们的身体仅仅是供基因用来在世代间转移其自身的中介物,是它们而不是我们,才是进化的基本单位。我们只是它们的卫士,在自己短短的一生中尽力地保护着它们,使它们免遭毁灭。

宗教把人说成有一个不朽的灵魂,当人的肉体死亡后他的灵魂会飘向天堂(或者地狱,这要看情况而定)。然而,这样的想象太虚幻,更为实际的是把人的不朽灵魂想象为男子的精液和女子的卵,想到它不是在死亡时而是在生育过程中离开肉体的。按照这样的思路想下去,当然也会承认人有死后生活,但它并不存在于某种神秘的"彼岸世界",而就在你身边的天堂(或者地狱)里,在育儿室里和游戏场上。在那里,我们的基因现在已登上船名为"孩子"的新船,将继续沿着时间的长河作永生的旅行。

所以，从遗传学上讲，我们的孩子就是我们，或者，准确一点，是我们的一半，因为我们的配偶在每个孩子的基因中都占着另一半。这就是说，我们热诚的、显然是无私的父母关怀仅仅是基因的自我关怀。那个从大火中冒死救出自己小女儿的人实际上是在拯救他自己的、寓于新躯壳内的基因。既然是拯救自己的基因，他的行为从生物学上讲就成了自私的，而不是利他的。

但是，假若那个人冲进大火并不致力于救自己的女儿，而是救一个老朋友，情况又怎样呢？难道说这也是自私吗？答案要到人类的远古历史中去寻找。在十余万年之间，人类一直过着部落生活，每个人都属于某个小小的群体，在群体内每个人都熟悉其他所有的人，并和他们有着基因上的或者说血缘上的关系。尽管有相当数量的人是非直系亲属，但在你所属的部落内，每个人都是你的亲戚，虽则关系可能已比较远。因此，在这样一种每个人都和你沾亲带故的部落内出现某种程度的利他行为也就不足为奇了。出于遗传上的自私性，你会帮助那些和你很类似的基因。虽然你对他们的帮助可能不及你对自己子女那样无微不至，但不管怎样，你至少会给他们以某种程度的帮助。

当然，这不是一个预谋的过程。它是无意识地发生的，而且是基于一种我们称为"爱"的情感的。我们对子女的爱，可以说就是我们心甘情愿为他们作出的"无私"行为，而我们对同胞的爱，就是我们对朋友提供的援助。这是先天倾向。当我们看到他人需要帮助时，我们会毫不犹豫地、自然而然地服从这种深层的内心驱动力。正因为我们把自己看作是"人"，而不是"基因工具"，我们才认为出于爱的行为是无私的，而不是自私的。

这固然不错。但是，如果那个人冲进大火救出的是个陌生人，那又怎么样呢？陌生人也许和他根本没有血缘上的联系，所以他的行为可以肯定说是真正无私的和利他的。是不是？我们说"是

227

的",但这是偶然的。这种偶然性是由于最近几千年来全球人口的急剧增长而造成的。在过去的数十万年间,人过着部落生活,所以任何旨在于帮助同胞的先天冲动自然就意味着他是在帮助和他有基因联系的亲戚。实际上,他也别无选择,因为在他周围根本就不存在陌生人。然而,随着城镇的出现,人很快就发现自己处身在一个巨大的社会中,周围充满了陌生人。这种新的情况出现得如此之快,以至于人固有的部落习惯一下子无法改变其自身以适应它。于是,他的利他行为不可避免地要扩散到新同胞身上,也就是说,尽管有许多人和他完全没有血缘关系,但他仍会习惯性地对他们作出无私的举动。

利用人的这种原始冲动,政治家们轻而易举地把人的互助精神发挥成了全民族层次上的所谓"爱国主义"。于是,人们便纷纷地效忠于国家,甚至为它去死,好像国家就是他们的部落或者家庭似的。

至于那个人冲进大火去救一只小猫,那属于特殊情况。对于许多人来说,动物是孩子的替代物并受到跟孩子一样的照顾和爱。所以,那个人去救猫实际上也就是去救一个象征意义上的孩子。这种象征性过程,即暗喻性地将某一物等同于另一物的行为,是人类所具有的一种强烈倾向,它使人的救助活动大大地超出了人自身的范围。

这尤其可以用来解释某些为事业而献身的现象。这些现象通常表现为极端的利他主义,但对每一种事业的性质若加以仔细的考虑,便会发现其中总带有某种基本的象征意义。一个为基督殉难的修女,从基督教会的立场上看,就是基督的"新娘",她把全人类都看作是上帝的"孩子"。出于她的象征性认识,她把整个人类社会看作是她的"家"。因此对她来说,对这个象征性的家作出利他行为,就像其他人对自己真正的家所作出的利他行为一样,是十分自然的。

以上是我们对人的利他行为所作的解释。我们丝毫也不想贬低这样的行为,只是想指出,社会上一般的、模棱两可的解释是行不通的。譬如,人们时常说,人从本质上说是邪恶的,他的仁慈行为大多数是道德家、哲学家和教会教导的结果,如果让他放任自流,他会变得越来越野蛮、粗暴和残忍。这种说法所设的陷阱是,一旦我们接受了它,自然就会把一切良好的社会品性全归功于那些导师,将之视为他们的丰功伟绩。然而,生物学上的真实情况看来与此大相径庭。由于自私性是基因的而不是个人的,我们生来就有一种想帮助自己的血缘亲属乃至整个部落的自然倾向。由于部落扩展成为民族,我们的利他性也随之不断扩展,同时还受到另一种人类倾向的增援和加强,即:我们习惯于把象征性替代物当作真实事物看待。总之,从本质上说,我们人类至今仍是一种明显地具有利他性的动物。如果说这种利他性时而会遭到损害的话,那么其原因并不是我们的"野蛮本性"在作怪,而在于当今这个嘈杂而拥挤的世界常常会使人感到几乎不可忍受的紧张和焦虑。

尽管如此,倘若把人说得像天使一样慈悲为怀,那也是错误的。他还有习惯于竞争的一面。但是在一般情况下,这种竞争倾向往往会得到平衡,而平衡的机制就在于人与人之间的大量交往,其形式表现为交易行为,即那种"你为我搔背我也为你搔背"的行为。我们相处共存。我的行为有益于你,但它们不是利他行为,因为它们同时也有益于我自己。这种相互合作和互利的行为也许是日常社会交往中最常见的。它是贸易和商业的基础,同时也说明了为什么这样的活动并不显得冷酷无情。如果竞争因素不受到人心中固有的互助愿望的调和,那么在今天甚至各类经济活动也会迅速地变得十分野蛮和残酷。

这种双边互助行为的一个重要扩展由一句俗语体现出来,那就是:"今天我为人人,明天人人为我。"这是一种赊账,或者说是一种非特殊性合作。尽管你无法报答我,我现在还是给你以帮助。

如果我每天对许多人这样做,那么,总有一天,当我需要帮助的时候,作为"长期交易"中的一部分,他们便会还我以帮助。这方面,我无需备有账册以记上我纳入多少或者欠人多少。确实,最后给我以帮助的可能并不是我当初帮助过的人,但是整个社会网络自会建立起一种联系,就像人类当今的劳动和技术分工一样,这种互助机制也同样能使全体社会成员得到益处。有人把它称为"互补性利他主义",但它终究不是真正的利他行为,因为或迟或早我总要收回我给人的帮助,只是形式不同罢了。

这种延迟收回报偿的愿望,时常是许多表面宣称为纯粹利他行为的内在动机。譬如,许多国家设有表彰公民"为社会服务"的正式奖金,殊不知有不少人会故意去从事这样的服务,因为他们知道这样可以得到奖金。如果没有公开的奖励,这样的服务本来是少而又少的。同样,还有许多人"勤勤恳恳",其心里也是想着往后得到社会的(或者天堂里的)报偿。当然,这并不是说工作不要"勤勤恳恳",我们只是想解释清楚其中的动机,仅此而已。

下面这张一览表总括了竞争和利他的关系以及两者之间的中间状态:

1. 自私行为	有益于我	有害于你	从一般的竞争活动到严重的犯罪行为
2. 自为行为	有益于我	无害于你	个人的、非社会性的娱乐活动
3. 合作行为	有益于我	有益于你	互助活动、贸易、物物交换
4. 礼貌行为	无害于我	有益于你	好意和尊敬
5. "利他"行为	有害于我	有益于你	个人之间爱的奉献,富有同情心的自我牺牲和爱国行为

打斗行为
虚挥一拳和猛击一拳：从生物学角度看人类争斗

打斗即意味着示威的失败。一旦用威胁信号无法平息纠纷，就可能引起极端手段，原先的争吵会发展为拳打脚踢的殴斗。尽管人类社会充满矛盾，但和各种非暴力现象比较起来，殴斗现象仍然是极为罕见的。这在生物学上有其充分的理由，因为每当一个人对另一个人的身体实施攻击时，他都冒着两败俱伤的风险。不管攻击者的地位多么优越，他也不能绝对保证自己会安然无恙。他的对手虽则平时很懦弱，但到了绝望之际，说不定也会采取激烈的自卫行动，和他拼个你死我活。

因此，在日常社会生活中，远为常见的是威胁，而不是打斗。事实上，这类非武装的徒手殴斗现象极少发生，以至于我们很少有机会对它们进行详细的观察。大多数人仅仅知道那种在暴力影片或者电视片中出现的形式化打斗。在这些影片中,两个男子——往往是主人公和一个坏蛋——相遇,总要大打出手,但他们的打斗和真实的打斗比较起来,简直就像是芭蕾舞表演。就像芭蕾舞把人的一般身体动作加以特殊的夸张一样,这些影片的制作人也把一般的打斗动作加以放慢和夸张,其目的是加强观众的视觉印象。在真正的酒吧吵架中,一旦双方打了起来,每个动作都要快得多。进攻者会突然地挥臂猛击或者抽腿就踢,动作一个接着一个,以阻止对方的反击。被攻击者的反应不外乎这样三种:要么退却,设法离开现场;要么尽力保护自己的身体;要么就是缠住进攻者,和他扭作一团。如果他退却逃跑,或者防御性地护住自己的身体,进攻者很可能也就随之停止进攻,因为他已经达到了自己的目的。如果他反击,那么事情就会延续一段时间,时常是在地上扭打,相互拉头发,用手抓,用脚踢,甚至用嘴咬,用肘顶和用臂紧箍脖子。

相反,在暴力影片中,主人公开始进攻时,经常是朝对方的颚部猛击一拳。在做这一动作时,他的手臂会挥得老远,而且紧接着也没有第二拳。这样来表现人的进攻行为几乎在每一方面都很荒唐可笑。拳头打出之前高高抡起等于在告诉对方自己的意图,因而绝不可能击中对方的颚部。拳头打出之后又挥得老高,这会使他本人失去平衡,因而易受反击。没有紧接着的第二拳更是致命的,因为慢速度的进攻等于灾难。影片中的两个打斗者就这样使用或多或少是变了形的拳击动作在慢吞吞地打着,其整个过程和真正的打斗比较起来,简直就像是一些慢动作镜头。

在现实生活中,当发生街头斗殴或者酒吧打斗时,打斗者的旁边时常会围着大群的旁观者。他们因能看人打斗和随打斗者的移动自己或进或退而感到兴奋。这样,就形成了一种有节奏的人群流动,而打斗者则在这人群中划出了一块小小的空地。当这边的旁观者朝前涌时,那边的就朝后退,其情形颇像一大群受到骚扰的鱼。当打斗暂时平息时,旁观人群又会扮演起新的角色,他们隔在两个打斗者中间临时充当着安全屏障,但这道屏障很可能马上就会被其中的一方打破。于是,便再度进行一番快速的、短促的徒手搏斗,而正因为它进行得既快速又短促,旁观者一般很难介入其间。因此,那种认为旁观者理应制止而不应姑息这类殴斗行为的指控往往是不公正的。

幼年儿童的打斗行为显示出类似的情况。发生在育儿室中幼儿之间的争斗,几乎都是围绕着某物的拥有权而展开的,某个孩子试图拿走属于另一个孩子的东西。这时便会出现一次短促的争斗事件,而当事件过后,其中一个占有了那件东西,另一个则号啕大哭或者脸涨得通红。他们的攻击可能会采用推、踢、咬或拉头发等方式,但最普遍的动作是举臂捶击。在采用这种动作时,他们总是用拳头的掌心一侧捶对方的身体。开始是一只手臂的肘部猛地弯曲,并垂直地举过头,然后朝其他孩子身体的任何部位重重地捶下去。这种打击动作似乎是任何地方的孩子所共有的,而且很可能是我们人类的一种先天性打斗方式。有趣的是,到了成年期,人们虽然已经学会更多的打击方式,但举臂捶击依然会在"非正式"的打斗场合出现。譬如,街头骚乱时摄下的照片几乎总是显示出,这类打击是殴斗中占绝对优势的攻击方式。当然,在成年人中间,如果在采用这一动作的同时手里又握有一根棍子的话,那么其伤害性会更大。骚乱者打警察,警察打骚乱者,都采用同样的方式。他们手里的武器都会像雨点般地打向对方的脑袋。这看来很像是打击动作方面的一种"返祖"现象,因为除了这种由上向下的捶击还有其他许多更有伤害性的打击方式,如用一种锐利的武器直接戳对方的脸、躯干或者生殖器,毫无疑问比用钝器捶打硬邦邦的脑袋更厉害。然而,这些比较"先进的"、由文化上获得的打击方式却令人惊异地从不出现在非正式的骚乱场合。

说到武器，我们已进入一个人类特有的打斗行为的领域，一个给人类带来特殊问题的领域。从生物学上说，人体没有任何天生的武器，如锋利的爪或牙、角或犄角、毒腺或巨颚。其他许多动物天生就有很好的装备，唯有人类是一种可怜的东西，他在身对身的肉搏中若不作出巨大努力是很难置对方于死地的。然而，当我们把人类的这种原始的、非武装的肉搏与现代的、使用武器的争斗作比较时，我们便清楚地看到，人类在杀伤力方面早已远远地超过任何其他动物。随着人造武器的出现，我们的打斗行为已发生某些至关重要的巨变：

武器的发展意味着能攻击远距离的敌人。从刀剑到标枪和弓箭，这是武器的最初发展阶段，其后是火枪、大炮乃至于导弹。其结果是使打斗以及后来规模越来越大的战争完全失去了面对面的个人因素。

一、我们逐渐地加强了攻击动作的杀伤力。从徒手肉搏到使用钝器，到使用利器，到使用炸药，我们在几百年间就使每种攻击都带有致命的潜力。不像其他动物那样仅仅是制服对手，我们能使对手彻底毁灭。

二、由于这些新武器是人工制造的，它们很可能会被单方面地使用。这里已不再存在任何先决条件可以保证对立双方可以得到同样的装备。如果两只老虎相争，它们虽然具有人在肉搏时所缺乏的、铁镐般的利牙，但所有的老虎都有这种武器，所以在相争的双方之间存在着一种带有制约性的平衡。带着武器的人类则不然，当他们中任何两个人发生打斗时，很容易出现极不平等的现象，拥有较好武器的一方一开始就占有优势，因此在打斗中也就可能出现毫无制约的野蛮行为。

三、越来越多的人造武器意味着人越来越容易施行伤害性攻击。和徒手肉搏时那种大规模使用肌肉的情况不同，现代武器的携带者只需用一个手指稍稍扣一下扳机，就能送出一颗子弹将对手的身体射穿。做这样一个动作既不需要和对手的身体扭在一起，更不会气喘吁吁。所以严格地说来，用枪杀死一个人甚至都算不上暴力行为。当然，其后果是暴力的，但其动作则和端起一杯咖啡一样文雅。因为无需费力，这样的动作也就更容易被做出，而这又进一步增加了施行攻击的可能性。

四、我们已逐步增大武器的使用距离，从而成功地提高了武器的效力。最初，是手握某种武器攻击对方，后来发展到向对方投掷某种武器，再后来，随着弓箭的发明，锋利的箭头可以射中一定距离外的敌人，而随着火药的问世，情况更有了飞速的发展。一个在远距离外的人，他身体上的细部都难以看清，但仍可以射出子弹去把他杀死。这又使人类的打斗增加了一种非人化的成分，而且消除了在敌对双方之间出现妥协信号的任何可能性。这里，一般动物之间的那种有制约性的平衡再次遭到了严重破坏。

五、我们加强了远距离武器的杀伤力，从一次杀伤一个人发展到一次杀伤一大批人。空投或者定时的炸弹的使用和化学武器的引入，已经导致一种非个人的和无制约性打斗行为的极端状态。攻击者现在已完全不用暴力，通常只需按一下电钮——一个比扣一下扳机更为轻松的动作——便能在远距离外以一种根本不受任何动物性限制或者控制的速度，瞬时将对手杀死。

总之，这五种因素已经使人类的打斗行为从采用暴力方式击败对方变为使用精妙的技术毁灭对方，从殴打和制服一个对手变为漫不经心地屠杀大批的无辜者。然而，幸运的是，人类在这方面发展的最后一步终于产生了一种新的自我制约。随着原子武器的出现，我们又回到了攻击者也必须考虑其自身安全的那个阶段，因为这些武器的威力如此之大，以至于按电钮的人自己也极可能和地球上其他所有的人一起化为灰烬。换句话说，这些炸弹的破坏性潜力已大到足以毁灭世界，从而使国际间的纠纷退缩到了近身肉搏的层次。攻击者心中的攻击冲动再次和对自身行为的直接恐惧联系在一起，就像在徒手搏斗前出现的情况一样。但是，不幸的是，人类打斗历史中的这一新的转折并没有完全消除而仅仅是减少了人们用原子弹"打架"的可能性。

在人类行为中，有一种特殊的性质始终是集团间争斗的一个矛盾因素。它不是愤怒，恰恰相反，令人不可思议地，是人的友谊。这种对群体的忠诚感一再引起对他人的攻击，不是为了反对一个敌人，而是为了支持一个朋友。就是这种合作精神，可能会使有限的个人打斗变为集团争斗，进而又使集团争斗变为武装的沙文主义。有组织的攻击力量不可能以个人为基础分散地发挥作用。被组织起来的人必须服从纪律并忠于某种事业，而这些已经和人类打斗没有什么联系。它们起源于原始时代成年男子的合作狩猎活动，因为在这种情况下，他们的生存有赖于对"集体"的忠诚。后来，随着文明的发展和技术的进步，这样的忠诚感又进而被引入了新的军事活动。

作为现代人类状况的典型表现，远距离攻击与合作群体的结合，意味着我们将不可避免地受那些冷酷无情的领导人的驱使，去为他们的事业相互打斗。他们并不要求我们用双手去杀人，也不要求我们在可以看到对手表情的情况下杀死我们的对手，但是，他们会要求我们为支持我们的"同志"而杀人。因为他们说，如果我们不这样做，我们的"同志"就会受尽折磨。许多矛盾都是这样引起和这样解决的，可悲的是这种情况毫无疑问还将继续下去。要想阻止这种情况，唯一的办法是，当我们被要求去杀死某些人的时候，我们自己问一问：我们和他们是否有任何个人矛盾？我们被要求服从的"集体"，是否真的是由我们的亲属组成的部落，还是实际上由许多"部落"混杂而成的一种完全人为的"民族性"群体，其中有些"部落"倒可以称为我们的"敌人"？总之，只要我们重新把打斗当作个人纠纷的一种极端形式看待，就像它最初时那样，我们就有希望摆脱人类无节制的野蛮战场，而返回到适可而止地进行打斗的动物状态。

胜利表示
胜者的庆贺和败者的反应

在获得胜利之际,得胜者在情绪高涨时常会做出胜利表示。它可以有多种表现形式,从个人的欢跳直到盛大的庆祝典礼。所有这些表现的基础都在于得胜者优越感的突然增加。在此之前,他还在拼命争取;在此之后,他成为优胜者,他的身份一下子被提高了。

既然高身份的人在姿态上要高于和大于低身份的人,那么不足为怪,几乎每当胜利来临之际,得胜者总会以某种增加自己高度的方式来表达他的心情。他可能会狂热地"欢蹦乱跳",也可能比较冷静地昂首肃立。在多数情况下,得胜者还会高高举起双臂,并尽可能地把它们向两边张开。

胜利表示的具体性质会因得胜者的不同年龄而有所变化。一队在比赛中得胜的孩子很可能会采用上下蹦跳的欢庆形式,同时还会大喊大叫。当他们长大之后,这种不加节制的表现便会有所减弱,欢庆胜利时会出现某种有所克制的行为方式。在成年人中间,这种外部表现的强度在不同的场合也各不相同。拳击运动员和摔跤运动员在得胜时传统上都采用那种古典式的"双拳举过头"姿势。有时,这一姿势也简化为仅举起一只手,而在某些重要比赛中,当胜负决定后,由裁判员抓住胜者的一只手并高高举起,以确认他为胜者。

也许是为了使人联想到拳击冠军的男性气概,政治家在某次选举得胜之际,也会采用这种高举双拳的粗犷动作。他们还使用那种更为普遍的双臂分张上举动作,即:把双臂向空中举起,但相互并不平行,而是稍稍地向两侧分张,同时把双手伸开、手指笔直地向上竖起。老练的政治家还会顺便用手指做出表示胜利的V手势。

在当今做着胜利表示的各种得胜者中,足球运动员也许是最令人注目的。这种情况并非向来如此。譬如,在不多年前的英国足球赛中,当一个运动员射门得分时,队友们仅仅是拍拍他的背并说一句祝贺的话。但是,到了后来,随着国际球赛的频繁开展以及性格比较外露的地中海国家的球队不断访问北欧,射门得分时的反应就变得越来越热烈了。当球一射进对方的球门,射门者本人便转身张开双臂冲向自己的队友。双臂张开的角度会因时而稍有不同,因为这里有一个矛盾,即:他既想拥抱自己的队友,同时又想做出身体向上的胜利姿势。作为这种矛盾心情的反映,他时而会把双臂笔直地伸向前方,冲向队友;时而会垂直地往上举起;时而又会取一种中间姿势,半朝前、半往上地伸出双臂。当他往回奔跑的时候,他的脸时常变得异样,嘴张得很大,即使不是这样,至少也会堆满笑容。有时,观众还可以看到他高兴得跳起来,同时用右拳在空中重重地往下一击。这个动作和我们在骚乱或打斗时看到的那种充满敌意的抡臂下击动作很相像,只不过它现在是凭空做出的,因此是一种象征性地捶击对方队员脑袋的动作。

当这个射门成功的运动员边做着各种动作边奔跑时,其他的队友会迅速向他跑去。他们相继扑到他身上,抱他、吻他、扯他的头发、拍他的头和肩膀——总之,把他挤在扭成一团的人堆之中。有时,某个队员在扑向他时会那样激动,以至于不仅用双臂抱住他,还用双腿紧夹住他的身体,整个人都攀在他身上,给人的印象仿佛是他像抱着个孩子似的抱着这个向他祝贺的队友。

就在几年前,这种祝贺表示一度曾达到那样热烈的程度:射进球的队员经常会被弄伤,其危险甚至比他在射门之前还要大。后来,热烈程度虽逐渐地有所减弱,但是在欧洲球队的几乎每一场比赛中依然可以观察到中等程度的祝贺表示。整个祝贺表示包括以下几种不同的成分:得胜者通过跳跃和举臂增加自己的身体高度;从对方球门前往回奔跑时做出大量的身体动作;象征性地抡臂向下猛击一举;以及,队友们"亲昵的"接触动作。这最后一种成分特别有趣,因为拥抱和抚摸头部对于北欧男子来说是一种很大程度上的身体亲密行为。在普通的、日常的社会情况下,两个成年男子之间若出现这样的接触动作,人们肯定会认为他们有女性气。这是因为,像拥抱这样的动作不可避免地会使人联想到恋人之间的搂搂抱抱。但是,在这里,在射门成功的兴奋之际,足球运动员却不受日常生活禁忌的限制,可以充分地对有功的队友表达他们的热情,因为当时的情景无可置疑地具有明显的男性性质。不仅如此,即使他们有时更为极端地亲吻进球的队友,他们的动作仍属"安全的男性动作",绝不会引起任何误解。

在许多运动中,把得胜者掮在肩上或者让他坐在汽车顶上游行简直已成为惯例。在有些汽车大奖赛中,得胜者坐在自己的汽车顶上绕场一周,有时还要高举一面上面标有他比赛成绩的小方旗。奖杯获得者在绕场一周时,则高举着奖杯接受崇拜者们的欢呼。殊不知,这些现代运动员实际上是在重现古罗马人凯旋时的情景。当时,一位打了胜仗的将军和他的军队可以穿过凯旋门进入罗马城,并列队经过街市,那位将军就坐在一辆由四匹马拉的、饰有月桂枝叶的马车顶上,他的一顶金冠由一个奴隶高高地举着。将军身穿神的盛装,脸上用象征牺牲者鲜血的朱砂涂得通红——这是罗马所能给予他的最大荣誉和最高的身份显示。不过,这样的凯旋极为少见,因为它不仅表示罗马已赢得一场战争,而且还表明在这场战争中至少有五千个敌人被杀死,表明敌国已被征服,罗马扩展了疆域。古罗马人的胜利表示往往过于拘泥形式,因而会丧失其直接性和大量的情感内容。有时,为了安排仪式,得胜者必须在城外耐心地等上好几个月才能进入城门。有一次,一位得胜归来的将军和他的军队竟然整整等了三年。现代足球场上的情况则正好相反,人们总是迫不及待地大声欢呼,对他们来说,即使等三秒钟也似乎拖得太久。然而,在现代也有类似的延迟性凯旋仪式,那就是一个获得重大胜利的运动员或者运动队"返回故里"时的庆祝仪式。譬如,赢得奖杯的足球队回到他们所属的城市时,人们让他们坐在大客车顶上穿过市区以接受市民们的祝贺。这里,古罗马的幽魂赫然显现,就像它显现在现代摩托车大奖赛冠军脖子上的那个著名月桂枝花环中一样。

  最近,在摩托车比赛中已出现一种新的胜利表示,即:得胜者在一个高高的平台上领奖,领完奖后打开一瓶事先摇过的香槟酒,把酒喷向台下的人群。其动作是,打开香槟酒瓶盖,用一只大拇指紧按住瓶口,然后稍稍泄开一道缝。由于瓶里仍有很大的压力,其结果是从他留出的那道缝里会喷射出一股长长的、带有泡沫的白色液体。

  洋洋得意的胜利者的反面是失败者的姿势。这些姿势一般不太明显，因为大多数受挫失利的运动员总是尽其所能竭力掩盖自己的失望情绪，总是装出一副很勉强的笑脸向得胜者表示祝贺。然而，这仅仅是比赛结束时的情形。在比赛过程中同样有许多领先的时刻，这时落后者是绝对不会装出高兴的样子来的。当某个足球运动员射进一个球时，从对方队员的姿势中可以一目了然地看到他们的真实情绪，因为这时他们一点也不想掩盖。通常总是低垂着头，时常还会直愣愣地望着地面；脸部表情阴沉而凝滞，双手常常按住臀部。这种双手叉腰姿势，一般说来是恼怒和气愤的典型表现，而且在许多类似的场合都能观察到。

信号切断
在压力之下中止视觉信号进入的行为

　　社会行为是一个输出和输入的过程。我们通过自己的行为发出信号，同时又从他人的行为中接收信号。当一切正常时，我们在这两者之间保持着平衡。但是，这种均势有时会受到干扰。如果我们缺少社会交往，感到很孤独，便会进行更多的探寻活动，即增加自己的输出信号，以摆脱这种境况。另一方面，如果我们苦于过多的社会输入信号而感到紧张，我们便会通过某种方式阻抑多余的外来刺激。这种阻抑过程就是我们所说的信号切断，它有若干种不同的形式。

　　最根本的阻抑形式是逃避社会活动，直到我们从过多的外来刺激中充分恢复过来之后，再重新投入那些纷争。我们为此而使用的一种方法是生病，而且与世隔绝地躺在病床上。第二种方法是甘愿处于那种我们称为"神经分裂症"的状态中。第三种方法是服用我们称为"镇定剂"的药丸。第四种方法是酗酒和吸毒,以此使外来信号变成一片混沌。第五种方法是沉溺于冥想,隐藏在自己的思想中,对外界的一切漠不关心。

然而,以上这些远不是我们在日常社会生活中所使用的一般信号切断方法。尽管我们有时不得不采用其中的一两种,但它们毕竟是些极端的、带有灾难性的应付之法。在大多数压力较小的情况下,我们做出的是一些普普通通的小动作。最常见、最明显的是暂时闭一下眼睛。对于过多的视觉信号,我们的反应是干脆放下自己的眼"帘"。一个在喧闹的宴会上回答他人问题的人,在他回答之前会紧紧地闭上眼睛思索一阵。被围在一群叽叽喳喳的孩子中间的母亲,会用手捂住耳朵并大声喊道:"你们吵得我头也晕了!"还有,演员在练习台词时为了集中注意力,也往往会用手蒙住自己的眼睛。

这些都是诚实的、公开的和毫不作假的切断信号的例子,所以人人都见而不怪。更有趣的则是另一类情况,因为其中含有四种无意识动作,即行为者本人不自觉的信号切断行为。第一种是目光闪避,即:某人在和我们谈话时眼睛不寻常地老是不看我们,他似乎害怕与我们的目光相遇,因此长时间地看着旁边或者地上,好像那里有什么东西似的。第二种是目光游移,即:在与我们谈话时,他总是东张西望,一会儿看看这里,一会儿看看那里。第三种是目光摇曳,即:他虽然一直面朝着我们,好像在看着我们,但他的眼睫毛始终在上下跳动,眨个不停,好像他既想睁开眼睛,又想闭上眼睛。第四种是目光间断,即:与第三种情况一样,他也面对着我们,但时不时把眼睛闭上一阵,过了好几秒钟还不睁开。

这四种信号切断都使人颇为困窘。我们会因此而感到恼怒,但又不知道究竟为什么。正确的解释是,我们本能地感觉到这个

信号切断

和我们在一起的人出于某种原因想离开我们。他不是害怕我们，就是讨厌我们，或者对我们不耐烦，所以宁愿到别的地方去，但他又尽力想装出一副友好的样子继续和我们交往。他无意识地发出他的"切断"信号，而我们同样无意识地接收到了他的信号。就是这种在我们表面交往下面进行着的非语言交流，起到了一种无言的刺激作用。

我们之所以恼怒，原因就在于这里存在着表里不一的矛盾。要是我们的这位同伴坦率地告诉我们，他需要一个人安静一会儿，我们一定会体谅他。或者，要是他打起精神，专心致志地尽快和我们作完必要的交往，然后便自管自地去休息，我们也会很高兴。但是，像现在这样，他表面上装得对我们很感兴趣，无意识地又通过细微的"切断"动作，透露出宁愿到别的地方去的信息，那我们就不可避免地要对他感到恼怒了。

然而，话还得说回来，我们的这种反感很可能是不公正的。因为说不定他在一般的社会交往中都会做出这种"切断"动作，而不是仅对我们才这样。有些人，当他们看透了所谓的社会交际实质上是过重的职业或者家庭压力的产物之后，便会对任何交谈——不管多么刺激，多么有趣——都感到心灰意懒，因而会比一般人更容易没精打采。对他们来说，目光闪避、目光游移、目光摇曳和目光间断几乎已成为不可避免的"痉挛"。这些动作也许会使其他人感到恼怒，但是就这些人而言，它们也许可以作为临时的、细小的提醒物，提醒自己世界上毕竟还存在着洁身自好和清静独居这样一种美好事物。从某种意义上说，每一次短暂的信号切断，就是从社会义务感的暴政下的一次小小的、象征性的逃亡，虽则是短短的一刻，它毕竟阻抑了过多的感觉输入，因而有助于调整对我们每个人来说都如此重要的收支平衡。

自发信号
由身体紧张而引起的动作和其他变化

每当我们开始活动时,我们的身体就会出现一些基本的变化。我们刚一振奋,身体这架机器就自动地推上高速排挡,准备接受可能会向它提出的进一步要求。当我们最后又放松下来时,人体引擎也会自动退回到慢挡。控制这些变化就是自发神经系统的工作。

这一系统包括两个对立的下属部分,能动性较高的交感神经系统和能动性较低的副交感神经系统:司动者和司静者。当身体处于一般的、中等程度的活动状态时,这两个系统保持着相互间的平衡。交感系统发出指令:"继续活动,保持强度!"与此同时,副交感系统也发出指令:"减低强度,保存精力!"两种指令都很强烈,但基本上势均力敌,因而人体也就维持着适恰的、中等程度的活动。在绝大部分时间里，我们就处于这样的状态。但是，当我们必须做出某种紧张而强烈的运动时，交感系统便会占上风，会暂时地压倒司静的副交感系统，而且向血液释放肾上腺素。

这时，人体便出现了一系列的变化。血液循环系统首先受到影响。心跳开始加速和加强，血管发生变化，导致血液从表皮和内脏流向肌肉和大脑；消化活动减慢，唾液分泌减少，直肠和膀胱不像平时那样容易排空；贮藏在肝部的碳水化合物大量溶入血液，从而使血糖增高，呼吸加快和加深，汗液分泌增多。

所有这些变化都有助于身体进行大幅度增加的活动。疲倦感顿时消退，我们一下子变得既清醒又兴奋——充血的大脑随时准备作出敏捷的反应，充血的肌肉随时准备做出激烈的动作，气鼓鼓的肺加强了氧的摄入，汗津津的皮肤则加快了体热的释放。

显然，发出视觉信号并不是这些变化的主要功能，但它们不可能不发出信号。不看这些信号，我们当然也能知道某人正处于亢奋状态。如果身体上的变化已经导致具体的行为举动，自发信号就没有什么意义了，行为本身就告诉我们想要知道的一切。然而，这样的行为有时会受到阻抑。肾上腺素释放了，身体做好了行动的准备，但接着并没有行动出现。这时，自发信号就很可以说明问题了。

这种情况往往出现在某些正处于矛盾状态的人身上。他们可能害怕某种事物，但又不可能逃避；或者，他们可能对某种事物感到很愤怒，但又不可能加以攻击。他们坐在那里，体内的交感系统已经开始活跃，但又不能进一步化为具体的行动。正因为处于矛盾之中，他们大凡都不愿意暴露自己焦躁不安的真实情绪，而尽力想装得若无其事。但是，这并不容易。

就以一个将要接受电视采访的人为例。他来回踱着，等待采访，这时他不可避免地会感到一种压力，因为他马上就要在电视屏幕上被成千上万的人用挑剔的眼光仔细打量。惧怕感一旦出现，他的身体就自发地做好了迅速逃离的准备。这样，当他坐到摄像机前并开始回答问题时，尽管他竭力想使自己显得轻松自如，他的身体仍然处于准备逃离的生理状态中。不管他怎样努力，各种自发性的迹象仍会显露出来。最难控制的是呼吸频率。即使他是一个曾在身体动作方面受过极好训练的职业演员，他的胸部也仍然会急速地一起一伏，其节奏比平时要快得多，也明显得多。如果他故意强迫自己很随便地斜倚在椅子上，这种胸部的剧烈运动就会显得和他的整个身体姿势很不协调。这一点只有穿上宽大的衣服才能掩盖。此外，由于血液循环系统的变化，他的表面皮肤会缺血，从而使他的脸色显得有点苍白。这只有通过电视台的色彩调整才能掩盖。唾液的减少会使他口干，所以当他讲话的时候，为了湿润口腔，他的舌头和嘴唇必然会做出一些小动作。肌肉内血液的增加本是为肌肉的激烈运动作准备的，而现在它们只能以一种节制的方式表现出来。他的躯干会变得僵直，四肢不停地变换着位置，或者相互交叠在一起。他不是用一只手紧握住另一只手，就是把一条腿压在另一条腿上。甚或，这两种动作会同时出现。还有，他身体的散热系统此刻也正在发生作用，因而他比平常更容易出汗，这种大家都知道的因害怕而流出的"冷汗"很可能会使他微微打颤。不过，对他来说值得庆幸的是，录像时热烘烘的灯光或许会抵消掉他的冷感，甚至还能为出汗提供某种借口。

如果处于这样一种窘境中的人能够做出剧烈举动的话，那么他生理方面的种种准备就会十分有用。但是，事情并非如此，所有这些准备都是多余的。于是，作为自发性神经系统对这种不平衡状态的反应，副交感系统便开始发挥作用。两个系统——交感神经系统和副交感神经系统——现在都充分活跃：整个自发性系统像钟摆似的左右摆动。如果业已积聚起来的精力已经得到释放的话,那么副交感系统就会使身体慢慢地恢复到均衡状态。但是现在的情况并非如此,交感系统仍在拼命积聚精力,于是便导致了一种混乱状态,即:在副交感系统急速加入的同时,交感系统仍占着主导地位。在极端情况下,这可能会引起灾难性后果。举例来说,一个驾车的人看见一个孩子突然冲到路中央,他赶紧刹车,但车已撞到一堵墙上。当他从车里爬出来时,他的脸苍白得像一张纸。显然,由于紧张过度,他的血液里已出现大量的肾上腺素,但是作为驾车者,他又不可能进一步将此化为具体的行动(抓住那个孩子并揍他一顿,或者迅速地拔腿就跑)。这时,他呆呆地站在那里,他的副交感系统开始报复,刚刚因交感系统一下子活跃而紧缩的大肠和膀胱现在又一下子被放松,这时他突然会有大便感或者小便感,甚至会真的排出大便或者小便。血液循环系统一下子把血液驱回皮肤和内脏,其结果是他刚刚还苍白得像一张纸的脸一下子会泛红甚至涨得通红,而且还可能会呕吐。与此同时,由于刚才一下子涌入大脑的血液突然减少,他会头昏眼花,他的呼吸也从一种节奏变为另一种节奏,于是便出现气喘、叹息和长吁等现象。

有时,我们也可能看到同时出现两种相反的迹象,即:身体的某一部分显示出交感系统的活动,而另一部分则显示出副交感系统的活动。在平时,这种情况似乎是不可思议的,但在受过强刺激后的矛盾状态下,两个相互对立的系统会互不相让。作为结果,就是身体处于一种极不舒服的分裂状态。

在紧张度较低的情况下,会出现比较缓和的、但同样是矛盾的迹象。我们再以那个接受电视采访的人为例:如果在他正式接受采访前,他必须在那种神经紧张的状态中等待相当长一段时间的话,他很可能也会感受到来自副交感系统方面的反应。它仿佛在对他说:"我等着你行动已经等得够久了,可到现在还不见动静,所以我要使你的身体恢复到平衡状态了。"但这时,交感系统仍很活跃,于是便发生了冲突。现在,代之以脸发白和身体微微颤抖,这个人感到浑身发热。代之以口干,他发现自己唾液过多,同时突然有一种想上厕所的愿望。他甚至会感到稍有点头晕。这些迹象虽然不像在那个出了车祸的驾车者身上那样明显,但是,如果他等待的时间过于长久,神经过于紧张的话,它们也会轻度表现出来。

  在打斗中,也会出现十分类似的变化。如果恐惧感和攻击欲同时交织在一起的,也就是说某人既想进攻又想逃跑的话,他的威胁表现中便会明显地伴有上述自发信号。这里,特别值得注意的是威胁者的脸色。如果他脸色发白,而不发红,那就意味着他是一个更加危险的敌人。这是因为脸色发白是交感系统的一种表现,意味着他不是准备打斗就是准备逃跑,所以,如果他脸色发白又气势汹汹地逼近的话,他很可能会真的发起进攻。但是,如果他的脸色又开始转红了,这表示副交感系统已拖了他的后腿,他不再处于纯粹的"准备进攻"状态。有趣的是,我们平时说某人"愤怒"得满面通红,其意思总是指这个人很可能是个真正带有危险性的进攻者。当然,这样的人是不可轻视的。因为自发系统的钟摆仍有可能摆回到交感系统——司动的系统。但是,在他发红的脸色中,我们看到的是他内心的一种重大冲突的结果,尽管他骂声不断、暴跳如雷,样子似乎很可怕,但实际上,"会叫的狗不咬人"。确实,狗的情况在此很适用。凡是被狗咬过的人都能证明这一点:汪汪乱叫的狗一般不会真的咬人。同样,面红耳赤、大叫大嚷的人,一般也不会真的对你动手。

  另外,还有一种自发信号也不妨谈一下。虽然对人类来说这种信号是微不足道的,但它至少也是一种信号。当某种哺乳类动物的血液里肾上腺素含量突然增多时,其结果会使这种动物的毛竖起来。这是散热系统在发挥作用,为的是让表皮更多地暴露在空气里。对许多动物来说,竖起颈部、头部的毛是一种重要的威胁信号。对于浑身几乎光溜溜的人类来说,当然无法做这种信号显示,但是当我们受到一定程度的震惊时,我们身上短短的体毛也会竖起来。这时,我们会觉得皮肤上,尤其是颈后部的皮肤上,似乎有什么小虫子在爬动,而且会起鸡皮疙瘩。这种反应虽然没有向别人显示出任何信号,但对于我们自己来说,它却是一种纯粹的符号,表明我们的身体正在发生明显的变化。

瞳孔信号
显示情绪变化的瞳孔扩大和收缩

仔细观察人的脸部,我们注意到许多很有意思的细节——带皱纹的前额、大大的眼睛、弯曲的嘴唇和突出的下巴等。脸的这些组成部分相互结合在一起做出完整的脸部表情。通过脸部表情,我们可以了解他人的情绪。不过,我们都知道人们可以在并不觉得高兴的时候"强颜欢笑",也可以在并不悲伤的时候故意做出一副哭丧脸。脸会说谎,有时还会非常巧妙地说谎,使我们简直吃不透这个人的真实心情。但是,至少有一种脸部信号是不能轻易"假装"的。这是一种细小的信号,而且很微妙,但由于它总是真实的,所以特别重要。它来自瞳孔,由处于一定光线下的瞳孔大小显示出来。

人的瞳孔看上去就像位于有色虹膜中央的两个黑色小圆点。常识告诉我们,这两个小圆点会随光线的变化而变大变小。在强烈的阳光下,它们收缩得像别针针头那么大小——直径大约是两毫米——而在黑暗中,其直径则会扩大到大约是阳光下的四倍。但是,影响瞳孔的不仅仅是光线,它们还受到情绪变化的影响。由于在相同的光线条件下情绪变化能——在可以观察到的程度上——改变瞳孔的大小,在同样的条件下瞳孔的大小变化也就成了一种情绪信号。譬如,当我们在看某种颇使人厌恶的东西时,我们的瞳孔就会相应地缩小。相反,如果我们在看某种颇令人兴奋的事物,不管是高兴还是恐惧,我们的瞳孔都会扩大。这些变化一般是在毫无知觉的情况下发生的,而且在很大程度上不为我们所控制,因此可以为了解我们真实的内心情感提供宝贵的线索。

瞳孔信号不仅无意识地被发送,而且也无意识地被接收。两个伙伴在一起,如果他们的瞳孔在放大,他们会同时感到一种额外的兴奋;反之,如果他们的瞳孔在缩小,则会同时感到一种额外的沮丧。但是,他们通常不会把自己的感受和在他们之间相互传递的瞳孔信号联系在一起。这是一种在姿势和表情层次下面起作用的"秘密"交流。

在过去的十五年间,为了发现这种令人怀疑的瞳孔信号究竟是如何起作用的,人们已做了大量的研究。基础性的实验室测试是向受试者展示某些带刺激性的画面,同时利用精密仪器记录他们的瞳孔的变化情况。由于光线强度受到严格控制而保持不变,所以受试者瞳孔的扩大或者收缩,只能归因于由各种画面而引起的情绪变化。

有一种早期实验是分别向一些单身的、已婚但没有孩子的和已成为父母的男女展示婴儿照片。当看到这些照片时,女子——无论是单身、已婚无孩的,还是已成为母亲的——都会显露出明显的瞳孔扩大迹象。相反,单身的或者已婚无孩的男子则会显露出瞳孔收缩迹象，唯有已成为父亲的男子，才会像女子一样显露出瞳孔扩大迹象。换句话说，自己没有孩子的男子平时逗弄他人的婴儿很可能仅仅是出于礼貌，只有女子才会真心喜欢。男子只有当他自己有了孩子之后，才会对他人的幼儿作出带有真实情感的抚爱反应。另一方面，即使自己尚未生育，女子也会本能地作出母性的反应。

性反应可用同样的方式加以测试。向一些成年男女展示裸体男子照片和裸体女子照片，结果发现，凡同性恋者，当他们（或者她们）看到自己同性成员的裸体时，都会产生明显的瞳孔反应，也就是说瞳孔扩大，而异性恋者则会对异性的裸体表现出强烈的反应。

这种性反应测试中有一个有趣的现象，那就是无论男女，当看到裸体时都比看到穿衣服的人体要兴奋得多。当然，男子并不隐瞒这一点。有些年轻男子公开在自己房间的墙上贴着许多半裸体的女子照片，人们对此也毫无非议。但是，半裸体的男子照片则极少出现在年轻女子的房间里。结果便产生了这样一种神话：似乎女子和男子不同，她们在看到异性的裸体时不会兴奋。但是，无意识的瞳孔反应却表明，事实上她们并非如此。

另一种"作假"形式，是在向一些思想解放者展示黑种男子亲吻白种女子的照片时发现的。尽管所有这些受试者在被问及种族问题时都坚定不移地主张种族平等，但他们的瞳孔却把他们明显地区分为两种人，即"真心实意的"思想解放者和"随大流的"甚或虚伪的思想解放者。前者的瞳孔变化情况和他们口头表述的思想宗旨是一致的；至于后者，虽然口头上也赞同种族平等，但当他们看到黑人吻白人的情景时，他们的瞳孔却收缩得像针头那么小。

在另一次实验中，实验人员先要求受试者说出自己偏爱的食物，然后就向他展示这些食物的照片，同时仔细观察他的瞳孔反应。大多数受试者的瞳孔反应和他们所说的情况完全一致。他们对自己所说的某种食物越偏爱,他们看到这种食物的照片时瞳孔扩大就越厉害。但是,还是有少数人表现出不一致。这使人禁不住要怀疑这样的实验是否有意义。难道还有谁对自己的食物偏爱也想隐蔽吗?通过进一步的询问终于找到了答案——几乎所有在食物偏爱问题上"说谎的人"都是受医生严格规定的忌口者,但是在心底里(对此他们自己也往往没有意识到),他们仍然对那些被禁忌的食物垂涎欲滴。这样,他们承认的偏爱食物便和他们心里真正偏爱的食物不相一致了。

同样,向一些受试者展示一系列不同的女性人像,也出现了不一致的情况。在这些人像中,有迷人的时髦女人照片和惠斯勒的油画《母亲》。不用说,当受试者被问及他们喜欢哪一种人像时,绝大多数人回答说喜欢那个老妇人,但是当分析他们的瞳孔扩大和收缩情况时,老妇人又戏剧性地不为人所喜欢了。

当然,以上这些实验都是使用精密仪器来测定瞳孔的大小变化的,因此它们告诉我们的仅仅是在实验室里所发现的情况。但更为重要的是,在我们可以把这些瞳孔反应公正地称为瞳孔信号之前,我们必须证明,它们在日常社会交往中仅通过肉眼也能为人们所觉察到;同时还要证明,这些情感性的瞳孔变化确实在社会信息交流中起着作用。一种简单的证明方法是:在一大群男性受试者面前展示两张迷人的少女头像,这两张头像几乎一模一样,所不同的仅一点,即:一张头像上的那个少女有一对普通大小的瞳孔,另一张头像上的那个少女则有一对大大的瞳孔,不过那仅仅是用黑墨水在头像上人为地扩大的。所有受试的人都不知道这一点,只是被要求在这两个少女之间作出选择,即:他们认为哪个少女更具吸引力就举手。结果,当指到那个 A 少女时,举手的人寥寥无几,而当指到那个 B 少女(即瞳孔用黑墨水画大过的那个)时,举起的手简直像一片树林。一般说来,当出现这种情况时,受试者自己也会哈哈大笑,因为他们弄不明白,为什么几乎所有的人会同时选中同一个少女。他们知道自己中了"圈套",但不知道这究竟是怎样的圈套。其实,人们之所以会认为B少女"明显地"比A少女更具吸引力,原因就在于她向他们显示出一对扩大了的瞳孔。既然她的瞳孔扩大了,也就表明她正在"为自己的所见而兴奋",因此在她面前的那一大群男子眼里,她本人也显得极其妖媚而迷人了。

这也可用来解释为什么年轻恋人们总是长时间地相互凝视着对方的眼睛。他们正无意识地在相互审查瞳孔扩大情况。她的瞳孔因情绪激动而扩得越大,就越容易使他的瞳孔也相应扩大,反之亦然。

有一些人坦率承认自己是"唐·璜",即猎艳者。他们喜欢和姑娘性交,占有了这个之后马上转向另一个,不久又勾上了第三个。对这些人,也曾做过瞳孔反应测试。当实验人员向他们展示一些瞳孔扩大的少女照片时,他们的瞳孔并不像一般人那样会相应扩大。但是,当他们看到瞳孔收缩着的少女时,他们的瞳孔反而扩大了。换句话说,他们宁愿喜欢没有爱心的少女,而不喜欢有爱心的少女。因为他们担心,一个有爱心的少女会缠住他们,从而会妨碍他们"唐·璜"的生活方式。

在以上所提到的各种事例中,由于受试者无论对自己的瞳孔变化还是对他人的瞳孔变化都是无意识的,所以很可能我们现在所谈论的是人类的一种基本的、先天性的反应能力。这一点可以通过使用眼珠图形代替肉眼的实验给予进一步验证。在纸上画出中央带有黑点的圆圈,然后拿给某个人看,同时记录他的瞳孔反应情况。单个带点圆圈或者三个这样的圆圈结果被证明效果不佳,而一对带点圆圈则引起了相当大的反应。此外,就一对带点圆圈而言,当中央黑点被扩大时,受试者的反应便相应增强,但是将单个或者三个带点圆圈也做类似的处理,受试者的瞳孔就不会出现相应的"扩大"反应。显然,一对中央带黑点的圆圈对于人类来说有着某种特殊的含义,会使人不可控制地、不可习得地、也不可不习得地、甚至是完全无意识地作出反应。所以,当我们发现人类婴儿的瞳孔一般总大于成年人时,也就用不着惊异了,因为婴儿极需要父母的照顾和爱护,而最大限度地显示自身的吸引力无疑有助于获得这样的照顾和爱护。任何一种能使自身显得更为可爱的先天信号,都明显地能使他们获得更多的生存机会。瞳孔扩大看来就是这样一种信号。

最后,值得在此一提的是,尽管对瞳孔信号的科学研究只是在最近二十年间才正式展开,但是在很久以前人们就开始有意识地利用这一信号了。几百年前,意大利名妓曾使用过一种从茄属植物中提取的药粉,她们将这种药粉抹在自己的眼睛里,从而使瞳孔扩大。据说,这样可以使她们显得更为美丽动人,所以这种药粉也就被称为"贝拉多娜",意思是"美人儿"。另一个例子是过去中国的珠宝商,他们在交易时习惯戴着墨镜,其目的就是当有人向他们出售特别珍贵的珠宝时,不至于让对方看到他们因兴奋而扩大的瞳孔,因为一旦让对方发现他们的瞳孔变化,便会本能地意识到自己的珠宝一定很值钱,从而漫天要价。然而,这只是些特殊的例子。一般说来,瞳孔扩大以及对瞳孔扩大的反应,在极大程度上都是在不知不觉中进行的,根本用不到这类有意摆弄的技巧。

示意动作
显示意图的预备动作

当我们想要采取某种行动时，常常会先做一些小小的预备动作。这些动作可以作为一种预示，显露出我们的行为意图，因此被称为示意动作。如果我们打算干脆利落地直接采取行动而不考虑任何后果，这时我们会毫不犹豫，我们的"开始"动作会直接地导出正式的行为。但是，如果出于某种原因，我们犹豫了，那么最初的那些小动作就会反反复复地出现。我们刚开始，就停住了；再开始，又停住了。也就是说，我们作出了一种双重预示：有什么事使我们想采取行动，但又有什么事使我们停住了。

在社交场合，最典型的示意动作是"抓握椅子扶手"。主人和客人已经交谈了一段时间，这时主人要去赴一次约会，所以必须离开。他心里想走，但又不想在客人面前显得很无礼。如果他毫不在乎客人的想法，他会简简单单地从椅子上站起身并对客人说他得走了。这是他的身体想要做的，但他的礼貌又使他的身体仍和椅子黏合在一起，不让他站起来。就在这时，他做出了抓握椅子扶手的示意动作。他继续和客人谈话，但他的身体前倾，双手握紧椅子的扶手，仿佛要把身体从椅子上撑起来。这是他想从椅子上站起身时所要做的第一个动作。如果他毫不犹豫的话，这个动作仅需一秒钟就可做完。他身体向前一倾，双手一按，就能站起来。但是，在现在这种情况下，这一动作却延续了很长一段时间。他保持着这一"准备起身"的姿势，而且始终保持着。其情形仿佛是，他的身体在做这一预备动作时一下子被凝固了。

　　主人在做出这种持续的示意动作时，有可能是故意的，而且希望客人会接受暗示，但也可能是不知不觉做出的。至于客人，如果他谈得正起劲的话，有可能根本就没有注意到主人姿势上的这种变化，也可能看到了而没有理会。但是，一个敏感的客人通常会迅速地作出恰当的反应。他在做出反应时同样有可能是无意识的，也可能是清楚地看到主人发出的信号之后充分地意识到自己该告辞了。

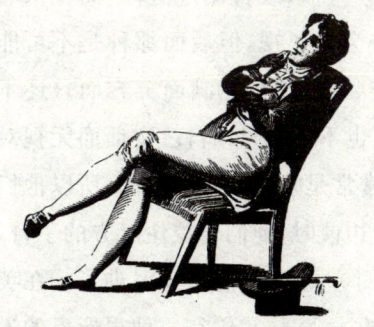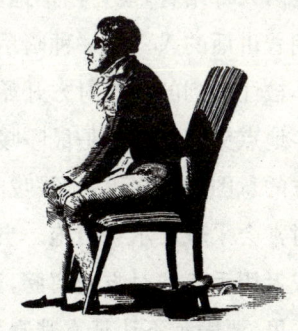

当我们想要起身的时候，会做出一个似乎要离开椅子的示意动作，这种动作常作为一种暗示，意味着我们希望终止会面。

事实上，在我们的日常生活中，我们每天都在不知不觉地做出大量的示意动作，并对他人的同类动作做出反应。每次走过拥挤的街道，我们都会对其他行人的示意动作有所反应。以此，我们避免相互碰撞或者直到最后一分钟才紧急刹住，否则，我们走路会太吃力，也太浪费时间。只有在偶然的情况下，这种秩序才会被打乱，那就是当我们弄错他人意图的时候。人人都知道当两人面对面经过一个狭小空间时，常常会发生的那种情况。一个人朝左边让，另一个人朝右边让，于是两个正好面对面相互顶住。几乎是同时，两人都感觉到出了差错，便加以调整，同时朝相反的方向让，于是再一次面对面相互顶住。这时，他们通常会道歉，其中一个会故意站停，让另一个走过去。有时，两人还会同时站停，相互等对方走过去。这时，简单的通过动作便变为语言交往，两人相互说"你先走"，"不，你先走"。这种情况虽然在走廊里、门口或者街上迟早都会发生，但毕竟极少发生，而这无疑反映出我们在极大部分时间里都能准确地判断他人的示意动作。

有些示意动作很细微，有些则很直露。最有耐心的人被一个啰啰唆唆的人弄得没办法时，也会扣上衣或者放下跷起的腿。要是两人都站着，他会稍稍地向后移一移，或者侧过身体，而脸依然朝着讲话的人。第一种暗示也许会被忽视，但后面那种是不可能不被注意到的。当对方开始退避（虽然他仍然满面笑容而且还不停地点头）时，即使是最啰唆的人也不可能只顾自己讲话而无视对方的意图。但很不幸，啰唆的人常常是知道自己啰唆的，所以他们时常会采取反示意措施。当边走边谈时，他们会拉住对方的手臂，或者用手搭住对方的肩膀，这样对方要避开就比较困难了。在英语里，要表示不让某人逃避我们的注意时，我们有一种很形象的说法，那就是 buttonholing someone（"勾住某人的纽眼"），其中的 buttonholing（"勾住纽眼"）一词本为 buttonholding（"拖住纽扣"）。

在19世纪,确是这样,而且很普遍,当主人硬要留客人作长谈时,他真的会拖住客人的上衣纽扣。虽然这不可能阻止客人作出比较细微的示意动作,但它确实能阻止那种有意识退避的直露表示。对此,只能采用强硬措施。譬如,我们在文献中曾读到过这样一段有趣的话:1808年,"查尔斯·兰姆①被柯勒律治②拖了一天的纽扣……纽扣被扯掉。"

在一系列示意动作中,如果脱身示意动作是一个极端的话,那么另一个极端就是我们在某人发怒时所看到的威胁动作。比较轻度的进攻示意动作是手握拳,或者紧紧握住某件东西,直握得手指发白。直露的威胁动作是张嘴吼叫和举起手臂。张嘴吼叫很有意思,因为它显然是咬的示意动作,而咬很可能是远古人类在对付敌人时所采用的一种方法。即使在今天,年幼的孩子仍然把咬当作一种进攻手段,所以幼儿园教师往往得提防着,否则很可能会被咬伤。尽管如此,今天的成年人即使在最无禁忌的扭打中大多也仅使用手而不再使用牙齿。就他们而言,唯一保留下来的是吼叫这一原始的示意动作,即两颚张开,嘴唇翻起而露出牙齿。这里,也许还存在着轻度的两性差异。女子的腕部和手通常不及男子有力,所以对她们来说,吼叫还远不是一种单纯的示意动作。相反,它会发展为真正的、血淋淋的撕咬。就在最近发生的一桩纠纷案中,有个女人被控在一次争吵中咬掉了邻居的一只耳朵。

握拳举臂是典型的抡臂下击的示意动作。就最一般的形式而言,它仅仅是前臂稍稍上抬,但是它可以进一步发展为特点鲜明的摇拳或者举拳过头的动作。后者业已形式化为共产党人的宣誓动作,以此象征性地表示作为共产主义运动开端的反抗活动和斗争

---

① 19世纪英国散文家——译注
② 19世纪英国诗人及哲学家——译注

精神。这里,示意动作已成为一种固定标志,一种以其自身为目的的姿势。它虽然不再可能进一步表现为真实的打击,但也不是一般的示意动作,因为它表明,既然在历史上它曾得到过充分的表现,将来也有可能再度重现。

在另一种运动形式——拳击中,最重要的示意动作不是真正的开始动作,而是虚假动作,即佯攻。由于充分意识到对手对他的每次出拳或者侧身都很警觉,拳击运动员常常会使用虚假示意动作,并一再将此作为诱骗对方的手段。记录任何一次拳击比赛中双方的动作情况,都能计算出真正的出拳和出拳示意动作之间的一般比率。作为一种规律,拳击运动员的体重级别越高,其使用示意动作的频率也越高。因为在重量级比赛中,无论对于进攻一方还是对于被攻一方来说,真正的出拳都是非同小可的事情,所以,为了慎重起见,他们很少真正出拳。大量出现的是虚假的出拳示意动作,可以说,比赛的胜负主要取决于佯攻和反佯攻的成功与否。

在田径场上,虽然不存在佯攻,但是当运动员"各就各位"准备比赛时,我们可以看到,他们会做出一种凝固不动的示意动作。赛时越短,这种示意性姿势就越重要。在一百米比赛中,最初的示意动作即起跑预备动作的好坏,决定着起跑的快慢,从而也在极大程度上决定着整个比赛的胜负。由于极度的紧张,时常会出现一开始就出差错的情况,即:某个短跑运动员直到枪声已响还未完全做好他的示意动作。

有一类示意动作很特殊,它做出的不是一个而是两个动作,也就是说,有一种想同时做两件事的愿望。身体先服从一种冲动,然后又服从另一种冲动,这样交替进行。如果某人同时想转向左面又转向右面,这是不可能的,于是他就选择其中的一面——他开始向左转。但是,当他这样做时,他远离了右面,而这有悖于他想向右转的愿望。于是,他停止动作,转向相反的方面。但这样,又有悖于他向左转的愿望,于是他再转回来——如此来来回回地摇摆不定。这种交替示意动作,或者说两难动作,时常还表现出一种特殊的节奏,而观察这种动作的最好时机是在某人发表演讲的时候。演讲者固然希望留在那里对听众发表演讲,但是他也希望逃离这些听众,因为不管听众多么友好,一个人长时间地站在他们面前总不免会惶惶然。所以,在演讲过程中他时常会不自觉地左右摆动。他可能只是稍稍地侧侧身体,也可能比较强烈地左右扭动。如果他坐在一张转椅上发言,就会有节奏地左右转动,虽然他自己并不意识到这一点,但听众会因此而很恼火。出于这种原因,有些电视台干脆把录像室里的转椅固定住,免得那些在这里发表讲话的人坐在上面来来回回地转个不停。

在冗长而乏味的会议上,如果有人想消磨时间,不妨根据各个发言人的 MIS(即交替示意动作)把他们分分类。他们中有摇的、扭的、晃的、转的,如此等等。还有一种最极端的形式,即来回踱步。这种边讲边踱的人甚至会踱到讲台的一边,然后转过身踱向另一边。有位教授习惯在大教室里边讲边踱,一直踱到教室一边的窗前,解开窗子上的一根绳索,再系上,然后转身踱到对面墙边,在那里又解开窗子上的一根绳索,再系上,整堂课他就这样不断重复着这种长时间的交替动作。虽然讲课内容始终没有中断,但他的走动节奏会使人不由得联想到某种动物的求偶舞蹈。许多动物在求偶的时候,由于性冲动和逃离倾向的冲突,往往会左右、右左地来回跑动。同样,这位教授所表现出来的也是一种矛盾的愿望,他既想讲课,又想从学生面前脱身走掉(就他的情况而言,他大概是想翻窗)。

当然,这是个极端的例子。但是,在讲话中绝对不显露出任何示意动作的演讲者仅仅是极少数的例外。一般说来,演讲者几乎总会表现出某种速度的动作节奏,每个演讲者都有其个人的、可以用秒表加以测定的摆动频率。有个被人用这种方法加以测定的演讲者讲的正好是关于动物运动节奏的论题。当他讲到灵长目动物——猴、猿和人——不像其他动物那样会做出有节奏的动作时,他自己左右摇摆的身体节奏动作便变得没有节奏了,或者说被暂时地抑制了,好像他想以此来证明自己的观点似的。这一观察结果说明,当我们说我们会"无意识地"做出某些动作时,实际上是一种过于简单化的表述。我们很可能是有意识地"无意识",或者说,在无意识中,我们肯定是确切地知道自己的所作所为的。也许,就是这种无意识的知觉,在我们做出某些细微的、有节奏的逃避动作时给了我们帮助,其情形仿佛是,我们的身体在悄悄地对我们说:"不必担心,要是你真想逃跑,你是可以做到的。"于是,随着我们身体的每一次有节奏的摆动,我们的内心也就得到了一次小小的安抚。

有一种人类活动就是上述这一情况的极端表现——我们把它称为舞蹈。从根本上说,几乎所有的人类舞蹈都表现为一长串变化着的示意动作。换句话说,舞蹈就是没有目的地的身体移动。我们进入舞池,不断地走动,但当音乐结束时我们仍在原地。我们侧身、转身、摆动、向前、向后,兜了一转再兜一转。客观地看,跳舞的人颇有点像一只被关在小笼子里上下左右跳得很起劲、但始终无法飞出笼子的鹦鹉。不过,对我们来说,这是自愿的。我们发现这样很舒服,甚至在一边看也很舒服。交替示意动作的节奏已成为动作的目的。

对世界各地的民间舞蹈的分析表明,每一种民间舞蹈中都存在着一些和人类文化有普遍联系的身体基本动作。各种舞蹈都包括对日常生活的反复和抽象的表现。它们来自狩猎、采集食物以及各种家庭和农业上的日常事务。求偶、结偶和各类社会活动也

示意动作

是舞蹈的基本来源。作为音乐性仪式的一部分,以形式化的方式进行舞蹈活动的主要意义在于:它能赋予整个群体以一种同步的、相互配合的活性。这种所有的人在同一时间和同一地点进行的活动,看来可以强化群体对自身生活方式的共同感受。既然所有的人都在一起跳着、扭着,那么他们就会觉得"好像是一个人"。这种由身体动作表达出来的归属感,就是舞蹈所要得到的报偿。所以,要想达到这样的效果,舞蹈动作必须简单而不能过于繁复,必须避免冗长而复杂的摹拟表现。(当然,其活动已成为一种艺术形式的专业舞蹈是另一回事。)就民间舞蹈和业余舞蹈而言,它们所提供的是一系列取自于日常活动的、容易重复做出的和有节奏的动作,从而使人们同时分享到肢体运动中的强烈感受。其方式是使用最容易重复的和有节奏的动作,而这些动作往往就是示意动作。在狩猎、打斗、交媾以及其他行为的后阶段,虽然偶尔也会出现这类动作,但是在舞蹈中所采用的大部分是这些行为的开始动作,或者说预备动作。在跳战前舞蹈时,武士们猛烈地摆动手臂和大幅度地跳跃,就像刚刚冲入战场时那样。在跳交媾前的舞蹈时,一对年轻的舞伴相互贴近,然后移开,然后再贴近。在跳交谊舞时,男子引导女子在舞池里转动,仿佛在把她带往某处似的。他们的拥抱动作虽然为进一步的亲密行为提供了有利条件,但是在这个阶段他们尚未达到这一步。所以,他只能引导着她在舞池里转,一次又一次地转。在迪斯科舞厅里,年轻的男女舞伴不再旋转,而是面对面地做出各种性交示意动作,同时强调大幅度的原地翻动,通常是两个同时转身,背对背,然后再转身,面对面。

如果所有这些舞蹈中的动作都过分逼真而超出形式化示意动作的范围,那么舞蹈就会不成其为舞蹈,舞蹈者也就成了演员——成了在音乐伴奏下进行工作、结偶、交媾或者打斗的人,其表现会以上述各类活动中的特殊动作为主,原先的共同性和节奏性也就

265

丧失殆尽。因为正是相对无特殊性的、简单的示意动作才使舞蹈获得了大量的有节奏动作，从而使它不致被淹没在纷繁杂乱的模拟动作中。在开始行动之际，典型的预备动作是转身、蹲伏、伸臂、跳跃、扭动、抽送，或者朝某个方向跨出几步。这是一些很容易反复进行的动作，而正是这些动作，为世界各地的、无论是生活在部落里还是生活在大城市里的普通非专业舞蹈者，提供了绝大多数舞蹈活动的基础。

替代行为
在高度紧张时表现出焦虑不安的临时填补动作

替代行为是一些在内心矛盾或者灰心丧气时做出的、似乎与当时情况不相干的小动作。

一个容易紧张的年轻女子,在等待一次重要接见时,会反反复复地把自己手镯上的钩子脱开又钩上。钩子没有一点毛病,手镯也一直是好好的。她"咔嗒咔嗒"地反复脱开钩上倒反而有损钩子,甚至会把它弄坏。因此,不能把她的动作看作是为了"整饰仪表"。它和手镯真正松脱时重新钩上的动作,或者梳妆打扮时戴手镯的动作全然不同。这个年轻女子所表现出来的是一种替代行为,而且,作为这种行为的特点,她多半还不会意识到自己在做什么。她所知道的仅仅是:她非常希望得到接见,但同时又感到十分恐慌,很想逃出这个地方,一走了之。正是这种内心矛盾使她难于安坐,静静地等待叫到她的名字。她已高度兴奋,但又无事可做。她无法把自己的兴奋转为正式的行动——既不能擅自冲进接见室,又不能冲向大门口逃之夭夭。处于这种进退两难的情况下,她于是只能做些不相干的小动作来填补行为上的空白。她是那样急于有所动作,以至于任何动作,不管就其本身而言多么没有意义,总比毫无动作要好。

在一旁看着这个年轻女子的女秘书很容易理解这些迹象。她一眼就能看出,反复拨弄手镯表明神经紧张。她本能地知道,这种烦躁不安意味着内心矛盾。换句话说,替代行为是一种很重要的社交信号,它向旁观者透露出烦躁者摇摆不定的内心倾向。但是,尽管有些替代信号很容易辨认,另外一些则并非如此。譬如,飞机上旅客的各种紧张表现就只有受过专门训练的空中小姐才能正确辨认。当然,有些还是很明显,但有些则是经过伪装的,因为乘飞机的旅客往往不愿承认自己很害怕。他们尽管内心不安,但无意识地仍会使自己的行为举止显得很自然,或者说,避免使自己的举动在别人眼里显得很唐突。他们会一遍又一遍地查看自己的机票;把护照拿出来,随即又放回去;反复整理自己的手提包,仿佛在查看钱包是不是在老地方;故意把某件东西掉在地上,再拾起来——总之,要给人以他们正在做重要的、最后的检查工作的印象。事实上,真正的检查工作早在候机室里就已经做过了。对此,一个有经验的空中小姐完全知道,这些"进行着替代动作"的旅客正处于极度的紧张之中,只要有可能,他们是很乐意逃离飞机的。

在火车站和飞机场进行的观察表明,后者出现替代行为的可能性是前者的十倍。登上火车的旅客中,只有百分之八的人表现出上述迹象,但是在一架即将飞越大西洋的航班飞机上,百分之八十的旅客都会有所举动。除了反复查看自己的机票,还有其他许多动作,如捋脸颊、搔头皮、拉耳垂以及东找西摸,等等。

对于这些小动作的泄漏性质,即使有充分自我意识的人也发现,要完全抑制它们是很困难的。在候机室的一角上,坐着一个"老游客",他表面看来既镇静又轻松,但仔细观察,会发现他吸烟的动作很古怪。他老是不停地往烟灰缸里弹烟灰。这个动作太不引人注目,所以几乎不会使他那副轻松自如的样子露出什么破绽。他不断往烟灰缸里弹烟灰,而烟头上并没有烧出多少烟灰,就动作本身而言,根本没有什么意义——只有把它看作是一种替代行为,这一小小的举动才会有价值。

那桌子上的烟灰缸也许还是另一种替代性吸烟方式的无言的证明物。几乎未吸过的香烟就被摁灭了,像一个个死人似的躺在烟灰缸里;火柴几乎根根都是被拦腰折断的。这种情况说明,有许多人吸烟无非是把它当作一种替代行为而已。他们吸烟的多寡不在于对麻醉性尼古丁需求量的增减,而取决于生活中紧张程度的高低。他们是因紧张而吸烟的人,并不是有烟瘾才吸烟,因为在一个每分钟都充满着紧张和压力的社会里,即使从最低限度上说,吸烟也有其重大的意义。当然,这已远超出一般吸烟问题的范围。借着吸烟,人们就有许多事情可做:买烟、买火柴或者打火机;从口袋里把香烟掏出来;点上火,关上打火机,或者收好火柴盒;把烟灰弹进烟灰缸里;拍拍身上实际并不存在的烟灰;若有所思地往空中吐一口烟,如此等等。雪茄和烟斗提供给人们的机会甚至更多,因为它们在购置、准备和实际使用时,需要做许多琐碎的事情。在紧张的时候,吸烟的人比不吸烟的人有着更大的便利之处,可以使人产生这样的印象:他们各种小动作和不安宁情绪似乎是尼古丁刺激的结果,是一种愉悦的表现,而不是内心矛盾的反应。

就这方面而言,人类替代行为——那些无意识地用来掩饰内在情绪波动的动作,在各种不同的社交活动中都可能出现。只要我们置身于"社会交往"中,我们就不可避免地会感到某种程度的内心矛盾。不管是作为主人还是作为客人,我们在实际交往中都会一方面对自己感到缺乏信心,另一方面又很注意自己的社交形象。所以,毫不奇怪,社交场合充满了各种替代行为。主人穿过房间时搓着双手(替代性洗手);一个客人小心翼翼地抹一下她的裙子(替代性打扮);女主人移动着几本杂志(替代性整理房间),另一个客人捋捋自己的胡须(替代性梳理);主人端来茶,客人拿起来啜一口(替代性喝茶);女主人分给客人精美食物,客人小小地尝一口(替代性进食)。

作为典型事例,这些动作中没有一种是真正有作用的。替代性洗手的人,他的手本来就很干净而且是干的;替代性打扮的人,她的裙子本来就很平整;替代性整理房间的人,她的房间本来就很整洁;替代性捋胡须的人,他的胡须本来就梳理得很好;而替代性喝茶和吃东西的人,他们根本就不渴,也不饿。但是,在社交活动刚开始的时候,为了使气氛融洽,做出这些动作是有助于缓和各人的紧张情绪的。

许多人还有自己的个人替代习惯。他们有各自喜欢的替代行为,往往是某种特殊的形式,只要一出现内心矛盾,他们就会使用自己喜欢的这种替代行为。譬如,有些运动员临到重要比赛,就不停地嚼口香糖;有些官员在委员会会议上临到要回答某个重要问题时,总要脱下眼镜或者用手帕擦擦眼镜;有些女演员习惯捻弄自己的一束长发;有些小学生习惯咬指甲;有些电视播音员习惯细看自己的手指;有些演讲者在演讲前一刻总习惯整理一下演讲稿;有些会议主持人喜欢在记录簿上乱画;有些教师总喜欢拍拍上衣,仿佛上面有一小团绒毛似的;有些医生老是不停地旋着手表。

一个从来不做这类小动作的人,一个在任何社交场合都能保持镇静自如的人,不是社会地位极高,就是超脱社会的。他不是凌驾于矛盾之上,就是置身于矛盾之外。他可能是一个独裁者或者一个大亨,也可能是一个圣人或者一个巫师,一个怪人或者一个精神病人，而肯定不会是人类大多数中的一员。除这些人之外，其余的人在事情来临时，迟早总会感到烦躁不安，总会做出一些没有实际功用的、和当时的环境不相干的小动作，从而使我们的行为不致因内心的矛盾倾向而陷入僵持状态。

这种情况并非人类独有，其他许多动物当处于矛盾境况时，也同样会表现出各有特点的替代行为。人类和其他动物的主要差异是，其他动物不像我们这样会利用业已习惯的行为方式，也不会表现出各不相同的个性。要是某种动物中的某一个体做出某种替代性动作，那么完全可以预料，当这种动物的其他所有个体处于类似的矛盾境况中时，它们毫无疑问也会做出同样的动作。

对于人类，却完全预料不到了，虽然有一两种典型的替代行为显然在人类生活中十分普遍。譬如，当感到烦闷或者气馁时会出现替代性的打哈欠，这几乎是全人类的行为习惯。这是一种低强度形式的替代性睡眠。有材料证明，凡不久前刚参加过战斗的士兵再次接到进攻命令时，普遍都有一种几乎不可抑制的睡眠愿望。这并不是想开小差，或者真的已疲惫不堪，当开始进攻时，他们马上都会变得十分清醒。但就是在准备进攻的时候，他们会突然感到有一种强烈的睡意。这种情况是我们人类和某些鸟类所共有的，这些鸟类在相互凶恶的打斗间歇时，往往会暂时地把头伸到自己的翅膀底下。

人类的替代性睡眠，若以某种程度的形式而言，也许有助于解释某些工作为什么会效率很低。如果一个人灰心丧气，或者处于矛盾状态，他就会无法控制地感到烦躁不安，而烦躁不安显然会大大妨碍他的主要活动。也许就是为了这个缘故，当我们要表示对某件事感到厌烦时，我们会说对它"疲倦"了，而充分地理解这种现象的作用过程，对于提高工作的效率肯定会有相当高的价值。

转向行为

转向第三者的行为

转向行为就是不以直接对象为目标的行为方式。

最明显的例子是转向性侵犯。譬如,某人肆无忌惮地向你挑衅,你很想揍他一顿,但由于你的社会地位关系,你害怕这样做,于是你很可能会把自己的怒气发泄在另一个不太有威胁性的人身上。这虽然没有从根本上解决你的问题,但至少可以缓和一下你内心的烦躁情绪。然而,从人类社会的总体上看,为得到这种缓和的代价,是社会性伤害和破坏活动的大量增加。

不幸的是,转向性侵犯是一种很普遍的现象。事实上,它很可能是大多数侵犯他人事件的原因。理由很简单:人只有在知道自己不会遭到报复的时候才会公开地、经常地表现出恶意。老板侮辱经理,因为他知道经理不敢还嘴;经理受了委屈,愤愤不平,就把气出在秘书身上。秘书当着经理的面当然只好忍气吞声,但过后又把气出在办公室勤杂工身上。勤杂工地位最低,无人供他出气,于是只好采用那种最常见的转向性侵犯方式,就如我们在小说中常看到的,"那个勤杂工对着猫狠狠地踢了一脚"。

对攻击你的人实施直接的人身侵犯,可能无异于一种自杀行为,但采取稍稍缓和一些方式是可以的,比如像图中这个愤怒的人一样,牙齿紧咬嘴唇。

转向性侵犯行为的另一种典型事例涉及因受挫而怒气冲冲的丈夫和因懦弱而受欺的妻子。丈夫在工作中受了气,回到家里对着可怜的妻子甚或更加可怜的孩子大发雷霆,把他们当出气筒。从根本上说,任何殴打妻子和孩子的行为都属于转向性侵犯,就像最残忍的虐待动物的行为一样。侵犯行为,就像一股股从高处流下的血泉,最终必然汇集到社会最低层,在那些最无社会地位的人中间形成一片血的湖泊。

转向性侵犯行为的一种比较无害的形式是把怒气发泄在某些无生命的物体上,愤怒的官员用拳头猛捶桌子;发火的妻子把花瓶砸向墙壁;小男孩用脚狠狠踩踏玩具。他们的满腔怒火找到了发泄处,但在这过程中没有任何有生命之物遭到伤害。据说,现在有些工厂里都设有"发火室",里面备有各种专供破坏的东西,凡心中有气的工人可以在里面又捶又砸,将此作为一种出气的安全阀门。

在公共领域,发生在大街上和公园里的大多数暴力事件,如骚乱、强奸和抢劫等,可以说同样是由转向行为机制所造成的。人们在报道这类事件时,通常会提到一些很肤浅的原因:骚乱和政治抗议有关,强奸和性有关,抢劫和钱财有关,如此等等。殊不知,在这些表面原因之下,时常还潜伏着更深一层的原因——侵犯者需要转移平时积聚起来的、最终变得不可忍受的受挫感。

有时，转向过程会延迟很久才表现出来。这里，我们已进入心理分析的领域，即：成年人的暴力行为，其最初原因一直可以追溯到遥远的童年时代，追溯到他们在童年时代所受到的伤害和挫折。作为人类，我们每个人似乎都很善于聚藏怨恨，有时甚至会聚藏一辈子。因此，有些敌意举动的真正转向性质便时常会变得模糊不清。

以转向方式表现出来的并不全是侵犯行为。父母之爱和性爱也可能以这种方式重现出来。譬如，某个被爱的人死了，或者出于某种原因离开了，爱他（或者她）的人可能会找一个替身以继续他们的爱。他们爱替身并非出于替身自身的缘故，而是因为他们把自己对原先那个人的爱转移到了替身的身上。但是，由于替代物总不及原物，其后果即使没有什么灾难性，也往往是失望和不满的。在自己年轻的妻子身上寻找母亲替身的恋母男子是一个明显的例子。希望在养子身上发现像亲生子女一样的孝顺之心的养父养母，也是一个例子。

总之，转向是人类生活中的一种强有力的行为方式。它虽然可以使受阻的欲望得到适度的宣泄而有所缓解，但由于是一种带有先天缺陷的行为机制，它每每会带来危险和失望。关于这一点，当今这个无论在肉体上还是在精神上都带着累累伤痕的社会本身，就是一个很好的证明。

再激发行为
激起新的情绪以排除原有情绪的行为

再激发行为旨在于唤起一种新的情绪,从而抑制另一种不需要的情绪。换句话说,如果我希望你停止做某件事,我可以设法使你想做另一件事以达到我的目的。我在你身上唤起的新情绪会挤掉原先那种我不喜欢的情绪。这就是说,你受到了再激发。

就像每个母亲迟早都会发现的那样,对付孩子吵闹的最好办法是引起他们对某个新事物的兴趣——使他们远远地离开导致现有行为的旧事物。要使他们不打闹、不害怕、不发脾气或者不争吵,使用这种策略通常比使用那些比较直接的手段更为有效。在使用再激发方法能迅速见效的时候——仅仅是要去掉某种不需要的情绪——使用命令、威胁、要求或者恳求等方法大多是徒劳一场。

再激发方式之所以有效,根据在于人类注意力具有这样一种普遍规律,即:它只能集中于一种对象。如果我们专心致志地从事某项活动,便会对周围其他活动不闻不问。可能有大量的外来刺激包围着我们,每一种都需要我们加以注意,但由于我们的注意力集中在某一事物上,我们对其他的事物就不再有反应,似乎成了聋子和瞎子。我们的大脑是有选择地活动的,这才使我们不至于漫无目标,就如一位多产的艺术家——他住在一间乱糟糟的工作室里——所说:"如果我去做每天每件应该做的事,那么我就什么事也做不成。"

再激发者就是利用这种注意力程度的变化来改变他人的情绪。他使环境中的某一新因素的刺激程度大大提高,直到它侵入对方注意力的现有范围,逐渐地把注意力全部吸引过来。随着注意力的方向改变,情绪也就纳入了新的轨道。受到孩子骚扰的母亲就是这样做的。她会拿出一件有趣的新玩具,或者提议做一种新的游戏,而这对于孩子有那样大的吸引力,他很快就会把原先的那套东西连同与此联系着的愤怒、恐惧、痛苦或者吵闹统统撇到一边。一般说来,孩子对于新鲜玩具或者游戏都会作出强烈反应,甚至可以说,要他们没有反应倒是很困难的。至于成年人,虽然他们的情绪不大容易受到影响,但仍有好几种再激发方式可以在很大程度上对他们奏效,而且,这已经成为社交行为中的一些独特的惯用方式。

最常见的成年人策略是伪婴儿再激发方式。这种方式通常由年轻女子在其情人或者配偶面前使用,即做出一些可怜的小女孩动作,以此作为骗取对方欢心的手段。在这样的女子面前,成年男子大多会失去比较冷静的自制力,而不可抑制地会产生一种柔情绵绵的庇护感。这是因为,发出婴儿信号的成年女子激起了成年男子的父亲反应,使他从一个眼光挑剔的同伴变成了一个关怀备至的伪父亲。作为再激发过程的一种点缀,他们还会互称"我的小宝贝"和"我的甜爸爸",说些诸如此类的话。这些话尽管字面上有父母和子女的意思,但实际上这里丝毫也没有父母和子女之间那种精神联系,充其量不过是一对成年男女之间的一种交易而已。与此同时,他们还会做出一些独特的动作。那个伪婴儿女子会嘟起嘴、睁大眼睛并做出一些幼儿似的身体姿势——这些都借自于儿童,但作为成年人行为方式在发挥作用。一种经常出现的动作是把头歪在一边,而这同样是幼儿动作的形式化翻版,其来源是幼儿在接受父母安抚时把头靠在父母身上的动作。成年女子在做出这种歪头动作时,即无意识地提出了希望得到保护的要求,而成年男子在看自己的对象做出这种表示时,不知为什么,总会感到一种突如其来的冲动,想报之以父亲般的温情。

尽管比较少见,有些成年男子也会表现出类似的幼儿行为,而女子则会把一个成年男子的这种表现看作是"一个可怜的小男孩"的求援。因此,有些男子会故意装得孩子气,以此唤起女子的母性冲动,进而在得到她们保护的同时满足自己的性要求。

同样的情况则互惠性地出现在年轻恋人之间。他们相互说孩子话,相互抱在一起,相互温柔地抚摸和宠爱。像一对结偶的鸟一样,他们也时常会表现出那种交配前的互喂行为,相互交换一口食物,尤其是交换人类特有的求偶礼物——一盒巧克力。这些相互做出的亲昵举动,有助于缓和潜伏在表面关系之下的恐惧和焦虑情绪,因而是在为真正的结偶铺平道路。

除了上述伪婴儿和伪父母表现之外,再激发行为的另一种比较常见的形式是伪性表现。一个明显的例子就是年轻女秘书所惯用的那种手法:"你打字稿上的错误越多,就应该把胸脯挺得越高。"虽然这带有讽刺性质,但可以说一语道破了天机:女子有意识地使用性信号,可以平息男子对她的怒气。

侮辱信号
冷笑和奚落：表示不敬和轻蔑的方式

一个人可以用多种方式侮辱另一个人。论恶意表现，没有哪一种动物能与人相比。我们的贬抑信号的范围和多样性，即使不把相关的语言信号包括在内，也极为可观。

只要在某种特定条件下——在不适当的时候或者不适当的地方——几乎任何一种动作都可能是侮辱信号。不过，我们在此要讨论的专门侮辱信号却稍稍不同。它们是一些永远带有侮辱性的动作，不管在何时何地，它们的全部作用，就是要表示无礼，表示嘲笑、蔑视、威胁、戏弄、冷落或者贬低。它们在强度上有一系列的变化，从轻度的冷漠一直到野蛮的胁迫。

它们还有地方性差异。虽然其中有一些，如冷笑、做鬼脸等，几乎会在世界上任何一个地方出现，我们都能轻而易举地理解其含义,但其中还有许多,我们甚至无法对它们作出解释,除非有专门的地方性知识。譬如,把左手的五个手指撮合在一起,再伸出右手的食指插在这五个撮起的手指中间,像这样一种手势,你如何解释呢?如果你发现和这一手势同时出现的其他动作都是令人不愉快的,你或许会猜想这一手势大概有某种冒犯的意思。但是,关于它的确切含义,你永远也不会知道,除非你曾经去过那个地方。如果你来自那里,当有人对你做这一手势时,你就会深深地感到受了侮辱,因为你知道它的实际含义是:"你是婊子养的。"不过,这一层含义仍是象征性的,更具体的意思是"你有五个父亲"——左手的五个手指就代表五个男子。

虽然像这样的地方性手势对于一个异邦人来说简直毫无意义,但当地居民仍有时能以此侮辱对当地风俗一无所知的外国人。此外,也可能发生这样的事情:外国旅游者因无意间做出一个粗鲁的手势而不自觉地冒犯了当地居民。所以,关于各种侮辱信号的知识有其双重的用途。为了有助于理解侮辱信号是如何起作用的,下面把它们分成若干基本类型:

一、无兴趣信号。据说,如果社交界想表示它的蔑视态度,一开始是冷落你,要是这样不见效,就嘲笑你,最后,要是嘲笑也不起作用,就对你攻击、诽谤。这种说法虽然过于简单化,但是说最温和、最消极的侮辱方式是表示不感兴趣,这一点倒是真的。稍稍地减弱自己的友好反应,在谈话时不再经常点头和微笑,眼睛较平常更游移不定,或者故意地、公开地转过脸去,这些都表示不感兴趣。

在19世纪,社会上的势利之风一度盛极,表示不感兴趣的侮辱行为甚至形成了一种固定姿势:甩头。这种姿势通常用来对付那些被认为地位低下的人,先是让他们知道你已注意到他们,然后很显眼地把头一甩,不理睬他们。"对某人甩头"或者当某人伸出手来想和你握手时不理不睬,虽然直到今天仍作为表示不感兴趣的强化形式,被人在某些极端情况下使用,但是,作为社交场合的一种惯用姿势,它们早已为人们所抛弃。而正因为只有在极少数场合才被使用,它们对人的刺激也就更大。在当前的反势利文化气氛中,我们参加任何一种友好的聚会活动,都必须始终对每一个人表现出巨大的兴趣;否则,哪怕是稍稍收起脸上的笑容,也难免会被某个敏感的会友认为是针对他发出的一个侮辱信号。

二、厌倦信号。如果无兴趣信号没有取得通常的效果,进一步的反应是公开表示厌倦。这时,人们习惯使用的信号是打哈欠。其他变化形式是深深地吐口气,做出心不在焉的样子,或者反复地看手表。最后这个动作在无意侮辱对方的情况下可能会引起麻烦。如果某人的时间表排得很紧而且分明知道时间已经很晚,这时他也会习惯性看表,而就是这一动作会出乎意料地被对方认为是一种带有侮辱性的厌倦表示。为了避免这样的误解,于是就有了各种各样巧妙的手臂动作,以便偷偷地看一下表。

三、不耐烦信号。当人们极想离开某个地方,但一下子又不可能时,他们普遍会做出某些小动作。这些动作具有"微型运动"的形式,如弹手指、抖脚板或者用手反复地轻拍身体等。情形仿佛是,他们用身体的某一部分在模拟离开时的脚步节奏。被弹的手

1

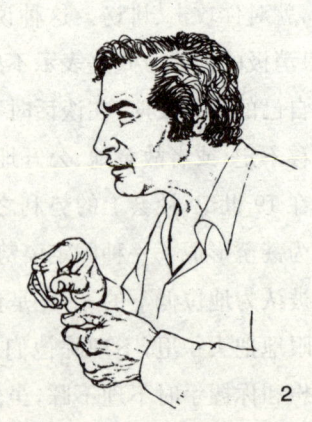

2

侮辱信号

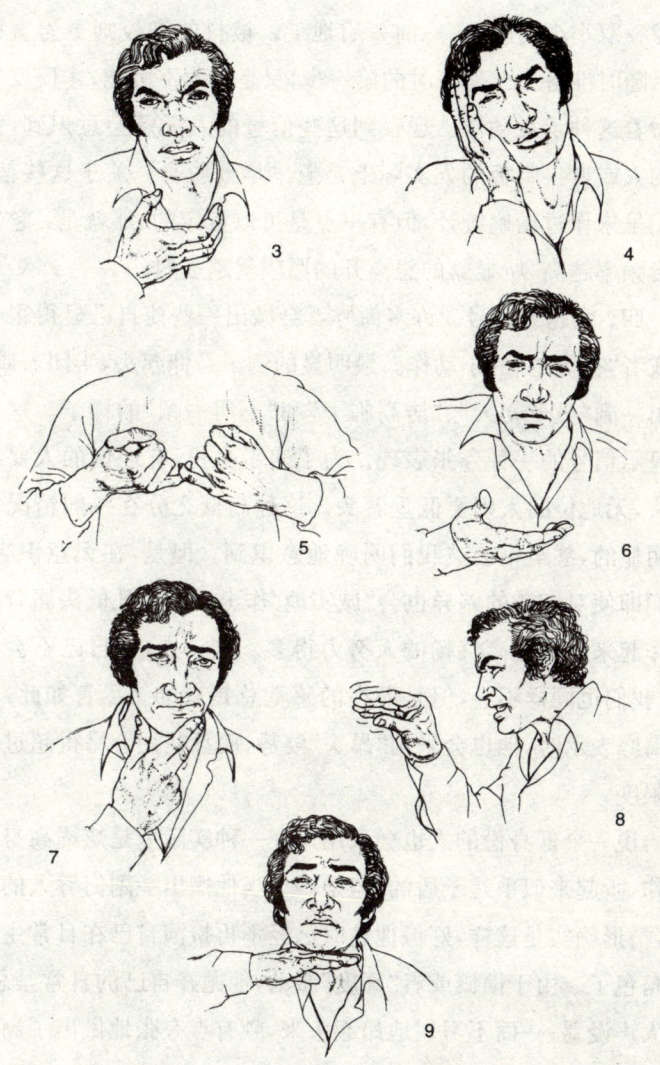

皱腮帮子(1)和拇指指甲鼓掌动作(2),两者都是非正常的赞许信号。象征性侮辱动作(3—9)在不同文化中有不同的样式,超出地方范围也就成为没有意义的动作。它们包括:南美洲 Goiter 符号,意为愚蠢(3);西班牙人的婴儿脑袋符号,意为幼稚(4);阿拉伯人的小指拉开动作,象征断交(5);欧洲人的长胡子姿势,意指你很烦人(6),或者奥地利人的版本,用手指抚摸想象中的胡子(7)。另外还有广为传播的著名的"呱呱呱"姿势——用手模仿嘴巴说话时的动作(8),以及"倒胃口"的姿势(9)。

指像一双小小的脚,在一前一后地走。被抖的脚板则更为直接地表示随时准备迈出离开时的第一步,只是因为不可能,才反反复复地做着这种示意动作。观察到这些信号的人无疑会意识到,弹手指的人或者抖脚板的人实际上是想早早地脱身。关于这些信号,我们虽未作过精确统计,但有一点是可以肯定的,那就是:它们的节奏频率越高,所显露的想离开的愿望就越强烈。

四、优越感信号。许多侮辱者会做出一些使自己显得很了不起或者"很优越"的小动作。最明显的例子是仰起头,半闭着眼睛,做出一副"鼻子朝天"、"居高临下"和"不屑一顾"的样子。这是身份显示信号的一种夸张表现。为了表示身份,有地位的人要高昂着头,无地位的人则要低垂着头。这种高低之分在一般情况下是不明显的,甚至不会被我们明确地意识到。但是,在无意识当中,我们即使对细微的差异也会"诚实地"作出反应。凡低头屈背的人工作起来总比趾高气扬的人努力得多。这一点,他自己不会意识到,我们也同样不会,但是潜在的感觉总是有的。尽管如此,在做出侮辱表示时,他也会采用"昂头"姿势,而且往往会昂得超过一般的限度。

说一个低身份的人也会采用这样一种实际上是炫耀高身份的动作,听起来似乎是矛盾的,但是一旦当他摆出一副侮辱人的架势时,情形确实是这样,好像他这时已经不再扮演自己在日常生活中的角色了。由于愤慨或者"高度"激动,他抛开自己的日常禁忌,一面大声谩骂,一面不习惯地昂起头来,颇有点夸张地做出了高身份显示。这种飞速的自我升级,清楚地反映出他暂时性地失去了控制。

儿童、少年、中学生、低级雇员、仆人以及那些平时必须掩盖其优越感的人,一旦被激怒并且说出侮辱性言语时,都会突然之间采用这种高身份显示。他们会猛地昂起头来,做出一副不可一世的样子,而在旁观者眼里,他们的这种表现会显得似乎很可笑,因为他们现在这种傲慢的神情和平时那种恭顺的姿态之间的差异太悬殊,变化太突然。不过,就他们自身而言,他们觉得当时确是自己占了上风。既然这样,显示出优越感也就是理所当然的了。

　　这说明在社会生活中有一种重要的普遍规律:当我们比较平静、比较有自制力的时候,我们对人际关系抱有长远的观点。但是,当我们情绪激动或者一时冲动时,我们会抛开这一观点而取一种临时的观点。当某人大发脾气并开始侮辱他人时,冷静的旁观者可以看到他过去的行为和当时的失控行为之间的强烈对照,并且会对此作出反应。至于这个突然表现出侮辱行为的人,他所感觉到的仅仅是一时的愤怒。过后,当他平静下来并恢复了长远观点时,他也会认识到自己行为的反常,而且时常会主动向人道歉说自己"昏了头"。

　　有些人的优越感显示远甚于此,在他们的生活中,时不时地发脾气已成为惯例。他们生性孤僻、喜欢冷嘲热讽或者目空一切,脸上似乎永远带着冷笑或者"恶劣的"表情。这种人各行各业都有,他们随时都准备对别人的任何询问——无论是有礼貌的,还是不礼貌的——报之以永恒不变的侮辱。对这种人,人们时常会在背后笑话他们,但又害怕他们,讨厌他们,因为他们作了这样一种长期关系选择:放弃和他人进行随便的、友好的交往,固执地坚持傲慢的、恶狠狠的狂妄态度。不过,由于人们对他们的这种优越感信号已司空见惯,它们也就在很大程度上失去了效用。"别在乎,他就是这个样子",这是人们说到这种人时总要作的安慰性结论。但是,要对这种人不在乎其实是很困难的,因为他们虽然没有那种突如其来的刺激性,但受他们的侮辱毕竟不是滋味。正因为这样,他们从根本上说是可憎可厌的,而且在任何社会条件下,任何人都不可能彻底宽宥他们这种无缘无故的敌对态度。

五、变形恭维信号。嘲讽性侮辱时常表现为变形恭维,即:把某种友好表示故意弄得令人不快。这方面的两个普遍例子是诡笑和似笑非笑。两者都是变形的笑,其中有某些笑的成分,但又缺少其他一些笑的成分。在诡笑时,除了一个嘴角向后扯之外,正常笑的其他所有成分全部缺失。似笑非笑时,嘴唇的中间部分明显地往里收,仅嘴的两角像普通的笑一样向后扯开。

这种变形恭维带有特别令人不快的侮辱含义,因为它表面上很像在表示善意,但刚表示又一下子收回了。它要我们知道,我们本该得到笑,但就是得不到。

与此相似的,还有一些地方性侮辱表示。其中一个很好的例子是在某些阿拉伯语和西班牙语国家被当作嘲笑动作使用的"拍指甲"。和响亮地拍手掌不同,"拍指甲"是拍两个大拇指的指甲。英国和其他一些地方使用的是这一动作的变化形式,即超慢拍手。不过,就像地方性手姿经常会出现的那种情况,同样的动作在不同的地方有不同的含义。譬如,在巴拿马,"拍指甲"仅仅是一种无声的拍手形式,其中没有任何讥讽或者嘲笑的意味;在俄国,有节奏地慢慢拍手不仅没有贬义,相反,是一种真正的恭维或者祝贺表示。

六、模拟不适信号。这里,侮辱者使用夸张的动作表示自己极不愉快。通过戏剧性地用拳头敲自己的头,用手遮住自己的脸,或者扭曲脸部器官做出一副极度痛苦的表情,他有意识地夸大动作以强调他的愤怒。就其较温和的形式而言,这种信号是殉道者的痛苦表情,是"无可奈何的"父母或者教师对自己的子女或者学生所常做的一种侮辱表示。夸大自己的痛苦,实际上也就是要夸大造成这种痛苦的愚蠢行为。

七、拒绝信号。介于不感兴趣和辱骂之间,有一些中等程度的侮辱表示,即:侮辱者仅仅做出某种表示拒绝的手势。这里,不像真正的威胁行为那样有可能涉及暴力。相反,仅仅是一种"走开"表示——一种表示"去他妈的"信号。最常见的是甩拇指。不过,手掌动作也很常见,虽然手并不直接碰到被侮辱者的身体,但做出推、拂、扔、扫等动作,意即要他走开。最带侮辱性的是弹虫动作——用手一拂,以此表示对方不过是一条令人讨厌的害虫,必须弹开。

伸出舌头是一种特殊形式的拒绝信号,其来源——我们在前面已经说过——是婴儿拒绝食物时用舌头推出乳头的动作。这种婴儿期动作,作为一种厌恶表示,一直延续到儿童期乃至于成年期。不过,一般人并不知道其由来,仅仅认为它"很粗野"。

八、嘲笑信号。对某人笑有时也会成为一种重要的侮辱方式。要理解其原由,必须回顾一下婴儿最初开始笑时的情况。婴儿的笑开始于母亲对他的摆弄,给他搔痒或者逗乐性地抱着他摇晃。这时,婴儿从母亲那儿得到的是一种双重信号——部分意思是"发生了某种新鲜事",部分意思是"不过这不要紧,因为是母亲在弄你"。如果给他搔痒或者摇晃他的是个陌生人,婴儿很可能会哭,但如果是母亲,他通常会笑。所以,笑实际上是一种哭的解除。作为成年人,当我们在一起放声大笑时,每每也是因为我们有了这样一种混合经验:紧张+解除。然而,当我们直接嘲笑某人时,我们发出的则是一种双重的侮辱信号。我们通过这种有针对性的笑表示:"你是件令人紧张的新鲜事,但是——作为解除——我们一点也不把你放在心上。"这种嘲笑形式的侮辱行为,给人以一种比彻头彻尾的威胁还要坏的感觉。威胁行为作为一种敌意表示,虽然极有可能导致肉体攻击,但它至少承认对方是值得攻击的。与此不同,嘲笑虽然也是一种敌意表示,但它同时还要贬低对方。正因为如此,公开的嘲笑很容易引起对方强烈反应。他很可能会对嘲笑者发起进攻,这样即使不能使嘲笑者沉默,至少可以使嘲笑变为威胁,从而使自己的形象从"不被放在心上"上升到"值得认真对待"。

有几种故作姿态的嘲笑很普遍。一种是强加掩饰的嘲笑,就是用手捂住嘴,但同时又故意发出"咯咯"的笑声。另一种是诡秘地对同谋者眨眼,表面上好像是在暗示同谋者不要让对方知道他们在嘲笑他,但实际上恰恰是要让被嘲笑者知道自己在被人嘲笑。

九、象征性侮辱。就带有某种侮辱性含义的象征姿势而言,其可能性是无限的。不言而喻,这些姿势在各种文化间有着巨大的差异,其中有许多一出"本地"甚至会变得毫无意义。假如,有个出生在某英语国家的人到国外去旅游,他很可能会对下列情况感到不胜惊异:

在某些南美国家,用一只手托住下巴是表示愚蠢。这是因为,它意指某人甲状腺肿,而甲状腺肿即是愚蠢的象征。在西班牙的某些地方,头歪在一边并用手托住是一种表示幼稚的信号。这显然是带侮辱性地暗示某人就像把头靠在母亲胸前的婴儿。在阿拉伯儿童中,一种重要的侮辱动作是把两个小指勾在一起,然后又猛地拉开,表示断交。吉卜赛人的一种侮辱动作是用手在空中摆动,好像在甩一种柔软的东西(如一块丝绸),以此侮辱性地指某人"优柔寡断"。

在一些欧洲国家,男性侮辱者常做的一种象征性姿势是用一只手平放在胸前,掌心朝上。意思是某人讲话啰唆之极,等他讲完,听的人胡子已长到了胸前。犹太人的同类动作是一只手的掌心向上,用另一只手的食指点在上面,意指某人吹牛,即:他的话若能兑现,"我手心里会长出草来"。在奥地利,象征性地捋胡子表示某人说的话"陈腐透顶"。在法国,空手做出吹长笛的动作表示某人老是说个没完,简直令人讨厌。另一种表示同样意思而且更为普遍的方式是做出那种"呱呱呱"手势,即:用一只手的拇指和其余四指象征性地当作上下两片嘴唇并不断地一张一合,就像一只正在鸣叫的青蛙的嘴。

还有一种很常见的象征性姿势是表示"我看见你就倒胃口"。用一只伸平的手掌成水平地抵住自己的喉咙或者头的上部,其基本含义是不再想吃东西:我胃里的食物已经到了这儿,所以我不能再吃了。由不想吃东西进一步象征性地引申出讨厌某个人或者拒绝某种想法的意思,"吃够了"变成"受够了"。

还有许多"发疯"姿势是侮辱性地指某人愚蠢得简直在发疯。这些姿势通常取象征性地表示某人"脑子坏了"或者"头脑发昏"的动作形式,如用手轻叩脑袋或者用一个食指钻太阳穴等。关于这些动作,很可能会产生地方性误解,因为在某些国家,如荷兰,轻叩脑袋不仅没有愚蠢的意思,反而是指聪明。至于愚蠢,荷兰人是用轻叩前额的动作来表示的。

象征性侮辱动作的地方性变化形式,种类繁多,举不胜举,如果全部开列出来,简直可以写成一本书。不过,其中有一大类仍值得在此一谈。那就是以动物作为象征物的侮辱性表示。任何动物,只要它"名声不佳",只要人们普遍认为它愚蠢、笨拙、凶恶、懒惰、腥腿,或者有点可笑和令人不快,就会成为这样的象征物。受尽诬蔑的驴子就是一个很好的例子,它的一对大耳朵是所谓"公驴"侮辱动作的根据。在意大利,这一动作有三种不同的形式,但只有其中的一种被普遍使用,那就是用双手代表两只耳朵,举到头的两侧稍稍地扇动。这一动作在许多国家的儿童中间特别流行,尽管他们并不知道自己正在模仿一头驴子。今天,它已遍及欧洲和美洲,甚至已传入阿拉伯国家。

也许,最流行、最普遍的动物象征表示要数"公鸡冠"姿势(也被称为"鸡冠鼻子"、"拇指点鼻子"或者"做长鼻子")。在做这一姿势时,拇指顶着鼻尖,其余四指呈扇形张开并轻轻地摇动。一般认为，这一姿势做出的是一只好斗的公鸡头上竖起的鸡冠，但有一种不同的解释则把它和模拟畸形长鼻的古代风习联系在一起。

还有一些不太普遍的动物象征表示，如西班牙人的"碾虱子"姿势，即：侮辱者用两拇指的指甲对碾，仿佛在碾死一只虱子；或者如旁遮普地区的"蛇舌"手势，即侮辱者伸出一个食指像蛇舌似的一伸一缩。

西班牙人的"碾虱子"姿势(左图)，即侮辱者用两拇指的指甲对碾，仿佛在碾死一只虱子。吐唾沫污物信号(右图)在许多国家都很普遍。由于吐唾沫是一种清洁口腔的动作，所以很难说吐唾沫的人必然在侮辱他人。但是，如果直接对着某人吐唾沫，那么其侮辱性就确定无疑了。

十、污物信号。为了证实是否有某种为全人类所普遍接受的人体美要求，有人曾对世界上将近两百种部落文化进行过实地考察。结果发现，人们对身体的普遍要求是清洁和健康，肮脏和疾病即意味着丑。因此，凡是和污秽有关的姿势显然都属于侮辱信号，而且，可以肯定，这样的姿势在世界各地都能找到。它们绝大多数都和人体排泄物有关，如唾沫、鼻涕、尿和粪便，不过，偶尔也会牵涉到其他动物的排泄物。

在叙利亚，用右手的拇指和食指提住鼻子有"下地狱"的意思。

同样的姿势在利比亚也能看到,不过在那里还要将中指笔直地伸出。

在吉卜赛人那里,当两人闹翻而断交时,一方向另一方做出的侮辱动作是拍拍自己的衣服,好像是拍掉上面的污物,然后朝地上吐口水。吐口水作为侮辱表示在大多数国家都能看到,其夸张形式已类似于呕吐,这种动作同样十分普遍。

在美国,有一种开玩笑性质的侮辱动作,就是提起裤腿管,好像小心翼翼地在到处是粪便的地方行走似的。另一种是把想象中的马粪或者牛粪倾倒在某人肩上。

在英国,一种很流行的、和粪便有关的侮辱动作是一只手做出拉抽水马桶水箱的动作,另一只手捂住鼻子。其简化形式——好像闻到恶臭似的捂住鼻子,同样被认为带有很大的侮辱性。

在意大利,所谓"tirare-saliva"("扔唾液")则是一种带有威胁性的侮辱动作,即:用手把唾液从嘴中"掏出",扔到被侮辱者的身上。

由于基本性质都一样,这些污物信号中的绝大多数都是很容易理解的,即使自己从不使用而且从未见到过这样的信号的人,也同样如此。然而,有一种特殊的信号会使第一次看见的外国人大感不解,那就是我们在讨论遗留信号时已提到过的希腊人的"魔刹"动作。从表面上看,这种动作似乎没有什么特别的伤害性,就像某人挥挥手说:"走开!"但是,当它由一个希腊人向另一个希腊人做出时,却含有极大的侮辱成分,因为这一动作来自于古代朝囚犯脸上扔污物的习俗。今天,它虽然仅取象征性形式,但仍有程度上的区别。最低程度是仅用食指和中指朝前一推(=你在下地狱的路上);标准的程度是用手掌一推(=你下地狱吧);较高的程度是用两个手掌同时一推(=你得两次下地狱);最高的程度只有在坐着的时候才能做出,即:除了两个手掌推出之外同时还要抬起双腿，脚底朝前猛烈一蹬（＝你得三次或者四次下地狱）。由于"魔利"侮辱动作在希腊很重要，所以外国旅游者如果到了那里，切莫做出与此类似的手势，否则的话，即使出于善意的谢绝而做了一个用手拒绝的动作，其结果也往往出乎意料，因为对方会令你莫名其妙地突然发火。

以上这些，就是一个人用来侮辱另一个人的各种方式。不过，有两种特殊的侮辱方式被故意漏掉了。那就是威胁信号和猥亵信号。威胁信号属于独立的一类，因为它的主要功能和一般的侮辱信号不同。一个发出威胁信号的人旨在于警告对方他可能会实施肉体攻击。与此相反，纯粹的侮辱信号则是肉体攻击的视觉替代物。但是，在现实生活中，绝大多数的威胁行为都是不彻底的，也就是说，并没有肉体攻击作为其后续行为。所以，它们也仅仅是肉体攻击的替代物而已，和一般的侮辱行为差不多。

猥亵信号的情况又有所不同。在现代社会，猥亵往往是指和性有关的粗鄙行为。不过，其中仍有两种不同的种类：陈述性猥亵行为和侮辱性猥亵行为。前面一种是，某人做出一个下流动作，以此作为一种示意或者一种性引诱，其中并没有主观上的侮辱意图。后面一种则是作为特殊的侮辱方式直接对某人做出的性姿势。由于猥亵行为有侮辱性的和非侮辱性的之分，我们也将它放在后面专题加以讨论。

威胁信号
试图不用武力就吓住对方的行为

威胁信号是实施攻击前发出的警告。如果将威胁动作进行下去，就会导致真正的肉体攻击。但是，大部分威胁动作并非如此，它们始终是视觉信号。这些动作可以从以下三种加以探讨：

第一种是攻击性示意动作——攻击动作刚开始，就结束了。最熟悉的是举臂威胁：某人怒气冲冲地举起手臂，好像要狠揍对方，但他的动作在半空中又停住了。作为变化形式，他也可能挥动手掌，好像要捆对方的耳光，但同样，他的手并没有真的打下去，而是重新垂到了身边。

一种更为有趣的攻击示意动作是"做爪"手势，即：双手举到胸前，十个手指张开并稍稍弯曲，形成两个似乎要猛抓对方的"爪子"。脚也可能被使用：一条腿朝后一荡，好像要飞起一脚狠踢对方似的。

所有这些动作都清楚地表现出动作者的敌对意图,因此,几乎全世界的人都能轻而易举地理解它们。

第二种是同样容易理解的侵犯性虚拟姿势——动作已经完成,但没有真正接触对方的身体。譬如,众所周知的摇拳动作就是这样,一系列经过扩展的拳击示意动作是在空中完成的。不像真正的以拳击人必须是近距离的,这种摇拳动作可以在离"被击者"相当远的距离外做出,而且已经完全形式化为前后摇动拳头的空击。尽管如此,其含义是绝不至于被人弄错的。

其他虚拟姿势如意大利人的劈手,就是朝对方反复地甩动伸直的手掌,好像在用一把斧头劈开他的脑袋似的。还有引人注目的绞脖子手势。这种手势已经彻底地形式化,所以看起来更像是在绞一条湿毛巾,而不像是在扭对方的脖子。另一种同样是在空中做出的动作是空卡脖子,即:用双手围成一个圈,然后慢慢地缩小,以示紧紧地掐住对方的脖子。在有些国家,最流行的空击手势是用一只成叉形的手戳向对方的眼睛。做这一手势时,先伸出一只手的食指和中指,然后稍稍张开,朝对方眼睛的方向点一下,以表示要把对方的双眼戳瞎。

空击动作的一种特殊形式是挥动伸直的食指。在做这一动作时,食指被当作一根小型的棍子,并象征性地在不断敲打对方的头部。

第三种打击动作包括各种转向姿势。这里,打击动作不仅是完整的,而且是有所接触的,但接触的不是对方的身体。它转向其他东西,时常是转向威胁者自己的身体。譬如,那种表示"我要卡死你"的威胁动作就是威胁者用手卡住自己的脖子。同样,他也会用拳头捶自己的手心,用嘴咬自己的手指,或者用食指在自己的脖子上一抹,好像要把它割开似的。

这类动作也有地方性差异。在西班牙,人们喜欢做转向性碾磨动作，即：用拳头在自己的掌心上碾，其中被碾的手就代表"被威胁者"。在意大利，空咬动作表现为用拇指甲钩住上排牙齿，然后猛地朝对方一挥。在东欧和有些阿拉伯国家，威胁者用食指碾压自己的鼻子，以示要把对方的鼻子打扁。在沙特阿拉伯，有一种引人注目的粗野动作，那就是威胁者咬自己的嘴唇，同时猛烈地左右摆动着头，好像正在把对方的肉一块一块地咬下来。此外，还有一种带有嘲弄意味的转向姿势：威胁者用一只手拍另一只手的手背，仿佛在说"小乖乖，小乖乖"，以此表示对方不过是个吃奶的孩子。

许多威胁姿势同时还伴有各种富有特点的脸部表情、某种身体上的紧张和故意夸张的呼吸动作。这些外部特征随威胁者的攻击欲望和退却欲望之间的平衡情况的变化而变化。因为在任何威胁者身上都会同时出现要想进攻和害怕受伤这两种矛盾的欲望，如果其中的一种欲望占了上风，那么外部表情也会随之有所变化。充满敌意的人，他的攻击欲望胜过退却欲望，大凡会紧紧地闭着嘴、冲着头、皱着眉头，而且脸色会在某种程度上发白。如果他开始对自己的对手感到有点害怕了，他的脸就会发生变化，嘴会大大地张开，不同寻常地露出牙齿，而且会稍稍地收缩颈部，睁大眼睛直勾勾地瞪着对方，脸色也有可能开始泛红。

有一种在人类身上业已消失但在其他哺乳类动物身上仍很常见的威胁表示——竖起体毛。在敌对状态下，其他哺乳类动物大多会作出这种表示，全身体毛直竖，或者竖起颈毛或鬃毛，这会使它们一下子显得比往常更高大，更威严。人虽然也可以挺胸昂首使自己显得高大，但由于他全身几乎无毛，也就谈不上竖起体毛使自己在对手面前显得高大而有威慑力了。他自己或许会感到"毛发倒竖"，但要作为视觉上的威胁表示，这根本不起作用。也许只有一种威胁姿势才可以令人信服地称为"竖起体毛"，而即使这样，

肢体行为>>Peoplewatching

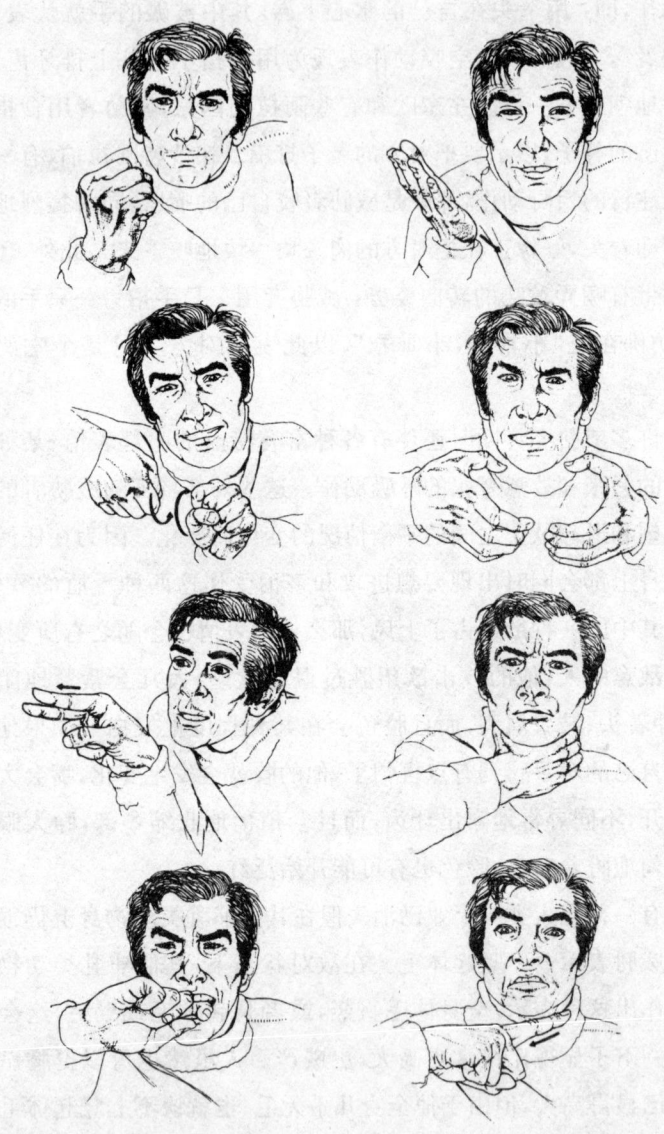

虚拟威胁信号(从左至右):摇拳、劈手、拧脖子、卡脖子、戳眼睛、自卡脖子、自咬手指、自割脖子。

它也只能算作一种特殊的情况。这是一种法国人的姿势,称为"La Barbe"——意思是"翘胡子"——把一只手放在下巴下面,手指成弧形向外翘起。作为一种侮辱动作,当一个胡子剃得光光的男子做这种"翘胡子"姿势时,它的本意是模糊不清的。但是,当它由一个蓄着胡子的男子做出时,就很容易理解这确实是翘胡子的一种形式化表现,即:真的在对手面前冲着他翘起自己的胡子。就人类而言,胡子是一种明显的男性特征,用它冲着对手也就是要向他表示:"本人是大丈夫!"在其他一些国家,我们或许也能看到这种姿势的残痕,其表现形式是:头猛地一仰,不耐烦地朝对方冲着下巴,同时喉咙里发出一声轻轻的"唔——"。

较之于许多其他动物,人类显然不善于作出身体上的威胁表示。大多数鸟类、爬行类、鱼类和哺乳类动物都有大量的、明显表示敌意的行为方式,如身体抖动、抽动和膨胀,竖起鳍、鳞或者冠,而且还会奇异地改变颜色。但是,为了弥补身体表现方面的缺陷,人类积累了大量的文化方面的手段。在威胁对手时,人类可以用语言恫吓,可以在身上涂满可怕的颜色或者穿上炫耀的制服,可以擂鼓、唱战歌、跳战前舞蹈,或者挥动手里的武器。在国家之间,威胁表示已发展为庞大而复杂的军事检阅仪式。在稍低一级的程度上,威胁表示的方式是示威游行,有旗帜、口号、徽章和敬礼姿势等;或者,像足球场上的两帮足球迷那样相互示威,有节奏地拍手、喊叫、唱歌,并挥动自己球队的小彩旗。

最后这种示威形式时常被人认为是不守秩序的粗野行为。但是,最近对足球迷以及其他体育迷的骚乱行为所作的详细调查表明,相对于这些人的人数,他们之间发生的实际打斗事件其实只占很小的比例,在大部分时间里,他们仅仅是相互"示威"而已。像其他动物一样,人类也倾向于威胁或者说吓唬对手,而不太倾向于真的砍砍杀杀。历史书和报纸常常歪曲这一事实,它们总喜欢抓住一些可悲的例外而无视一般的规律。尽管人们在今天仍明显地感觉到暴力活动还十分猖獗,但是综观全世界范围内的日常生活,我们可以说,人类其实是一种很爱好和平的动物。要证明这一点,你只要问问自己,在你的生活中,你曾有过几次因愤怒而导致流血,有几次你拔拳打了人,有几次你用指甲抠人,用嘴咬人,或者用东西砸伤了别人的手臂或腿。把它们的次数和你发火的次数以及同别人争论、吵架的次数进行比较,你就会发现,你像其他动物一样,常常是一个威胁者而不是一个真正的进攻者。

猥亵信号
象征性的性侮辱动作

猥亵信号是在他人面前做出的带有冒犯性质的性动作。每一种文化都有其自身的性禁忌，虽然这些禁忌因时因地而不同，但总的来说，有一点是不变的，那就是：越是"赤裸的"性动作，越有可能遭到公开的禁止。就性行为的一般过程而言，通常总以男女手挽手开始，而以双方性器官的直接接触为结束。因此，越是接近于性交高潮的动作，就越可能成为猥亵姿势。

猥亵姿势可以在两种不同的情况下观察到。一种是表示"粗俗的好意"，另一种则表示"存心的恶意"。就第一种情况而言，如果一个男子对一个女子做出赤裸裸的性表示，或者相反，那么其行为之所以有猥亵性，是因为他们的关系还没有亲密到足以做出这样的表示。由于这种表示时常又是在公开场合做出的,那就更难为对方所接受,尽管其中毫无恶意,但总不免带有冒犯的性质。这方面最典型的事例是酒吧间顾客对酒吧女郎所做的某种明显的性表示。由于酒吧女郎的社会地位特别低微,顾客便会觉得公开地、直接地对她评头论足是无所谓的,如用双手在自己胸前做做动作,表示她的乳房真大。他的动作虽不是直接的侮辱,事实上还带有恭维的意思,但是如果她觉得很反感,那么这一动作就马上成了猥亵表示。

这种恭维性的猥亵表示更多的是针对"第三者"的。譬如,两个男子看到一个年轻女子向他们走来,其中一个对另一个甩甩手,表示自己很想和那个女子性交。他的手势虽然是恭维性地评论那个女子很性感,但是如果被那个女子直接看到而且使她感到恼怒的话(因为就她与他的关系而言,这无疑是一种粗暴行为),那么,它也就成了一种猥亵表示。和这些猥亵表示完全不同的是有意识的性侮辱。这类动作通常当着某人的面直接做出,以表示对他极度轻蔑或者深恶痛绝。这时,"最肮脏"、最禁忌的猥亵动作被用来作为一种象征性的攻击表示。动作者直接做出某种性姿势,以此代替真正把对方痛打一顿。对这类情况所作的观察清楚地表明,某种赤裸裸的性猥亵动作具有极大的刺激作用,每每会使对方作出强烈的反应。为什么它会有如此效果?这很值得一问。

我们知道,污物信号——如吐唾沫或者扔粪便——具有明显的侮辱性质。但是,为什么性行为也会成为"脏话"和"脏动作"的来源呢?性一点也不脏,为什么它竟会如此普遍地被滥用?为什么要用性来侮辱人呢?

事实上,大多数动物都把性交动作当作一种威胁手段,包括人类的近亲猴类和猿类也同样如此。一只雄性猴子时常会骑在另一只地位比它低的猴子身上,以此来显示它的优越感。它骑上去之后,稍作几下胯部顶戳就翻身下来。它根本没有作交媾接触——

仅仅是做做样子而已。当某个男子做出某种猥亵姿势时，他的所作所为其实是和那只猴子一样的，只是采取了一种特殊的形式。那只猴子骑在另一只猴子身上，以此表示："既然只有地位优越的雄性猴子才能骑在雌性猴子身上，那么我骑在你身上（不管你是雌性还是雄性）也就表明我比你优越。"同样，男子的阴茎勃起或者交媾动作也成为男性优越感的象征，而且可以在没有任何性意味的场合作为纯粹的优越感显示。确实，它不再显示男性优越感，而是对两性来说都具有优越性的象征性表示。因此，女子也可以对男子做出某种阴茎象征姿势，其含义依然是："你不能吓倒我，我在你上面。"

由此言之，性侮辱是我们动物遗传性的一部分。但是，这并不是说那些形形色色的姿势都是与生俱来的。我们和我们的灵长目近亲仅仅是在内部机制方面有着共同性。至于猥亵姿势本身，它们不仅互不相同，而且还明显受到人类不同文化的强烈影响。它们基本上可以分为五大类：男性阴茎象征姿势、女性阴道象征姿势、性交象征姿势、手淫象征姿势和探摸象征姿势。

阴茎象征最简单也最常见，只要做出某种竖起或者翘起的象征姿势即可。在不同的国家，这些姿势不仅形式不同，所使用的身体部位也不同。象征性的"阴茎"可能是舌头，是中指或者食指和中指合在一起，也可能是拇指，是拳头或者前臂。

最古老的阴茎象征是翘起中指。从古罗马时代起，中指就被认为是一个粗俗的或者猥亵的手指。作为一种引人注目的"勃起"猥亵动作，它在两千多年间一直被人们所使用，而且在今天还可以看到两种不同的形式。最常见的一种是手掌朝上，除中指之外其余的手指全部屈起，然后整只手在空中上下摆动，或者朝被侮辱者的方向点戳。另一种是某些地区的人时常做的：手掌的方向正好相反，是朝下的，除中指下垂，其余手指保持原位，然后整只手朝下点戳,好像在戳下面的某个人似的。

另一种颇为有趣的阴茎象征是用整个前臂向上摆动,握起的拳头形成象征性的龟头。这种前臂动作在法国、意大利、西班牙和希腊特别流行。在那里,当一个男子对另一个男子表示威胁性侮辱时,几乎总是使用这一动作。在英国,它也被普遍使用,不过更多的是作为一种性议论———一种称赞某人性感的粗俗方式——而很少用于直接的侮辱。法国人在发怒时也会做出这一动作,意思是"见鬼!"英国人则在看到某个漂亮姑娘时,才对自己的男性朋友鼓动性地做出这种动作。当然,这不能让那个姑娘直接看到,其意思是:"这(勃起的阴茎)就是我想给她的。"这是同一姿势在两个国家会有两种截然不同含义的例子,尽管动作本身都基于同样的象征(前臂＝阴茎)。

比较少见的是上下摆动拇指。这个动作虽然在某些地区如撒丁岛南部和希腊北部相当普遍,但是在许多其他地区根本就不为人知。其所以没有成为一种普遍猥亵手势,部分原因也许在于另一种几乎和它相同、但表示"很好"的手势——有名的翘拇指手势——实在太流行了。翘拇指最初大概起源于英国,现在已经遍及世界上大部分地区,所以在那些同时存在着猥亵性的上下摆动拇指手势和愉快性的翘拇指手势的地区,很容易引起混乱。要是某个外国人在撒丁岛想搭车,他很快就会发现,自己站在路边做出他通常做的"翘翘拇指"的手势会招来不必要的麻烦。他其实是想向路过的司机表示"停一停车",而他的手势很容易被误认为是猥亵性的上下摆动拇指。所以,除非他改用当地的挥手动作,否则的话,他一辈子也搭不到车,再长的路也只好甩着大腿自己走。

另一种矛盾情况出现在使用两个手指的 V 手势时。这个由温斯顿·丘吉尔在第二次世界大战期间使用而闻名的手势,被大多数国家的人认为是胜利表示,或者是和平表示。无论是学生、造

反者、政治家、运动员,还是校长、经
理,都使用这种手势,它在国际间也
通用不误。但是,在英国,却存在着
两种不同的形式:一种是掌心朝外,
另一种是掌心朝里。每个英国人都
知道这种区别,而且都知道只有掌心
朝外的那种才表示胜利或者和平。
掌心朝里的那种——他同样完全知
道——则是一种最下流的猥亵手势。
他虽然不清楚其中的缘由,但他知道
事情确是这样。英国人在国外常常
困惑不解,因为当他向某个人,譬如
某个意大利司机,做出这一侮辱性手
势时,竟然毫无用处。相反,大多数

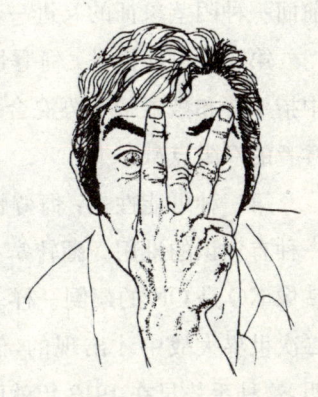

二战时期丘吉尔式V手势已
被普遍地用来作为胜利与和平的
表示,但在英国,还有一种带有侮
辱性的猥亵手势与此极为相似。
所不同的仅仅是前者掌心向外,
后者掌心向里而已。这种差异在
许多国家中知者甚少,常会导致
误解。

人会对他微笑或者挥挥手。显然,这是因为外国人对两种V手势
根本不作什么区分。他们一看到V形,就理所当然地认为这是在
向他表示胜利。

　　有趣的是,英国人的这种极下流的猥亵手势竟然没有人知道
它的来源。人们只知道,它大概是表示阴茎,但除此之外就一无所
知了。既然是阴茎,为什么要用两个叉开的手势来表示呢?难道
说,英国人像袋鼠一样,有一个叉形的阴茎吗?如果不是,这一手
势的真正来源又是什么呢?猜测起来,大致有以下四种可能性。

　　第一种可能性是:这是翘中指手势的一种加强形式。在第二
次世界大战之前,英国就有一种翘起两指的侮辱动作,而且显然是
翘中指的扩展形式。这种动作也使用食指和中指,但是两指并不
分开成V形。这一猥亵手势虽然在今天仍有人使用,但在很大程
度上已为侮辱性的V手势所取代。后面一种或许可以解释为是

前面一种阴茎象征的又进一步"扩展"。

第二种可能性是：侮辱性 V 是一种混合手势，即由原先的翘中指手势和戳眼睛手势混合而成，后者表现为叉开双指对着被侮辱者的双眼点戳一下。

第三种可能性是：侮辱性 V 是对丘吉尔式的胜利 V 手势的一种有意识的讹用。翻转掌心表示胜利的反面，也就是说，失败，就像 KO 是 OK 的颠倒一样。根据这种解释，侮辱性 V 只是在第二次世界大战中才出现的，但带有侮辱性 V 手势的早期照片表明，这种手势早在 1913 年就已经使用。

第四种可能性也许最接近真实情况，即：侮辱性 V 是某些国家和其他一些地区所使用的一种猥亵手势的简化形式。他们的那种手势是：叉开食指和中指，夹住自己的鼻子并上下摆动。这显然是象征性的性交，鼻子代表阴茎，叉开的双指则代表女性生殖器。只要对这一手势稍作简化，也就是说，去掉夹鼻子动作，剩下的就是侮辱性的 V 手势。这种简化的猥亵动作很可能是由英国军人从海外带入英国的，由于没有完全加以模仿，其原始形式和含义也就被人忘记了。这个例子同样说明，一个象征性姿势可能和其原始形式相去甚远，但仍可以发挥它固有的作用。

除了手和前臂，另一种人体器官也可用来作为阴茎的象征，那就是舌头。伸出舌头一般认为仅仅是不雅观的表现，但是在有些文化中，舌头的这一动作被固定地用来表示阴茎。在某些拉丁国家，有一种很引人注目的将舌头从张开的嘴中伸进伸出的动作，其意思特指阴茎勃起；不过在黎巴嫩，动作又有所不同，当一个男子向一个女子做出侮辱性猥亵表示时，他的舌头不是伸进伸出，而是在张大的嘴里摇来摇去。

女性阴道象征姿势虽不及阴茎象征姿势那样常见，但也有一些。在地中海一带，许多人使用"扁圆"手势。这种手势看上去有点像 OK 手势,也是用拇指和食指做出一个圈,但不像 OK 手势那样是滚圆的,而是扁圆的,所以更容易使人联想到女性的外生殖器。在哥伦比亚,也有一种类似的手势,同样表示女性生殖器,不过,在那里,这种扁圆手势是用双手在胸前做出的。

性交象征姿势有两种,一种强调阴茎插入动作,另一种则重现胯部动作。阴茎动作是古老的交指手势的基本内涵,即表示"男性的"拇指插在表示"女性的"食指和中指之间。做这一手势时,只要握紧一只手,使拇指插入食指和中指之间,就像阴茎插入两片阴唇之间。这一手势在古罗马时期很流行,并通过早期的护身符流传下来,现在它仍以某种"吉祥"形式遍布于世界各地。从伦敦到里约热内卢,在各大城市的古玩商店里,人们都可以买到一种小小的、做着交指手势的手形吉祥物。佩戴这种吉祥物的人为数不少,但他们十有八九根本不知道它的真正含义。像这样一种猥亵的、象征性交的手势怎么会给人带来好运呢?看来,这只能说是一种"神经错乱"。许多地中海国家的人都坚信所谓"邪恶的眼睛",这种眼睛有一种邪恶的力量,只要它看你一眼,你就会倒霉。但是,究竟谁有一双邪恶的眼睛,通常又是无法确定的,所以作为防范之法,人们便佩戴某种有驱邪作用的吉祥物,由于交指手势很具有吸引力,于是就被做成吉祥物以吸引邪恶眼睛的注意。既然邪恶的眼睛只顾瞪着眼看吉祥物,佩戴吉祥物的人便可以幸免于难了。今天,虽然在西西里的部分地区,人们仍对此坚信不疑,但是在其他地区,用手做出交指手势则始终被认为是一种赤裸裸的性表示。在希腊和土耳其,它是一种性侮辱手势,但在突尼斯和荷兰,它主要是一种性议论或者性引诱手势。

除交指手势之外,其他的性交象征姿势几乎都带有胯部顶戳的成分。这方面仍以手势为主而且形式繁多,有单手的,也有双手的。有的是手握拳或者弯曲,然后迅速地前后抽动;有的是一只手

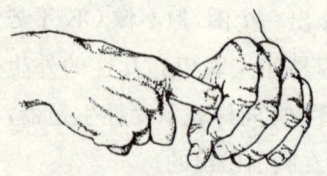

这种用手指表示性交的动作是最直露的猥亵信号。

做成筒状,用另一只手的食指在"筒"中捅几下;还有的是用一只手在另一只手的掌心上反复推挤。最赤裸裸的表示是直接用胯部做出有节奏的前挺动作。

同性恋侮辱表示通常是暗示某人有女性气,或者反过来说,暗示某人没有男子气。这方面的动作很多,如扭动手腕嗲悠悠地摆摆手、扭动屁股慢吞吞地踏着碎步,等等。比较形式化的姿势有:舔舔小指尖,然后在眉毛上抹一下——这在黎巴嫩是一种很流行的侮辱动作,不过其他地方的人也能理解;用右手的食指尖轻轻抹一下鼻尖——这多见于叙利亚;或者,把双手叠在一起,两个大拇指翘出,像一对鸟翅膀——这是在哥伦比亚观察到的。在意大利某些地方,一种极下流的猥亵动作是用一只手握成管状,然后放到身边前后摆动,以此模拟性地表示鸡奸。同样,一只手握成管状,但垂直地上下摆动,则是一种很普遍的表示手淫的侮辱动作,意指被侮辱者除此之外找不到更好的性欲发泄方式。

最后要谈的是探摸象征姿势。这些姿势通常表现为用手做成握杯状,好像手中正握着、捏着、摸着或者拧着乳房或者睾丸似的。像其他形式的侮辱动作一样,这些动作也会因其出现的场合不同而有极不相同的含义。如果和其他敌意行为同时出现,它们会使侮辱程度大大提高;如果在朋友间作为开玩笑动作,它们则仅仅是某种粗俗的亲密关系的表现而已,或者是分享某种对异性的粗俗议论,因此它们也许有助于人际关系的加强或者巩固。

有些人,即使对讨论猥亵姿势也觉得反感。这是不足为怪的,因为猥亵姿势的主要功能就是叫人反感,但有一个重要事实仍需记住:任何姿势,不管其动作多么丑恶或者其含义多么淫荡,都不

猥亵信号

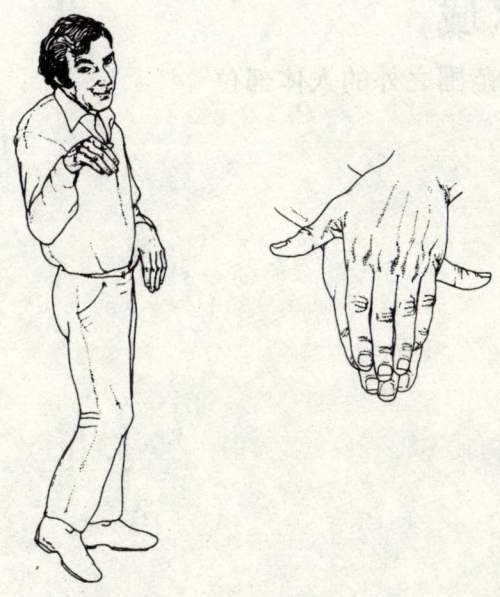

侮辱同性恋的手势,从手腕摆动手势(左图)到哥伦比亚人的鸟儿拍翅动作(右图),可谓多种多样。就后者而言,拇指上下摆动就像鸟儿的翅膀。为什么鸟和同性恋有关尚不清楚,或许是因为同性恋者与鸟儿一样走路一扭一扭的,而且时常打扮得像鸟儿一样花枝招展。

会导致流血。猥亵姿势有时虽然会引起报复,但本质上是侵犯行为的替代——取代肉体攻击的降格形式,而对它们在这方面的社会价值,过去也许是估计不足的。

禁忌区域
一般接触范围之外的人体部位

禁忌区域就是身体上不让一般人接触的地方。我们每个人都有身体隐私感,但这种隐私感的程度则因个人、文化和关系的不同而有所变化。更为重要的是,它还取决于受到实际接触的究竟是我们身体上的哪个部位。如果某个和我们只有一般关系的人触摸一下我们的某个"公开区域",譬如手,那是不会有任何问题的。但是,如果同样这个人触摸到我们的某个"隐私区域",譬如生殖器,那结果不堪设想,轻者窘迫尴尬,重者会勃然大怒。只有在情人之间以及父母和婴儿之间,相互触摸身体才百无禁忌。至于其他人,则始终存在着不同程度的身体接触禁忌。

最近,在美国曾就禁忌区域对一批大学生作过一次详尽的调查研究。调查人员把人体表面分为十二个接触区域并告诉这些大学生。然后问他们：在他们本人身上的这十二个不同的区域中，哪些区域会受到以下几种人的触摸：(1) 他们的母亲；(2) 他们的父亲；(3) 同性朋友；(4) 异性朋友。触摸的程度分为四等：经常触摸、一般触摸、极少触摸和从不触摸。

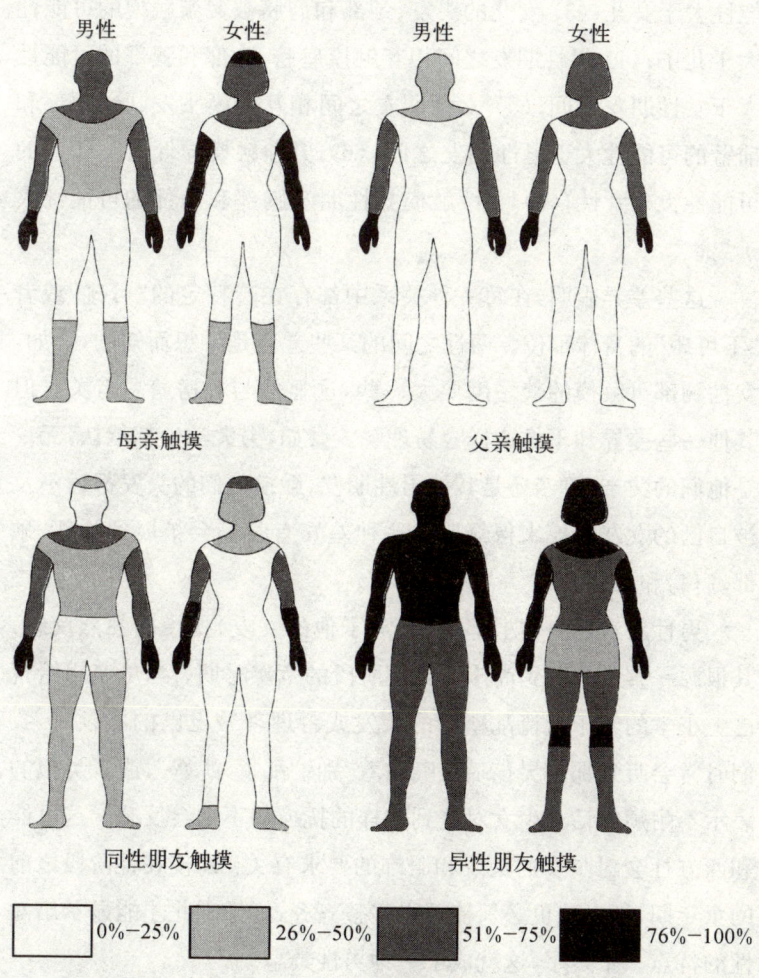

美国大学毕业生的身体禁忌区域。这些身体区域的可触摸性程度因触摸者的性别和关系的不同而有明显的差异。

总的来说,凡是最接近性器官的身体区域禁忌最大,而最远离性器官的区域禁忌最小。尽管如此,在不同的关系中,被触摸的身体具体部位仍有明显的差异。一般说来:(1)女儿的头发和手臂被母亲触摸的可能性大于儿子;(2)儿子的胸部被母亲触摸的可能性大于女儿;(3)女儿的头发、颈部和肩膀被父亲触摸的可能性大于儿子;(4)男性朋友之间相互触摸肩膀、胸部和腿部的可能性大于女性朋友之间;(5)女性朋友之间相互触摸头发、脸、颈部和前臂的可能性大于男性朋友之间;(6)男性触摸异性朋友膝盖的可能性大于女性;(7)女性触摸异性朋友胸部和胯部的可能性大于男性。

　　这些差异表明,在每一种关系中都存在着特定的"可碰"或者"不可碰"的身体部位。两性之间的某些差异是可想而知的,譬如,女性胸部可触摸的禁忌度要大一些,这显然与乳房禁忌有关。但其他一些差异却不像这样容易理解。譬如,男大学生都承认,无论是他们的父亲、母亲还是其他男性朋友,触摸他们的头发都远不及被自己的女友触摸来得舒服。这种差异有时还会扩展到脸部、颈部、肩膀和手臂。

　　男性对自己身体上部被人(除了他的女友)抚摸的强烈反感,其根源一直可追溯到尚未达到性阶段的童年时期。当母亲想给自己上小学的儿子梳梳乱糟糟的头发或者理理皱巴巴的衣领时,我们时常会听到那小男孩嘴里嘀咕着"别忙乱了,妈妈",或者类似的表示不耐烦的话。少女对受到这样的抚摸却不大会反感。这可能和西方社会对少女的头发和服饰的要求有关:即使在性阶段之前的童年期,小女孩也必须梳理得整整齐齐,好像唯此才能显示出女性的特点。于是乎,这就成了一种男性禁忌。

　　上述调查的另一个颇为令人费解的发现是,男子胯部对于他的女友来说不像女子胯部对于她的男友那样是一个禁忌区域。两者都和最禁忌的生殖器区域有关,照理来说是不应该有此差异的。不过,对年轻恋人的实际考察很快就提供了这方面的解释。当一对年轻男女相互搂在一起走路或者站着的时候,通常在身高方面的差异会使男的很自然地搂住女的肩膀,而女的则用手臂搂着男的腰。这时,她的手实际上已经放在他的臀部上,并非有意识地要"触摸"他的胯部。所以,这种胯部接触从性的方面讲,表现出一种低强度性质,从而使男性的整个胯部比女性更具有可触摸性。

当然,在美国进行的这项研究,其具体细节并不完全合乎其他国家或者其他关系中的情况。但是,这里所体现的一般原则却具有普遍的重要性。这些原则是,在我们和我们不同的亲友之间存在着各种特殊的、身体上的禁忌关系,我们对此虽然不作过多的考虑,但是在每一次接触中我们都能充分意识到它的适当强度。如果有人违反某种固有的禁忌,我们马上就会感到有点不对头,而且会更加谨慎地对待这种正在改变中的关系。在父母和子女的关系不可避免地发生变化时,这尤为重要。随着子女不断长大,他们与父母之间在身体上百无禁忌的亲密关系便开始慢慢解体。有时,是父母先开始实行限制。已经长大的孩子仍然东摸西摸,但或迟或早,当他们天真地摸到父母的胸部或者生殖器区域时,父母总会对他们说:"别碰我这儿。"有时,则是子女先开始有所禁忌。这时,他或者她会奋力挣开父母的搂抱,并以"放开我"作为自身独立性的最初表现。渐渐地,身体接触上的禁忌一步步地强化,直到最后——到了青春期,子女和父母的身体接触关系便凝固为一般的成年人关系。

这种接触减弱过程,在有些文化中不像在其他文化中那样明显。譬如,南欧人就不及北欧人。此外,在一种文化中,有些家庭比其他家庭在身体接触禁忌方面更为严格,这也是常事。有时,某种文化对某一身体部位有特殊的禁忌,尽管在其他文化中这一身体部位可能被认为是无关紧要的。譬如,在日本,少女的后颈部就像她的乳房一样是个重要的禁忌区域;在泰国,少女的头顶是不可触摸的。不过,同样的禁忌很可能是出于完全不同的理由。就日本而言,少女的后颈部之所以是禁忌区域,乃是因为它被认为具有很强的性感意味,而泰国人忌讳摸少女头顶,则和那里的宗教信仰有关。

一般说来,部落社会在身体接触方面比城市文明社会要自由得多,而后者的种种限制显然应归因于城市环境的拥挤和人与人之间关系的疏远。随着人口的不断增加,包括身体隐私权在内的各种私有权形式越来越多地受到人们的维护。这种情况至今仍在延续,所以身体上的种种禁忌看来在不久的将来是不大可能有所解除的。只有在偶然的情况下才出现一些小小的反叛,如20世纪60年代,美国曾相继出现过不少引导人们进行各种集体身体接触的心理治疗小组。这些被称为"团体摸索"的小组表明,人们对身体接触有着基本的需要,同时也反映出现代社会生活在这方面的巨大缺陷。然而,尽管这些小组一度引起过人们的极大兴趣,时至今日,它们大多已销声匿迹,整个西方社会因此也继续生活在身体私有和接触禁忌的种种限制之下。

暴露过度信号
太过分：打破礼仪规则的行为

我们所从事的每一项活动都有身体上的某种暴露率,其程度视活动性质是私下的还是公开的而定。虽然我们时常把"私下"和"公开"加以对照,好像仅有这两个方面存在似的,但实际上,介于这两者之间还存在着一系列程度不同的"社交性暴露"。完全私下的、个人的活动,如大便,是一个极端;完全公开的活动,如散步,是另一个极端。但是,在大便和散步之间,显然还有许多只可以作有限暴露的"中性"活动。

在从事这些半公开的活动时,我们通常总使自己的外部表现和活动的亲密程度保持平衡和协调。一般说来,在越是熟悉的人面前,我们的举止越随便。和比较陌生的人在一起,我们的行为会显得拘谨。而当我们单独处身于一群完全陌生的人中间时,我们会变得更加矜持,一举一动都变得很不自然,甚至会笨手笨脚。

在维多利亚时代,曾有过一种使人的动作暴露性越来越受限制的倾向。数不尽的清规戒律被制订出来,要求人们在"待人接物"时要避免这样,避免那样。与此相反,20世纪的倾向是趋于放宽限制,许多很随便的举动开始使私下和公开的界限变得模糊不清,而且越演越烈,越来越倾向于大胆暴露。我现在要谈的就是这一倾向中的一个方面,即:暴露过度信号。这种信号虽不太常见,但由于出现在比较公开的场合,人们仍能注意到它。

暴露过度基本上有三种情况:出于无知、出于故意或者出于偶然。无论什么时候,无论在私下场合还是公开场合,只要我们过度暴露了自己,因而有某种程度的"失礼"行为,其原因不外乎这三种。特别严重的暴露过度,甚至会使当事人在多年后回想起来时,仍觉得羞愧万分。

先来看看"无知的"暴露过度。显然,这种情况大多出现在这样的时候,即:我们处身于某个陌生的社会环境,而且对这一环境中的行为准则一无所知。譬如,某个来自于习惯公开打嗝的文化或者阶层的人饱餐一顿之后打着饱嗝。这种举动会使许多把打嗝视为私下举动的人大为吃惊。然而,只有当他们用表情或者直接用语言表现出他们的吃惊态度时,他才会意识到自己的这一暴露过度行为。

在正式的社交场合,像这样的无意识暴露过度是极为罕见的。这主要归功于正式的社交场合有其严格的行为规则。不过,在一个迅速变化着的社会环境中,譬如像我们今天这样的社会,行为规范往往会变得模糊不清。这并不是说我们现在已经没有任何行为规范(只有疯子才真正这样),而是说我们对一般的行为规范常常会无所适从。譬如,某男子遇到某个陌生女子,他通常总无法确定她是一个开放型女性呢,还是一个守旧型女性。如果他把她当作开放型女性对待,而她偏偏是守旧型的,于是他手足无措,狼狈不堪。同样,他也不可能知道自己遇到的是个"性交健将"呢,还是个老派的正经女人。如果他把她当作"性交健将",对她做出放肆的举动,而她偏偏是个拘泥的正经女人,把他的举动视为轻浮和下流,于是他又被弄得手足无措,狼狈不堪。

如果我们受邀去参加某次"晚间聚会",肯定会在和人见面时感到不知所措,因为我们不知道,和我们见面的那些人是谁;我们和谁应该握手,和谁则不必;什么时候应该亲亲脸颊,什么时候不必;或者,在亲脸颊时,是亲一边呢,还是亲两边;在交谈时,我们同样不知道,怎样的话题是犯忌的,怎样的话题却不是;或者,话说到怎样的地步才算得体,怎样的地步就有冒犯之嫌;最后,在什么时候我们该告辞,或者对于主人的殷勤劝留,我们该将它视为一般的客气呢,还是该真的再留一段时间,我们都会感到茫然——总之,我们在整个聚会过程中始终不得自在,始终面临着双重的危险——不是暴露过少而显得呆滞,就是暴露过度而显得粗鲁。情形仿佛是,现代社会已扔掉自己的胸罩,却又穿上了维多利亚式的紧身胸衣。我们总以为,我们已经抛弃过去的那些清规戒律——在有些重要的领域确实如此——但是在许多日常的社会生活中,我们仍然受着过去的那些礼仪幽灵的纠缠,而这种情况说不定将要永远继续下去。

为了表明我们的看法,上述情况也许有点言过其实,因为我们每个人都很善于根据不同的社交情势作出迅速的、几乎是瞬间的自我调整。即使在最令人犯难的社交场合,我们也仅仅是偶然才会"有失检点",而且可以把出于无知的暴露过度减缩到最低程度,因为在面对面的实际交往中,我们需要对数百种不同的社交迹象作出反应。况且,当我们处身于完全陌生的、不熟悉的异国社会时,我们会被人看作"外人",我们不合当地习惯的暴露过度行为也会被视为"怪里怪气的外国作风"而得到原谅。

再来看看第二种暴露过度——出于故意的暴露过度。我们发现,这也是比较罕见的一种现象。举例来说,某人的屋子在夜里起了火,为了逃命他不得不光着身体跑到街上。显然,他的暴露过度是出于故意的,或者说是有意识的。他在公开场合做出了一种私下的举动——光着身子,但他会得到原谅,因为情况特殊。同样,如果某人在周围无人的情况下脱得光光地下海游泳,而当他上岸时发现自己的衣服被人偷了,这时只要他作出解释,其他人对他这种在公开场合赤身露体的行为也可能会加以原谅。不过,这第二种情况比较难堪,因为当初他脱光衣服下海是出于自愿的,不像失火时的情况那样,是出于无奈。

相反,如果某人突然把自己脱得一丝不挂而跑到热闹的大街上,他很可能会因为这种"下流行为"而遭到逮捕。近来已变得很流行的那种所谓"裸奔"现象,就是这方面的一个不可多得的例子。作为一种故意的暴露过度信号,这是一种令人惊异的象征行为,是整个旨在于使私下行为公开化的社会倾向的具体表现。也许,这一现象中最令人惊异的不是"裸奔者"遭到警察的逮捕,而是一般公众对他们几乎完全采取认可的态度。他们的反应是觉得有趣,而不是觉得愤怒。就这一情况而言,至少可以说,行为自由看来已经有了某种小小的进步。

公开的"裸奔"反映了发生在电影、戏剧方面的类似变化,在那里,越来越赤裸的人体、越来越逼真的性行为,一年甚于一年地展现在公众眼前。尽管如此,暴露过度的步子几乎永远都很小,就像前面所说的一样,我们在此面临的仍然仅仅是一种象征性的暴露;现代社会已扔掉自己的胸罩,同时仍穿着紧身胸衣。最好的一个例子是,最近在一部影片中,某个著名男演员在表现和女主角的恋爱时，做出了毫不作假的胯部顶戳动作，但是他在这样做的时候，却没有脱掉裤子。

最后，是第三种暴露过度——出于偶然的。用一个简单的例子就能说明这种暴露过度和前面两种之间的区别。某个不知打嗝是禁忌而在公开场合打嗝的人，是出于无知的暴露过度；某个明知打嗝是禁忌而不以为然地在他人面前打嗝的人，是出于故意的暴露过度；但是，某个非自愿地在公开场合打嗝的人，则是出于偶然的暴露过度。

这最后一种暴露过度时常是因为某人以为周围无人，但实际上并非如此。一个有趣的例子是挖鼻孔的司机。挖鼻孔像挖耳朵或者其他类似的自洁动作一样，通常是一种只限于在个人房间里单独做出的私下举动。司机完全知道这一点，但出于某种原因，汽车驾驶室成了他的"私人房间"。他把它看作自己的领地，而且常常把它当作一间底下装有轮子的密室。既然他坐在这间"密室"里时旁人从不来打扰他，他就时常会做出一些私下的举动。然而，实际上路上的行人和其他车上的司机透过他车上没装窗帘的车窗，把他的一举一动看得清清楚楚。除了挖鼻孔，还可以看到他做出其他一些"私下动作"。有时，遇到交通阻塞，他坐在方向盘前会发疯似的把头晃来晃去，嘴巴一动一动，但没有声音，手不断地敲打着车上的某个地方。这一切都被人看到了——他正听车上收音机里的音乐着了迷。他仍觉得自己是一人独处，他的可移动的个人领地有四堵"墙"，已把他与外在世界隔绝开来，因此他随心所欲地想怎样做就怎样做了。

在公共场所偶然地身体相撞是另一个例子。我们都尽力避免发生这种情况，在拥挤的地方都会十分熟练地相互避让。但是，尽管如此，在偶然情况下我们仍会相互碰撞。这时，我们会道歉，不仅因为相互妨碍了走路，而且也因为我们偶然地暴露过度了。我们的身体接触并不是我们有意要做的,对此我们必须相互澄清。

如果和一个异性相撞,道歉通常会更认真一点,因为我们不想让对方觉得这里有某种私下的、和性有关的身体接触的意味。性饥饿的男子有时会把这种情况颠倒过来——他们在拥挤的地方紧贴着某个女子,表面装着是偶然的暴露过度,实际是有意要进行性接触。

在离开暴露过度信号这一论题之前,还有一些反常现象值得一谈。由于某些特殊情况,行为的私下性质和公开性质时常会有所变形。有些绝对私下的举动在某些场合可以公开做出,在其他场合则不行,而且对不同的人也有不同的规则。譬如,在路边小便,对儿童来说并不算什么暴露过度,但对成年人来说就是很严重的暴露过度行为。类似的许多举动,如果儿童做出的,就不会引起非议,如吵吵嚷嚷地做游戏,或者在公开场合大吵大闹,对于年幼的儿童来说是正常行为,换了成年人,这些就只能仅限于在自己家里私下做出。陌生人在公开场合看到儿童做出这些举动通常采取容忍态度,因为他们知道,儿童尚未学会如何调整自己行为的暴露率。

当儿童稍稍长大一点之后,他们又会从无节制的公开暴露过度一下子滑向另一个极端,即我们称为"害羞"的暴露过少。只有过了多年之后,有了进一步的生活经验,他们才会在两者之间进行"准确的"平衡。

有一种特殊的成年人,他们的暴露过度会像儿童一样受到他人的谅解,那就是病人或者受伤者。医院里的伤病员,即使有某种极端的暴露举动,也是允许的。他们的大多数身体接触动作都是在比较陌生的人面前做出的:有些因为病得太重需要他人照料;有些是自我退化,甘于做完全依赖他人的伪婴儿。但另一些人发现,打破暴露过度的一般文化戒条使本来就很痛苦的病情之外,又多了一种令人讨厌的折磨。确实,作为一种额外侮辱病人的方法,一般病房的设计真可以获得特别奖励。

除了儿童和伤病员,还有一种很重要的可以暴露过度的人——行为乖戾者。如果某人拥有不同寻常的显著地位,不管是通过继承得到的,还是靠自己的才能争取来的,他都可以有某种程度上的自由,可以公开表现出个人的怪癖而不会受到惩罚。如果他经常在公开场合肆无忌惮地做出私下举动,他的行为会被人认为是乖戾而不是冒犯,而一旦被划入这一特殊类型,其行为也就不再具有社会危害性了。所以,就这种行为自身而言,是"安全的"。这时,他不仅可以不顾文化的一般惯例过度地暴露,而且,只要他的过度行为已变得习以为常,人们实际上是指望他在公开场合暴露过度的。如果他不这样,在场的人反而会觉得他在弄虚作假。当然,我们大多数人是不可能这样放肆的,因为我们仅仅在极少数场合才会感到自己心里有"不受约束的"冲动。要成为乖戾者,就必须时时乖戾。

换句话说,只有当你无时不粗鲁时,你的粗鲁才会被人原谅;只有当你无时不作性炫耀时,你的性炫耀才会得到原宥。情形仿佛是,为了这些不寻常的人物,我们对日常的暴露率尺度作了基本的修正,然后又用一种在很大程度上经过调整的宽容态度对他们作出反应。酗酒的诗人、好莱坞巨星、疯疯癫癫的天才、有名的荡妇、放肆的滑稽演员、老色鬼、歇斯底里的女演员、漫不经心的教授、半痴半呆的大贵族和红极一时的名歌星,他们就是这样一些特殊的人物。他们的暴露过度行为给我们以闲谈的资料,使我们觉得津津有味,而若换了别人,我们也许会因此而发怒。

我们有时说到这些任性的名人,会说他们的行为就像不懂事的孩子。这种说法正表明我们想竭力"驯化"他们的暴露过度行为,从而使它可以为我们所接受。由于他们在公开场合做出的私下举动并非严重得不堪入目,他们等于在为我们提供一种既容易理解又显得有点粗鄙、熟悉甚至有点极端的行为景观。我们每个人时常也很希望自己能公开地放肆一下,但又不敢这样做,而这些行为乖戾者似乎就在替我们做。我们通过他们的暴露过度行为来满足我们自己。然而,我们也会对他们的行动自由抱妒忌之心,因此他们的生活每每是不稳定的——不知何时,只要我们对他们感到恼怒了,我们就会施行报复。他们的公开游戏一下子会变得索然无味,会引起极大的关注,会变成丑闻。一夜之间,他们的暴露过度特许证便被吊销,疯狂的妒忌,以道德主义作为冠冕堂皇的伪装,把他们一个个搞得声名狼藉。

　　以上这些,就是暴露过度信号。它们为观察者提供了宝贵的线索,从中可以揭示出部分暴露过度者在界定私下行为和公开行为的尺度方面的不同程度的失败。为了强调其中的基本原理,选择一些颇为极端的事例加以说明固然十分必要,但是在现实生活中,暴露过度行为比上文提到的那些粗浅的、或是或非的两极取舍情况(如某人公开打嗝,某人则不;某人公开小便,某人则不)要微妙得多。在公开场合的行为自控时常仅是程度上的问题,只要观察者对日常活动中的不同暴露率有足够的敏感性,即使某人稍稍出格,他也能一眼看出。这只需要对某一动作在速度或者强度上的细微差异有所察觉。譬如,绝大多数人在公共场所进食时都会稍稍放慢自己的进食动作。他们颇为谨慎地把食物从盘子里舀起来,送到嘴边,头往下俯一点,稍稍张嘴含住一小口食物,然后慢慢地嚼。到某家餐馆去观察一下那些进食者,可以根据"进食抑制"程度把他们分成几等。大多数人都遵守一般文化规则,采用比单独进食时强度低一些的动作,但有少数人则不然。这些少数的例外又可分为两类——狼吞虎咽者和细嚼慢咽者。狼吞虎咽者不是来自地位最高的阶层,就是来自地位最低的阶层,但绝不会来自中等阶层。公开狼吞虎咽般进食的例子可以在某些百万富翁和欧洲贵族中找到,也可以在某些无业游民和重体力劳动者中找到。另一方面,细嚼慢咽的进食者看来是一些因为身处不熟悉的环境而暴露过少的人,他们不是在一些为那些不属于他们阶层的人提供伙食的餐馆里进食,就是不太习惯在外面用餐。

我们每个人都知道什么叫暴露过度,但是一旦把这一概念单独提出来加以分析,它作为一种文化表现就会显得更加鲜明,更加容易直接地理解。像父母在外面经常会对顽皮的孩子所说的"你等着,看我回家后收拾你!"或者客人在离开某个正式宴会后叹口气所说的"现在我们可以随便一点了!"之类的话,其中就分明显示出人们都充分意识到公开行为和私下行为之间的区别,而就是这种区别,已成为我们社会活动中的一个重要的行为特征。

衣着信号
用以显示、保暖和遮羞的衣着

穿上衣服而不发出社交信号是不可能的。每一种服装都显露出和穿该种服装的人有关的、时常还很微妙的一些情况。即便是那些坚持说自己极不注意衣着、尽可能穿得随便的人，也在对自己所扮演的社交角色发着很特殊的评注，从而表明了他们对自身所处文化的态度。

对于大多数人来说，衣着信号是每天一次的早上穿衣活动的产物。对于上流社会和最下层社会的人来说，这一活动的频率也许不再是每天一次，因为富裕阶层的人每天照例要换好几次衣服，而贫困阶层的人，如无业游民，晚上睡觉时仍穿着白天所穿的衣服。在这两极之间，每天一次的惯例只有当需要穿上一些专用服装时才会被打破。干脏活的人要穿上工作服，运动员要穿上轻便的运动服。人们参加特殊的仪式——婚礼、葬礼、公园聚会、舞会、节日晚会、俱乐部的聚会、正式的晚宴——也要换上适当的服装。但是，尽管这意味着每天一次的穿衣活动已翻了一番，其中的变化则几乎总是由"日常"服装换成"专用"服装。那种老式的社交习俗，即要求早上穿"晨服"、中午穿"午服"、晚上穿"晚服"的衣着准则，作为一种日常惯例，现在实际上已不复存在。

衣着行为的现代倾向，按一般的说法，总认为是越来越趋于随便。然而，这是错误的。实际上，衣着俗套依然存在，所不同的仅仅是用新俗套代替了旧俗套而已。今天的年轻男子穿一套牛仔服就像过去的年轻男子戴一顶高顶礼帽一样已成为俗套。他自己或许还以为衣着很随便，或者至少已摆脱过去那种僵化的服饰礼仪，殊不知他"随便"穿上的这种服装在很大程度上已成了现代标准服，就像他的祖辈曾穿过的当时的标准服一样。过去的那些明文规定或许已经被扫除，但它们很快就为今天的不成文的规则所替代。

为了理解这些规则，我们不得不追溯到作为人类行为方式之一的衣着活动的本源。从根本上说，衣服有三种功能：保暖、遮羞和显示。诚然，衣服的实用功能是保暖，是非社交性的，或者说是个人的。人类祖先曾生活在温暖的气候条件下，他的体温控制系统足以应付气候的变化。他即使赤裸全身也能保持 37℃ 的恒常体温，而无需任何人为方式加以辅助。他仅依靠一些重要的生理机制就能起到和穿衣、脱衣一样的效果。譬如，通过皮肤毛细血管的扩张和收缩使流向身体表层的血流量发生变化，其最大血流量是最小血流量的二十倍。有人曾计算过，从最小血流量增加到最大血流量，其对皮肤的保暖作用大约相当于穿一件羊毛套衫。至于散热，人类全身皮肤几乎都会大量出汗，可以有效地将多余的热量排掉。以狩猎为生而需要进行激烈运动的人类祖先，由于体内新陈代谢的加速，其身体热量肯定会大大增加——大约是休息时的五倍。在这种状态下，其赤裸的表皮对于保持正常体温来说无疑具有极重要的意义，因为赤裸的表皮面积越大，出汗后带走的热量也越多。人体可以在一小时内连续排出一升汗水，若缩短运动的时间，单位时间内的排汗量又可以增加四倍。

虽然有多种活动形式，虽然气候有细微的冷热变化，由于人体能自动产生热量和自动地散发热量，人类祖先即使赤裸着身体也同样能保持恒常的体温。然而，随着人类向全球扩展，随着炎热的沙漠地区和寒冷的北极地带也成为人类的栖息地，人体固有的体温控制系统就无法应付各种要求了。防护性的衣着变得至关重要，因为它既可以减少皮肤表面的热量散发，又可以使皮肤免遭太阳光的直接照射。随着时间的推移，当人类活动变得越来越复杂时，又需要有进一步的防护形式——用来抵挡可能会擦伤皮肤的坚硬物质，抵挡强烈的光线，抵挡利器的侵犯，防止氧气漏失或者防止原子射线。每一种新的需要都会产生新的防护性衣着，从粗笨的鞋子和厚厚的手套到头盔和整套的盔甲，从潜水衣到太空服，从防风镜和太阳镜到带通气管的蛙人服和焊接工的面罩，从紧身军服到防弹背心。

从一开始，这些不同种类的防护性衣着就产生了问题。它们不仅会降低人体肌肉活动的效率，而且还会对人体健康带来意想不到的危害。它们减少皮肤的透气性，妨碍汗水从皮肤表面散发。此外，它们还为各种各样的寄生虫提供了生息和繁殖的居所。在原始时代，人类赤裸的表皮是绝不会遇上这类问题的，栖息在皮肤上的几百万个细菌保持着均衡状态。但是，由于穿上了衣服，汗水在里面发臭，寄生虫在里面打架，人体表皮马上就成了各种疾病的发源地。在最好的情况下，会发出令人恶心的"体臭"；在最坏的情况下，则会萌发流行病。由于不可能彻底抛弃自己的防护性衣着，人只能使用香料和各种卫生方法来加以调剂。香料的普遍使用就是为了掩盖身体发出的气味,而洗涤,包括洗澡和洗衣服,则是为了去除气味。最后,到了今天,由于药物卫生法加强了普通沐浴的效果,现代人终于设法使自己在不恢复到裸体状态的情况下,重新获得了和他们的原始祖先相似的、比较健康的皮肤。

如果衣着仅仅是为了保暖和防护的话,那么,凭着现代技术,我们在许多场合就根本用不着穿任何衣服了。在我们的住所里有空调、暖气和软性家具,我们完全可以赤身露体地在里面舒舒服服地吃喝享受,而不会有任何防护上的问题。但是,事实上我们并非如此,因为衣着还有第二种基本功能——遮羞。就这一功能而言,衣着是一种隐蔽手段,穿上衣服是为了阻断某些身体信号。自从人类祖先开始直立行走以后,人在接近自己的同类时便不可能不显露出某种性特征。对于其他灵长目动物来说,这样的问题是不存在的。它们相互接近时是四腿着地的,即使要想显露自己的生殖器,也得采用某种特殊的"展示"姿势,而"正面袒露"的人类躯体,只有通过某种遮盖性器官的方式才能在相互接近时减少性显露。所以,不足为怪,从文化上说,缠腰布是所有服装中最普遍的原始服装。在任何需要脱掉衣服的社会情况下,即使其他所有的衣服已全部脱下,至少也得保留这块缠腰布。

另一种加强衣着遮羞性的因素是人口的急剧增长。经过数百万年的部落生活之后,人类现在已移居到拥挤的大城市里,周围全是比较陌生或者完全陌生的人。在这种状态下,直接的性显露不得不加以抑制,身体信号不得不加以阻断。即使在炎热的气候条件下,身体上被遮蔽的部位也远不止生殖器区域。个中的原因不难发现。人体上有着大量的性别符号,每一条肌肉曲线、每一个隆起的部位及其轮廓都在向有兴趣的旁观者发出基本信号。女子的乳房、腹部、臀部、大腿、腰、细长的颈部、圆鼓鼓的四肢,或者男子的胸部、体毛、宽宽的肩膀、手臂和腿上的肌肉,所有这些视觉因素对于异性都具有潜在的刺激作用,如果要减弱它们的信息,就只能用封套似的衣服把它们遮蔽起来。

虽然在不同的时间和不同的时代,遮羞的社会准则有所不同,但其中的基本原理是始终不变的。越是反性感的社会,衣服遮蔽身体的面积就越大。最极端的例子是某些阿拉伯国家的戴着厚面纱的女子。她们的全身,包括整个头部和脸部,都被遮蔽在衣服里,不仅如此,她们的衣服还特别宽大,以便把她们身上的全部曲线统统遮蔽起来。这样的女子,只能从面纱的缝隙里窥视世界,而她究竟是个美人儿还是个丑八怪,也只有她的丈夫才知道,因为在她的一生中,在任何公开场合,她始终穿着几乎是全封闭的服装。

今天说起来似乎令人难以相信,就在一百年前,各文明社会在衣着的遮羞方面都曾严格得几乎有点荒谬。譬如,在当时的英国,甚至说出"腿"这个词都会被认为是下流,而在独奏音乐会上,连大钢琴的四条腿也要用布包起来。到海滨去游泳的人,必须换上庞大而笨重的游泳衣,至于女子,她们还必须有专用的更衣车,不但要一直拖到浅水里,而且连下车用的梯子旁也设有帷幕,以免游泳的女子在下水前让海滩上的其他人看见。

随着时间的推移,这种极端的遮羞措施逐渐消失,身体暴露的程度开始扩大,但有些身体部位直到很久以后才被划出"遮蔽范围"。在娱乐界,晚至 20 世纪 30 年代,好莱坞演员在拍片时还必须把肚脐遮蔽起来,而女子赤裸的乳头直至 60 年代才出现在报纸上。此后,虽然在电影银幕上已有女子阴毛在闪现,但若该演员在某公开场合直接这样做的话,那她仍不免要受到正式的起诉。单件比基尼游泳裤最初出现在法国南部时,曾和警察发生过小小的冲突,不过它现在已似乎成为常用的游泳服。这种仅将阴部遮起的微型服装,至少使我们在某些公开的社会环境中,再度返回到了用无花果叶或者缠腰布遮羞的时代。但是,在其他情况下,衣着准则几乎仍然和维多利亚时代一样严格。即使是最有钱有势的人,若不戴领带、光着脖子走进某些高级餐馆,也不免遭人白眼,甚至被轰出来。

这种勒紧脖子的准则,使我们很自然地转到了衣着的第三种功能上,即:显示。不戴领带的顾客之所以会被人从餐馆里轰出来,不是因为他有意要暴露自己的喉结,而是因为他拒绝佩戴某种社会标签。像其他许多服饰细节一样,领带无论从保暖角度还是从遮羞角度讲都是毫无意义的。然而,它却具有文化上的标签作用,可以使佩戴者跻身于某一社会等级。这是衣着的最古老的用途,甚至早于它的保暖和遮羞作用,而且直至今日仍然极其重要。即使将来,看来也不会有什么大的变化。那些二流科幻小说家所钟爱的未来宇宙人,他们好像并没有返回到赤身露体的天真时代,相反,仍穿着灰沉沉的、很耐用的短上衣。衣着上的某一附饰品一消失,随即就有另一种附饰品前来替代,而这种状况,只要人类作为社会动物存在一天,就将继续一天。衣着不仅仅是一种灰沉沉的、有防护作用的遮体用品,它还是用来作视觉显示的最佳载体。

衣着的显示功能在过去时常是极端无情地发挥作用的。譬如,在14世纪的英国,它根本不是什么个人风格或者个人嗜好的问题,而是法律。当时的议会不厌其烦对社会各阶层的衣着制订了许许多多的规定。如果某个社会地位低下的人穿着只允许上流社会成员穿的服装,他或者她就要被罚款,或者充公其违禁衣物。然而,这样的法律看来在实施时遇到了某种麻烦,因为当时的老百姓都热衷于通过服装来显示高级身份。于是一代又一代的君主不得不增设越来越多的规定和越来越严厉的罚款条例,其具体细节若在今天看来简直繁琐得令人难以置信。作为例子,我们不妨从爱德华四世统治时期的一个服饰提案中引一段:"凡无爵位之骑

在更早的几个世纪中,服装原则不仅是跟随潮流的问题,它还得服从地方的法律。这些 15 世纪的服装表明了身份与穿着的关系。爵士阶层以下的骑士是不允许穿着下摆不蔽臀的紧身衣,或鞋尖长度超过两英寸的鞋子。图中中间的那个人所显示的穿着打扮,如果他不是爵士,那就得为上述两点缴付一笔罚款。

士……所着长袍、上衣及斗篷于其直立时不过私处与臀部者,处以罚金二十先令……凡无爵位之骑士……所穿鞋与靴之鞋尖与靴刺超过两英寸者,处以罚金四十便士……"有这类规定的国家还不止英国一个。在文艺复兴时期的德国,女子若穿着高于她本人身份的服装,将被人用一副沉重的木枷套在脖子上作为惩罚;在美国的早期新英格兰地区,凡丈夫不拥有两千美金以上财产的女子,是禁止戴丝绸披巾的。

以上这些例子是从成千上万种类似的规定中选出来的少数几种。在早期历史上,这类规定曾组成一个庞大的网络,控制着人们的衣着行为。它们不仅表明衣着和社会身份之间的密切联系,同时也表明,曾有无数的人想通过穿用高于自己身份的服装以虚假地改变自己的身份,从而为这种"僭越本分"的衣着信号而受到惩罚。今天,这类规定日常衣着的法律已不复存在,唯一遗留下来的规章是禁止在公共场所作"粗鄙的袒露"。不过,在军队里,一名少校擅自穿上校制服仍然是犯禁的,因为各种特殊的"军官服"仍像过去一样受到严格的控制。

那么,对于没有军衔的普通人来说,衣着法规的式微不是会引起标识方面的极大混乱吗?事实上并非如此。任何社会都不会达到服饰上的绝对自由,它自有其限制。最初,正式的法律由礼仪准则所取代,这些准则也像法律一样是明文规定的,只是它要求人们服从的是礼貌,而不是地方法规。后来,随着社会等级制度的垮台,礼仪书虽然成了历史遗迹,但是原则仍在地下潜行。它们存在着,但已不成文,甚至不会正式说起。今天,由于社会"等级"几乎已成为一个脏词,这些礼仪原则也变得很微妙、很复杂,而且时常是过去那些制度的彻底倒置。譬如,有人最近问一位英国伯爵,像他这样地位的人在今天的社会里有什么好处,他回答说:"只有一个好处,那就是我不用像我的男佣人那样穿得整整齐齐。"像这样的话,如果让他的中世纪祖先听到,那简直会认为他是在发疯,但就现在来说,它恰恰概括了最近几十年来男子衣着信号方面的主要倾向。这是一种业已遍及全世界的倾向,无论是日本银行家,还是俄国政治家,是挪威建筑师,还是葡萄牙教员,他们全都顺应着这一倾向。

引起这一男子着装新倾向的原因在于,他们需要有某种新的、能显示高级身份的衣着来源。既然现在人人都买得起华丽的丝绸缎子,把自己打扮得像只开屏的孔雀,那么显然,这样的奢侈很快就变得毫无意义甚至俗不可耐了。所以,想显示高级身份的人便只能另寻妙法。他们找到的是18世纪的运动场。高级身份的男子喜欢高级运动。英国绅士就曾沉溺于打猎,而打猎时必须穿上

高顶礼帽和燕尾服的兴衰。新时尚往往是借鉴于运动世界的。高顶礼帽加燕尾服的装束源于18世纪绅士的打猎服装，它只是在追猎时才穿着的。随后，在19世纪，它逐渐被人们接受，在参加时髦的社交聚会时穿着，就像这幅反映维多利亚时代的在温莎举行花园聚会的画中那样。到20世纪早期，它被当作日常装束，在进行办公室拜访时穿着；而时至今日，它已沦为参加婚礼宴席时穿着的老式"正规服装"。

合适的服装。为了便于骑马，他们穿一种前面叉开的长外套，背后有两条同样叉开的"燕尾"。硬邦邦的、像战时用的头盔似的高顶帽代替了大而松的软帽。这种打猎装束一旦定型为当时的高级身份运动服装，它也就成了闲暇和无需工作的同义表示。由于具有这样的吸引力，当时的"年轻贵族"就以它作为日常的时髦打扮，从而使它从猎场扩展到了一般社交场合。渐渐地，它又为更多的人所接受，其时髦意味也就消失了。所以，到了19世纪中叶，"高顶帽加燕尾服"经过稍稍的改装，便成为一般的日常衣着。

既然这种服饰已变得极为普通，它也就失去了原有的高级身份性质，于是一种新的运动场所又成为"新潮"时装的掠取对象。这次，它选中了射击、钓鱼和高尔夫球，因为它们都是富人所从事的娱乐性运动，既费钱又需要时间（闲暇和无需工作的象征），是新服饰理想的最佳来源。于是，粗犷的花呢射击衫经过些微的改装便成了普通西装。宽边低顶的钓鱼帽成了常用的圆顶礼帽。松软的高尔夫帽成了人人所戴的软毡帽。起初，普通西装还被认为是一种时髦的、但极不正规的服装。只有燕尾服才允许在正式场合穿着，虽然它已显然开始在走下坡路了。不久，放弃了大格花纹而且在颜色和式样上变得更为阴沉的普通西装，便将燕尾服挤出了所有的日常活动领域，使它成为"晨礼服"而退守在诸如婚礼和其他一些仪式上，以及成为"晚礼服"而退守在个别城镇的一些老式晚宴上。但是，无情的普通西装继续穷追猛打，甚至把它从这些领地中也赶了出去，逼得它只好变成一种历史遗迹而依附在高级餐馆的领班身上。在它原来出现的地方，现在到处是宴会西装，一种从普通西装改装而来的既新又老的礼服。

普通西装一旦到了登峰造极的地步，人们就觉得有必要用某种新的、更时髦的运动服来替代它了。来者是高级身份的骑马运动爱好者在乡间骑马时所穿的轻便茄克衫。这种被称为"运动衫"的服装很快就成为普通衣着，不久又顺着长长的社会阶梯爬进了董事会会议室和总经理办公室。今天，它还在和地位牢固的普通西装进行鏖战。但是，不管结果如何，反正现代商人无一例外地全都穿着——准确地说——源自运动的服装。

近年来，又有一种新的倾向出现。在一个平等主义日益高涨的社会里，随着人们对所谓"特权阶级"越来越感到厌恶，对于高级身份的男子来说，使自己衣着显得既平常又有点与众不同实在是很必要的。现在，某人若穿着一件潇洒华丽的、钉着闪闪发光的铜纽扣的游艇茄克衫，像个喜欢游艇运动的阔佬似的走进本地的酒吧去喝酒，他就会遇到很大的麻烦。因袭高级运动的做法已经行不通了。取而代之的是，必须从社会低身份成员那儿借用服装！目的是要表明，尽管我很富有而且有名望，但我实质上不过是个"穷小伙子"。这种"穷小伙子"综合征的最初症状出现在地中海度假中。在那里，一些富有的年轻男子，在度假时很快注意到当地渔民所穿的粗布衬衫和汗衫，并把它们作为自己的日常衣着，于是这一风尚相继传入各国，那些渔民服装便成了人人所穿的普通服装，由此也在许多大餐馆门口引起过无数次争吵。比这更为重要的，是穿用美国西部贫苦牛仔的斜纹粗棉布（石磨蓝）上衣和紧身裤。这类服装现今已有近百种差异不大的式样，而且已成为一股正在日益扩大的服装新潮流。

当然，就最后这一种倾向而言，其中存在着令人为难的问题。因为这些由高级身份男子穿用的新潮服装，总得和那些作为其原型的、由低级身份男子穿用的真正的工作服有所区别。因为这里的衣着信号必须发出相反的信息，即："我尽管穿得像个'穷小伙子'，但这并不是我的本来面目。"为解决这个问题，人们采用了好几种方法。首先是，在真正的穷小伙子一般会穿上"盛装"的场合，高级身份的男子反而穿汗衫或者牛仔服。其次是，在不损害这些"穷人"服装的表面"穷酸相"的情况下，尽可能地在裁剪和式样方面搞得华丽和考究一点。第三种方法可谓是前所未有的，是现代大众媒介的全新创造。这就是名人反衬法。如果某人既有钱又有名，而且其面孔经常出现在报纸、杂志、电视或者电影银幕上的话，他就不怕在最庄重的场合穿着最邋遢的"穷小伙子"服装。由于他那张家喻户晓的名人面孔和他那身简陋粗糙的牛仔服形成了鲜明的对照，他给人的印象是，他仿佛在无言地抨击当今这种唯利是图的文化。而当他穿着这身皱巴巴的"穷小伙子"服装，从他那辆锃亮的罗斯罗伊斯豪华轿车上下来时，只要摄影师巧妙地取镜头，他是绝不会露出破绽的。

　　以上仅仅是一种倾向,而在复杂的衣着信号领域里,还有其他许许多多的倾向相互交织在一起。有些是长期的,在整整几十年间始终经久不衰;有些则是短期的,一两个季节之后就销声匿迹了。所有这一切,并非全都很容易加以解释。其中最难以理解的是女子裙子长度和社会经济状况之间的联系。自第一次世界大战以来,在20世纪的几十年间,人们不断地观察到在女子裙子长度和社会经济繁荣或者萧条之间,存在着某种颇为密切的相互关系。从表面上看,人们或许会以为,由于长裙需要比较多的布料,所以和经济繁荣有关,而小气的、短小的裙子当然只有在钱不多的情况下才会做。但是,对事实的分析表明,情况恰恰相反。当经济繁荣,生活水平上升时,裙沿跟着上升;当经济萧条,生活水平下降时,裙沿也跟着下降。有人试图改变这种关系,结果纯属徒劳。早在60年代的繁荣时期,有些时装公司为了销售更多的裙子布料曾向市场推出一种"迷迪"裙,其长度大约是当时很流行的"迷你"裙的两倍。但是,这一"迷迪"裙计划最后遭到了惨败,社会上的裙子不断地往上缩短,很快就达到了"微型"程度、甚至"短衬裤"的绝对高度。唯有到了70年代,随着社会经济的衰退,稍长的裙子才重新返回时装界。同样的情况也发生在两次世界大战之间的那一时期:20年代经济繁荣,出现了短短的鸭脚板裙;紧接着,30年代经济大幅度衰退,出现了相当长的连衣裙。在40年代,第二次世界大战期间,由于防务上的需要,国民生产达到了顶峰,裙沿再度上升;但是到了40年代末,在战后困难时期,随着"新貌"型裙子的出现,裙沿又降了下来。随后,在富裕的60年代,裙沿才慢慢地开始回升,而当经济最繁荣的时候,裙沿也升到了史无前例的高度。60年代行将结束之际,服装设计师们已经在谈论设计一种外用裤衩的可行性问题。但是,和70年代同时到来的经济大衰退,使得广大男子终究未能领略到女子穿裤衩的美妙风采。70年代后期,人们又在谈论要再度推出"迷你"裙,不过这一计划是否能获得成功,更多地将有赖于国际政治形势发展的好坏,而不在于时装公司的一意孤行。

那么,究竟为什么经济上比较富裕会使女子普遍地倾向于露出她们的大腿呢?这是个颇为令人费解的问题,除非说由于经济

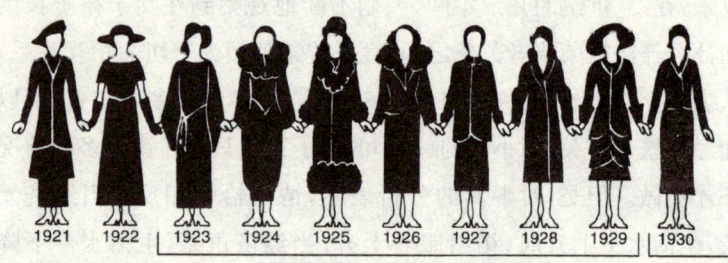

裙沿上升——繁荣的20年代

裙沿上升——战时经济起飞　　　裙沿下降——战后萧条

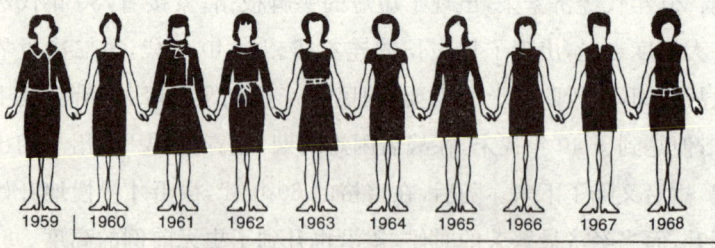

裙沿上升——经济大飞跃的60年代

现代女性的裙长是社会经济的晴雨表。随着社会经济的上升和下降,女性的裙沿也上升和下降。

上的某种安全感使她们敢于比较大胆地挑逗男子。也可能是,经济活动的普遍活跃使她们在肉体上也感到比较有活力——穿着比较短的、不太累赘的裙子更便于活动。我希望,未来的变化会使我们得到更加明确的解释。

随着时装潮流迅速地遍及全球,那些比较短暂的服饰倾向也以各种各样的方式在发挥作用。其中有一些仅仅是"标新立异",

裙沿下降——经济大衰退

裙沿下降——70年代新稳定期

其基础不过是某些人喜欢赶时髦而已。穿着最新式样的服装不仅能表明他们个人的社会敏感度,同时也表明他们有钱经常购置新服装,所以有其特殊的身份显示价值。每一种小小的服装新倾向都会改变甚或翻转前一阶段的时尚,而且时常可以精确地加以测定。譬如,最近几年间,男子衣领的宽度在不断增加,与此同时,裤腿翻边的宽度、领带的宽度、衬衫领子的高度和鞋跟的高度也在增加。通过测定这类变化,不仅可以列出衣着信号变化图表,而且可以清楚地看到各类因素的先后改变,是如何使服装显示系统保持其恒常变异性的。事实上,我们每个人每时每刻都在无意识地列着这样的图表。虽然我们并不完全自知,但在各种社会活动中,我们无时无刻不在识别旁人向我们发出的许许多多信号。就此言之,衣着就像手势、脸部表情和身体姿势一样,在很大程度上也是人类肢体语言的一部分。

身体修饰
社会性的肢体毁伤和容貌装饰

衣着仅仅是人类装饰自身的多种方式之一,除此之外,划破皮肤、穿刺肌肉、修剪头发、锉平牙齿,或者往脖子上洒香水,在指甲上涂油,朝脸上扑粉,都可以作为身体修饰的手段。其中有一些是终身的,有一些则是临时的。但是,不管怎样,它们都具有重要的显示作用,可以显示社会地位、性欲状况、挑衅意图、集团忠诚、游戏心态或者其他性质的种种目的。

许多临时性修饰,如面部化妆、戴珠宝、涂指甲、戴假发、做发型和洒香水等,仅仅是衣着装饰的一些小小扩展。像礼服一样,它们可以随意取舍,而且不具有任何持久性的社会意义。作为一种方式,它们可以反复使用,可以根据不同场合和需要加以适当变化,或者,可以随时尚的改变而彻底抛弃。

终身的修饰——那些某种形式的肢体伤残——是典型的封闭性社会的特征,在那里,至关重要的是对群体的忠诚。它们是一些永远不能舍弃的标记,表明某人属于某一群体,而且至死不渝。施行这类修饰时,经常还有特殊的仪式,一种部落入籍典礼。入籍者在此要经受巨大的肉体痛苦。这种痛苦作为一种重要保证,一种肉体上的恐惧,可以使入籍者更为紧密地和那些曾受过同样痛苦的人联结在一起。因为既然经受了如此难以忍受的折磨才得以成为群体的一员,在往后的生活中,他就会把它视为极端重要的事情而永远铭记在心。反之,由于有了这种难忘的经验,他和那些未曾受过同样痛苦的人之间的鸿沟,也会进一步加深。

受到伤残的器官大多是生殖器,而施行伤残的时间每每是在青春期。这是第一次,年幼者无法求助于父母以避免痛苦。他们就这样被人从父母身边带走,被人投进了部落群体的怀抱。

还有一些类似的伤残,是在孩子还不懂事的时候由他们的父母自己施行的。经过这样的伤残,那些孩子长大之后就会把自己身体上的这种特征看作仿佛是与生俱来的一种标志,从而使他和没有这一标志的其他部落成员隔绝开来。

对上述这些临时的和终身的修饰活动的最佳研究方法,是依次观察身体的各个部位,看看它们各自受到过怎样的关注。

先来看看头发。显然,这里存在着可供修饰的巨大可能性,但是这种修饰又只能是临时性的,因为随着新头发的不断长出,无论怎样的修饰都会消失得无影无踪。

在 17 世纪,欧洲盛行"美人痣",有时甚至还具有政治含义。

关于人类头发,值得惊异的是它竟然那样长。如果随它去的话,无论男女,头发都会长得很长很长,所以,说我们的远古祖先在很久以前就曾注意到了自己的头发,那是不会有大错的。除头发之外,男子的胡子如果不剃的话,也会长得相当长,因为有极端的记录表明,某男子的胡子长得比他的人还长——实在太长了,以至于有一天他不慎被自己的胡子绊倒,摔死了。那么,史前社会的狩猎者们用他们的头发和胡子做些什么呢?除非是说,头发和胡子对他们来说有着特殊的用途——可以用来相互梳理,从而增进相互间的友善关系——否则,这方面将始终是个谜。猴子和猿类都花大量时间相互梳理皮毛,因为这类活动有助于它们和睦相处。如果说,人类祖先也是经常"理发"的话,那么毫无疑问,这种"理发"就是相互友善地梳理头发和胡子,并以此加强他们的社会联系。

不管其原始意义如何,至少有史以来人类的头发一直是一个重要的修饰部分,而且经常通过不同方式的修饰而被用来作为一种附设的性别信号。它还可以通过近百种不同的样式表示不同的年龄或者社会地位,而且可以使用发蜡、发油或者假发加以进一步的修饰。人造假发的使用至少有五千年历史。古埃及人在参加某盛大典礼前通常要剃掉自己的头发,然后在头上人为地做出假毛。其使用的材料可以是他人的头发,也可以是植物纤维,用蜂蜡把它们粘在自己头上。使用假发在古罗马女子中间也很普遍,其材料是从被俘女奴头上剪下来的头发。古罗马妓女一眼就能认出,因为她们全都戴着染成黄色的假发。古罗马男子则和现代男子一样,仅仅是为了掩盖自己的秃头才戴假发,所以他们也像现代男子一样,对自己戴着假发这一事实每每秘而不宣。

早期基督教会憎恨假发的人为做作和虚伪性。教士们都拒绝为戴假发的人祝福,因为当他们把手放在假发上时,就意味着他们正在接触可能是来自于异教徒头上的毛发。即使是女基督教徒的天然秀发,也被视为一种魔鬼的诱惑,所以在中世纪,女教徒都必须用头巾把自己的头发裹起来。直到伊丽莎白女王时代,假发和精美的发型才重新出现。由于这位伟大的女王决定用一副假发来遮掩她稀疏的头发,全国上下的女子便趋之若鹜地加以仿效了,于是假发又成了一种高身份显示。与此同时,在法国,亨利三世因为长期使用一种有害的化学品染发,最后使他的头发全都纷纷脱落了。出于无奈,他只好戴一顶里面衬有一束束头发的天鹅绒帽子,而他的这一举动,同样为宫廷贵族们所仿效。所以到了17世纪,在欧洲到处可以看到各种大型的、精制的假发。路易十四在三十二岁时就成了秃头,他照例使用一副精美的黑色假发——每天清晨由侍从把它送进饰有床幔的御榻,晚上以同样的方法从床幔间递出来,所以宫廷里几乎无人真正见过皇上的秃头。关于这类个人仪表的修饰问题,当时的基督教会内部出现过巨大分歧,甚至还发生过这样的丑事:一些反对戴假发的教士在教区会议上用脚踢掉另一些比较时髦的教士头上的假发。

在18世纪的欧洲,假发做得越来越精致。据记载,这一时期的男子假发有一百十几种不同的类型,其中最高的一种是与众不同地用马鬃做成的马卡洛尼("通心粉")假发,有十八英寸高。真正的大型假发需要用好几个人的头发才能制成,一般都很昂贵,只有大富翁才买得起,所以 bigwig("大假发")一词也就成了大人物的代名词。

18世纪的假发显然是一种临时性的修饰,因为它们经常被公开地取下来,或者为了伸头,或者为了洗涤,甚或为了在朋友中间能稍稍地轻松一下。而在古代埃及,男子为了饰以假发,通常都是把自己的头发剃光或者剪短的。

在当时戴这样的假发有好几种好处。首先是当时的卫生术很

非语言泄漏：当我们感到紧张时，常常会无意识地做出像摸鼻子（上图）这样的小动作，因而泄漏了我们内心的紧张情绪。

短缺信号：假笑（左图）是很常见的短缺信号。一个人如果内心并不高兴，仅仅是抽动脸部的某些肌肉做出笑的样子，那么别人一看就知道是不自然的假笑，因为这种笑里缺少了真笑的某些重要成分。

身份显示：当今世界有三种高身份显示——王位继承者（左图）身份显示、高官身份显示和超级天才身份显示——高官身份显示的标志是前护后拥的保镖，超级天才的身份显示则是不按常规的衣着随便。

领地行为：在足球场上（右图），分明可见现代部落领地行为。支持某一球队的球迷都挤在一起，仿佛看台的某一部分是他们的"领地"，而且还有"部落领地"标志——旗帜和帽子。

阻挡信号：当人在公众面前感到紧张时，往往会用手臂阻住自己的身体，使自己"躲"在后面，但又不能公开伸出手臂，所以最常见的是无意识地去摸袖口上的纽扣（上图）。

防御行为：船舶头饰有驱除"邪恶目光"的小渔船（右上图）。关于"邪恶目光"的传说一直可以追溯到古埃及，至今仍使地中海一带的人心有余悸。

三个足球运动员筑起人墙（右下图），他们的防御动作是用手护住自己的生殖器，而不是脸。在同样情况下，女运动员可能会用手护住自己的乳房。

谦卑行为：就许多宗教团体而言，下跪还不足以表达他们对神灵的敬畏。他们代之以更为极端的俯身动作——磕头（上图和下图）。做这个动作时，前额要触地。

宗教表现：神灵的力量通过其能够在某一时刻让许多人同时做出谦卑的回应而反应出来。有组织的大规模宗教活动（左图）即表明了这一点。

如果某个外星人来到地球，一定会发现在人类居住区内，无论是城市，还是乡村，都有一些高大的建筑物俯视着低矮的住房（上图），而居住在这些高大建筑物里的主人却永远不在家，只有虔诚的信徒前来膜拜。

打斗行为：拳打脚踢看来是我们人类天生的打斗形式，无论是儿童打架，还是街头骚乱（下图），我们都可以看到这种打斗形式的充分表现。

利他行为：（上图）这个在非洲偏远地区为人看病的修女正在无私奉献自己的精力，但她是把他们当作自己的象征性的孩子或者上帝的孩子看待的，因而他们仍属于她的"家庭成员"。

胜利表示：胜利的一刻，人们常会举起双臂来加以表示（左上图），而且举起的双臂必然是大大地张开的。

信号切断：这是减少外来刺激的方式，最常见的形式是在说话时闭上眼睛（右上图）。

自发信号：如果我们准备出手攻击，无论是出于恐惧还是敌意，我们的脸都会发白（左下图），而若脸色涨得通红（左中图），则表明此人只是发怒而不会攻击。

替代行为:当感到困惑时,人们常会搔头——这一小小的替代动作反映了人的内心矛盾。

再激发行为:这一行为的目的是要使人从现在的心境转入新的心境。一个女人做出"小女孩"的样子可以激起情人的伪父母情感。

猥亵信号:这类手势在各地有多种变化形式。譬如,这种V形手势,在英国大多数地区是用来侮辱他人的下流手势。

身体自我模仿：有时，我们会用自身的某一器官模仿另一器官，如用伸出的舌头模仿阴茎（右图），以此侮辱他人。

为了引起雄性注意，雌性吉拉达狒狒会以它的双乳模仿阴户（下图）。

身体修饰:数千年来,人类皮肤一直被用来表示或者强调某种文化传统。在身体上涂抹颜料(上图)、文身、穿刺(下图)等等,有的是显示社会地位,有的是表示婚姻状况,有的是美容,有的则纯粹是出于好玩。

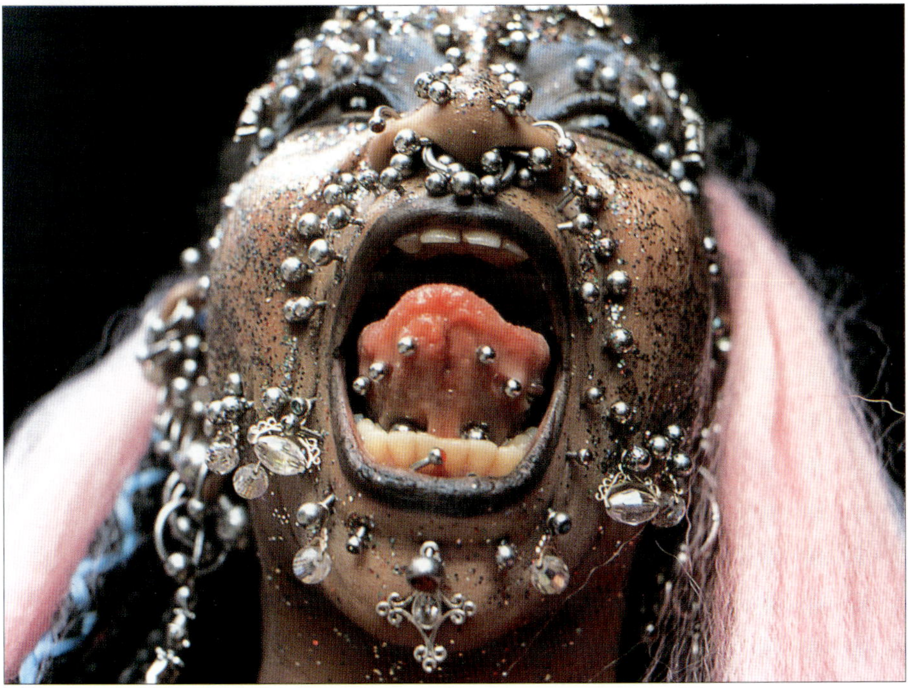

文身在许多文化中都被看作是一种"永久显示",同时也表明文身者的"耐痛能力"。

进食行为:由于人类食物绝大多数是红、黄、绿、白色的,因而即使现代食品工业有能力把食物做成蓝色的,我们也不愿品尝。

水中行为：人类婴儿出生后几周就会毫不惧怕地在水中游泳（上图），但这一能力到了他们四个月大时反而消失了。在非洲的一个偏远地区，那里的男孩会在水里用嘴抓鱼（下图），这似乎表明人类的原始祖先曾长期生活在水中。

年龄：世上最长寿的人——法国的让娜·卡尔曼夫人——在庆贺她的121岁生日。她活到了122岁，没有生过一天病，但从小喜欢吃油腻食物，还吸烟、喝酒。

落后,可随时脱下的假发便于洗涤。此外,假发可以根据不同场合的需要加以变换,可以送到理发师那儿整饰而无需本人留在那里。戴着假发还便于微服私访,因为头部在很大程度上已被假发遮盖。但是,不管怎样,假发最重要的作用是表现风尚和显示社会身份。

在18世纪后期,女子假发胜过男子假发而变得更为奢华,其最高的可达三十英寸,连马车也得相应地降低座位和升高出口。法国是这一时尚的中心,当时的法国时髦女子会花上半天时间精心地把自己的假发弄高,会整整一个星期戴着假发睡觉。为了不至弄坏假发,她们的床头上还装有特制的支架。真正的头发反而会受到忽视,于是就产生了诸如头虱和头皮经常被假发上的别针擦伤等问题。

随着法国大革命的兴起,随着断头台上断头刀的落下,戴假发的头一个个滚落在地,假发风尚从此一蹶不振。与此同时,在北美,虽然那里的清教徒势力很大,但从欧洲引进的发蜡和假发仍盛行了许多年,直到美国独立后才有所改变。奢华的老式假发已经在各地隐退,但一种比较简朴的新型假发又出现在地平线上。在整个维多利亚时期,假发一直退而扮演着隐秘角色,仅被用来弥补脱发的缺陷,而且演变为一种"几乎可以乱真的假发套"。假发式样依然男女有别,但除了一些小小的风格变化,直到现代始终没有出现兴旺的迹象。

在20世纪50年代,人工合成头发在美国试制成功,为演剧提供了比较廉价的假发。到了60年代,社会上又出现了假发热,欧洲和美国的时髦女子中三分之一以上拥有"方便型假发"。在当时富庶而轻松的社会气氛中,游戏型假发也有各种尺寸、式样和颜色,而且一度曾被人当作正式假发而不是伪装型的"假头发"公开戴用。不过,现代男子毕竟没有回到18世纪,他们越来越倾向于头发的自然形态。这一倾向的最极端表现是头发移植技术的发明，即：把头上某一部分的头发连头皮一起割下来，移植到头顶中央的秃斑上。在1970年，有个美国男子为了做这种头发移植手术不惜花了一万两千美元，而这无疑是自玛丽·安托万内特定制三英尺高的最豪华宫廷假发之后的一次最昂贵的身体修饰。

60年代过后，公开的假发明显失势，连女子也开始比较注重自然的美发方式。但是，如果要在近期内就看到各类矫揉造作的发式统统绝迹，大概还不可能。自然的头发信号要达到一定的强度，无疑还要在相当长的一段时期之后。因为头发修饰比其他部位的身体修饰占有更大的便利之处——它惹人注目的位置。今天，由于人的身体大部分仍被衣服覆盖着，可供修饰的最佳部位只能是头和手，所以人为的头发很容易占据像狮子鬣毛一样的显著地位。

接下去我们来看看脸。像头发一样，脸在千百年间也一直受到各种各样的修饰。古代化妆盒本身就表明，古埃及人很重视他们的脸部化妆，而古代壁画则分明向我们展示出他们在这方面的成绩。

化妆对于人类脸部来说有好几层意思。它可以掩饰脸部，或者使它免遭阳光的照射；它可以使脸部显得更年轻，更健康，或者表明它属于某一特殊的社会等级；它可以使脸部发出挑衅信号或者性信号。就像头发修饰一样，脸部修饰有时也会被斥之为"不自然"，而有时若没有这种修饰，又等于是失礼的表现。

"文脸"作为一种身体修饰，已有好几百年历史。

在部落社会，化妆有一种很重要的作用，那就是确定某人在群体中的地位,并给予他一种文化上的"标志"。有人认为,它还有护身的意义,即保佑化妆者免遭潜在厄运的威胁。但是,事实上这是同一回事,因为真正的保护就来自于部落群体。

在古代社会,化妆的基本动机之一也是寻求保护,不过不是为了免遭厄运,而是为了免晒太阳。像现代日光浴喜爱者一样,古埃及人也经常以阳光沐浴,但同时他们又要保护自己的脸免受有害的强光照射。大家都知道,古埃及人使用的一种眼部化妆品是含铜的液态硅酸盐,它可以防止眼部因受强烈阳光照射而化脓。不过,他们对化妆的兴趣还远不止于纯粹保护眼睛,更重要的是精心修饰自己。譬如,埃及艳后克莱奥佩特拉就在自己的眉沿上使用黑色的方铅,又把上睫毛涂成深蓝色,下睫毛涂成浅绿色。一个上等阶级的埃及贵妇常常会在盥洗室里呆上很久很久,在那里她把手肘支在一种专用软垫上,既稳固又灵活地为自己画眼线。在她的化妆箱里有一捆眼线笔、一小罐铅粉、好几瓶各种颜色的油彩,还有粉盒和一只铜制的调盘。她的化妆品中有些是防护性的,有些是装饰性的,而有些仅仅是为了发出浓郁的香味。有些,譬如涂脸用的蛋清,则在于掩盖脸上的皱纹;红赭色施于双颊有助于使脸显得生气勃勃,而嘴唇则被涂成深红色。人们时常认为唇膏是一种现代发明,殊不知早在五千年前的古埃及人那里就已经有了。

所以说,就脸部修饰而言,很少有什么新鲜事物。千百年间所发生的一切,仅仅是各种文化在不同的程度上赞同或反对——扩展或限制——古代和部落的人们的这些普遍行为。在古代希腊,比较考究的化妆仅限于某一特殊职业的人——高等妓女(包括男妓)。至于其他阶层的人,从王室到平民,则按其地位高下决定其化妆程度的高低。不幸的是,在最近几百年间,化学化妆品已变得越来越有害,时常使脸部出现不可弥补的缺陷,而这又使人们转而更为大胆地在整个脸部上涂满化妆品。本来光滑的皮肤被彻底毁坏，各种斑点和瑕疵又一再地被厚厚的脂粉和油彩所掩盖。在17世纪，所谓的"美人痣"曾风行一时，实际上就是涂在脸部斑点和小疤上的小块化妆品。不久，这类小痣又进一步被引申为肢体语言，成了一种特殊的脸部信号。在伦敦，它甚至还被用来为政治服务，右翼辉格党人右脸颊上涂有一块小痣，而左翼辉格党人则涂在左脸颊上。本来是一个黑色圆点，很快又发展为五花八门的各类形状，如新月形和星形等，而在路易十五的宫廷里，这种脸部修饰的具体位置还带不同的含义：在眼角上表示热情，在脸颊上表示高兴，在鼻子上表示放浪，在额头上表示高贵，如此等等。

到了现代，化妆发生了两种巨大的变化。第一，医学的发展使脸部受到的伤害已大大地减少；第二，化学的发展使现代化妆品变得很安全甚至有益。结果是，20世纪的化妆也就变得不太做作，也不太危险。过去的脸涂得像蛋糕，现在的脸只是稍稍地淡妆一下；过去是遮盖皮肤，现在是保护皮肤。虽然有些部位，如眉沿、眼圈和嘴唇，仍像过去一样受到特殊的修饰甚至夸张，但就整个脸部光滑的皮肤而言，现在采用的是完全不同的方法。过去，脸部皮肤几乎总是用粉或者油彩抹成白色，或者再加一点胭脂，或者不加。这是一种高身份显示，其根本含义是：只有低身份的女子才需要在户外工作，因此她们的脸通常是棕黄色的，而高身份的女子无需在阳光下工作，她们的脸便特别白。至于增加胭脂，则在于表示健康。然而，对于现代女性来说，这种情况已经彻底改变。现在，在一个以工业为主的世界里，更为重要的是要显示出高身份的人能长期在野外度假，因而能晒到更多的太阳。太阳晒得越多，身份越高。于是，因晒太阳而变成棕黄的脸色——不管是真是假——便成了一种新的脸部标志，化妆也从白变为黄。

近年来出现的另一种脸部修饰方式是整容手术，一种比较极端的措施，其中包括割去多余的皮肤从而使皱纹舒展，割去下颏多余肌肉从而使脸显得瘦削,垫高鼻梁从而使鼻子显得挺直等等。虽然这些措施在今天仍被大多数人视为过于极端,但整形牙科则已经被普遍接受,还有如配戴隐形镜片也同样如此。"仿生人"也许是一种遁世主义的幻想,但"仿生脸"几乎已经出现在我们面前。

现代化妆除了使脸部显得更为年轻和更为健康因此更有吸引力之外,还有另外三层含义:时间、物质和服务。时间就是金钱,物质也是金钱,而特殊的服务更需要金钱。所以,可以作这样的类推:化妆=富有=有地位。基于此,化妆永远是一种表示"我有的是钱"的脸部信号。同样基于此,化妆越讲究,就越好。换句话说。如果一个女子有一张经过精心化妆的、然而又是极端做作的脸,她就会给人以一种威胁感。这在喧哗的60年代曾使西方国家出现了某些粗野的脸部修饰,其程度几乎不亚于部落社会的武士。不过,到了70年代,在比较节制而且越来越重视平等的社会气氛下,这类赤裸裸的身份显示又被收敛起来,取而代之的是一些更为隐蔽的身份显示。化妆并没有消失,它只是锋芒稍敛,同时用一种比较迂回的方式表现出来。富有和高身份仍然是人们梦寐以求的东西,但是又不能让人看出它们正在被追求。这是一个伪清教主义时代,其脸部显示方面的实际情况,只有把它和历史上的情况作比较才能确切地了解。在过去,古希腊人的清心寡欲、基督教会的禁欲主义以及维多利亚时代的假正经,都曾导致对浓烈型化妆的压制。当时,只有交际花、妓女和轻佻女子才浓妆艳抹。现在,我们似乎也回到了类似的状态:普通女子的脸必须保持天真和自然。但是,这里有很大的区别:现代女子有一整套先进的化妆技术,可以使她把自己化妆得比天真还天真,比自然更自然。有经验的人一眼就能看出这样的天真和自然是化妆出来的,只是不太过分罢了。就像做工考究而表面又显得很邋遢的牛仔服一样,脸也巧妙地通过自我反驳同时发出了两种自相矛盾的信号:"我很认真地使自己显得很不认真。"

从脸部往下移,我们来看看身体表皮。在全身穿衣的文化中,身体表皮显然已退回到原始状态,因为在这样的文化中,身体仅仅在某些特殊场合才显露出来。在半裸体的部落社会,绘身和文身很盛行,而且在不少情况下是一种艺术品——或许,是人类艺术的"起源"形式也说不定。第三种表皮修饰同样利用伤口痂化结疤过程在身上留下痕迹,只是其做法更为激烈,即:用木炭或者其他材料擦入刚割开的伤口,使其愈合后显示各种颜色。无论是绘身、文身,或者最后一种"彩色文身",都会在人体上留下持久性的修饰"标记"。

不管现代衣着情况如何,上述三种身体修饰方式还是在不同程度上被保留了下来。绘身在20世纪60年代曾流行过一时。文身也从未消失,但仅出现在一些码头工人和海员身上。"彩色文身"时运不济,其最后一次露面是在德国,它在那里的表现形式是人们有意识地炫耀因决斗而留在身体上的伤痕。

或多或少会在皮肤上留下持久性痕迹的文身或刺青,从本质上说,是一种表示忠诚的标记。关于这一点,只要看一下好多海员所喜爱的文身或者刺青图案就能明白,这些图案不是个人关系的象征(两颗心或者两支箭),就是文化关系的象征(某团体的旗帜或者国徽)。人们时常认为,施

在有些部落社会,从头到脚的文身成了部落的标志。

行文身理应有其普遍的基础,尤其就它的持久性而言,似乎更应如此。所以在19世纪曾有人一本正经地建议,在一对夫妇的手指上各刺上一个彩色圆环可以作为婚姻义务的一种象征。据说,这可以防止人们肆无忌惮地犯重婚罪,也可以防止有些男子脱掉自己的结婚戒指去猎获其他不存戒心的女子。如果女子孀居,可以在她的手指上再刺上一颗星;如果是离婚,加刺一条线;而如果再婚,则刺上第二个圆环。这样,每个人的婚姻状况都一目了然,也就没有人再可以作假了。在20世纪初,美国的丈夫们就曾做过类似的尝试,他们搬用新西兰土著的风习给自己的妻子文身,以此告示其他男子:"此女已有主,请勿染指!"

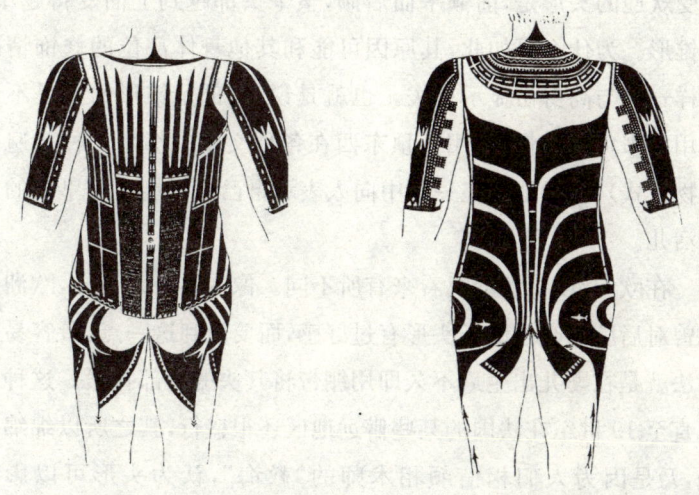

除了显示身份,文身还被认为是"耐痛"和毅力的显示。

尽管如此,留存至今的持久性身体伤残形式,除海员文身之外,比较普遍的仅仅是为戴耳环而穿耳,以及为行割礼而割去包皮两种。部落社会的那些伤残形式,如撑大嘴唇、锉平牙齿、拉长耳朵或者切除女性生殖器的某一部分(阴蒂或者阴唇),在现代社会基本上已经绝迹。割包皮,事实上是唯一的一种违抗现代反身体伤害潮流的、真正原始野蛮的伤残形式。就这种形式而言，如果它是在青春期而不是在婴儿期施行的话，那么毫无疑问，它也早就绝迹了。它会因受害者的强烈反抗而被废除，但是婴儿不会反抗，而保护婴儿又每每为社会所忽略，加上现代医学卫生技术在这方面给予了不适当的帮助，所以这种对幼年男性的生殖器所施行的伤残行为至今仍未引起人们的关注。

另一种没有流传下来的伤残婴儿形式是压头。这种古怪的做法在过去一度很普遍。婴儿初生时，其颅骨很软，很容易施予外力而使其变形。所以，在不少地区，如非洲、南北美洲和欧洲，人们曾利用各种绷带或夹板使婴儿颅骨变形而长成他们所希望的形状。最受欢迎的头形是，前额平而后倾，整个头部越到上面变得越细，呈锥形。为什么要如此，其原因可能和其他身体部位的修饰情况一样——与高身份显示有关。也就是说，头部呈锥形的人是不可能用头来负荷重量的（用头顶东西在各种文化中都是一种普遍的携物方式），所以他将在一生中向人表示自己不可能从事卑微的奴仆活儿。

在欧洲，压头的动机看来有所不同。像古埃及人一样，欧洲人也曾对后脑勺突出的长头形有过好感，而要做到这一点，最容易的方法就是在婴儿出生后不久即用绷带将其头的上部扎紧。这种风习直至19世纪在法国的某些僻远地区还很盛行，其之所以绵绵不绝，乃是因为人们相信颅相术师的"教诲"，认为头形可以影响智力。

在现代，人类的头部已不再受到挤压，但类似的伤残又移到了脚上。20世纪的鞋匠一直承担着人脚挤压器的任务。这种情况对于女子来说比男子更为严重。不过，所幸现代女子的脚毕竟已从深渊中拔了出来，像旧中国那种"缠小脚"的极端形式已不复存在。在那里，高身份女子的脚一度被挤压成畸形，连行走都困难，更谈不上工作——这里同样是用变形来表示自己不可能从事卑下的奴仆活儿。至于现代西方女子的"高雅的"尖头高跟皮鞋，也同样是要表示和笨重的体力工作无缘，不过它所引起的脚部变形程度要低得多，至少没有严重的损伤性。

诚然，人类这种动物用以修饰自身并以此显示其自身的方式还有许许多多。其中有些十分奇异，也十分罕见，如乳头上涂口红和乳头上穿孔挂环、男子戴假胸毛、女子把阴毛修饰成心形，等等。还有一些则十分普通，也十分常见，如戴项链、戴手镯、戴戒指和涂指甲，等等。概而言之，它们都属于不同程度上的"凝固"姿势，或者说，是一些持续的、非常充分的动作显示。挥挥拳头的视觉效果仅延续很短一段时间，以手臂摇动的时间长度为限。但是，任何形式的身体修饰，其视觉效果的延续时间都要长得多。而正因为有这种充分的显示效果，可以肯定，身体修饰将永远伴随着人类在本星球上存在下去。

性别符号
表示或者强调性别的男性信号和女性信号

通过性别符号我们可以识别某人是男性还是女性。此外,在某人的性别已知的情况下,性别符号还有助于强调男性特质或者女性特质。

婴儿初生时,唯一可供识别的性别符号是生殖器的形状。阴茎表示男孩,阴户表示女孩,这是普通人都知道的常识。此外,当然还有其他一些性别差异,但是由于一般情况下观察不到,它们不能算作性别符号。所谓性别符号,就是可直接加以观察的性别差异。

新生婴儿一旦穿上衣服,在视觉意义上便无性别可言。虽然可以增设人为的性别符号(如男孩穿蓝色,女孩穿粉红色衣服),或者取有性别含义的名字,但做母亲的对此并不在乎,她们只关心婴儿本身,不管其性别如何,都将给予同等对待。

随着孩子长大，情况就会发生迅速变化。虽然许多性别符号一直要等到青春期才会出现，但是在儿童期内已经有大量的性别差异。这些差异绝大多数是社会强加给孩子的。男孩和女孩，他们会得到不同的衣服和玩具，有不同的发式和修饰，要做不同的游戏和运动，等等。虽然孩子们在此时还无功能上的性别差异，但他们已经在被迫扮演各自的性角色。社会为他们准备了未来，而且在他们还根本不需要的时候，就赋予他们以性别特征。

这种社会倾向造成的后果是：当孩子们成年之后，两性之间会出现很大的"性别鸿沟"。男青年不仅在生育方面代表有主动权的男性，而且在社会方面也表现为强悍的男性；女青年则无论在生育还是在社会方面都属于被动的、柔弱的女性。这种强化男女差异的倾向近年来已受到猛烈抨击，有人认为，应该彻底扭转这一倾向。他们争辩说，性别鸿沟是历史上男性社会的产物，它不再适用于现代社会。

从某种程度上说，他们是正确的，而要充分理解其中的缘由，则必须追溯到作为原始狩猎者的人类祖先的生活状况。大约在一百多万年之间，原始人类由典型的灵长目动物渐渐进化而来，他们原有的觅食方式也演变为一种主要在两性之间进行的原始分工制度。所有的灵长目动物几乎都是群体迁移的，不论雄性、雌性还是它们的幼儿，都一起从某一觅食区域迁往另一区域，以寻找可食的水果、硬壳果和浆果。而当我们的原始祖先放弃这种生活方式进而成为狩猎者和采集者时，他们的整个社会组织结构也必须发生变化。狩猎需要集中所有的精力，所以群体内的女性成员——她们几乎总是在怀孕或者哺乳——就只能留在后面。这意味着群体必须停止迁移，固定栖息在某地，以便男子狩猎后能够返回。女子可以在栖息地附近进行比较省力的食物采集活动，把一些植物性食物带回栖息地。但是，由于还有颇为沉重的哺乳负担，她们不可能像男子一样成为专业狩猎者。

作为这种分工制度的后果之一,男子身体越来越专业化为一种能跑擅跳和善于投掷东西的工具,而女子身体则变为很适宜于哺乳和育儿的工具。所以,有些性别符号便在男子的狩猎倾向中形成,而另一些性别符号则来自女子的专业化哺乳和育儿活动。男子狩猎特征包括以下几种:

一、男子身体比女子高大而笨重,有较粗的骨骼和较发达的肌肉。他们比较强壮,比较能负重。

二、男子的腿从比例上说比较长,脚比较大。他们跑得比较快,脚步比较稳。

三、男子有较宽的肩膀和较长的手臂,而且前臂比后臂长。他们比较善于瞄准和投掷武器。

四、男子的手比较大,手指比较粗,拇指尤其有力。他们比较善于抓握武器。

五、男子的胸部比较宽阔,能容纳比较大的肺和心脏。这些特征都意味着男子具有较强的呼吸和循环反应,因此比较有耐力,而且能较快地恢复体力。他们比较善于长途跋涉。

六、男子有比较坚硬的颅骨和比较粗的脊梁骨,而且颚部比较结实。他们比较能经受肉体上的打击。

以上种种特征,充分说明了为什么在现代体育运动中各比赛项目总有男女之分。从全世界女性中选拔出来的最佳女运动员,无论是跑还是跳,都无法和最佳男运动员相比。不过,在普通人中间,男女体力方面的强弱存在着某种程度的交叠现象。如果从一个由一百个普通男子和一百个普通女子组成的人群中,挑选出一百个比较强壮的人,其结果可能是:其中九十三个是男子,七个是女子。换句话说,每一百个男子中间就有七个体力最弱者,他们有可能弱于每一百个女子中间的七个体力最强者。由此可见,即使从纯体力角度讲,男女之间也不存在绝对的优劣。差异仅仅是程度上的。这种差异相对地说并不大,其原因就在于男子在很久很久以前就已经成为武器使用者,无论是在狩猎中和食肉动物搏斗,还是在竞争中向其他男子进攻,他都在较大的程度上依靠自己的头脑和武器,而不是一味地使用蛮力。他必须成为身体灵活的"运动家",而无需成为粗壮如牛的大力士。

然而,虽则男子在体力上没有绝对的优劣,在性别符号方面却存在着许多可见的显著特征。其中有些是纯属解剖学的,如较宽的肩膀或者较大的双手;另一些则是行为上的,是从解剖学方面的各种差异中派生出来的,如手臂的投掷动作或者腿的大步跨跃。

至于女性,从她作为怀孕者和哺乳者这一特殊角色中,同样产生出许多重要的性别符号:她的胯部较宽而且较之于男子稍稍有点后倾;她的腰比较细,大腿比较粗;她的肚脐陷得较深,下腹部较长;她的乳房高高隆起。这些有利于怀胎的特征,使女子身体的整个轮廓发生了某些独特的变化。她的胸部虽然从正面看比男子胸部要狭窄一点,但由于她有那对前突的乳房,若从侧面看,她的胸部甚至比男子还厚。她的细腰和宽大肥厚的臀部使她的躯干呈钟漏形。由于两腿的根部分得比较开,她的两腿分叉处有明显的缝隙,而正是这两条稍稍内倾的大腿,使她时常显出一种膝盖好像老是相碰的样子。

由于胯部后倾,女子的臀部较男子更为突出。加上比较肥厚和宽大,她的臀部也更为惹人注目。当女子走动时,特别是当她奔跑时,便于怀胎的身体解剖结构会使她呈现出一种特殊的步态。内倾的大腿迫使她向外呈半圆形摆动整条腿。她的腹部会晃动,她的身体会以一种和男子截然不同的方式左右扭动。此外,她的腿部较短,意味着她跨出的步子也较小,而且在一般情况下,她的奔跑动作不及男子灵活,显得有点笨拙。

女性的臀部比男性的更为外突,从维多利亚时代的裙撑服装中可以看到这一性别信号的极端形式。

最后这一点从表面看好像言过其实,也许有人会认为,女子奔跑的情况并非如此。之所以会有这种看法,原因在于我们对女子奔跑的印象大多来自女运动员或者少女,而优秀的女运动员,其优秀就优秀在她们例外地具有比较男性化的体格。至于少女,她们尚未完全发育成熟,其体格还没有真正女性化。如果我们有机会看到普通母亲的跑步比赛,步态上的这种性别差异就会直接呈现出来。一个中年女子追赶公共汽车,比一个中年男子要困难得多,她的跑动方式和女子田径运动员的跑动方式也截然不同。这不仅因为她的宽大的臀部有碍她的腿部动作,还有她的沉重的、下垂的乳房也会减慢她的速度,因为当她奔跑时,肥大的乳房会不停地上下抖动。女运动员则不然,她们每每有较长的四肢、较瘦削的臀部和较平坦的胸部。

一种微小的、时常被忽略的性别符号是手臂的弯曲度。由于女子的肩膀较窄,她们的上臂较之于男子更紧贴胸部的两侧。宽肩膀的男子在自然垂下双臂时,其手臂和躯干之间甚至还有一点距离。这种情况在举重运动员和健美运动员身上表现得特别明显,他们的双臂每每腾空悬挂在粗壮的躯干两边。一般女子则倾向于把双肘紧靠在自己的身旁,而这一特征常常为一些男演员所模仿和夸张,用以取笑女子或者男子同性恋者。女子的这一前臂贴身特征,加上下有向两边开张的臀部,必然会使她们不便于用手提物。为了弥补体形上的这一缺点,她们的上臂和前臂之间便形成一个向外倾斜的角度(比普通男子大六度)。这种角度的增大情况可以通过下述方法加以测定:让某女子直立,上臂保持不动,然后叫她把前臂向两侧张开。如果某男子故意把自己的上臂紧贴住胸部两侧,然后尽可能地向身体两侧张开前臂,他就会发现自己正在发出一种女性化的性别信号。

这种手臂姿势上的差异尽管很小,但在社会交往中却时常会被男子甚至女子无意识地注意到。许多性别符号都是如此,是在我们的意识层次之下发生作用的。但不管怎么说,当我们决定对他人采取什么行动时,这些符号是很重要的。除了这些,另有一些性别符号则非常明显,可以说是最基本的男性信号或者女性信号。它们和刚才讨论到的男子狩猎专门化或者女子哺乳专门化没有关系,而仅仅是一些纯粹的外部特征。具体情况如下。

男子:嗓音比较低沉;有明显的喉结和胡髭;眉毛较浓;鼻孔和耳朵比较多毛;身体表皮一般也多毛。这种多毛现象的唯一例外是头顶部,到晚年时经常会变秃。

女子:呈球形外突的乳房;较肥大的臀部;较平滑、较敏感的皮肤;较圆的膝盖和肩膀;腹部有较长、较宽的皱纹;全身一般裹有较厚的脂肪层。

在原始社会,男女之间还有身体气味的不同。现在我们虽然对此仍有所反应,但其作用相对来说已经很小,不像在其他灵长目动物中间那么重要。这些气味是由皮肤表层的一些特殊分泌腺发出的,尤其是腋下和两腿交叉处,发出的气味最多。腋毛和阴毛的作用就是把这些气味蓄积起来,使其变浓。有些穿着夜礼服或者在海滩上穿着游泳服的女士时常把自己的腋毛刮掉,其动机通常总被说成是因为腋毛"不雅观",但真正的原因与其说是视觉上的,不如说是嗅觉上的,是为了减少身体发出的女性气味。

当然,减弱嗅觉性别信号的意图并不全都表现得那样隐秘。今天,有许多人就堂而皇之地使用身体除臭剂。这种做法有其危险性。用化学品干扰皮肤的自然代谢过程很可能会伤害皮肤。但是,人们之所以这样做也自有其道理。道理很简单,一句话:因为穿衣。衣服穿在身上就会吸入汗水和其他皮肤分泌物,这些东西很快便腐化发臭,使原有的身体气味丧失其性别上的吸引力。如果全身裸露在空气和阳光里,皮肤上的气味是截然不同的,但那已经是过去的事了。现代男子——以及女子——只有靠反复洗澡,才能使皮肤获得某种近似的自然状态。皮肤专家们都认为,经常洗澡就足以保护皮肤,使用化学除臭剂不但不必要,而且还有潜在的危害。不管有没有危害,反正除臭剂会使我们最古老的一种性别符号——男女不同的身体气味——荡然无存,这一点是确凿无疑的。

在女子忙于消除自己的身体气味的同时,男子在每天早上也不厌其烦地扫除自己脸上的性别符号——胡髭。不可否认,今天我们仍能看到许许多多留着胡髭的男子,但是男子刮脸的习惯也有其悠久的历史,曾在许多不同的历史时期出现过,而现在更是遍及全世界。虽则不能说刮脸习惯存在于所有的文化中,但它也绝不是某种区域性的、仅仅是一时流行的怪习惯。为什么这种特殊形式的反性别行为会如此普遍,至今很少有人讨论。即使有人注意到了,通常也只是把它说成是一种为了便于饮食的自洁措施,或者是一种表示刮脸男子有闲在盥洗室里消磨时间的身份显示,或者是一种可以将刮脸男子从其蓄胡髭的邻人中区分出来的明显特征,或者干脆就把它当作一种怪习惯。

所有这些解释都有其合理的成分,但它们全都停留在表面。深入下去的话,这里有两种比较基本的原因:一种是视觉上的,一种是触觉上的。男子把脸刮得干干净净,在视觉上的好处是:可以更为精确地显示出脸部表情上的细微差别。就人类而言,嘴的动作和姿势极为复杂,若嘴的周围生满了胡髭,从嘴部发出的视觉信号就会受到阻碍。触觉上的好处则和性行为过程中皮肤对皮肤接触的性刺激作用有关。男子把自己刮干净的脸贴在性对象皮肤上时,可以更为敏感地接收这方面的触觉信号。但是,为了这两种好处,刮脸男子又必然会丧失一种古老的男性信号。所以,在各种文化以及在各个时期中,多毛和无毛的钟摆始终在左右摇摆。

若进一步谈论体毛问题,有一种现象似乎很古怪。那就是男子的身体表面一般总比女子多毛。既然说,男子当初是为了更好地散发因大运动量的狩猎活动而产生的多余体热,才失去身上厚厚的皮毛的,那么照理来说,男子的体毛应该少于女子。但事实上,男子的体毛至今仍多于女子。这如何解释呢?回答是:人类皮毛一旦退化而达到功能上足够的赤裸程度,也就是说,全身皮肤基本上已全部暴露,这时身体表面留有某些稀疏的、相对来说很短的体毛,对于散热并没有多大影响。实际情况同样如此。多毛的男子身体在散热功能上丝毫不逊于女子。那么,紧接着的问题是:既然女子在当初不像男子那样有体温控制上的迫切需要,为什么她们的体毛反而更少呢?

对这个问题的回答看来和男子刮脸情况一样,只能说是出于触觉上的需要,或者说,是为了提高男女身体接触时的皮肤性感灵敏度。有位权威人士在论及女子身体上的性感区域时曾经说过,女子细嫩的、赤裸的皮肤不是已成为引发性感的区域,而是它本身就是性感区域,其敏感性大到甚至轻轻触摸其任何一个部位,都意味着一种潜在的性经验。这也说明了,为什么女子特别喜欢接触像天鹅绒、裘皮和丝绸那样的质地柔软的东西。

上述观点是否已对女子体毛稀少的起源问题作出了正确解

释,我们姑且不论,反正事实始终表明,平滑的、几乎无毛的皮肤是一种强有力的女性信号。如果某女子嘴上长有细毛,或者手臂和腿上毛茸茸的,那么她很自然地就会被人认为带有男性特征。许多女子在私下拔除或者剃掉自己的体毛,就是出于这一原因。而近来,又出现了许多生意兴隆的、专为女子除去"不雅观的"体毛的诊所。

相反的情况发生在男子的头顶上,人们想方设法要使自己光秃秃的头顶上重新长出毛来。秃顶发出一种双重信号:男子+年长。男子发套、假发、生发药水和头发移植手术,这些与其说是为了男性信号,不如说是为了年龄信号,因为当出现老年性秃头时,如仍对头发再生毫不关心,就会丧失一种男子性别符号。

另一种和年龄有关的男子性别符号是罐形肚皮的出现。这对于一个原始部落男子来说,也许是一种值得骄傲的标志,表明他吃得多。但对于现代男子来说,它却像秃头一样明显地带有"青春已过"的意味。年轻男子的腹部几乎都是扁平的,瘦瘦的,只有到了晚年才会呈罐形鼓起来,所以它也同样成为必须加以避免的老年男子的性别符号。于是就出现了男子节食、男子体操,甚至偶尔还有男子紧身衣。这些都意在消除中年以后出现的体形特征。

罐形肚皮主要是一种男子性别符号,女子身体发胖的情况则与此不同。她们的身体不仅有更多的脂肪,而且其分布的部位也有所不同。在她们身上,因脂肪积累而呈现出性别符号的部位是:肩膀、膝盖、乳房、臀部和大腿。大而圆的臀部显然是一种古老的女性信号,是其他灵长目动物发情期臀部肿胀的人类对应物。在猴类和猿类中,雌性的臀部随月经周期而肿胀,在排卵期达到最大限度。在人类中,则不存在这样的变化。成年女子的臀部是始终"肿胀的",也就是说,成年女子随时都可以作出性反应。

和女子半球形臀部相对应的是她的半球形乳房,以及程度上不太明显的、圆鼓鼓的肩膀和膝盖。可以说,"平滑而丰腴的半球"是女子性别符号的关键,而且我们有充分理由相信,男子对这一基本形状的敏感反应是先天的、本能的。诚然,现在还没有办法充分证明这一点,但是,如果无视这种遗传上有效的"生命保险措施",那也未免对人类太漠不关心了。

臀部信号在某些原始种族中的作用远甚于西方。在非洲的布希人和霍屯陶人中间,成年女子都呈"肥臀"状,她们的臀部特别肥大而外突,其大小是普通臀部的好几倍。有趣的是,由史前艺术家们雕制的小型人像也时常呈这种体态,可见它在原始时代的亚洲、欧洲和非洲都存在过。也许,对于原始人类女性来说,肥臀是一种常态,并非罕见现象,而今天的霍屯陶女子和布希女子仅仅是几千年前女性基本形态的最后遗迹而已。也许,现代男子对女子"半球"的反应就来自这种原始状态,因为在当时,女子最强烈的性别信号是从臀部发出的。

以上这些——狩猎体征、哺乳体征和纯显示体征——是人类自然的、生物性的性别符号。这方面还有明显的、基本的生殖器差异——男子有阴茎和睾丸,女子有阴户。显然,无论男女,关于其性别有一系列迹象可资参照。但是,如果忽略文化方面对性别符号所作的人为强化和扩展,它们仍然是不充分的。

在各种文化中,几乎每一种自然性别符号都有其人为的强调形式。男子较高的身材时常通过戴高顶帽加以强化,较宽的肩膀往往通过穿垫肩的上衣或者饰有肩章

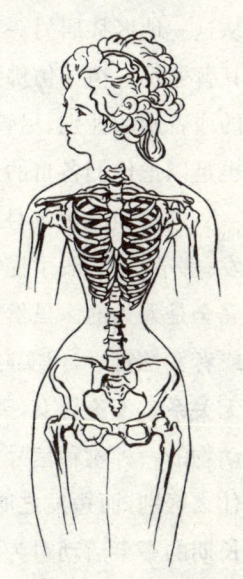

人们时常以束腹的办法来使本已纤细的女性的腰身变得更为纤细。束腹有时会使肋骨受到严重挤压,并导致其他一些身体内部的畸形。

的制服加以进一步夸张;女子较细的腰时常通过穿紧身上衣加以强化,而女子高耸的乳房则通过戴胸罩和衬垫料使其显得更为高耸。此外,女子还可能使用假臀和裙撑进一步扩大她们本来就比较大的臀部;她们大而肥的嘴唇被涂上唇膏加以强调;她们本来就很小的双脚因穿上绷紧的鞋子显得更小,而在东方,甚至更为残忍地要女子"缠小脚";她们比较细嫩平滑的皮肤因使用脂粉和化妆品而变得更为细嫩,如此等等。

除此之外,还有一些纯文化性的、和男女体格上的基本差异很少甚至毫无关系的性别符号。这些符号种类繁多、五花八门,而且时常转眼即逝。这一代人和那一代人不同,甚至这个季节和那个季节也不同。它们会随着人们从这个国家移居另一个国家,甚或从这一地区移居另一地区而发生变化。它们最引人注目的特点是其普遍性。情形仿佛是,人人都觉得需要时时提醒别人注意到他的或者她的性别,尽管他们不需要操这份心,他们的自然性别符号也足以把他们各自的性别充分显示出来。

这种纯文化的性别符号的几个最明显的例子是:短发对长发;裤子对裙子;手提包对手袋;化妆对不化妆;烟斗对纸烟。这些完全是人为的。虽然当它们出现在某时某地时仿佛是基本的男性或者女性符号,但实际上它们仅仅是地方风俗而已,和性别显然毫无关系。不论男女,天生头发都很长,这是人类有别于其他灵长目动物的一种物种信号,仅此而已。从生物学上讲,男女头发本没有什么区别,而短发之所以和男子联系在一起,乃是因为他们在从事长期的军事活动时为防头虱的结果。裙子时常是男子的服装,而裤子也时常为女子所穿,这种情况在有些文化中或者在有些历史时期并不罕见。同样,其他种种人为性别符号,也时常因时因地而不同,甚至会完全颠倒。

我在上面提到的仅仅是些明显的例子,事实上,如果某人到了一个陌生的国家,他马上就会发现当地有许多人为性别符号对于普通外国人来说简直是不可理解的,所以,很容易弄错。譬如,在某些热带国家,人们用来驱热的扇子,其不同的形状就代表不同的性别:长方形扇子是男性的,曲线形的扇子是女性的。如果错拿了和自己性别不符的扇子,就会被人笑话,就像在我们这里男子穿裙子或者女子抽烟斗一样。人类学家在考察各种部落文化时,几乎无一例外地都会发现这种男女性别上的细微差异。

有时,一种表面上看似乎是人为的差异,实质上却有其生物学上的原因。譬如,有一个古老而有趣的问题:为什么男子扣上衣是把左衣襟扣在右衣襟上,而女子正好相反,是把右衣襟扣在左衣襟上?这种情况已持续了许多个世纪,而且通常总是笼而统之地被说成是传统习惯。然而,真正的解释看来应该是这样:男子把左衣襟扣在右衣襟上是为了便于把他们的右手插在衣襟里,因为在当时,口袋还没有被发明出来,为了使主要用来握武器的右手保持温暖而灵活,将它插在衣襟里是唯一的办法。后来虽然有了口袋,但衣襟的形式仍然被保留了下来。与此相反,女子把右衣襟扣在左衣襟上是因为她们总倾向于让婴儿靠在自己的左胸上,这就是说,当婴儿靠在母亲左胸上睡着时或者吃奶时,母亲可以用较长的右衣襟把他裹起来,以免受寒。与男子衣襟情况一样,女子衣襟的这一形式,也在其失去原始意义之后为人们所保留。

如果说行为可以影响衣着的话,那么衣着也可以影响行为。如果出于风俗上的某种原因而存在着人为的衣着差异,那么这种差异很可能会导致衣着者在姿势或者动作方面的某些微妙变化。现代女子的扭腕动作就是一个很好的例子。嗲悠悠地扭动手腕是一种典型的女性动作,而且时常会被男子用来作为对女性的一种揶揄。但是,关于这种动作的起源,没有穿过古代服装的人是不会知道的。有些因演出需要而穿过古代紧袖服装的女演员对我们说，当她们穿着这种服装时，要想做手臂动作总觉得很困难，最后每每只好用手腕动作来代替。这样，她们很自然就强化了女性的扭腕动作。这种情况再好不过地说明了衣着对动作的影响，而当一种动作一旦形成为普遍模式，即使作为其起因的服装已经过时，它也仍然会存在下去。

同样，穿裙子对坐的姿势有着明显的影响。坐着叉开双腿，或者把一条腿的足踝搭在另一条腿的膝盖上，是典型的男性动作。其原因很简单；他们穿着裤子。但是，现代女子即使穿着裤子时，她们仍极少做出男子的这些动作，尽管对她们来说，露出内裤的危险现在已不存在了。她们的双腿虽然被裹在长裤里，但在她们的意识中仿佛自己仍穿着裙子，而进一步说，即使有朝一日裙子从我们的文化中完全消失，女子因穿裙子而形成的各种姿势仍不会随之而消失。

另一种交腿姿势也显示出性别特征，那就是女子的绞腿。女子坐着时，时常会把一条腿缠绕在另一条腿上。这种姿势，男子是从不采用的。缠绕的那条腿的脚碰在被缠绕的那条腿的小腿上，是这一姿势中的关键因素。这也许不是男女衣着差异的影响，而是男女腿部结构差异的产物。

绞腿作为一种例子，可以说明某种性别符号，虽然因为具有直接的女性特征而偶然会引起注意，但总的来说，当男女面对面的时候，它是无意识地发生作用的。只有当科学观察者开始分析人们在日常生活中的各类姿势和动作时，这样的符号才真正受到注意。现在，越来越多的性别符号已经受到观察，其结果表明，通过数以百计的细微动作方式，男子总显示其男性而女子总显示其女性。

譬如，最近对人们穿过拥挤的商业中心时的行走方式所作的研究表明，当男女擦身而过时，他们的动作是不同的。根据暗中摄下的照片，发现女子往往背朝着男子从他身边挤过去，而男子，则每每是面朝着女子从她旁边挤过。原因很清楚：女子要保护自己的乳房，或者至少避免自己的乳房因意外碰撞而过多地接触男子的身体。这好像是显而易见的，但问题是，在进行研究和观察之前，甚至根本就没有人意识到这种差异的存在。毫无疑问，那些侧过身子在人群中挤着走路的男男女女，都是无意识地展示出他们各自的性别符号，而且他们的眼睛也相互看到了这些符号，但他们从不停下来分析一下自己是怎样展示这类符号的。

同样，大多数人都没有觉察到，女子比男子更经常地用手抚摸自己的头发，更经常地采用某种扣手姿势；也没有觉察到，男子比女子更喜欢把双臂抱在胸前，或者在肩并肩行走或站着时更喜欢搂住别人的肩膀。这些差异以及其他数以百计的细微差异都开始为现代观察和研究所认识，因此人类性别差异的真正复杂领域——也就是性别符号的领域——正在逐渐地被揭示出来。

这将使那种无视男女之间基本行为差异而空喊男女平等的"不分男女"哲学变为一派胡言。当你尚未意识到自己的行为时，你是不可能中止这些行为的。当然，有许多有意识的、粗野的男性修饰和动作，或者娇柔的女性修饰和动作，则完全可以减少，甚至可以彻底抛弃。现代男子不再以狩猎为生，现代女子的哺乳负担也已大大减轻。世界因城市化而变得十分拥挤，而当初迫使男女分化为狩猎者和哺乳者的压力早已不复存在。为适应这种新的情况，社会将不得不进行自我调整。但是，人类在长达一百多万年的进化过程中所代代相袭的那些品质，是不可能在一夜之间彻底消失的。现代男子或许已不再追杀羚羊，但他们仍在都市商业中追逐着象征性的猎物；同样，现代女子也依然服从着内心深处的母性冲动。人为的、文化上的性别符号或许会出现又消失，但那些来自于人类种族遗传性的符号很可能会顽强地显示其抵抗社会发展的能力。毫无疑问，它们将发生变化，但严峻的事实是：这个过程很可能需要又一个一百万年的进化才能形成新的、遗传上的现实。而在此过程中，性别差异——虽然正在变小——将始终以令人眼花缭乱的复杂形态，充塞于并且深刻地影响着我们的日常生活。

身体自我模仿
人体上的自我模拟方式

身体自我模仿就是把身体的某一部分当作另一部分的复制品。

当一只雌性猴子向一只雄性猴子作出性表示时,它会尽可能明显地展现其臀部。有一种吉拉达狒狒,其雌性的胸部带有明显的臀部复制信号。在它的臀部,有一块色彩鲜艳的生殖器区域,其皮肤呈粉红色,周围有一圈白色乳头状的小突出物,正中是鲜红的阴道口。这是吉拉达狒狒的最重要的雌性信号,当雌性狒狒处于排卵期的"欲火中烧"状态时,其生殖器区域的颜色会变得很鲜艳。在它的胸部,同样有一块无毛的粉红色皮肤,周围也有一圈白色乳头状的小突出物。在正中,则是由鲜红的乳头模拟出来的假阴道口。这种假阴道口的唯妙唯肖之处在于它的一对乳头已移得十分接近,使胸部中央形成一道凹槽,看上去极像两片微微张开的红色阴唇。整个胸部的显示强度可增可减,其色彩随位于臀部的真正生殖器区域的变化而变化,或鲜艳,或暗淡。这种狒狒在大部分时间里是坐在地上的,所以雌性狒狒身上的这种奇异的自我模仿意味着,当一只雄性狒狒从正面接近时,只要看一眼雌性的胸部就能知道它是否处于性欲勃发状态。

一种类似的进化现象看来也同样出现在人类女性身上。如果一个女子尽可能地向一个男子展现其臀部的话,那么这一男子所看到的将是位于两块隆起的、肥厚的、呈半球形的臀部肌肉中央的一对粉红色的阴唇。女子撅起臀部作为性引诱信号虽然偶尔仍能看到,但通常仅出现在某些颇为做作的挑逗场合,而且更为通常地是由某种性主动的成年女子在男子面前做出的。事实上,在大多数社会交往中,我们所看到的是人体的"下面"。由于人类独特的直立行走姿势,我们的下面已经变成正面,而我们的正面也就是最重要的显示区域。所以,不足为怪,在女子身体的正面可以发现许多生殖器模拟物。外翻的、粉红的嘴唇是粉红的阴唇的模拟,而圆鼓鼓的乳房则是圆鼓鼓的臀部模拟。

有人认为人类肥厚的嘴唇对于婴儿吸奶来说是必不可少的,但其他灵长目动物没有外翻的嘴唇也照样吸奶。正是人类嘴唇的这种由里朝外的外翻性使它显得很不寻常,使它永久可见。也有人认为我们的嘴唇是用以接吻的器官,但猿类没有永久外翻的嘴唇也同样能接吻。看来,人类的这一物种特征是一种视觉信号,而不是触觉信号。因为值得注意的是,嘴唇不仅像阴唇一样围绕着中央的洞穴,而且像阴唇一样,在性兴奋时也会发红和微微地肿胀。确实,男子也有外翻可见的嘴唇,但这不是反对上述观点的理由。男子也有乳头,难道因此就能说乳头不是女性的基本特征吗?

尽管如此,退一步讲,我们即使难以接受把成年女子的嘴唇视为阴唇模拟物的观点,也无法否认它在文化上是经常被这样对待的。千百年来,嘴唇一直被人为地用唇膏涂得更红,而在现代电影和广告中,富有暗示性的嘴唇微张姿势,经常被有意识地用来发挥其"生殖器影射"作用。湿润的嘴唇,或者涂上鲜艳的唇膏,可以进一步暗示因兴奋而潮湿的女性生殖器。此外,在微张的嘴唇旁边又设置某种阴茎状的物体,并显示出该物体随时可以戳入双唇之间的样子,也是商业广告中经常采用的一种暗示方式。

从嘴唇转到乳房,这里同样有人认为,人类乳房呈半球状主要和它作为哺乳与储乳工具有关。虽然这是人们普遍接受的看法,但它难于自圆其说。其他灵长目动物没有圆鼓鼓的乳房,它们仍能以充分的乳汁哺育后代。此外,它们的胸部也仅在哺乳期内才会因充乳而肿胀。人类女子则不然,她们一旦达到性成熟,不论其哺乳与否,其乳房都会永久性地隆起。也就是说,女性乳房的形状和性成熟有关而和哺乳无关,所以其形状从本质上说是一种性信号,而不是母体信号。如果硬要将它和哺乳联系在一起的话,那么这种圆鼓鼓的形状只会给婴儿带来麻烦。如果婴儿能够识别的话,那么他一定会发现从母亲半球形乳房上的短乳头里吸奶,还不及从长形的奶瓶中吸奶来得容易。

有人反对把女性乳房形状视为女性臀部信号的一种模拟,其理由是:乳房松松下垂,不足以充分影射女性丰腴滚圆的臀部。这种看法的片面性在于其仅仅观察了已过性信号高峰期的女性乳房。人类女性大约在十三岁已达到性成熟,但在我们复杂的现代社会中,她仍需要进一步接受教育,所以在未到一定年龄之前,她的性别特征是尽可能地被遮蔽起来的。然而恰恰在十几岁的性成熟早期阶段,她的乳房形状显得最坚挺、最圆润。从生物学上讲,这是女性显示性特征的最重要阶段。在现代社会,二十几岁、三十几岁或者年龄更大的女子采用各种人为方式使其乳房显得坚挺圆润，并非出于偶然。她们穿戴各种衬垫性的胸衣，甚至不惜进行硅酮注射，其原因就在于试图通过现代胸罩的"支撑"而重现少女乳房的丰满形象。

事实上，即使没有这些改进措施，成年女子的乳房仍足以像圆鼓鼓的臀部一样从身体正面发出性信号。只要成功地起作用，模仿不必唯妙唯肖。臀部的基本特征是平滑圆润，所以身体上的其他部位只要具有类似的视觉性质，就可以用来作为性显示器官。乳房尽管松软下垂，却仍具有这样的性质，只有年龄非常大的女子才是例外。同样，成年女子平滑圆润的肩膀和膝盖也可作如是观。肩膀有时因穿着露肩上衣而更为令人注目地呈半球形，或者因采用某种性感的单耸肩姿势（时常还将下巴轻轻地压在圆鼓鼓的肩膀上）而突现为半球形，这些都会使它产生额外的模仿效果。圆而肥的双膝也可以类似的挑逗方式加以暴露，或者采用某种姿势加以模仿。广告摄影师就是经常利用这类身体影射方式的专家。

近来，市场上出售的一些供观赏的照片，都采用一种新的生殖器影射法。照片上的女模特儿袒露腹部，由于她采用某种特定姿势，她的肚脐从原先的圆洞形变为狭长的凹槽形。而从身体模仿的角度讲，她们这样做是有意或者无意地要使自己的肚脐更像生殖器。当然，这并不是说肚脐本身的形状和生殖器影射有关，而仅仅是说，那些摄影师和女模特为了制作更为性感的照片，实际上在使肚脐的形状更接近于女性生殖器的狭长凹槽。如果从各历史时期的绘画作品中随意挑选两百幅裸女画加以观察，其中百分之九十二的裸女肚脐都呈圆形，仅百分之八呈长形。而对现代观赏照片和女演员裸体照片所作的类似分析则表明，圆形肚脐已降至百分之五十四，长形肚脐高达百分之四十六，也就是说，凹槽形的、"生殖器影射的"肚脐已增加了将近六倍。

另一种人为的生殖器影射出现在色情服装上。在那里，生殖器形状是由服装上的某些细部加以体现的。

从女子生殖器转到男子生殖器方面,上述论点似乎变得更难使人相信。不过,各时代的诗人和科学家还是在这方面作了许多暗示。这里,自我模仿的主要器官被认为是鼻子。在另一种灵长目动物——山魈身上,这种模仿十分明显,而且显然是一种进化上的生殖器影射。雄性山魈的脸部有一个长长的红鼻子、肿起的蓝色双颊和淡黄的胡髭,正好和它的红阴茎、蓝阴囊和淡黄阴毛相对应。人类男子脸部虽然在某种程度上也有复制其生殖器区域的倾向,但这究竟是进化的结果呢,还是象征性思维的产物而已,目前尚无法定论。艺术家确实时常会做这方面的类比,把外突的、多肉的鼻子视为男子生殖器的模拟物。

男子脸部的一些器官都被这样加以解释。隆起的鼻尖被看作是阴茎头,而鼻尖上的细槽(有人很明显)则被视为尿道口细缝。鼻尖两边的鼻泡很像是阴囊的模拟;挺直的鼻梁可以解释为"雄赳赳的阴茎"。确实,女子和儿童的鼻子较小,男子的鼻子和鼻泡都较大,而这一事实正好被用来进一步支持上述看法。还有人指出,男子脸部的毛——从眉毛到胡髭——又浓又密,而且都比头发鬈曲,所以从某种程度上说更接近于阴毛。由此看来,男子的整个脸部都在为生殖器模拟提供一种多毛的阴部背景。还有中央带凹槽的下巴也被说成是一种附设的阴囊模拟。

情况可能是,在进化过程中男子脸部确实朝着作为自我模仿区域的方向发生过某种程度上的变化,从而使男子在面对面交往过程中可以从脸部显示某种"阴茎威势"。"阴茎威势"在灵长目动物中很普遍,只要对猴类和猿类的行为加以观察,就会发现这一说法并非奇谈怪论。不过,像女子生殖器影射的情况一样,即使上述进化论观点遭到否定,男子生殖器模拟在文化上的被使用却是不容置疑的事实。

以男子生殖器影射作为文化手段包括：伸出舌头作为阴茎模仿；用手指或者拳头象征性地做出阴茎勃起的动作，以此作为"阴茎威势"和侮辱表示。男子服装也扮演过这类角色：历史上曾出现过的阴囊袋以及苏格兰人挂在裙前的毛皮袋，就是对勃起的阴茎和阴毛区的模拟物。

第三种重要的自我模仿是婴儿影射。成年女子的脸比成年男子的脸更带婴儿气，所以有人认为，这是一种有利于女子激起男子父性庇护感的进化方式。同样，男子刮脸除了其他一些作用之外，还可以看作是一种去除其脸部过分自信的男性信号的文化手段。刮过脸的男子从某种意义上说是个伪婴儿。接近青春期的少年，虽然热切地希望自己下巴上能长出有男性气的胡髭，但是当胡髭真的长出之后，他很快又把它刮掉，再次回到了脸上光洁无毛的状态。

还有已引起热烈争论的男子秃顶问题。为了解释这种遗传上的男子特征，人们提出了两种截然相反的观点。一种观点把它看作是像刮脸一样的婴儿模拟。人类婴儿长有宽大的前额，还可能是秃顶的。成年男子的头上长满了头发。老年男子又回到了类似婴儿的状态，再度变成秃顶。所以，老年男子大而光的头可以看作是一种诱发他人照顾以防老而无助的信号。如果说，今天有许多秃顶男子对自己被列入"老年"并需要他人的伪父母照顾感到几乎不可接受的话，这也许是因为，较之于原始状态的人类，现代人的寿命已经大大地延长了。

然而，要反对这种观点，只需提出一个事实就行，那就是老年男子的胡髭并不因为其年老而脱落。胡髭是最强烈的男性毛发信号，若根据上述观点，它应该在秃顶出现之前就脱落。然而，它顽强地生存到人的最后一刻，因而使那种认为老年秃发是婴儿模拟的说法成了胡言乱语。确实，一个胡髭刮得干干净净的、丘吉尔式的脑袋看上去很明显地带有孩子气，也许确实能诱发他人的伪父母温情,但是这很难被看作是对秃顶现象所作的进化论解释。与此相反的观点更没有说服力。这种观点认为,秃顶可以使老年男子在更大程度上显示其愤怒情绪和支配欲望(通过头部皮肤发红显示出来),因为愤怒的男子头部皮肤赤裸的面积越大,其因泛红而施于对方的影响也越大。这种解释同样叫人难以接受,因为成年男子最需要作出威胁性表示的时期,通常是他一生中活动最频繁的成年期初期阶段,而在这一阶段,他的头上恰恰长满了头发。所以,关于男子秃顶除性别符号之外是否还有其他意义的问题,至今仍未解决。

另一个可能与自我模仿有关的问题,涉及到男女乳头周围皮肤上的深红或者淡红的色素沉淀。这种色素沉淀现象或者说乳晕,从未得到过令人满意的解释。它看上去很像眼圈,好像人体躯干有意要想使自己在远距离外看上去仿佛是某种大型动物的脸。这种模仿手段在许多蛾类中也被使用,而且很有效。当一只饥饿的食肉动物看到一只小小的、美味的蛾子而正想扑过去的时候,那只蛾子会突然地张开翅膀,展示出一对巨大的假眼圈,从而使那谋杀者吓得连连后退。这对大"眼睛"之所以能起作用,乃是因为它们暗示着某种大型动物,其体量至少比小小的蛾子本身要大一百倍。从远处看,直立的人体躯干也类似于一个巨大的头。那一对带有乳晕的乳头仿佛像一对"眼睛",肚脐像鼻子,生殖器则充当嘴,而整个躯干正面看上去就像是一张又长又宽的脸。这种奇异的对应现象至少已经被某位超现实主义艺术家用来制造惊人的效果,但是要把它当作是对人类特有的乳晕现象的解释仍很困难。看来,可能性较大的是,乳晕作为放大的"假乳头"仅仅是对乳头的一种夸张或者强调。但是,这样一来,马上就会出现新的问题:为什么成年男女需要有这样一对"超级乳头"?对于这样的问题,至少目前还无法回答。

性信号
人类交媾前的求偶过程

性信号的作用发挥在四个重要方面：寻找配偶、选择配偶、刺激配偶以及与配偶结合。

首先，寻找配偶。随着性成熟，某些特殊的社交活动会突然增多。除常规的活动如跳舞和聚会之外，十几岁的少男少女还会有一种强烈的愿望，想趁父母不注意的时候到外面去"偷偷约会"。在过去，未婚少女都有年龄较大的女子陪伴着外出，其目的就是为了限制这种愿望，因为在当时，出于经济上的或者社会地位上的原因，年轻人的择偶自主权是被剥夺的。

在大多数现代社会中，年轻的未婚男女在相互结识时仍有一些非正式的顺序，而且带有某种"竞技场表演"的性质。首先是"绕场一周"，边走边作展示。少女们——时常手挽着手——闲散地在街上走,对站在一边看着她们或者在不远处尾随着她们的小伙子装出不注意的样子。这些少女会做出一些害羞的表示,时常是捂住脸咯咯地笑,或者相互低声交谈和相互开玩笑。那些小伙子则时常会摆出一副神气活现的架势,装得没有兴趣,斜倚着身体靠在什么东西上,叉开双腿作出一种灵长目动物的胯部展示,有时他们还会挑衅性地甚或侮辱性地叫喊几声。这里有一种明显的男女分群性质。接下去,个人要突破各自的性别群体去结交异性,还得作出相当大的努力。虽然在一般的社交活动中也可能作出选择,但通常要等到某种较随便的场合,并且在不存在第三者的情况下才会进行真正的接触。

常规活动,如跳舞,会加快这一进程,因为它可以为男女接触提供社交借口。但是,大多数年轻人在舞会上仍喜欢和同性别的伙伴混在一起,只是眼睛不断地在打量着潜在的异性对象。

对于许多年轻人来说,寻偶问题实际上是靠现代男女同校制度或者男女共事习惯加以解决的。在这类情况下,男女混杂在一起,不可避免地会通过交往而相互了解。虽则如此,舞会、交谊会和其他形式的聚会仍然是很普遍的寻偶领域。它们在不同程度上使男女聚集在一起,从而为选择配偶提供了充分的条件。

选择配偶有赖于多种因素。身体上的吸引力,即各种性别符号的作用,显然是十分重要的,但是个人的行为举止也同样是至关重要的。一个人对另一个人的好感可以通过许多细微的举动表现出来。有些较明显,有些则不太明显,但它们都有其迹象。这种"升温"表示包括:朝对方的眼睛多看几眼,时间也稍长一点;做出某种小小的接触动作,如把手放在对方的身体上;身体比往常稍靠近对方;脸上露出更多的微笑,嘴张开着,眼睛上下打量着对方的身体;表示同意时用力地点头;坐在对方的正对面,"暴露"自己的身体（即：没有别人或者东西挡住）；在讲话的时候比往常更倾向于打手势；迅速地朝对方瞥一眼，又瞥一眼，比往常更注意他或者她的反应，同时眼睛睁得很大，眉毛抬得很高；出现较多的舌头动作，通常是舔嘴唇。

所有这些动作信号都会被对方有意识地或者无意识地觉察到，从而推知自己正在得到某人的好感。此外，语言交往也是常用的手段，尤其是很随便的闲聊可以用来探知对方的态度是喜欢还是讨厌。如果对方的身体吸引力很强，个人爱好和态度时常会有意识地被抑制，以免和对方交谈时发生冲突。对方所说的一切都会得到完全的赞同，这种赞同虽然不免虚假，但有助于发展进一步的亲密关系。尽管如此，如果这方面抑制得太多，到最后也可能会抵消掉对方的身体吸引力。

选择配偶的这一进程或许还可以通过某些特殊的性感表示——如跳舞时的身体动作——而得到加速，因为温柔而带有暗示性的动作，有利于突出择偶者的性别符号和个人特点。性示意动作和性交模拟动作同样也出现在舞场上，以此作为对未来行为方式的一种暗示。这类动作在各种舞蹈中有所不同。譬如，在许多民间舞蹈中，表现为一对舞伴"你来我去"的挑逗动作；在大多数交谊舞中，则是典型的拥抱姿势；而在现代迪斯科舞蹈中，干脆就是模拟性的胯部前挺动作。在跳迪斯科舞时，女子明显地有着不利之处，因为一般说来，在性交过程中，做出有力的身体动作的每每是男子。所以，一些跳迪斯科舞的少女也就只能像男子一样，反复挺示胯部，做出男子的性交动作。这种动作和女子肚皮舞的动作颇为相像，但后者有其完全不同的来源。肚皮舞动作最初来自某些地区的少女为其几乎失去身体动作能力的主人作性交服务时的各种举动，即：在性交过程中，由女子激烈地扭动胯部，以此刺激那个因肥胖或者因年老而不能自己做出性交动作的男主人,使其不用做胯部前挺动作也能达到性高潮。所以,就动作的性感程度而言,肚皮舞显然高于任何其他形式的女子舞蹈。

男女之间一旦有了某种关系,紧接着就会出现一连串逐渐加强的身体亲密行为。除了某种特殊情况,如嫖娼,一般说来,一对男女结识之后不会直接进行性交。他们会逐渐地、一步一步地发展两人之间的亲密关系,而且在这一关系发展过程中的任何一个阶段,他们都有可能解除关系。如果相互关系发展不平衡,他们马上可以就此中断而不必冒可能女方已怀孕的风险。不过,由于现代避孕技术的改进,这方面已不成为什么问题,所以在过去可能要花几个星期甚至几个月的时间进行的结偶活动,现在有许多人仅用几分钟就告完成。尽管如此,即使在像我们这样一个充斥着避孕药的时代,大多数人仍然不愿意一下子冲到性过程的终点。最初几个阶段可以为作出谨慎的判断提供时间,而若两人一下子进入性交并经受到性高潮时强烈的情绪影响,再要作出这样的判断就颇为困难了。如果两个人在性过程的最初几个阶段没有花一定的时间相互了解个性,那么很可能,他们匆匆的性交会像枷锁一样把两个在性格上完全不相适应的人紧紧地"锁"在一起。

亲密关系或者说性过程的由弱到强的发展情况可能会因人而异,但一般的顺序是:(1)眼睛对身体:观察阶段;(2)眼睛对眼睛:相互注视——捕捉对方的目光;(3)声音对声音:交谈阶段——相互了解个人情况和个人兴趣;(4)手对手:最初的身体接触阶段——时常以"帮助"、"保护"或者"引路"等伪装形式作为开端,在帮助对方脱大衣或者穿大衣时故意笨手笨脚,碰碰摸摸,或者在穿马路和过门廊时装着引路而握住对方的手;(5)手臂对肩膀:稍稍进一步的身体接触,时常也以"引路"作为搂住对方肩膀的借口;(6)手臂对腰:一种比较亲密的举动,男子的手已经比较接近女子的生殖器区域;(7)嘴对嘴:接吻——最初的、带有刺激性的亲密动作,而若长时间地接吻,可能会导致女子生殖器湿润,男子阴茎勃起;(8)手对头:用手探摸对方的脸和头发,这是接吻时的附带性抚爱动作;(9)手对身体:手开始探入对方衣服里面,抚摸和揉擦对方身体。经过这一阶段,结偶过程就进入了性交前阶段,而且由于其刺激性极大,很可能会发生性交;(10)嘴对乳房:这时,在绝对没有人看见的私下场合,男女双方会脱光衣服用嘴相互亲吻赤裸的身体,亲昵的拥抱也出现在这一阶段,尤其是,男子会用嘴唇亲吻女子的乳房;(11)手对生殖器:最后,手移到了生殖器区域,在那里探摸和刺激,这时男女双方的生殖器都高度兴奋,而且随时准备交合;(12)生殖器对生殖器:随着男女生殖器的接触,男子会做出有节奏的胯部前挺动作,直至达到性高潮。

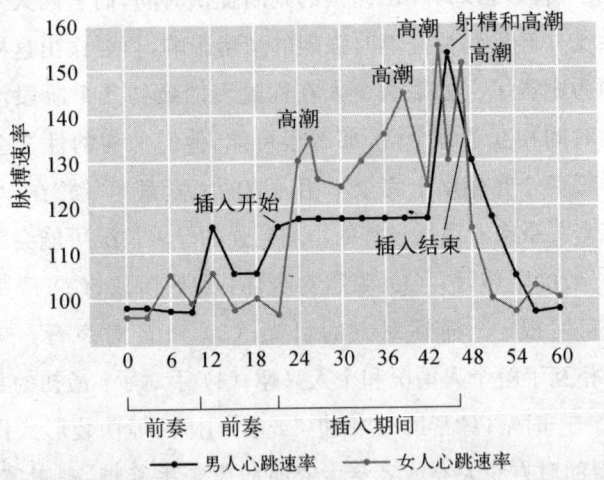

在人类性交过程中,脉搏速率会发生明显的变化。在开始阶段,男性心率缓缓增快;随后,随着插入动作,其心率已相当快,至射精时迅速上升,达到每分钟一百五十跳。女性心率变化与男性大致相同,但在男性插入时,她的心率上升较男性更为剧烈,其后在到达高潮时心率波动更快。

当然,性行为的这种顺序并不是刻板的模式,其中发生某些变化是完全可能的。譬如,要是男女双方在结偶之前就比较熟悉,那么最初一两个阶段就可能会缩短甚或省略,而若使用某种人造润滑剂,甚至都不必等待女子兴奋起来,男子即可将阴茎插入。

还有一些顺序上的变化起因于社会习俗。譬如,道晚安的男女要接吻的礼节可能会使接吻这种亲密形式在顺序上提早出现,就如跳交谊舞会使搂腰动作提早出现在结偶初期阶段一样。在两个有清教主义思想的男女之间,很可能要在进行过最后阶段的生殖器对生殖器接触之后,才会做出前几个阶段的比较有刺激性的动作。而在某些极端情况下,这几个阶段可能根本就不会出现,因为此时性交仅仅被看作是生育后代的最低限度的必要手段而已。

在另一方面,如果结偶双方在性行为方面都毫无顾忌的话,性过程也可能被大大地繁化。这时会出现一系列其他类型的性接触动作,譬如在上述刺激动作之外再增加嘴对生殖器刺激动作,而在生殖器对生殖器阶段又会出现各种各样的性交姿势,或者选择各种各样的地点、时间进行性交,等等。

有人认为,像这样的繁化动作是"不自然的",任何超过生育基本需要的性行为都是"不正当的"。根据这种观点,有人进而认为,各种人为的避孕方法也同样是不正当的,因为它们允许男女在没有受精可能性的情况下进行性交活动。然而,上述观点不仅是错误的,而且是有害的,因为它们忽略了人类性信号的第四种功能,即结合,或者说,建立关系。性过程的每一个阶段不仅有助于寻找、选择和刺激配偶,不仅能使男女达到性兴奋以共享性高潮的激情,而且也有助于巩固男女之间的恋爱关系,有助于他们成功地建立家庭,并承担起父母的责任。

人类父母的负担是沉重的,因为养育后代需要付出极大的精力。像其他有类似问题的动物一样,人类也倾向于实行一种互助体制,即:由男女双方构成双亲联合体。只有父亲和母亲一起,才能养育由于他们的性行为而产生的后代。如果仅由母亲去对付,她显然会不胜负担。所以,为了使父亲和母亲"在一起",他们之间必须建立起爱恋关系,而经过强化的结偶过程无疑有助于维护这种至关重要的关系,因为他们可以从中得到性的报偿。

对这一问题的清教主义回答是:既然一对男女已生育后代,那么即使没有任何进一步的性生活"渲染",他们之间也应该有充分的"爱"。但是,生物学上的证据清楚表明,事情并非如此。在其他灵长目动物中,短暂的性兴奋期仅限于雌性动物的排卵期。雌性动物每月排出一个卵,这时它才进入兴奋期,它的身体外部情况会随之发生变化。它的生殖器区域会肿胀并且发红。这时,也只有在这时,它才吸引雄性动物,雄性动物也对它有吸引力。至于在其他时间里,当它不排卵因而也不能受孕的时候,它在性活动方面既无兴趣也不被感兴趣。换句话说,猴类或者猿类,它们只有在可能导致繁殖的情况下才进行性活动。以上说得虽然过于简单,但基本上已经说明存在于人类近亲中的情况。

转到人类本身,这里的性活动情况全然不同。人类女性在整个以月为单位的周期中,不管能否受精,她始终保持着性吸引力。确实,不费一番工夫,一个男子要想知道和他性交的女子是否会受孕是不可能的。只有当他详细记录她的月经日期或者反复使用体温计测出她的体温是否有明显的变化时,他才能在某种程度上确定自己的射精会不会使她怀孕。换句话说,人类已经失去性活动和排卵之间的那种原始联系。人类女性的性反应随时都可以刺激起来,而她自身也始终带有肉体上的刺激性。她的身体信号——圆鼓鼓的臀部和隆起的乳房——并不随月经周期而发生明显的强弱变化。它们在她性成熟之后的漫长岁月里始终存在着,所以,甚至在怀孕和哺乳期间,她也照样能作出性反应。只有在分娩前后的一段短短的时间里,她才停止性活动。在其他时间,她几乎不受任何身体上的限制。即使到了绝经之后,她的性欲仍然很活跃。

所以,很显然,建立和巩固配偶关系是人类性活动的主要功能之一,而任何旨在减少配偶间自发的性表现的道德教条,实际上都将有害于成功的家庭生活。这里,尤其值得注意的是那种关于女子性高潮问题的模糊观念。由于女子性高潮在正常的生育过程中并不是不可缺少的,它时常被认为仅仅是一种"肉欲享受"。事实上,它是人类进化过程中的一种极其重要的独特表现。它表明——在不受限制的关系中——男女性交是相互报偿的,而唯有这种相互报偿才能有力地维护配偶关系,使其在建立和巩固过程中始终以爱恋作为其基础。雌性猴子从来不会感受到交配时的性欲冲动,也不会出现性高潮,因此它们和人类女性不同,交配之后不会和雄性猴子建立持久的配偶关系。此外,它们在交配前也不像人类那样要进行一系列的身体亲密接触。所以,说人类是"性欲最强的性动物"不是在批评现代的做爱方式,而是在批评人类最基本的生物特征。

如果说,我们在性亲密行为方面大大超过其他灵长目动物是不错的话,那么,我们的性行为又是如何发端的呢?回答是,我们成年人的绝大多数两性身体接触方式都是我们从童年时代和父母的接触经验中借用来的。那时,我们和父母之间同样有一种爱恋关系,而且同样是以大量的搂抱、亲吻和抚摸来表现这一关系的。随着我们逐渐长大,这些行为便慢慢地减少。大约到了上小学的时候,我们开始表现出想摆脱这种亲密关系的倾向,所以会越来越频繁地抵制父母的抚爱。最后,当我们完全挣脱童年时代的身体束缚而独立于父母时,从各种意义上说我们都已经趋于性成熟。一旦达到性成熟,它又会把我们拉回到充满身体接触和爱抚的领域,只是这次的亲密对象不再是父母,而是一个期待中的配偶。这时,童年时代亲密行为被逐渐削弱的过程一下子呈逆势反转,过去的种种抚摸和搂抱再度出现,而且越来越得到加强,最后使我们的亲密行为一直达到像当初我们作为婴儿赤裸全身躺在母亲怀里一样的程度——我们赤身露体地偎依在情人怀里。

上述整个过程,在弗洛伊德关于幼儿性欲的学说中是首足倒置的。根据他的观点,幼儿沉溺于大量的身体接触是成年人性欲的一种早期表现,但实际上恰恰相反,不是幼儿"表现"成年人性欲,而是成年人以幼儿模式重现身体接触行为。母亲与婴儿间最初的联系基于他们身体方面的大量的、亲密的接触,同样的情况也出现在两个年轻的恋人之间:他们相互进行的那些身体接触同样意味着爱恋和关怀。所以,把成年人重现幼儿行为的事实颠倒过来的说法将会贻害无穷。它会使许多发现自己很喜欢搂抱子女的父母产生一种犯罪感,从而使他们在表现身体上的抚爱时受到拘束。如果这种拘束被他们当作合理的行为准则并以此教导子女的话,那么他们的子女往后在和他人建立性关系时,也许要费很大的周折才会认识到身体上亲密接触的重要性。有爱恋之心的孩子,长大后才会成为有爱恋之心的成年人,而有爱恋之心的成年人——通过充分的性表现——才会建立起稳固的家庭。

父母信号
父亲和母亲充满爱意的关怀和保护

除非某个婴儿极其不幸,否则父母信号即意味着关怀和保护。

没有什么地方能比母亲的子宫更安全,更舒适。在怀孕期最后几个阶段,胎儿已经有很敏锐的触觉和听觉。虽然还没有视觉、味觉和嗅觉,但他可以感觉到子宫壁的紧紧裹包和母亲的体温,还能听到母亲有节奏的心跳声——每分钟大约七十二跳。这些就是最初的人生印象,而且将产生持久的影响。即使母亲对出生后的婴儿并不喜欢,她至少在怀孕期间已经给了他三种母性信号:温暖、裹包和心律声音信号。所以,对于每一个儿童来说,这三种信号将始终意味着舒适和安全。

随着婴儿的出生,这些至关重要的信号一下子全部消失了。以典型的分娩为例,婴儿一出生便处身在明亮的灯光下,周围响着医疗器具发出的"叮叮当当"的声音。他一下子感到很冷,浑身不再有东西包裹,而且还要被倒拎起来,背上还有手在拍(为了使他开始呼吸)。所以难怪,婴儿对这种待遇的最初反应是惊慌失措地放声大哭。不知何故,他的这种痛苦表示竟然还使旁边的成年人脸上露出得意的微笑。这种以"正常分娩过程"为幌子的行为,在某种意义上简直可以和原始部落的入籍仪式相比拟。

只有当婴儿被人用温暖、柔软的布料紧紧裹包起来,被送到母亲怀里并放在她心脏附近的地方时,他才重新获得某种类似于身处子宫的舒适感。他再次感觉到温暖和皮肤上的裹包接触感,再次听到熟悉的心跳节奏。然而,他毕竟还是经历过痛苦和愤怒之后才得到这一切的,而事实上,根本就没有必要让他这样等待。最近,法国的先进分娩技术已经表明,可以有一种更为"母性化的"生产。当胎儿出现在产道口时,产房里只有一点幽暗的灯光,周围的声音减小到最低限度,而当胎儿出了产道之后仍然使他和母亲保持接触。医生把新生儿轻轻托起,让他伏在母亲的腹部上并用双手把他按住,使他身体表面和母亲温暖的皮肤紧贴在一起。此后的事情一点也不复杂,只要让他伏在那里,一直等到他自己开始呼吸。随后,再把新生儿轻轻托起放到母亲怀里,让母亲把他抱在胸前,这时新生儿浑身还是湿淋淋的。他被抱在温暖的怀里,旁边的人都耐心地等待,直到新生儿从被挤出子宫时所受到的震惊中恢复过来,这时才继续做后面的一些事情。

这种方法显然不同寻常,因为新生儿既没有哭,也没有痛苦地扭动身体。在他没有准备呼吸之前,别人并不强迫他呼吸;当他还处于出生时的震惊状态时,别人并不忙于给他洗澡擦身;当脐带还未失去其功能之前,别人也不会强行把它剪断。整个分娩过程极其平衡,新生儿出生后继续从母亲身体上获得安抚性接触——他在这关键的时刻始终没有失去母性信号。

不管一个婴儿是否有幸能这样来到世上,反正他很快就会睡着,而等他一觉醒来之后,他可能在很长一段时间里一直渴望着母亲的怀抱。有些母亲很善于抱孩子,有些则不然。善于抱孩子的母亲都很温和而平静,没有那种神经质的、一耸一耸的动作,而且会本能地使孩子尽量贴紧自己的身体。不善于抱孩子的母亲则仅仅是手持着孩子,既不用手臂围住他,也没有让他靠在自己身上。

母亲抱着婴儿时,经常还会做出有节奏的摇晃动作,发出柔和的哼唱声。这些轻微的声音有助于安抚婴儿,而摇晃则是在重现另一种典型的子宫信号——心跳节奏。粗粗一看,有人或许会自以为是地认为,摇晃动作重现的是母亲怀孕时因走动而产生的身体晃动,但两者之间速度不对。摇晃动作的频率低于普通行走的频率。一般母亲的摇晃速度非常接近于心跳速度,虽然她们对这一点可能毫不自知。可以摇出各种不同速度的实验摇篮表明,当速度太慢或者太快时,对婴儿的安抚作用都不大,只有速度在每分钟六十到七十下之间时,摇晃才对婴儿产生相当大的镇静作用,可以在很大程度上使婴儿停止哭闹。由此看来,每分钟七十二下的人类心跳频率,似乎不仅有声音方面的影响,而且在运动频率上也有其重要意义。

尽管如此,心跳的声音仍然很重要。对怀抱婴儿的母亲所作的观察表明,她们中百分之八十的人都本能地用左臂抱住婴儿,而且使婴儿靠在她们的左胸上——靠近心脏的地方。这和她们需要腾出右手做其他事情无关。左撇子母亲也同样以左臂抱住婴儿。如果对左撇子母亲作专门观察,使用左臂抱婴儿的人仍高达百分之七十八。对艺术史上各个时期的"圣母与圣婴"绘画所作的调查也有力地表明,百分之八十的"圣母"用左臂抱着"圣婴"。

人们曾在一家医院的育儿室里做过试验,即:让那些婴儿听母亲心跳的录音,看看对他们是否有催眠作用。结果表明,效果显著。哭闹声比往常降低了百分之五十。对十六至三十七个月的较大的孩子也作了观察,看看心跳声对他们是否仍然有作用。结果表明,在不同的声音条件下,他们入睡所需时间也长短不同。平均时间如下——毫无声响:四十六分钟;用节拍器发出每分钟七十二响的声音:四十九分钟;放催眠曲录音:四十九分钟;但放心跳录音:二十三分钟。

显然,心跳声作为安抚信号有其不同寻常的作用。令人颇为惊异的是,同样每分钟七十二响的节拍器声音却效果极差。很可能,除了速度之外,心跳声"怦怦怦"的音质也很重要。这大概还可以用来说明,为什么成年人特别喜欢听许多通俗音乐中低音鼓发出的"砰砰砰"的节拍。听起来比较舒服的通俗曲调,其节奏大凡都比较慢,一般和心跳速度差不多,所以我们说音乐的灵魂是"节奏"并非出于偶然,许多浪漫歌曲中时常会出现"心"这个词也非出于偶然。如果某种音乐的速度快于心跳速度,它听起来就没有柔和的感觉,而只有刺激作用。脸贴着脸、情意绵绵的情人们,是不喜欢听这种音乐的。

还有一种母性信号会以新的形式重新出现在成年人生活中,不过,就这种信号而言,它可能会引起麻烦。它的原始形式是婴儿吮吸乳头。在喂奶时,母亲成为这样一种温暖的形象:一种可以含在嘴里而且有甜滋味的东西。乳头加奶对于婴儿来说是非同小可的母性信号。所以,当孩子长大后,当他需要得到某种小小的安抚时,他就会以类似的形式无意识地重现这些信号。这些形式不是把某种温暖的东西含在嘴里(如雪茄、烟斗、香烟等),就是把某种有甜味的东西含在嘴里(如巧克力、甜饮料和其他含糖的食物)。不幸的是,我们中有些人为了舒服竟不加节制地过度使用这些方法,结果反而不舒服,不是肺部被染黑,就是身体发胖。

除了摇我们、喂我们、抱我们和给我们以温暖,我们的母亲在我们童年时代还做出过其他一些亲密举动。她们抚摸我们、轻轻地拍我们,还给我们洗澡擦身。当她们做这些事情的时候,她们又每每会对我们温柔地微笑。在我们最初五个月的生活中,我们对谁为我们做这些事情是毫不介意的,但不久,我们便开始有所选择。大约在一岁之后,所有健康的儿童都能认出自己的母亲,而且能够在各种友善的微笑中认出母亲的那一种友善的微笑。从这时起,一种紧密的情感联系便会通过各种抚爱性亲密接触而不断地得到加强。再大一点,儿童会把母亲当作庇护者,当他短暂地探索一下外部世界之后,便马上返回母亲身边,母亲意味着保护、舒适和支持。

随着岁月的流逝,孩子越长越大,这时他才发现自己是男的(或者女的),同时也发现自己有两个亲人——父亲和母亲,其中一个和他同性别,另一个则和他异性别。他会慢慢地了解自己的父母,会在许多方面模仿他们,但也会在父母之间逐渐表现出偏向。在这个阶段,被孩子复制的父母信号不仅包括用手习惯(大多数惯用右手,但也有左撇子)、说话时的语调以及坐立和行走姿势等,同时也包括一些更为深层的内容——情绪稳定性程度和波动节奏、乐观倾向或者悲观倾向、行为动机和兴趣爱好,等等。

除非由于父母特别没有爱心而遭到扭曲,否则,大多数孩子到了少年期都已经明显地像他们的父母。多年来本能模仿的同化过程,已经在一个比较深的层次上赋予他们以许多父母的特殊品质。从表面上看,也许有许多差异,而就是这种少年期内的差异,时常被人夸大为"十几岁时的反抗"。这是动物"离巢"机制在起作用,由于它对于刚成年的人来说是如此重要,往往会使他们产生这样一种感觉,好像他们和自己的前辈,尤其是父母,在任何哪一方面都是格格不入的。事实上远非如此。透过表面现象,我们会发现所有的父母信号都在他们身上留下了印记,而且在他们的头脑里牢牢地扎下了根。或迟或早,这些信号都会以各种不同的变化形式重新浮现出来,特别是当今日的孩子往后自己也成为父母时,通过他们对待子女的态度,这些信号将更为强烈地再度显示出来。

幼儿信号
婴儿脸部综合特征以及哭和笑的信号

在父母向幼儿发出关怀和保护信号的同时,幼儿也向父母发出有助于激发他们爱意的信号。

婴儿的外形就是一种强有力的激发因素,可以招来大量的父母情感。尤其是脸部构造,更为重要。较之于成年人,婴儿脸部更为扁平,其比例上的特征是:两耳之间较宽;大大的眼睛处于脸部中线以下;瞳孔较大;头顶部大而成圆盖形;鼻子小而平;皮肤嫩滑而更有弹性;两腮圆鼓鼓的;下巴则小而后削。相对于身体,婴儿的头部较大,一般也较圆。四肢相对于躯干显得较短,所以婴儿的动作都比较笨拙。

所有这些幼儿信号,加上幼儿本身的娇小可爱,会激发起巨大的母性(或者父性)反应,会使人情不自禁地想对他微笑,想碰碰他、摸摸他、抱抱他,以及照顾他。确实,这种父母反应有时是如此强烈,以至于会扩展到一些不属于人类的、但具有类似特征的对象上。宠物、布娃娃、动物玩具、木偶和动画片里的小人儿之所以招人喜欢，就是因为它们都有大大的眼睛、宽而平的脸、圆圆的身体以及其他一些典型的幼儿特征。动画片画家和玩具制造商利用这种反应又进一步加以夸张，从而就有了超级幼儿的形象。同样，成年人的脸如果偶尔长得比较宽，比较平而且有比较大的眼睛，时常也会引起这种无意识的反应。这就是为什么我们都喜欢"性感小猫咪"而不太喜欢那些"大猫"——脸长得长长的女子——的原因。这还可以部分地解释，为什么成年女子常常用护肤霜使自己的皮肤显得嫩滑，为什么她们要"天真地睁大着眼睛"看人，为什么喜欢撅嘴和鼓腮。

虽然人体外形是很重要的视觉信号，但仅靠解剖学特征仍嫌不足。要进一步吸引人和保有父母的关切之心，还得有其他一些幼儿信号。那就是所谓的"三大件"，即：哭、微笑和"咯咯"笑。这三者是依次出现的。婴儿一生下来就会哭，大约五星期之后会微笑，而要到四五个月时才会"咯咯"笑。哭是人类和许多其他动物所共有的动作，在痛苦或者恐惧的时候，人和许多动物都会哭（只是在语言中，我们习惯把动物的"哭"称为嚎、叫、吼，等等），但是微笑和"咯咯"笑则是人类独有的信号。哭和笑的另一种区别是：哭会因为受到父母的关注而停止，笑则是要延续父母的关注。换言之，哭招来父母，笑留住父母。

哭的时候会出现相当程度上的肌肉紧张、皮肤发红、眼睛湿润、嘴张大、双唇后拉以及呼吸加快。婴儿哭时还会猛烈地摆动四肢，较大的儿童则会奔向母亲或者父亲并抱住他们。这些随尖厉刺耳的哭声一起出现的视觉因素，在哈哈大笑时也同样会出现，所以有些人因什么事笑得实在控制不住时，往往会说："我再笑下去简直要哭了。"笑和哭的相似性并非出自偶然。尽管伴随着这两种行为的主观情感不同，但事实上，两者的外部表现却是十分相近的。我们也许可以说,笑是从哭进化而来的,是一种第二性的信号。笑("咯咯"笑)出现在婴儿身上时,正是婴儿能认出自己母亲的时候,就像有人说的:知道自己父亲的孩子是个聪明的孩子,但知道自己母亲的孩子则是个会笑的孩子。这是深知笑之起源的至理之言。在早期阶段,婴儿可能会微微而笑,也可能会哭,但绝不会"咯咯"笑。他满足时微微而笑,不满时就哭。但是,一旦当他认出自己的母亲并把她当作保护者时,他就有可能处于一种特殊的矛盾状态。如果母亲逗弄他,如呵痒或者把他晃来晃去,这时他便会产生一种双重的矛盾感觉,其意思是:"我受到了骚扰,但使我感到恐惧的事情是我的保护者做的,所以没有什么可担忧的。"这种既害怕又不害怕的矛盾感觉引起一种既带有惊哭成分又带有微笑成分的混合反应。于是便出现了我们所说的"咯咯"笑。脸部表情类似于哭,但不太紧张;声音依然是有节奏的,但不再那样刺耳。

一旦达到这一阶段,婴儿便能够通过自己的笑发出这样的信号:"我很高兴,因为看上去很害怕的事情其实不是真的。"母亲也可以通过新的方式跟他逗乐。她可以在适当的程度上故意吓唬他,如装着要把他扔出去、一隐一现地跟他躲猫猫,或者对他做怪脸,等等。婴儿很快就会喜欢这类游戏,因为他可以在母亲手里受到"安全的惊吓"而"咯咯"笑,或者当母亲躲起来时他很快就能发现这是假的。但是,如果母亲偶然做得太过分,孩子受到太大的惊吓,安全感和恐惧感之间的微妙平衡就会被打破,天平会摆向恐惧一边,这时他便会"哇"地哭起来。这一笑和哭之间的模糊界限,只有当我们长大之后才会变得清晰,两者之间的距离才会拉开,届时我们便不会像婴儿那样从笑一下变为哭了。但是,哭与笑之间的内在联系依然存在。这种联系是大多数形式的幽默感的基础。当我们看到或者听到某件滑稽可笑的事情而放声大笑时,从根本上说是因为这件事情有点古怪或者有点令人吃惊,至少有点不正常,所以使我们稍稍地感到恐惧。但是,这件事情又不太严重,或者和我们没有直接关系,所以我们又感到很安全。于是我们便哈哈地笑了,就像孩子站在离母亲不远的地方看着母亲"咯咯"笑一样(既恐惧又安全)。换句话说,笑表示我们感觉良好,表示我们受到惊吓,但安然无恙。

虽然一般人都认为微笑是大笑的一种低强度表现,但这是一个必须避免的错误。微笑比大笑出现得早,而且是一种独立的、十分重要的幼儿信号。幼年猴子或者幼猿较之于人类幼儿有一个很大的便利之处——它们可以攀附在母猴或者母猿的身上。它们通过这种具体方式确保与母体的亲密接触。人类幼儿体力太弱,不可能长时间攀住母亲,况且,人类母亲身体上也没有长长的毛可供攀援。所以,幼儿只能依靠自身的信号使母亲和他接近。"哇哇"大哭可以引起母亲的注意,但是一旦母亲来到身边,还需要有额外的方式使她留下来。这种方式就是友善的微笑。

从根本上说,微笑是一种抚慰姿势。嘴唇往前收是敌意表示,嘴唇往后拉是害怕表示。在微笑时,嘴是往后拉开的,所以从本质上说它是一种害怕表示。但是,表示害怕即意味着无冒犯之意,而无冒犯之意即意味着友善。"紧张的微笑"就这样变成了"友善的微笑"。在这过程中,它稍稍地变化了一下:嘴角不仅往后拉,同时也往上提起。嘴唇的这种两头翘起动作是人类独有的友善表示,微笑的脸最初是幼儿用来取悦母亲的,后来到了成年人生活中,它又以近百种不同的变化形式表现我们对邻人的友好感情。我们表示同情时微笑,打招呼时微笑,道歉时微笑,表示赞赏时同样微笑。毫无疑问,在人类的全部姿势中,微笑是最重要的社会关系信号。

由于微笑和大笑都起源于轻度的恐惧和明显的好感的一种混合,它们时常会在同一种社会情势下一起出现。但是,它们有时也独立出现，而且只有在这时，它们的区别才明确地显露出来。谁都知道，在打招呼的时候不管相互的微笑多么真诚，都不会变成哈哈大笑。即使要增加打招呼时的微笑强度，也只会进一步变为露齿一笑或者嬉笑。相反，在相互开玩笑的时候，友善的微笑则会随着强度的增加而迅速变为手舞足蹈的狂笑。

随着婴儿渐渐长大，敌意信号便开始出现。最初仅仅是一些拒绝动作——转过头去、扭动四肢、推开或者扔开某件东西以及不寻常地尖声大哭。不久，又出现了发脾气的动作，如打人、咬人、抓人和吐口水。有时，还会出现直接的威胁信号。他会闭紧嘴怒目而视，嘴唇往里缩成一条线，两边的嘴角往前收而不是往后拉，眉毛低压在上眼皮上，眼睛盯着"敌人"，再加上紧握双拳，这年幼的孩子就已经达到具有充分自信力的阶段。这时，他与父母间的关系会发生新的变化，父母不可能再单方面给予他关怀和保护。现在的问题是慢慢地训练他——对于他的那些过分自信的幼儿信号要给予抵制，而对于他的各类企图，都要由父母加以控制和约束。

不久，情况又发生了变化，人类独有的能力——语言能力开始表现出来。两岁左右，一般的儿童已经会说出大约三百个不同的单词。到了三岁，这个数字已翻了三倍，而到四岁的时候，他已经掌握将近一千六百个单词。五岁儿童的词汇量已大于两千。所有这些都是以惊人的速度学会的，而且为儿童提供了一种新的幼儿信号形式，同时也使他与父母以及其他人的关系变得越来越复杂。但是，尽管儿童已经拥有语言这一无与伦比的交往工具，过去的那些视觉信号仍在不断地发挥其重要作用。会讲话的儿童尽管可以很自如地讲出自己的情绪状况，但他仍是一个会哭、会微笑、会"咯咯"笑的儿童。掌握语言固然为人类交往开启了全新的一面，但它并没有取代旧的一面——往日的那些幼儿信号。

动物接触
从猛兽到爱畜：人类与其他动物的关系

人用许多不同的眼光看待其他动物。他把它们看作猛兽、猎物、害虫、伙伴或者宠物。他从经济上利用动物，在科学上研究动物，用审美的眼光欣赏动物，并在象征意义上夸张动物。尤为重要的是，他还和动物争夺生存空间，主宰动物而且经常使它们濒临灭绝。

原始时代，有些动物令人类非常害怕。譬如，像狮子、老虎、豹、狼、鳄鱼、巨蟒和鲨鱼等，被人视为野蛮的、贪吃人肉的食人者。还有一些动物，如毒蛇、大蜘蛛、蝎子和有刺的昆虫等，则被人列为危险的有毒者。然而，人的恐惧心理每每夸大了实际存在的危险。那些被视为食人者的动物其实并不以吃人肉为生，只有在极少数特殊情况下，它们才偶尔尝一下人肉，以此作为天然食物不足的一种临时补充。大型猫科动物通常总是因为受伤或者生病才不得不吃人。一只受了伤而无力再追捕猎物的豹，或许会出于饥饿而骚扰村庄，或许会真的拖走一个人。这种事一旦发生，消息马上会传开去，于是所有的豹都成了潜在的食人者而遭到人的攻击。至于狼，它们甚至更为不公正地被诅咒为嗜血成性的人类敌人。民间一直流传着无数令人毛骨悚然的关于狼的故事，但几乎全是不可信的。在北美的某地区曾发生过这样一件事：地方当局宣布，如果谁提供一条真实可信的、狼无端攻击人的消息，谁就能得到一份一百美元的奖金，但是整整过了十四年，这份奖金始终没有人领取。可见，不管在哪里，传说总胜过事实，以致到了今天，狼几乎要绝迹了。

同样，有毒动物也一直被说成是随时都可能攻击人的可怕的敌人。这里又是虚构压倒了真实。没有一条毒蛇会主动攻击人，它咬人仅仅是为了防御。它的毒液是用来捕捉猎物的。当猎物中毒昏迷后，它便将其一口吞下。世界上没有哪一条毒蛇大到足以一口吞下一个人，所以，如果毒蛇以人为攻击目标，那等于是浪费自己的毒液。只有当它为了自卫而处于绝望时，毒蛇才不惜这样做。但是，尽管如此，毒蛇（甚至无毒蛇）仍然被认为是最可怕、最可恨的敌人。不管在哪里，只要遇到人，它们总免不了要被无情地毁灭。

作为人类猎物的动物，其命运也基本如此，只是稍稍有一点区别。它们没有被捕杀灭绝的原因是，人类把它们变成了驯养动物。这种从狩猎到畜牧的巨大转变，大约出现在一万年前，那时最重要的一些猎物被捕获后处于人的控制之下。它们被成群地圈养起来，以便需要时可以任意宰杀。有选择的驯养逐渐使它们发生了变化。作为肉用动物，它们成了变相的肉库，不仅随时可以取用，而且在不用时还会长肉。这样做的结果，是人类食谱上的动物种类急剧地变少。原始狩猎者捕杀各类动物，所以他们食用的动物种类繁多;相比之下,畜牧者及其后代——一直延续至今——所圈养的"猎物"种类却十分有限,不外乎牛、羊、猪、兔、鸡、鸭、鹅这几种,再加上一些不常见的种类,如野鸡、珍珠鸡、鹌鹑、火鸡和鲤科鱼类等,这就是现代人类短短的肉用驯养动物的名单。现在,这些动物正数以千万计地在人类的严格控制下度过其短促的一生,而它们的野生祖先则已大部分变得极为稀少,甚至已完全灭绝。

有害动物虽然比较顽强,但即使这样,它们也在逐渐地减少。寄生虫和各种虱子一直很猖獗,但除害技术以及各类卫生和医学措施正日趋进步,而且有朝一日总要把它们全部消灭。有害动物是唯一一种绝无希望得到现代保护野生动物运动支援的动物种类。

作为人类伙伴的动物(或者共生动物)自然要幸运得多。它们有好几种,其中资格最老的是人类的狩猎伙伴。狗、猎豹、猎鹰和鸬鹚从原始时代起就被人类用来协助狩猎。不过,它们中间只有狗的家族才兴旺发达。人类有选择地驯养狗,以用于各种不同的目的。它们有的善于看守牲畜(牧羊犬);有的善于嗅迹追踪(猎狐犬);有的善于追击猎物(灰狗);有的善于发现猎物(塞特犬和短毛大猎犬);有的善于找到并叼回中弹的猎物(叼物犬);有的善于捉害虫(短毛小猎犬);还有的善于警戒(看门犬)。没有哪一种共生动物能像狗那样用途广泛。有的狗甚至还被用来暖和身体,如墨西哥无毛狗。这种狗浑身无毛,皮肤温度很高,最初由美洲印第安人所驯养,用以在冬夜捧在手里取暖,就像现代人捧热水袋一样。此外还有寻矿犬、缉毒犬、雪地救生犬和导盲犬等等。尽管我们技术先进,但狗至今仍是人类最好的助手。

第二类共生动物是除害动物。从农业时代一开始起,人类就有啮齿动物侵扰其粮食的问题。猫、雪貂和獴便被人用来捕杀那些啮齿动物,其中猫和雪貂后来还成了真正的驯养动物。它们虽然在农场上一直很有用,但从未像狗那样受到各种各样的训练。今天,它们正在被现代灭鼠药物迅速取代。

第三类是负重牲畜。千百年来,马、驴、水牛、牦牛、驯鹿、骆驼、美洲驼和大象等动物一直被驱赶着为人类做苦役。这方面最早被使用的是亚洲野驴,早在四千年前的古代美索不达米亚地区,人们就用它们来负重,但不久,它们就让位给了更容易使唤的马。直至今日,马依然是最重要的负重动物。

第四类,生产动物。它们给予我们某些属于它们的东西,但不必给出生命。我们从奶牛和山羊那里得到奶;从绵羊和羊驼那里得到毛;从鸡和鸭那里得到蛋;从蜜蜂那里得到蜜;从蚕那里得到丝,如此等等。

最后一类是比较特殊的通讯动物——家鸽。这种鸟非凡的归巢能力数千年来一直为人类所利用,尤其在战争时期它们更有价值,以至于敌对方面又驯养了另一种共生动物——猎鹰,来截击它们。

作为各类驯养动物为我们所作服务的一种交换,人类为它们提供食物、照顾和保护。它们不再是我们的竞争者,所以不像其他许多动物那样每每要面临绝迹的危险。但是,虽然这意味着它们的数量已急剧增长,它们为此而付出的代价却十分沉重。这个代价就是它们的进化"自由",因为在绝大多数情况下它们已失去自身的遗传独立性,其后代的面目全由人类的需要甚至狂想所决定。它们也许是我们的伙伴,但在这种合作关系中,我们永远是高高在上的支配者。

以上这些是人类与动物关系的经济形式。对于大多数城市居民来说,这种关系看来和他们不太相干,但不管怎样,它始终在发挥着作用。城市居民每天要吃掉和穿掉无数只动物,只是具体的接触——饲养和屠杀——已经成为专业人员即农场工人和屠宰场工人的工作罢了。走在大街上的人,现在主要和另外两种不那么原始的动物接触有关——那就是,科学上的动物接触和审美上的动物接触。这两种接触都是人类强烈的求知欲望的产物,或者说,人类对周围世界的探索和研究活动的结果。通过书籍、电影和电视,他被带入了动物学领域。他收看关于野生动物的节目,从中了解它们的生活。他观看动物绘画和照片,对它们的美惊叹不已。他去潜水以观看鱼类;他去登山以欣赏鸟类;他还带着照相机参加动物考察队;他参观动物园和野生动物公园。通过这些方式,他不断表现出他对动物世界的兴趣,而就是在这个世界里,他的原始祖先曾作为狩猎者或者早期垦殖者每天和各种动物打着交道,而且是一种对双方都生死攸关的交道。

除此之外,人还以动物作为象征。这里,我们进入到一个有关动物偶像、动物神、动物形象和动物标记的有趣而复杂的领域,以及一个正日益扩展着的关于爱畜豢养的领域。这里,动物不再是它们自身,而是某种人类思想的化身或者某种人类关系的替代。这是对动物的拟人化行为方式。这种方式受到科学家们的严厉批评,因为它每每会混淆甚至歪曲有关动物的事实真相。科学家提出这样的指责固然有其自身的道理,因为他们的工作目的就在于尽可能客观地研究动物的生活,但是人终究是一种喜欢象征的动物,谁也无法制止他使用动物形象作为象征或者作为对其自身的一种丑化。如果某种动物样子很凶猛,它就会成为战争的象征,而如果某种动物看上去很可爱,它就会变成儿童的象征。至于这种动物是否真的很凶猛或者真的很可爱,那是无关紧要的。它们实际上很可能恰恰相反,但用它们来作象征的人对此根本不会加以理会。鬣狗和白头鹰就是两个很好的例子。鬣狗在人们心目中已成为丑恶的代表,人们认为它专以食腐肉为生,既贪婪又怯懦,叫起来像阴森森的笑声,令人讨厌,而且还四处活动干各种卑鄙的勾当。相反，白头鹰则被人赞为无畏而崇高的勇士，它搏击长空，所向无敌。称某人是"鬣狗"，已成为一种不堪忍受的侮辱，而白头鹰已身价百倍地成了美利坚合众国自豪的象征。事实上，科学研究表明，鬣狗从本质上说是一种勇猛的动物，而白头鹰倒常常是偷食者和食腐肉的动物。但是，发现这样的事实丝毫也没有削弱它们的象征作用，尽管早在 18 世纪就有人提出，要把美国的国徽上的白头鹰换成响尾蛇。这是由本杰明·富兰克林提出的，理由是响尾蛇总是先向敌人发出警告，从不主动挑起争斗，但是如果别人先冒犯它，它就会无畏地进行自卫反击，所以是美国人民的最好象征。从科学上说，这很正确。但是，从象征上说，这是根本行不通的。就拟人化角度而言，白头鹰样子高贵而翱翔于天空，响尾蛇相貌丑陋而匍匐在地上。至于实际情况如何，人们根本不予关心，因为在象征的领域里，虚假的信念往往比科学的事实更为重要。

为了具体分析我们主观上的动物"爱"和动物"恨"的情况，最近对八万名年龄在四到十四岁之间的英国儿童进行了一次详细的调查。调查人员要求这些儿童说出自己最喜欢的和最不喜欢的动物。结果表明，儿童们最喜欢的十种动物都带有人的某些特点。儿童们显然不是根据动物的经济价值或者审美价值，而是根据它们在多大程度上"像人"作出这一选择的。这十种动物身上都有毛，但没有羽毛或者鳞。它们的身体都呈圆形，脸宽宽的，有脸部表情，而且在不同程度上有直立姿势，它们不是很高大，就是能站起来或者蹲坐着。此外，它们还能拨弄东西——灵长目动物用手掌、大熊猫用前爪，大象则用长长的鼻子。

虽然这十种动物中没有包括任何鸟类，但儿童们最喜欢的两种鸟——企鹅和鹦鹉——同样都有直立的身体姿势，而且就鹦鹉而言，它还能用爪抓起一些小东西放到嘴里，更不用说它还能发出类似于人的声音和有一张宽宽的"脸"。

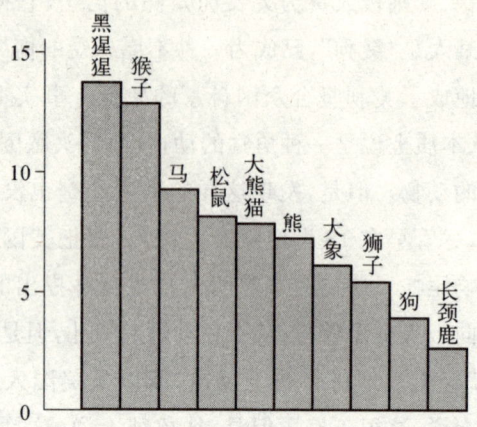

通过对 2400 名 4 至 14 岁的英国儿童所做调查得出的十种最令人喜爱的动物。这十种动物全部是哺乳动物,并且都很像人。

只有两种猛兽跻身于儿童最喜欢的十种动物,那就是狮子和狗。其原因很清楚:在所有大型猫科动物中,唯有狮子因头周围生有长长的鬣毛而看上去似乎有一张宽宽的脸。如果雄狮没有这些鬣毛,大概就不会像现在这样受人重视,因为没有鬣毛,它的脸会显得又尖又长而不太像人了。至于狗,儿童们看到的当然不会是凶猛的野狗,而是那些和善的家犬。对于绝大多数儿童来说,狗并不是猛兽而是保护者,于是狗就占了便宜。狗的另一个便宜之处,是因为人类在千百年间对它的有选择的驯养使它不寻常地改变了本来面目。它的脸被人为地变宽;它的毛被人为地加长;它的腿也变短了,变得有点笨拙,就像婴儿似的。它甚至被早熟化了(即:使它在成熟后仍带有幼犬行为倾向),为的是使它更有趣、好玩。它的身体大小已变得更适宜于搂抱,而且不是像牧羊犬那样长着一身蓬松的长毛,就是像小狮子狗那样长着像锦缎一样的细毛。而实际上,狗是披着爱畜外衣的狼——一个变成挚友的仇敌,它蹲坐在那里,一张宽宽的脸,一对圆圆的眼睛,一身柔软的毛,神情既平和又欢愉。它尽管不能站起来,但可以教它坐下和乞讨。它到处受到欢迎,不愁无后。它那狼的家世被遗忘了。

如果我们观察一下动物"爱"在不同年龄儿童中的变化情况,就会不胜惊异地发现一个特点。年龄较大的儿童大多喜欢小动物,而年龄较小的儿童反而喜欢大动物。譬如,在四岁儿童中有百分之四点五喜欢小松鼠,而在十四岁的儿童中这个数字上升到百分之十一。同样,喜欢狗的四岁儿童仅百分之零点五,而在十四岁儿童中上升到百分之六点五。与此相反,大象和长颈鹿则随儿童年龄的增长而越来越不被喜欢:大象从百分之十五跌到百分之三,长颈鹿从百分之十跌到百分之一。

换句话说,年幼儿童寻求的是象征着"大"的动物——可假设为父母替代物——而年长的儿童则需要象征着"小"的动物——可假设为子女替代物。

所以,笼而统之地说某种动物由于"像人"而被喜欢,还不足以说明问题,更为重要的是像哪种人。确切地说,豢养爱畜就是一种伪父母表现,即由动物充当孩子。其原因或者是年纪太轻不可能有真正的孩子,或者是出于某种缘故而不可能成为真正的父母,或者是曾经有过孩子,但现在又失去了。至少可以说,最热衷于豢养爱畜的人,通常都出于这三种原因中的某一种。

就年龄较大的儿童喜欢小动物的一般规律而言,马是一个有趣的例子。儿童对马的喜欢不仅不随着年龄增长而减弱,相反,在临近青春期的时候到达了顶峰。如果对这一年龄的少年和少女分别加以调查,那么又会发现,喜欢马的少女三倍于少年。为什么会有这种性别差异?毫无疑问,还是因为骑马时张开双腿的姿势和马跑动时有节奏的震动具有性的意味。而就是这种性的意味,加上马本身高大健壮的男性气质,使马对临近青春期的少女产生了巨大的、然而是无意识的吸引力。

从动物"爱"转到动物"恨",我们发现情况大不相同。这里,有一种动物"出类拔萃",特别招恨,那就是蛇。其统计比例高达百分之二十七。换句话说,四分之一以上的英国儿童觉得蛇比任何动物都可恨,尽管在英国乡村地区,他们遭蛇咬的可能性甚至比遭雷劈的可能性还要小。

儿童最恨的十种动物都有一个共同的特点——它们都很危险,或者至少儿童相信是这样。它们大多数都不具人的特点,只有狮子和猩猩是例外。狮子是唯一的一种既是儿童最喜欢又是儿童最恨的动物,这是因为它既有脸宽"像人"和威严的一面,又有凶残暴戾的一面。猩猩虽然非常像人,但看上去总让人觉得它在发怒而可怕。不过,这仅仅和猩猩的脸部结构特征有关。事实上,猩猩是一种很温和的动物。遗憾的是,尽管野外考察十分明确地肯定了这一点,但儿童们仍然很害怕猩猩。如果说这有点不合理,那么请想一想,即使很爱孩子的父母,有时也会在游戏中装"野人"吓唬孩子。关于猩猩实际上是一种羞涩而温顺的动物的知识,丝毫没有减轻它的非本质的丑陋外貌所给人的影响,所以它至今还在象征性地扮演着"长毛野人"的角色。

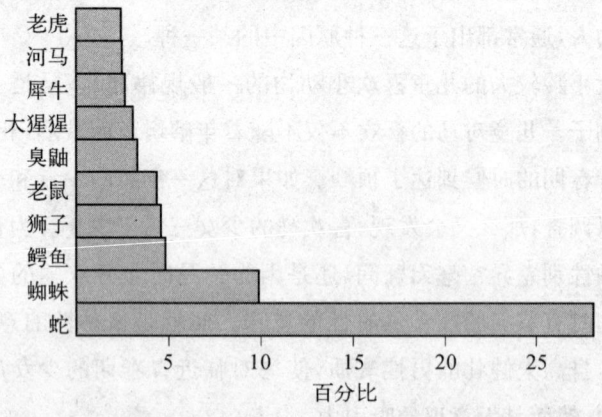

通过对 2400 名 4 至 14 岁的英国儿童所做调查得出的十种最令人厌恶的动物。

蛇和蜘蛛——两种儿童最恨的动物——同样被主观地说成是"粘糊糊的和龌里龌龊的",以及"毛拉拉的和鬼鬼祟祟的"。这里,传说又一次压倒了科学。蛇的身体不仅不是"粘糊糊的和龌里龌龊的",相反,是干燥的、滑爽的,而且很干净。蜘蛛的"毛"实际上是它的长腿。确实,在它的身上有一些细毛,但儿童们所恨的"毛"却是它走动时向两边展开的长长的腿。蛇有无毒蛇和毒蛇之分,蜘蛛也有无毒蜘蛛和毒蜘蛛之分,但是人们根本不作这种区别,凡蛇和蜘蛛,一概在恨之列,这实在有点蛮不讲理。

儿童到六岁的时候,对蛇的恨达到了顶点,而且两性之间基本上没有多大区别。到了青春期,男女青年对蛇的态度仍然没有急剧的变化,由此可见,把蛇视为阴茎象征物的理论(弗洛伊德)和实际情况不符。实际情况是,儿童对蛇的反应可以说是一种先天的本能,这方面对猿类的观察可资证明。我们观察到,猩猩和黑猩猩在各种情况下都会对蛇甚至玩具蛇作出惊恐反应,即使是那些对蛇根本没有任何先在经验的幼年猩猩,也同样如此。

至于对蜘蛛的反应,却令人惊异地存在着两性差异。较之于男青年,青春期女青年恨蜘蛛的程度会一下子大幅度提高——在十四岁的时候,恨蜘蛛的女孩子的人数就两倍于男孩子。在青春期之前不存在这种差异,可见这里带有性的含义。蜘蛛和性有关表面似乎难以理解,但只要明确她们所恨的是蜘蛛的"毛",也就不成为难题了。在青春期,无论男女身上都开始长毛。由于成年男子通常比成年女子多毛,一个刚进入青春期的少女很可能会无意识地对体毛怀着一种恐惧心理,而对"多毛"蜘蛛的恨,就是这种恐惧心理在动物身上的曲折反映。

以上各类关于人和动物的关系可以概要地分列如下。(七个年龄段的人对动物的反应)

一、婴儿阶段:这时我们完全依赖于父母,对大型动物反应最强烈,因为它们被视为父母的替代物。

二、伪父母幼儿阶段:我们开始与父母抗争而且自己也成了"小父母",所以我们更喜欢小动物,而且热衷于豢养爱畜。

三、成年期之前的客观阶段:探索兴趣取代象征兴趣,我们转向昆虫采集、显微镜和水族馆。

四、成年期初期阶段:这一阶段我们最不关心动物,大部分精力集中在人际关系上。动物被大大地降格为仅有经济价值的东西。

五、成年期父母阶段:作为父母,我们又开始宠爱动物,不过这时我们所宠爱的动物是我们自己的孩子。

六、父母后阶段:这时我们的孩子都长大成人而离开了我们,所以很可能会以动物替代他们。这是豢养爱畜的第三个阶段。

七、老年阶段:我们行将就木,面临着生命的终结,所以对各种奋力挣扎以求生存的动物会发生强烈的兴趣。这是保护主义和保存主义的年龄。

当然,这些仅仅是基调上的变化而不是定向性的规则,因为在现实生活中还存在着许许多多个人的特殊情况。但是,这里所列举的七个年龄段,大体上已包括人在和其他动物进行大量的、复杂的接触时所表现出来的各种基本倾向。这种接触的广泛性确实不同寻常,尤其是在豢养爱畜的领域,情况更是令人意想不到。在美国,每年用于各种爱畜的钱超过五十亿美元。在英国,这个数字是一亿英镑,而在西德,是六亿马克。在法国,前几年的统计数字是每年一亿两千五百万法郎,现在肯定已经翻了好几倍。这些钱大部分花在猫和狗身上。在美国,大约有一亿只猫和狗,而且仍在以每小时一万只的惊人出生率迅速增加。其他国家狗的数量是:法国,一千六百万只;西德,八百万只;英国,五百万只。猫的数量甚至还要多。

显然，对于许多现代人来说，豢养爱畜已成为某种基本需要。这种需要看来首先是为了得到爱抚性接触。不管是作为子女替代物也好，还是作为朋友替代物也好，反正对于豢养爱畜的人来说，重要的是能够触摸自己的爱畜。豢养爱畜并非为了观看、研究或者远远地欣赏，而是为了能抚摸、搂抱它们或者轻轻地拍它们，以此替代日常生活中所匮乏的人与人之间的亲密行为。对大量照片所作的分析表明，豢养爱畜的人和自己的爱畜进行接触时，有一半以上的人用双臂抱着它们，就像抱着婴儿一样。百分之十一的人用手轻拍爱畜，百分之七的人用单臂搂着爱畜，而百分之五的人则与爱畜作嘴对嘴的接吻。这种接吻动作有可能出现在一位女士和一只小羊之间，也可能出现在一个小女孩和一条鲸鱼之间。由此可见，即使无法搂住自己的爱畜，仍然还有其他方式的身体接触。

有人认为，这种热衷于与动物进行接触的行为是一种可悲的倾向，因为它将人的爱心引入了歧途。有位作家曾不无讥讽含意地将此称为"小狗小猫主义"，认为这是人类爱心的畸变，可能会导致对真正的人际关系的忽略。但是，这样的观点是没有根据的。对于许多人来说，生活在一个越来越充满物质和钢铁的冷冰冰的世界里，处于越来越紧张的精神压力之下，通过和动物的接触以维持爱的联系，也许具有无可估量的重要价值。许多没有子女或者没有朋友的人，也许就可以从这种联系中获得精神上的支持，尽管它或许是象征性的、拟人化的、不科学的、想入非非的，甚至是非理性的。

游戏方式
游戏信号、游戏规律和游戏种类

游戏不是生产活动，它是一种测试环境可能性和游戏者自身能力的方式。

把游戏和训练区分开来是重要的。把孩子放进水里可以教会他游泳或者可以让他自己学会游泳，但这不是游戏。相反，戏水是游戏，因为它没有特定的目的。它以自身为目的。但是，一个孩子戏水时间越长，他对水就越熟悉，他会附带地了解水性以及自己身体的能力。他的这种游戏虽然可以使他获得关于水的一般经验，但并不直接使他获得某种特殊的技能。

这对于像人这样一种机会主义的动物来说是十分重要的。像一切机会主义者一样，人并不是依靠一种大能耐而是依靠许多小诡计才得以生存的。他并不自囿于某一栖息地，或者顽固不化地只遵循某一种生活方式。他什么地方都去,什么事情都做,凡环境向他提出的问题,他都设法加以解决。这是他成功的秘诀,而为了使这一秘诀充分有效,他必须拥有尽可能广泛的先在经验作为其后盾。对于一个孩子来说,一种被禁锢的、狭隘的和死气沉沉的生活将意味着巨大的灾难。要作为一个成年人而获得真正的成功,他必须在童年时代大量地进行活动,而促使他进行这类活动的就是他贪玩的天性。

游戏方式具有一些独特的性质。它通常伴有一种特殊的"游戏信号",意思是:"这不是真的,我不过是玩玩而已。"常见的游戏信号包括微笑、大笑和大喊大叫。这些也被称为"中介信号",对此我们将在下一章中加以充分讨论。

在一般情况下,游戏还具有"动作过分"的因素。多人游戏强调相互配合,每一个动作都做得尽可能地惹人注目。即使在做单人游戏时,动作也同样带有夸张性。一个小女孩独自在床上喂她的"娃娃"吃饭,她的每一个动作都是戏剧化的,与其说是实际需要,不如说是为了表现。如果这一行为有其实际目的,那么所有的动作都得服从这一目的。它们要完整得多,也慢得多。然而,游戏的本质在于为活动而活动,每一个动作的目的就是其自身,而且可以任意夸大地做出。

游戏方式的无目的性的另一种表现是无固定的秩序,就像做梦一样。这里只有重复和顺序变化——"让我们重新开始"或者"再来一遍"。在打斗游戏中,有一种特殊的情况,那就是角色对换。进攻者突然变成了被进攻者,追赶者突然变成了逃跑者。这些反复无常的变化出现得如此之快,从而使打斗游戏和追赶游戏具有和真实的打斗及追赶完全不同的性质。它们表明,游戏打斗者的基本心境既不是发怒,也不是恐惧,而仅仅是喜乐。如果真的表现出敌意或者屈从,两个"打斗者"是不可能如此随便地交换角色的。他们会耽于原有的心境,直到经过一场剧烈的、长时间的搏斗之后,才有可能从一种角色变成另一种角色。

　　游戏的鲜明特征之一是它暂时置长幼关系于不顾。作为家长的父亲在和年幼的儿子玩游戏时,会完全放弃他平时的家长地位,即使让他的"小对手"暂时骑在头上、踩在脚下也无所谓。力气大的人和力气小的人玩游戏,也同样如此。譬如,大哥哥和小弟弟玩游戏,做哥哥的会自己让三分以与"对手"保持平衡,因为唯有这样游戏才能玩得下去而且"带劲"。

　　另一种可以加强游戏趣味性的方法是选择特殊的"游戏对象"。无论是一件玩具、一种体育用具,还是某个认真选定的场所,反正游戏对象以"超额报偿"为原则。说得简单一点就是:你之所以拍一个玩具气球,是因为它比其他大多数同样大小的东西都飘得远。换句话说,你做出的功较之于它的结果要小得多。这就是诸如溜冰鞋、蹦床、秋千、皮球等玩具吸引人的地方,因为它们全都可以用较小的力引起较大的运动。这种"超额报偿"就是由游戏对象的特殊性质所给予的。孩子们之所以喜欢那些有轮子的、可以在平地上推的玩具,原因就在于此:轻轻一推带来大大的变化。玩具汽车每每可以滑行很长一段距离。泼水有吸引力,原因也一样:手臂简单地一挥,水便像瀑布似的从空中落下。如果同样一挥臂抛出的是另一种坚硬的东西,情形将远不及泼水壮观。在地面上蹦跳固然也很有趣,但远不及从蹦床上或者弹簧垫子上高高弹起那样来得带劲。所有这些,再次表明游戏方式的夸张特点。

　　至于那些竞赛性的游戏机,其"超额报偿"原则是象征性地表现出来的。最明显的例子是弹球机上的记分牌。玩弹球机的人只要用弹球击中某个目标,弹球机就会记分,不是记一分,而是记一百分或者一千分,给人以战绩辉煌的感觉。最近生产的弹球机甚至比这还要"慷慨",击中一个球,它可能会给你记十万分。一些台上游戏也同样如此,输赢时常以巨额的玩具钞票计算,使玩的人在短短几分钟之内就有可能赢得或者输掉几百万"英镑"。

明确地把探索行为和游戏行为分开来十分重要。两者虽有联系,但不是同一回事。假设有一群孩子走进了一个陌生的、但里面放满各种玩具的房间,对他们来说,每样东西都很新鲜,于是他们便会经历以下一系列的游戏阶段:

一、他们探查陌生的环境直到对它熟悉。这是真正的探索阶段,好奇心占主要地位。动作比较忙乱而且无连贯性,每次观察都会因看到另一件有趣的东西而中断。他们东碰碰,西摸摸,但没有节奏感或者条理性。人类强有力的"喜新厌旧"倾向——探索新鲜事物和追求新奇的倾向——支配着这些孩子。

二、他们有节奏地反复玩弄熟悉的东西。这是玩耍阶段。新奇的东西被探索过之后,他们开始形成有条理性的活动。某些规则被制定出来——不管是正式的,还是非正式的——于是探索阶段的忙乱逐渐平息而形成一整套有系统的动作。

三、他们改变这种反复出现的玩耍方式。不久,老一套东西玩腻了,基本要求是改变。譬如玩"像什么"游戏,由最初的探索阶段得到的一只空盒子,开始被想象为可以在海上航行的船,现在则被想象为可以在平地上行驶的汽车。此后,它又被想象为房子、山洞、鸽笼,等等。

四、他们选择最满意的方式,同时将这些方式扩展到其他方面。某种特殊的玩法被证明"报偿"较大,于是就得到进一步的充实和加强。游戏者可能会反反复复地这样玩下去,而其他一些玩法可能仅仅尝试一下就放弃了。因此,有些儿童游戏已经相传了几百年,有些仅仅几分钟之后就销声匿迹了。

五、他们把各种游戏方式结合在一起。从某种游戏中得到的启发可能被带到另一种游戏中去,从而使后者得到改进。

六、他们一下子改变了全部的游戏活动。没有任何预示，某场游戏中止了。几分钟前，他们还兴致勃勃，现在每个人都变得兴味索然。这种情况是每一个不得不花钱不断为孩子买新玩具的父母所深知的。他们时常抱怨自己的孩子"喜新厌旧"，殊不知他们在这样抱怨时，恰恰误解了游戏的一种基本规律。既然游戏是一个不断获得经验的过程，那么反复改变兴趣本是理所当然的。这种兴趣改变不是"无恒心"，也不是"浮躁"，而是探索活动的必然表现。孩子不断地需要有新的刺激，兴趣改变机制就是其重要保证。

以上六种游戏规律适用于任何游戏，不管是多人游戏，还是单人游戏，是实体性游戏，还是想象性游戏，全都适用。

至于游戏种类，人类在这方面可谓得天独厚。一只小猫也会游戏，但它的游戏种类十分有限。人类儿童虽无这种限制，但不管怎么说，仍存在着某些因深受喜爱而被认为有优先权的游戏种类。最普遍的是运动游戏。在做这种游戏时，游戏者主要对身体活动感兴趣，如奔跑、跳跃、攀高，等等。爬树在全世界儿童中都很常见，由此还产生了一种很特别的游戏理论，认为游戏是原始人类行为的简化形式。儿童对爬树的热衷被认为是人类栖息于树上的原始生活所遗留下来的习惯。这种说法听起来虽然很有吸引力，但是当人们看到儿童还喜欢其他许许多多运动游戏方式时，就难于接受了。确实，有许多活动是和原始生活毫无关系的。

运动游戏的一种特殊形式是眩晕游戏。这是一种惊险游戏，可以使儿童置身于越来越剧烈的运动中。其惊险来自暂时失去身体平衡而产生的眩晕感——身体失去控制，但安全基本上是有保证的。这种游戏包括玩转轮、翻筋斗、倒立和其他一些杂技活动。游乐场所提供的各种特殊装置进一步加强了眩晕感，譬如滑梯、秋千、转盘、大铲斗、巨型转轮、滚筒和高架滑车等。在玩这些东西时，身体都要被剧烈地抛掷，其刺激性来自这样一种有限的体验，即：可以获得某种程度的眩晕感，但身体不会受到伤害。

比较能动的是角力游戏。这里，和身体相对立的不是某件器具，而是另一个人的身体。各种动物都通过各自的方式进行打斗游戏，人类也不例外。在所有可行的方式中，有一些颇受欢迎。它们包括：滚打（翻倒在地上，骑上去，压住对方）；扭斗（抱住、卡脖子、扭臂、绊腿、摔、踢、推和拉）；追逐（吓唬、奔跑、躲闪、猛扑、隐藏、伏倒、偷袭、捕捉）；堆叠（在做这种游戏时，游戏者最后相互绊倒，身体和身体叠在一起，人多时可叠成一大堆）；扔物（瞄准、闪开、击中）；戏水（泼水、喷水、潜水、涉水和踩水）。

对打斗游戏的观察表明，用手腕比用拳头要常见得多，普遍得多。上述一些扭打方式在世界各地都可能出现，而使用拳头的打斗游戏则极为少见，即使有，也很少拳击脸部，每当拳头接近对方脸部时通常总会收住，或者偏一点成为空击。一般是相互拳击身体，但非常轻。相反，扭臂时往往很用劲，但也很少导致受伤。

广义上的爱抚游戏（不是狭义的、带有性意味的爱抚）常见于母亲和幼儿之间，其中大量出现的是亲吻、假咬、用鼻子挨擦、搂抱、摇晃和呵痒，在幼年儿童之间也很常见，但是当他们稍稍长大之后就不再做这种游戏了。直到青春期结偶阶段，它才再度出现在年轻的恋人之间。在青春期之前，特别是女孩子，常常会和玩偶（或者其他柔软的玩具）做象征性的爱抚游戏。和爱畜做游戏也属于类似的情况。

手工游戏开始于幼儿早期阶段，最初是把东西拆开来，逐渐地变为相反——把一些东西拼在一起，其最后形式是搭积木和"自己做玩具"。

化妆游戏则出现在幼儿后期阶段，但随着时间的推移，它会变得越来越重要。从不加化妆地学别人的样子，到假装成牛仔和印第安人；从穿大人的衣服作为游戏，到做白日梦，其形式多种多样。

这里,重要的是对成年人的模仿倾向,而不是动作本身。

智力游戏不仅出现得较早,而且发展也比较稳定。这包括变戏法和猜谜、玩桌上游戏和做智力测验、拼七巧板和填空格字谜、下象棋和打扑克等。

创造性游戏出现得也比较早,开始是乱涂和乱弹,发展到最后是正式的绘画和音乐。

以上所列举的游戏种类当然还很不完全,人类游戏是那样丰富多彩,不拘一格。事实上,任何人类行为都可以表现为游戏形式。尽管如此,上面所列举的种种形式,大体上已覆盖游戏的主要领域,而且在儿童生活中占有优先地位。值得反复强调的是,所有这些游戏种类并不是一些特殊的活动,而是"广为人知"的。较之于其他任何动物,对于人类来说,至关重要的是要有一个"见多识广"的童年,唯其如此,他才会有成功的成年。有一种古老的说法认为,孩子不需要玩乐,因为他们年纪还小。然而,正因为他们年纪小,他们才需要玩乐。这简明扼要地概括了游戏行为对于人类的重要意义。我们时常把"游戏"行为和"严肃"行为对立起来,但实际情况并非如此,也许我们更应该把游戏看作人类活动中最严肃的一个方面。

中介信号
说明其他信号性质的信号

中介信号是关于信号的信号。作为一种信号，它使其他同时做出的动作发生意义上的变化。举个例子来说，如果两个人在打斗，我们一眼就能看出他们是真打还是在打着玩。我们之所以能看出，是因为我们看到了两种中介信号。首先，我们会识别出他们是不是在笑。如果他们在笑，我们就能确认他们实际上并非真的在打架，只是假模假样地开开玩笑而已。他们脸上的欢愉表情作为中介信号使我们明白，应该把他们的其他所有动作——虽然表面上很凶狠——理解为游戏而不是真正的敌对行为。也就是说，他们整个有声有色的打斗过程由于他们脸上的微笑而改变了性质，变为一种无害的游戏打闹。

如果他们在打斗时脸上没有微笑，他们的打斗有可能是真的，也可能不是真的。有时，在打闹中，打闹者会装出一副恶狠狠的面孔,以此作为打闹的一部分。对于这种情况,我们要辨明真假必须识别第二种中介信号:无效率的动作。在真的打斗中,双方都不会把精力浪费在漫无目的或者夸张做作的动作上——每一个动作都很明快,以发挥最大效率。与此相反,在游戏打闹中,动作每每是无效率和拖拖沓沓的。

在动物打闹中也会出现中介信号。举三个例子:黑猩猩在游戏打闹时除了脸部表情很特殊之外,还会把嘴唇翘起来直到露出牙齿;獾在开始游戏性扭打之前,会稍稍地仰仰头;大熊猫若想做打斗游戏,就先在地上翻滚或者翻筋斗。此外,无论是黑猩猩、獾,还是大熊猫,它们在游戏打斗时都会出现无效率的动作——看来,在这方面,人和动物是一样的。

当然,人还有其独特的中介信号,譬如眨眼。在逗乐性打斗前向同伴眨眨眼就是一种有意发出的中介信号,不过这仅仅是向同伴而不是向对手做出的。一旦这样眨过眼,其后所有的侮辱性动作的含义也就完全不同了。同伴会意识到这些动作都是假装的,仅仅是为了逗逗对方而已,只有那个被逗的人才真以为他们在侮辱他。

还有一些中介信号可能不是出自故意。譬如,某人一肚子火气,但表面上仍显得很随和地和别人开玩笑,这时他很可能会无意识地发出一个愤怒中介信号——如脸发白或者做出过于认真的身体动作——从而使玩笑变成了真的侮辱(至少在和他开玩笑的人眼里是如此)。

身体姿势或者说"姿态"是一种最普遍、最常见的人类中介信号。一个人在和另一个人的整个交谈过程中所取的身体姿势,可以作为一种基本信号,用以"识别"他所发出的其他所有信号。就像一只在猴群中称王的猴子,慢悠悠地跨着步子会使它的其他动作(在其他猴子眼里)也显得很威严一样,一个举止傲慢或者动作忙乱的人,也会改变他所进行的社交活动的含义。那些缺少所谓"肌肉灵感"的人可能会在别人成功的地方遭遇失败。他们时常在事后受人抱怨,说他们事事只关心自己。这样,尽管他们在知识和经验上可能都胜过对手,但还是莫名其妙地失败了。说起来简直令人难以相信,在某些场合,一种轻浮的或者颠簸的步态会抵消掉整整十年的专业训练。这就是中介信号的威力所在。

和其他动物不同,人类可以通过一种特殊的方式克服这方面的问题,那就是戴上标志或者穿上制服。因为事实上,人的所有服装都是一种中介信号,可以使衣着者的行为性质发生变化,尤其是经官方规定的特殊制服,更是如此。让一个平平常常的、其貌不扬的年轻人穿上警察制服,他的每一个动作在其他人眼里马上会变得神气起来。

注视方向是一种完全不同的中介信号。当我们看到两个陌生人在激烈争吵时,我们可能会觉得很好奇,但绝不会感到有危险。我们听着他们相互谩骂,看着他们指指点点,但我们知道这些都不是针对我们的,因为吵架的那两个人的注视方向并不对着我们。由于他们面对着面相互注视着,我们也就知道他们那些敌对信号的目标在哪里。

这好像很简单,但是在拥挤的公共场合,这却是至关重要的。如果我们不以这种方式限定自己的行为方向,那么在人多的地方进行交谈就会变得不可忍受。注视方向这种中介信号的意思是:"从现在开始,我的一切动作都是针对你而且只对你一个人的,其他人不必关心这些信号。"老练的演讲者常常会以一种特殊的方式利用这种中介信号。在演讲时,他用目光慢慢地扫视听众,使听众轮流地感觉到自己好像是他的特别注意对象。

从某种意义上说,整个娱乐界无时无刻不在发出中介信号,其形式就是舞台、电影银幕或者电视屏幕。有了这些形式,我们才知道我们所看到的谋杀和抢劫是有人故意做出来给我们看着玩的。演员们或许旨在把谋杀和抢劫演得尽可能真实,但不管他们演得多么唯妙唯肖,在我们心底里,舞台、银幕或者屏幕作为中介信号始终在起作用,始终在提醒我们这一切都是假的——演戏而已。

只有在极少数情况下,这一规律才会因"惊人效果"而被打破。譬如,有些戏剧表演体系故意把某些剧情移到观众中去演出——剧情是"舞台的",但不"在舞台上"。这样,观众很容易产生错觉,以为自己真的卷进了"不幸事件"而惊慌失措了。另一个有名的事例是,美国一家广播电台曾播出过"外星人入侵美国"的消息。一桩纯属臆造的事情通过如此严肃、正式的渠道告知公众,确实使许多美国人为此惊恐万状。毫无疑问,这里的原因就在于广播电台不像其他大众媒介那样有视觉上的中介信号,所以特别容易以假乱真。

有人说,许多真话是当作笑话说出来的。这种说法是否正确,还需要联系游戏中介信号作最后评定。实际情况是,中介信号往往只是表面上改变其他信号的性质。微笑作为一种中介信号虽然可以表明某些打斗是为了开玩笑,但这些玩笑打斗本身则很可能带有真正的、但受到抑制的敌意,而不纯粹是"兴高采烈的"。一个心怀不满的人很可能会借开玩笑的机会来发泄自己内心的愤恨。但是,不管怎样,中介信号——作为一种关于信号的信号——仍然发挥着它的特殊作用。

超常刺激
刺激性强于其自然对应物的创造物

超常刺激就是超越其自然对应物的刺激。在自然界中,每一种动物都处于中间状态。举个简单的例子:如果某一动物以伪装作为躲避天敌的方法,那么当它求偶时就不容易引起配偶的注意。如果它以鲜明的色彩作为吸引配偶的方法,那么当它遇到天敌时就很容易被发现。于是,它不得不在这两者中间取得平衡。对大多数动物来说,这种折衷方法都以能够显示自身与众不同的特征为限度。用实验动物进行试验,人为地强化其某一特征,结果表明,改变动物的自然状态使其某一特征变得更刺激、更显著并非不可能。如果说,野生动物经受不起这样的改变,人是经受得起的。人不仅能多方面地改变其自身的身体特征,而且还能通过人为的方式使其周围的世界也同样地"超常化"。如果他希望改变自己的高度,他可以穿上高跟鞋;如果他希望自己的皮肤变得光洁,他可以用化妆品;如果他希望自己显得更可怕,他可以戴上丑陋而狰狞的假面具。

人有数不尽的方法可以用来加强他们的身体信号,从而改进其性显示、敌意显示和身份显示。不过,他常常还越出自己身体的范围,尽力使环境中的其他事物也"超常化"。他喜欢鲜艳的花,于是他就把一些花培养得比其自然色彩还要鲜艳,还要绚丽;他喜欢可口的食物,于是他就用复杂的烹饪法使食物变得更为可口,更为鲜美;他喜欢睡柔软的床,于是他就生产出超级软枕和软垫;他喜欢皮毛颜色生动的动物,于是他就干扰家畜和爱畜的皮毛遗传因子,从而培育出许许多多在野生状态下根本无法生存的黑色、白色或者黑白相间皮毛的动物。

到任何超级市场去兜一圈,都能看到数百种不同的超常化事例。牙膏允诺给人以超常微笑;肥皂允诺给人以超常清洁;日光浴油脂允诺给人以超常棕色皮肤;洗头膏允诺给人以超常柔软的头发。药品商店里也充满类似的事例:安眠药引起超常睡眠;兴奋剂引起超常兴奋;泻药引起超常排泄。

只要我们想要什么,就有什么。有时,广告不免虚假,但人们想要改进人体自然功能的愿望却是真的。譬如,有九百多种春药都说可以大大增强性能力,实际上它们丝毫没有发挥过什么效用,但需求量依然惊人,以致它们几乎畅销全世界。

在许多情况下,超常刺激仅存在于物品包装而和物品本身无关。庞大的商业广告行业最关心的问题,就是如何加强商品的外观吸引力。由于许多商品实际上是重复生产的,这就需要在外观上倍加重视,要以一种更为刺激的方式战胜其竞争对手。商品的外形、式样和颜色于是就成为至关重要的问题。如果某种包装很吸引人,另一种包装必须更吸引人。如果某种肥皂粉洗得白,另一种肥皂粉必须洗得比白还要白。

超常刺激的基本特点是,它必须是居高临下的和明白无误的。这就是说,某些因素——在特定情况下被认为最重要的那些因素——必须加以夸大。至于其他因素,则不必。因为同时使太多的细节超常化可能会导致混乱。这样就出现了刺激极端化倾向:有些因素被加强,有些因素被减弱。在这双重过程中,被选中的特征明显地提高了影响力,不相干的特征被删除或者被贬抑,那些被夸大的因素于是便显得更为鲜明、突出。这就是所谓的戏剧化的基本过程。它是大多数消遣性读物、电影和戏剧的基础。如果把日常生活中的各类活动都照原样列出,其影响力会显得很微弱,于是戏剧家们就发展出那种精妙的技巧,即扩大重要事件,同时缩减其他事件。不过,如果他们做得太过分,其夸张性会太明显,也就无法影响我们。我们当然拒绝读那些胡编乱造的小说。但是,如果这种超常化手法被运用得很巧妙,我们还是会作出超过日常生活水平的情感反应。在有些艺术领域,譬如在观看歌剧、芭蕾舞和动画片时,我们则无视这一规则,对它们那种明目张胆的、无限度的人为夸张仍然很乐意接受。它们丝毫不想隐瞒自己的超常表现,我们则有意识地将其视为一种特殊的"传统"而加以默认。许多儿童玩具和玩偶也同样如此,对它们来说,刺激极端化倾向已成为家常便饭。但意味深长的是,这种情况在极大程度上仅见之于幼儿玩具。较大的儿童,尤其是接近于开智年龄的儿童,他们所喜欢的是比较逼真的玩具。这可能和现代教育中的科学态度有关。

类似的倾向也可以在儿童绘画中观察到。幼儿画的人像和原始艺术中的人像差不多,其中充满了超常因素。头是人体重要部分,于是头被表现得比平常大。眼睛也很重要,所以眼睛被画得又大又圆。只有当儿童接近成年期的时候,他们才开始减少这类夸张的画法而寻求比较近似于自然的比例。不过,即使在成人艺术

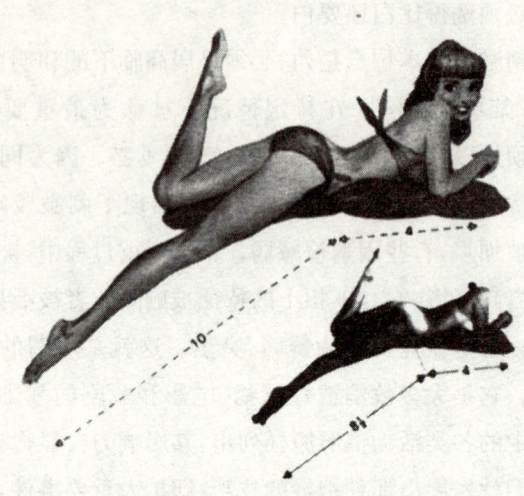

许多西方画家笔下的美丽少女都有两条超长的腿。只要把广告上的女郎与真实的模特儿加以比较,就能看出这种差异。其原因是,少女性成熟时腿会拔长,因此长长的腿意味着性感。

中,也只是在某些历史时期,艺术家才以尽可能精确地再现外部世界作为艺术追求的目的。在绘画中,人体往往是不受现实限制的,有时甚至变形到了极端的程度。如果画某人在奔跑,他的腿很可能会被画得很长;如果要表现性交,画出一根粗大得异乎寻常的阴茎也属常事;如果是发怒,他的嘴便张得特别大,而且会露出现实生活中不可能找到的大板牙。直接施于活生生人体的人为夸张,固然因为最终要考虑到重量和活动方面的问题而有所限制,但是在绘画或者雕塑中无须作这样的考虑,所以被用来作超常处理的那些因素完全可以成百倍地加以夸大。

漫画艺术就是彻头彻尾的刺激极端化表现。漫画家把每一个人的脸都看作是一种"标准"脸的轻度扭曲形式,不断地寻找哪些外部器官稍稍长了点、宽了点、大了点或者平了点,而他提高自己作品影响力的方法,就是进一步夸大这些自然特征,同时减缩那些较不引人注目的部分。所以,他的作品质量最终并不在于这个过程中使对象变得多么滑稽可笑,而在于他对同一张脸所作的各种夸张处理是否能达到和谐一致。从根本上说,漫画家的创作过程跟幼儿绘画和原始艺术家的创作过程是相同的,只是就漫画家而言,他所注意的是不同的个人,而就幼儿和原始艺术家而言,他们所注意到的则是人的一般特点。

美容院内充斥着超常的辅助材料,比如这些人工睫毛。它们有助于夸大眼睛的大小和眼皮的扑闪。相反,脱毛剂的使用,使女性的眉毛变细,因为这可以夸大男性粗眉和女性细眉所反映的性别差异。

超常刺激的范围还可以进一步扩大。它还包括一些不存在自然对应物的事物。举两个例子以供对照:由于少女的腿在接近性成熟时期开始拔长,女子长长的腿也就被视为一种性感表现。因此,海报画家在其作品中每每夸张少女腿的长度。测量这些作品中少女的腿,并和它们所依据的模特儿的腿加以比较,结果表明其增加的长度甚至可以使画中的腿比有血有肉的模特儿的腿长百分之五十。尽管如此,海报画上那些少女的腿归根结蒂仍是基于自然的,或者说其出发点仍是某种生物特征,只是将这一特征加以夸大而已。反之,如果出发点是某种人造物,譬如一辆汽车,情形又会怎样呢?这里虽然没有任何自然出发点,但不可否认的是,在汽车公司的展览厅里每年都有超常汽车展出。汽车设计师也像海报画家一样热心于引起观看者的超常反应。但是,像汽车这样一种人造物又有什么常态可言呢?因为不存在"自然的"汽车,也不存在可用来衡量超常样品的生物基本特征。回答是,就人造物而言,通常总存在着某种"普遍"形式,用它可以衡量出改进程度。在汽车工业发展的整个过程中,始终存在着某种普通的、所以也就是"常态的"汽车。它的基本特征是不固定的,不像少女的腿那样。它年年都在改变。随着每一种新的改进,整个常态标准也发生变化。因此,这里的超常化情况较之于自然物超常化情况要不稳定得多,但是其中的原理并没有多大区别。

这种人为倾向现在已遍及全世界。我们不知疲倦地对环境中的几乎每一事物都加以夸张。我们时常倾向于使事物的特征变成强烈的刺激,以至于使自己蒙受刺激过剩的痛苦。我们渴望逃避这种加入过多咖喱粉的生活;我们渴望重新获得纯真的精神食粮。然而,由于不像其他动物那样受到生存平衡法则的控制,我们依然在反反复复地表现出甚至更为稀奇古怪的过度行为:开始欣喜万分,接着洋洋得意,其后兴味索然,不得不弃旧求新。对某种超常刺激感到烦腻了,我们就换上另一种,选择新的因素加以发挥,而且一味地沉溺于其中,直到它再次变得乏味。换句话说,我们变来变去,结果还是一无所得,仅仅变出了所谓的"时尚"而已。

审美行为
对自然美和艺术美的反应

　　审美行为就是对美的追求。这说起来很容易，但要解释清楚却很困难，因为，尤其从生物学角度看来，美是那样一种不可捉摸的东西。它和任何人类基本生存方式，如进食、交配、睡眠或者育儿，都没有明显的联系。但是，它又不容忽视，因为在人们的生活中确实包括大量的审美反应，这是任何观察者都会注意到的。当我们看到男男女女静静地站在艺术馆里的一幅幅油画前，或者静静地坐着聆听音乐，或者观看舞蹈，或者欣赏雕塑，或者凝视花木，或者在风景区漫游，或者品尝酒类时，对于他们的这些行为，我们除了说他们是在审美之外，不可能从任何其他方面加以说明。在进行上述各种审美活动时，人的感觉器官不断地把得到的印象输向大脑而得到印象，看来是这些活动的唯一目的。真正的品酒者在尝过酒之后甚至会把酒吐出来,意思就是要强调他所需要的仅仅是美的享受,而不是真的想喝酒。

可以说,每一种人类文化在审美方面都有这样或者那样的表现,所以对审美经验的需要有其全球的重要性。当然,同样可以说,这里不存在绝对性。没有一种东西会被所有的人都认为是美的。任何一种被一部分人奉为美的东西,都有可能被另一部分人认为是丑的。这一事实使大量的美学理论都成了胡说,许多人都觉得它们难以接受。这些理论时常要人相信,这种或者那种美的形式具有内在价值和普遍有效性,每个人都必然会承认它是美的。但严峻的事实是,美在人的头脑里,而不在任何其他地方。

既然这样,又为何要从生物学角度来考察美呢?既然每个人各有各的关于什么是美、什么是丑的观念,既然这些观念随时随地都在变化,那么又为何要说这是人类的审美反应而不说这是个人趣味问题呢?回答是,在每一种情况下,看来都有一些基本的规律在起作用。这些规律虽然和审美对象的具体性质无关,但可以用来说明我们的审美反应最初是如何形成的,以及它在今天是如何受到控制和影响的。

如果暂时撇开人为的艺术品而把注意力集中在对自然事物的反应方面,我们首先会发现审美对象不是一些孤立的现象——它们是成群出现的。可以把它们分类。花、蝴蝶、鸟、岩石、树木、云彩,以及所有对我们具有吸引力的环境因素,它们的形状、大小和颜色各不相同。当我们看着某一具体对象时,在我们心里会浮现出我们过去曾见过的其他对象。当我们看到一种新的花时,我们是以自己先前所见过的其他各种花作为知识背景来看待它的。我们的大脑里分别储存着许多信息,其中有一类就称为"花",只要我们的眼睛一看到某种新的类似物,我们的大脑马上就会对这一视觉印象加以归类。经过复杂的比较之后,大脑才确认我们所看到的是花。

换句话说,人脑的功能就像一台高级的分类机,每当我们穿过一片风景区时,它就忙于接受新的经验,并把它们和旧的经验作比较。我们所见到的每一事物都由大脑进行分类。显然,这一分类工作有其重要的生存价值。我们的原始祖先就像其他哺乳类动物一样,需要了解周围世界的各种细节。譬如,一只生活在树林里的猴子,它必须知道许多种不同的树木,而且需要知道哪些树木在哪些季节里会结出果实,哪些树的果实是有毒的,哪些树上长满了刺。既然要生存,这只猴子就必须成为优秀的植物学家。同样,一只狮子必须成为优秀的动物学家,它必须一眼就能分辨出眼前的猎物属哪一种,而且要知道这种猎物能跑多快,通常会用什么方法逃避它的追捕,如此等等。

原始人类同样必须成为老练的观察家,必须对各种植物和动物的形状、颜色、类别、活动、声音和气味具有精确的知识。而这种需要的唯一结果,就是使人类获得了一种习惯于把日常生活中的每一事物都加以分类的强烈倾向。我把这种倾向称为"分类癖",同时认为,它对于人类来说是那样重要,以致具有独立存在的价值。它就像人类的进食、交配和睡眠等需要一样,既是基本的又是独特的。最初,我们的原始祖先也许仅仅在觅食活动中才对各种浆果或者羚羊加以分类,但后来,他们在不受饥饿驱使的时候也这样做了——他们为分类而分类。这一发展的生存价值不言自明:一个人若从童年时代起就抱有一种"在心里"分辨和组合环境中各种因素的强烈倾向,那么,成年之后当他遇到什么事情时,原有的那些因素就会迅速地出现"在眼前",他便可直接地利用自己的知识。

我们时常听到学生们抱怨说,他们在学习中要被迫记住许许多多毫无用处的知识。如果他们是石器时代原始狩猎者的孩子,他们会通过亲身体验去学会这些知识,因为在那时,这些知识是非常有用的。现在,在教室这样的抽象世界里,植物学似乎是不着边际的,地理学令人觉得乏味,而昆虫学实在毫无意义。然而,尽管有这样的抱怨,在和外界隔绝的、纯理论的教室里,分类癖倾向仍表现得十分强烈,年轻人不仅可以而且正在记住大量的、分门别类的、他们几乎不可能亲身体验到的事物。这种惊人的能力,在孩子们处于某种比较直接的需要进行分类的情况下,甚至会变得更为活跃。要一个在学校里显然成绩欠佳的学生说出最近足球赛的赛时安排、比分、参赛队员或者各足球俱乐部的彩旗颜色,如果他是个足球迷的话,他马上就会滔滔不绝地说出许许多多有关这方面的情况,而所有这些都是在他的头脑里分过类的。要另一个学生说出近几年来磁带发行情况、流行歌曲的歌名以及歌星和音乐家的名字,如果她经常以此作为消遣的话,她同样会报出许许多多的名字、曲名和日期。令人惊异的是,这种能力甚至在幼儿身上就已出现。做一种游戏,譬如说认汽车,一个四岁的孩子很快就能辨认出不下一百种不同的小轿车。所以说,人类是一种特别善于分类的动物——凡是在现实环境中曾遇到过的、凡是在这个世界上能够看到的,只要是可以分类的事物,几乎统统逃不了被分类。

这种分类癖倾向就是审美反应的基础。当我们第一次听到一种新的鸟叫声,或者走进一个过去从未到过的花园时,我们对这种鸟叫声或者对这个花园的反应,很可能是一种强烈的欢愉感,我们会说:"多美啊!"表面上看,我们的欢愉感的来源好像就是鸟叫声或者花园本身,其实不然,它来自以过去的同类经验作为参照的新经验。我们一听到新的鸟叫声,马上就会把它和过去所听过的鸟叫声进行比较;一看到新的花园,马上就和先前见过的各种花园进行比较。要是我们觉得它们很美,那是比较出来的,不是它们固有的,是相对的,而不是绝对的。

如果说，美是一个和分类有关的问题，那么丑也同样如此。不过，仍有必要对两者之间的差异作点解释。是这样的：在我们对周围世界进行分类的同时，我们还会把它们分成不同的"等级"。各种等级或者类别之所以被确认，是因为某些事物具有类似的性质，但又不完全一样。以它们共有的性质作为基础把这些事物归在一起，是我们在内心对事物进行分类排列的结果。它们的性质越明显，就越容易进入我们的分类方案。这经常是无意识地进行的，对此我们甚至毫不自知。但不管怎么说，这是至关重要的，因为它的结果是，我们在自己心里建立了一整套关于什么才称得上是"鸟叫声"或者"花园"的准则。当我们听到新的鸟叫声或者看到新的花园时，我们马上就会根据先前设定的准则，无意识地分析它们带给我们的印象究竟如何。如果我们先前认定，鸟叫声就是一长串音高不同的声音，那么当我们发现这种新的鸟叫声不仅具有这一性质，而且在程度上还超过我们的预定程度时，我们便会觉得它很美。如果我们发现它是低沉的、短促和单调重复的，我们就会觉得它是一种难听的或者丑的鸟叫声。同样，如果我们先前认定花园应该是花花绿绿的，应繁花似锦，令人目不暇接，那么我们很容易用这样的价值尺度去衡量任何新见到的花园。

要是相反，我们宁愿听比较单纯、比较平和的鸟叫声，或者宁愿观赏比较雅致、比较幽静的花园，那又怎么样呢？我们的价值尺度不同，对新的鸟叫声或者新的花园的反应当然也就不一样。我们会觉得它们过于做作或者过于花哨。审美的任意性是显而易见的，它完全取决于我们头脑里的先在经验以及我们自己所确定的一般准则。然而，既然我们都生活在同一个世界里，怎么还会有这样的差异呢？回答是，因为有一种可以称之为"刺激普遍化"的现象在起作用。举个例子说明：如果某个小男孩被一只狗咬了，他很可能会恨所有的狗。他对某一只狗的恐惧不仅会遍及所有的狗,甚至会进一步普遍化,牵连到所有养狗的人。一下子,所有的狗都被认为是龌龊的、野蛮的、臭烘烘的,尽管在早先它们曾作为分类对象被认为有的有吸引力,有的很美。在小男孩被咬之前,他像大多数人一样进行过精确的区分——很可能不会仅根据一只狗的印象就作判断,而是根据理性化的价值尺度进行衡量的。但是,现在,他个人的尺度已被严重扭曲,在他看来世界上再也不会有什么美丽的狗这么回事了。这就是刺激普遍化现象。这种现象实际上在任何情况下都有可能发生。如果某个少女在一个玫瑰园里被人粗暴地强奸了,玫瑰花便会在一夜之间变得很丑。如果另一个少女是在同一个玫瑰园里坠入情网的,那么玫瑰花很可能会变成世界上最美的花。

此外,还有其他许多类似的影响也会发生作用。如果某个被我们憎恨的人很喜欢欣赏鸟叫,我们很可能会把最悦耳动听的鸟鸣也当作刺耳的噪音。如果某个深受我们敬仰的人喜欢猪,我们也许很快就会在"呼噜呼噜"打着鼻响的大母猪身上发现美。如果某种本来很普通、很便宜的东西一下子变得既罕见又昂贵,它很可能会马上显得很美,对此我们还会惊异,为什么过去我们竟然一点也没有注意到。

如果说,上述这些直截了当地说出的情况似乎是不言而喻的,那么请不要忘记,不顾事实而顽固地认为世间存在着固有美的人依然为数不少,而可供这种人大显身手的地方,莫过于"女性美"领域,即关于女子形体,关于女子选美和理想模特儿的领域。虽然,关于完美女子形体的要点问题人们已争论了好几百年,但是至今仍然没有一个人能给予彻底的解决。一个时代接着一个时代,或者说从这个社会到那个社会,美丽的少女始终在变换着她们的形体。每一个时代,或者说每一个社会,都有各自不可侵犯的关于女性美的理想。对某种文化来说,一个少女要被认为美,至关重要的是必须长得极其丰腴;对另一种文化来说,关键在于她必须长得相当苗条;而对第三种文化来说,她必须长得腰细臀肥,呈钟漏体形。至于脸,在不同的地区和不同的历史阶段,其"美的准则"更是形形色色,无所不有。无论是挺直的尖鼻子还是小小的圆鼻子,是蓝眼睛还是黑眼睛,是厚嘴唇还是薄嘴唇,都各有各的赞美者。

由于存在着这些准则上的差异,当有人试图想发现跨文化的美丽女王时——譬如在"世界小姐"选美比赛中——就会出现一种不正常的现象。这种选美比赛的组织者一方面从各种显然具有不同的女性美理想的文化中广为搜罗参赛者,另一方面又把她们当作好像生活在同一社会中的女子加以评判。所以,若从文化平等的立场上看,这种比赛不仅结果十分荒谬,而且其本身就是对所有与此有关的非西方文化的一种侮辱。非西方文化的少女们之所以被当地选送者选中,不是因为她们真正地具有当地美的特征,而是因为她们在某种程度上比较接近西方现行的标准。如果某个黑人少女赢了,那是因为她是个有白人体形的黑人;如果某个东方少女赢了,那是因为她是个在身体比例上呈畸形的东方人。至于那些来自以外突的臀部、特长的阴蒂或特大阴唇为女性美之最佳特征的文化的少女,那就不用谈了,她们绝对进不了半决赛。

现行"世界小姐"选美比赛的唯一衡量标准就是所谓的"三围数据",即胸围、腰围和臀围的尺寸。一般以英寸为计量单位,譬如20世纪70年代的"三围"标准是 35(胸围)—24(腰围)—35(臀围)。如果把时钟拨回到史前时代,我们虽然无法把这些数据和活生生的原始女子作比较,但是如果我们假设现存的原始女子雕像可以作为原始时代关于女性美理想的代表的话,那么两者之间就会显出惊人的差异。在所有的"美女"雕像中,最古老的是维伦多夫女身雕像——一尊在中欧出土的小小石像。如果我们把她当作公元前两万年的"旧石器时代小姐"并假定她依然活着,那么她的

"三围数据"将是96—89—96。向后移至公元前两千年,"印度河河谷小姐"的"三围"是45—34—53;而青铜时代后期,公元前一千五百年的"塞浦路斯小姐"是43—42—44。再往后,公元前一千年的"安姆拉西小姐"的"三围"比例令人吃惊,是38—44—78。但是,与此相隔不远,同样是公元前一千年的"叙利亚小姐",她的"三围"又很接近于现代标准,是31—26—36。

显然,不论是穿越时间还是跨越空间,关于女性体形的理想都随之而发生巨大变化,所以任何旨在发现某种固有的、完美的女性体形的企图都必须加以放弃。当然,这并不是说不存在基本的女性信号,也不是说男子对这些信号绝不会作出先天反应。性别符号和性刺激信号就像其他任何信号一样,在人类身上分明可见。问题是,无论性别符号还是性刺激信号,它们出现在所有的人类女性身上,不管根据当地准则是属于丑陋的女子还是属于美丽的女子,她们都有不同程度的性表现。一个丑陋女子很可能具有完整的女性解剖学特征,具有健全的生育器官,而且是一个出色的朋友和一个相当有个性有魅力的人。但是,尽管如此,男子还是会因为她的外貌缺乏吸引力而不愿和她发生性关系。

这种情况对于猴子来说简直是不可理解的。雄猴从不认为某只雌猴比较"美"。对它来说,雌猴就是雌猴,没有"丑的"猴子。但是,人类男子不仅把女子看作异性对象,同时还要看她美不美。他的高度发展的分类癖倾向业已侵入到各个领域,凡是他感兴趣的事物都免不了要被他无情地分类和分等级,他对女子的反应当然也不例外。其结果是,一点点微不足道的差异,譬如说鼻子的倾斜度或者脸颊的曲线,往往会导致迷恋和厌恶的巨大分野。

显而易见,女子作为终生哺育后代的人类成员,她们的脸部细节或者乳房的具体尺寸在这方面其实并没有本质上的差异。然而,就是一些小小的区别在人类美的等级中起着重要作用,而且时常影响着人的择偶活动。

我们强有力的审美倾向对性领域的入侵,已经引发了不少社会的怪异现象。一方面,整容、美容和化妆品行业空前繁荣,由于它们可以提供某些地方性外貌吸引力,致使许多女子成为最高等级的择偶对象,而实际上她们很可能是些拙劣的主妇、不够格的母亲和自私自利的妻子。另一方面,单身女子俱乐部里聚集着许许多多孤独的、遭到拒绝的女子,虽然她们很可能会成为能干的主妇、慈爱的母亲和体贴备至的妻子,但仅仅是因为平庸的容貌或者不受欢迎的身材,她们始终无人过问,被冷落在一边而找不到配偶。

这种趋势如果发展下去,不可避免地,"美的人"和"丑的人"之间的鸿沟就会越来越宽,而随着美对美、丑对丑的婚姻进一步扩大,我们的后代有朝一日会变成两种人,一种是"超级美人",另一种是"超级丑人"。幸好,有一些因素可能会阻止这一趋势,除了人们有时宁愿选择"丑而富的人"而不愿选择"美而穷的人"这一事实外,更为重要的是,已有许多人明确地拒绝用外貌美作为自己择偶时的关键标准。他们并不是不欣赏人体美,或者说对人体美麻木不仁,只是在作出具体选择时不再受它的左右——他们有更为合理的标准。很可能,他们在建立了家庭之后仍然很懂得而且很欣赏人体的,尤其是女性的形体美,譬如在谈论电影明星、裸体模特儿或者街上过路人时,他们仍然会对此滔滔不绝。但是,他们仅仅把它视为自己的一种兴趣或者说精神享受而已,至于在现实的、生儿育女的家庭生活中,他们是不允许这种崇美倾向任意泛滥和专横跋扈的。

谈到非自然美,我们进入了通常被称为"艺术"的领域。艺术可以最好地定义为人为美。它有两种主要形式:表现艺术和造型艺术。表现艺术提供审美事件;造型艺术提供审美物体。在进行这两种审美活动时,就像对自然物进行审美一样,美感首先来自我们对各种主题的分类和比较。当然,也有所不同:关于自然美,其主题只能从周围世界中选取。我们不可能制造自然主题,我们只是把它从其他事物中孤立出来而已。但是,就艺术而言,我们必须自己创造主题。

这就引起了一个新的问题:如何确定主题,以便通过对它的发挥进一步创作出艺术品?如果我们想要欣赏野生动物或者野生花卉,我们无需创造什么。它们已经存在,生物进化已经替我们做好了这种创造工作。但是,如果我们决定谱写一首乐曲或者绘制一幅油画,那就只有靠我们自己为自己的审美对象提供进化力量了。

对于一个画家或者一个作曲家来说,当他凝视着空白画布或者坐到钢琴前时,一切都由他自己决定。他从无开始,或者,毋宁说,从一切开始。他对一件艺术品的开端所作的最初选择,从理论上说是彻底开放的。他可以画出任何形状;他可以奏出任何音响。和欣赏自然美的人截然不同,艺术家总要遇到这种特殊的、额外的难题。他是如何解决的呢?

回答是,他迅速地设法把握住某种有限的形式。一句话,他先确定形式。任何形式都可以,只要它具有内在的可能性,可以发展出一整套复杂的变化。他可以复制某种自然形式——譬如,一棵树——或者,从鸟叫声中"窃取"某种音列。或者,他可以从某种地质结构中得到一种几何图形作为自己的出发点。他一旦从自然中提取了某种形式并开始加以发挥时,他很快就会改变它,使它越来越远离它的自然本源,直到它变成一种相对来说比较抽象的艺术主题。就音乐创作而言,这种方法在很久很久以前就被采用。相反,在视觉艺术领域,对绘画和雕塑的相对抽象性的探索只是在近期内才刚刚开始。

总之,不管是停留在对自然对象的模仿阶段,还是别出心裁地创作全新的抽象作品,艺术家的成败与否,最终不是根据某种绝对的价值标准,而是根据他在处理自己的主题时所表现出来的天才创造力加以评判的。艺术美取决于艺术家如何避免采用那些最肤浅、最拙劣的处理手法,取决于他如何在不直接损害主题的情况下对主题所作的大胆、精妙、令人喜悦甚或令人震惊的发挥和变化。这就是人为创造美的真正本质所在,也是人类以高超的技巧所从事的一项有趣的游戏。

动作偏向
偏左和偏右

人类有大量的动作是不对称的。动作偏向就是指动作出现在身体一侧多于出现在另一侧的现象。每当我们挥手、眨眼、叠手、摇拳、遮眼、窥视、抱臂或者跷腿时，我们的动作总偏向于某一边。这些动作——通常是自发地和无意识地做出的——显然取决于我们在使用左右两边身体时的不同习惯。无定向地乱动会使动作失效。

动作偏向早在幼儿期就已出现，其后经过一系列古怪而复杂的变化阶段才最后固定。婴儿在出生后最初的十二个星期内，通常在同等程度上使用双手，但是到第十六个星期，他们在极大的程度上偏向于使用左手接触东西。到第二十四个星期，这期间又发生变化，有明显地返回到同等使用双手的倾向。其后，至二十八个星期，他们再次出现偏向，这次是偏向于使用右手。至三十二个星期,他们又倾向于同等使用双手。到了三十六个星期,又一次发生变化,这次主要偏向于左手。在四十和四十四个星期之间,右手再度占上风。至四十八个星期,有些婴儿会再次返回到使用左手,其后,在五十二和五十六个星期之间,又重新偏向于使用右手。

这种左右摇摆的现象并未就此消失。至八十个星期,令人费解地,右手又失势了,幼儿们又返回到同等使用左右手。到两岁时,右手再度占上风,但是,在两岁半和三岁半之间,又会重新出现左右平衡现象。其后,大约在四岁时,开始趋于固定,偏向习惯越来越明显。最后,到八岁时,完全定型,一只手被使用的频率明显高于另一只手,而且至死不再改变。

上述过程最大的特点是其结果,即:人类的绝大多数都表现出偏右的强烈倾向性。每十个小学生中间有九个具有使用右手的自然倾向,仅十分之一自然倾向于使用左手。为什么在人类中间会出现9∶1这种古怪的倾向现象,对此没有人作过圆满的解释,至今仍是人类生活中的一大谜案。

如果是一种比较整齐的比例,50∶50或者100∶0,这样接受起来将要容易得多,然而,在世界上偏偏就有那么十分之一左右的人拒绝加入使用右手的多数人的行列。所以,不可避免地,多数人一再地试图向少数人施加压力(尽管今天世界上的一些主要地区就有两亿个"左撇子"),"左撇子"在不同程度上受到奚落、惩罚甚至禁止。在许多文化中,过去(有些现在仍然如此)一直要求小学教师和家长强迫"左撇子"儿童使用右手。虽然有许多国家的教育当局现在已放弃这类做法,允许儿童应顺其自然倾向。但是,即使如此,"左撇子"仍然被视为有点古怪,有点"不对劲"。

许多语言中都有对"左撇子"带有侮辱性的用词。譬如,拉丁词 Sinister("不吉祥的")原意为"左手的";法语 gauche 一词不仅有

"左"的意思，而且也有"怯懦"的或者"笨拙"的意思；意大利语中，mancino（"左手的"）一词也可用来指畸形或者残废；葡萄牙语的canhoto（"左手的"）一词同样有"软弱"或者"失败"的意思；西班牙语中 zurdo 一词的意思是"走错路"，而这个词却是从 azurdos（"左手的"）一词演化而来的。

《圣经》清楚地表明上帝是使用右手的，而魔鬼则是个"左撇子"。书中还说，上帝让绵羊坐在他右手上，让山羊坐在他左手上，因为山羊要受到诅咒，要被送入地狱受永恒之火的煎熬。在印度的佛教和伊斯兰教地区，人们把右手视为"干净"的，而左手则是"不洁"的。即使在今天的英国法院里，当你在作证前起誓时，法官仍会指示你："把右手放在《圣经》上。"

在一般社会生活中，许许多多的日常用品，从剪刀和缝纫机一直到土豆削皮刨和钢笔尖，都是专门地、排他性地为使用右手的人设计的。在餐桌上，酒杯总是放在右边，侍者也总是从右边给客人斟酒。我们都用右手握手。在军队里规定用右手行礼。对于千百万"左撇子"来说，除非服从社会一致性而接受这种右手暴政，否则他们简直无事可做。

有些作家（可以肯定，他们是使用右手的）在谈论"左撇子"时认为，这一小部分人不仅看上去古怪，而且还很可恨。虽然对儿童的仔细研究已清楚地表明，"左撇子"儿童的这种偏向动作是很自然地出现的，除非向他们指出，否则他们自己也意识不到，但这些作家仍然危言耸听地宣称，"左撇子"是"固执的和任性的……飞扬跋扈、傲慢无礼的和公然叛逆的……顽固不化的性格内倾者"。这种说法的理由，据说是"左撇子"在这样大的社会压力下仍然不愿放弃他的或者她的使用左手的习惯，可见其天性固执。

所以，关于使用左手和右手问题的一般性讨论都带有明显的简单化倾向。譬如，写字用左手还是用右手的问题也被这样对待。

用右手握笔现在已成了"正确书写姿势"的同义语,但实际上,日常生活中有许多动作是用左手做的。为了消除这方面的偏见,有人作过一次研究,对不下于四十五种不同的单手动作进行观察。十个受试者被要求按其日常习惯做出这四十五种动作,同时对他们拍照。照片分析表明,他们之中没有一个是完全使用左手的,也没有一个是完全使用右手的。

简单地说就是,他们之中没有一个人在做这四十五个动作时是全部偏向于身体一侧的。大多数有强烈偏右倾向的人,仅有四十个动作是从右边做出的,而大多数偏左的人,也仅有三十二个动作是从左边做出的。不管怎么说,这十个受试者全都明显地表现出不是偏左就是偏右的倾向,没有一个人接近于50∶50的平衡倾向。最接近的是个女孩子,她的左右比例是15(左)∶30(右),所以即使对她来说,仍有2∶1的偏右倾向。

测试的是三种基本动作。第一种是不同的单手动作,如摇手、写字和伸手等。十个受试者中有九个表现出强烈的偏右倾向,仅一个表现出同样强烈的偏左倾向。第二种是不同的"不用手"动作,譬如,歪头、向一边伸出屁股等。在做这类动作时,同样有九个人表现出偏右倾向,虽然涉及到的是完全不同的身体部位。至于偏左的一个人,实际上也就是前面那个惯于用左手的人。第三种动作是双手动作,譬如对握手掌、穿针引线等。这里,身体的两边都被使用,但一只手是主动的,另一只手是被动的,一般说来,在某种程度上是静止不动的。所以,即使做出一种无动作的姿势时,如一只手握住另一只手静坐着,主动的、握的手和被动的、被握的手之间仍有明显的区别。在做这类双手动作时,受试者的左右倾向就远不如前两种情况下那样营垒分明了:两个"偏右倾向的"受试者实际上已变成主要的"偏左者"。

上述三种具体测试表明,我们每个人都有某些固定的动作偏向，但绝不是简单划一的。显而易见，我们每个人都分属于左右两个阵营。每一个使用右手的人，看来也有偏向于使用左手的时候，反之亦然，而且有许多动作是自动做出的，可以说几乎没有人会充分意识到自己在这方面的身体动作。

做一个简单的测试看看你自己偏左或者偏右的情况，是很有意思的。当然，你完全知道你是用哪一只手握笔的，但你知道这种倾向在你身体其他部位的情况吗？你习惯闭左眼，还是闭右眼？伸左耳，还是伸右耳？用左手握住右手，还是用右手握住左手？下面是十道简单的测试题，你可以自己试一试：

（1）设想你后背的当中在发痒，你用哪一只手去搔？（2）十指对叉，哪一只手的大拇指在上面？（3）设想你在鼓掌，哪一只手在上面拍？（4）有个想象中的朋友站在你正对面，你想对他眨眨眼，你眨哪一只眼睛？（5）把双手放到背后，一只手握住另一只手，哪一只手握？（6）有人在你正对面叫喊，但你听不清楚，你最好侧过头伸出一只耳朵去听，你伸出的是哪一边耳朵？（7）扳手指数到三，你用哪一只手扳？（8）把头歪向一边，你朝哪边歪？（9）抱起双臂，哪条手臂在上面？（10）用眼睛盯着远处某个小小的东西，再用一个食指指着它，然后闭上一只眼睛，然后两眼交换，你用哪一只眼睛看时，手指尖仍然对准着那个小小的东西？（当非主眼睁开而主眼闭上时，手指尖会偏离你所看的小东西。）

如果你平时总以为自己是个偏右者或者偏左者，那么通过上述测试你就会发现，你并非完全如此。如果你是个偏右者，你在做这十道测试题时也不可能次次的结论都是"偏右"。如果你是家长或者小学教师，那么你就应该明白，严厉地批评"左撇子"儿童是毫无道理的。

身体移动
变动身体位置的二十种基本方式

人对运动的迫切要求业已产生许许多多人为的移动辅助手段——从大型动物和陆上交通工具一直到水上运载工具和空中飞行器,但是,尽管这些先进方法已经使现代人在体力上稍逊于他们的部落祖先,它们并没有完全取代原始的、依靠身体本身动力的移动方式。人为技术主要用于远距离交通,在近距离移动方面,我们仍可以观察到一系列人类特有的身体动作。这些动作虽然有许多地方性的和个人差异,但从总体上看,仍可以归纳出二十种基本方式。世界上绝大多数人都是通过这二十种方式,不使用任何人为辅助手段,使自己的身体从 A 位置移动到 B 位置的。

一、匍匐。这是最初的、在婴儿时期使用的身体移动方式。使用这种方式时,我们像两栖动物一样腹部紧贴地面,然后尽力摆动四肢牵引和推动身躯。作为成年人,我们基本上不再使用这种费力的方法,除非在某些必须将身体紧贴地面的情况下才偶一为之。士兵为了悄悄接近敌人曾在这方面受过特殊的训练;儿童在玩躲藏游戏时可能使用这种方法;动物学家在作实地考察时为了不惊动某只敏感的动物,也可能以此作为潜行方式。还有,在战争或者事故中受伤的人往往会沿地面匍匐而行,以此将自己的身体拖到安全的地方。洞穴考察者和机械师在工作中有时也不得不伏地而行,以便通过某些狭窄的缝隙。但是,除了这些特殊的用途,匍匐从根本上说是一种婴儿移动方式,我们大多数人早就将它留在育儿室里了。

二、爬行。比匍匐稍进一步是用四肢支撑住身体的爬行。这种方式主要也是婴儿使用的,不过,一般要到十个月的时候才出现。它是典型的哺乳类动物四足移动方式的人类翻版。但是,由于我们的后肢过长,用手和脚撑地爬行极为不便,所以我们通常改为用手和膝爬行。对于将近一周岁的幼儿来说,这是一种新的、使他振奋的高速度运动方式,使用它可以提高探知周围奇异世界的效率。当幼儿长到两岁时,直立动作开始占上风,爬行也就随之失去了它的重要性。在成人生活中,爬行只有在极少数情况下才会重现,譬如,要拾起撒落在地板上的细小东西,或者让孩子当马骑,或者要穿过很低矮的通道,这时成年人才不得不爬行。

三、蹒跚。蹒跚在这里定义为不稳的、缓慢的和直立的移动。当幼儿接近一周岁时,在父母的搀扶下他可以勉强地蹒跚或者踉跄而行。在紧接着的几个月里,他的双腿会迅速加强,大约到十五个月的时候,他便能不用父母搀扶独立作短暂的蹒跚行走了。这种不稳的、带有危险性的移动方式在成年人生活中,只有在受伤者、病人和醉酒者身上才会出现,因为他们出于各自的原因,双腿已变得像幼儿一样无力了。

四、步行。这是人类最自豪的身体移动方式。我们每个人在做出这种动作时都觉得它是理所当然的,但是,如果把它作为一种机械运动方式加以分析,其中却包含着极大的复杂性。事实上,步行是那样令人费解,直至今日,肌肉专家们仍在对这种运动的关键要点争论不休。人类行走方式在整个动物世界里是独一无二的。其他数百种哺乳类动物都用四足跑动,其方式也差不多,至于还有一些动物,如袋鼠,它们是用后腿跳着移动的。当然,另有一些动物,如熊和猿,它们除通常的四足跑动之外,偶尔也能以直立姿势摇摇晃晃地作短暂的双腿行走。但是,只有人才能够用双腿长时间行走,而且以此作为日常的基本移动方式。

大多数人在以一般速度步行时,其脚步的频率大约是每秒钟两步。即使是一个普通的城市居民,也能以每小时三英里的速度连续走完十几英里而不会有太大的困难。当然,运动员在这方面要强得多,最近的连续步行纪录是以每小时二点五英里的速度走完三百英里。至于有间歇时间的步行,成绩则更为壮观,全亚洲最高纪录是以二百三十八天的时间走完六千八百英里,把休息时间计算在内,平均速度每小时仍超过一英里。这些虽属特殊情况,但仍可以使人清楚地认识到,即使在人造交通工具出现之前,人若想作环球旅行,相对来说还是比较容易的。

撇开一些技术细节不谈,步行的主要因素包括:每跨出一步,一只脚的脚跟先落地,然后另一只脚抬起,摆动到这只脚的前面,而这只脚受到的压力开始从脚跟移向脚尖。但是,在那只脚的脚跟落地之前,这只脚不会离开地面。也就是说,在步行的过程中,不管在什么时候,总有一只脚是接触地面的。步行者永远"脚踏实地",这就是步行和奔跑之间的根本区别。

五、踱步。步行通常被认为是一种相对于奔跑的、单纯的移动方式,但对人们在公共场所的动作所进行的仔细观察表明,步行有好几种不同的类型,因为人们并不相互一致地以同样速度步行,而是各有各的速度和强度。踱步就是一种特殊形式的慢速度步行,通常大约每秒钟走一步,而且往往很明显地表现出没有特定的目的地,仅仅是走走而已。换言之,踱步者为踱步而踱步。他是悠闲的逍遥者,常常出现在阳光下的花园里或者草坪上,那里是人们"散步"、"闲荡"或者"徜徉"的好地方。踱步和匆匆行走正好相反,时常会停顿(看看什么东西或者与人交谈几句),而且时常是与某个同行者一起进行的。与此同时,他们还会发生某些身体接触——臂挽着臂、手拉着手、臂搂着肩或者臂搂着腰。除了作为一种社交性步行,踱步还是人们在沉思或者读书时所常用的步态。

六、曳行。这是老年人和体弱者的跛行步态,其速度很慢,双脚小心翼翼地沿地面拖动。这里没有从脚跟到脚尖的步行动作,两脚都贴紧地面,几乎不抬起来。每次仅移动很短一段距离,靠脚在地面上的"滑动"前进,而且会发出拖曳的声音。作为一种费力的移动方式,曳行的速度类似于蜗牛。尽管如此,曳行者最终还是能到达目的地,所以人们常常使用这种方法坚持运动,以避免全身瘫痪。

七、急走。急走是步行的另一极端,是一种常常为一些急于到达目的地的人所使用的快速步行方法。在任何拥挤的街道上,我们很容易把急走者和普通步行者区分开来。他不仅走得较快,而且是尽可能地快,只是没有奔跑。当某人急急地行走时,他主观上虽然想最大程度地加快步子,但实际上并非如此。经常发生的情况是,急走者仍然以每秒钟两步的频率在行走,和普遍步行者并没有区别,所不同的是他加大了每一步的跨度,也就是说,双腿摆动的幅度增大了,但双腿摆动的次数并没有变。

在任何普通的街道上,我们都可以看到踱步者、步行者、曳行者和急走者,他们各走各的路,相互之间非常巧妙地避闪和超越,很少会发生碰撞事件。这看上去似乎很简单,然而却涉及到许许多多非常微妙而复杂的肢体动作和视觉审察动作。因为,当我们走在人群里的时候,一种无意识反应便会在我们身上发生作用:我们会根据他人的移动方式自动地对每个人进行分类。我们不知不觉就分辨出谁是踱步者,谁是曳行者,谁是步行者以及谁是急走者,然后我们又会无意识地计算出他们的速度,并和我们自己的移动速度相比较。这样,我们便能比较充分地把握住自己和对方的动作,从而避免碰撞。如果有人在公共场所不采用上述几种各有特点、因而容易识别的移动方式,那么我们就会发现,要和他们"周旋"以避免碰撞确实是很困难的。

八、奔跑。从步行转到奔跑,我们便进到了人类移动方式中的另一个领域。这里,移动者会离开地面而且移动的全过程都发生了变化。这里,不再有双脚同时接触地面的可能,相反,双脚时时要同时离开地面。奔跑者永远"轻盈如飞"。这是因为每一步的跨度已大大地增加,即使其频率不超过匆匆行走,其速度也要快得多。奔跑时,接触地面的一只脚不像步行时那样是在身体的前面,而就在身体的下面。这有助于奔跑者更有力地往前推动身体。脚碰触地面的方式也和步行不同。不再像步行那样先脚跟后脚尖,而是直接用整个脚板猛蹬地面。至少,就中等速度的奔跑而言,情况是这样。

对于城市居民来说,即使是中等速度的奔跑,也只能坚持短短的一刻,而且很快就会使他汗流浃背,气喘吁吁。对于经过训练的运动员来说,情况就大不相同。不间断奔跑的现有纪录是:以每小时五英里的速度连续跑二十四小时,总距离为一百二十英里。

九、慢跑。慢跑是故意放慢速度的奔跑,比急走稍快一点。但是,慢跑可以使人获得全身运动,同时又避免了急走时的紧张和全速奔跑时的心脏压力。

十、疾跑。这是高速奔跑,脚落地时不是以脚板蹬地,而是用脚尖有力地弹击地面,脚跟几乎永远是抬起的。双脚的摆动频率极高,一个受过训练的运动员在疾跑时每秒钟跑出的步子多达四到五步。在一百米短跑中,世界冠军的疾跑速度每小时超过二十二英里。对于普通人来说,这种形式的移动只有在诸如赶乘公共汽车或者火车这样的偶然情况下才会出现,但也仅仅是在几十公尺内冲一下而已。

十一、跬行。跬行是慢速度步行和疾跑的混合物。速度和脚着地的动作来自慢速度步行,即一只脚着地后另一只脚才抬起,但脚的姿势却来自疾跑,即仅用拇趾球和脚尖接触地面。由于脚和地面接触的面积较小,这种方式的移动发出的声音要轻于普通步行,所以常用来偷偷地接近某个未被惊动的人,或者为了不吵醒某个正睡着的人。

十二、踏步。这是步行的军事化形式。每一步跨出的距离有所增大,其频率和双臂摆动的频率相一致。在长途行军中,这是十分有效的行走方式。跨国徒步旅行者有时也会无意识地采用一种半踏步步法,因为他们觉得这样有助于在长途跋涉中保持一定的行走速度。

十三、正步。在有些军队里,大多是为了显示而不是为了实用,士兵们经过训练采用一种古怪的、不弯膝的、用脚往前踢的动作作为行军步法。正步在 18 世纪末传入基督教国家,其最后的充分表现见于第二次世界大战期间纳粹军队的阅兵式。

十四、跳跃。跃过或者跳上某种自然障碍物的动作。对于我们的原始祖先来说,不论在逃避猛兽的捕杀,还是在追击敏捷的猎物时,跳跃都显然是十分重要的。跳跃分为两种:一种是从静止的直立姿势直接跳起,另一种是在迅速的奔跑中顺势跳起。这种移动方式的最低形式被许多儿童在郊外活动时用来越过一条小溪，而其最高形式则是运动场上的跳高和跳远。

十五、蹦跳。像袋鼠那样用双腿连续蹦跳的前进方式在人类行为中几乎不存在，但是单腿蹦跳时常为一些一条腿受了伤的人所使用。在某些儿童游戏中，如"造房子"时，则可以看到有意识提起一条腿的单腿蹦跳动作。

十六、边走边跳。边走边跳是蹦跳的变化形式，即用双腿轮换跳动。作为一种移动方式，它极为罕见，很大程度上仅限于儿童游戏和一些动作简单的舞蹈。

十七、攀爬。当需要作上下移动时，人类可以相当灵活地做出攀爬动作，即：用手抓住某种固定的东西用力往下拉，同时用脚踩住某个稳固的地方用力往下蹬，从而使身体上升。但是，由于人类身体较为笨重，和身体小巧的灵长目动物比较起来，人只能算是一个拙劣的攀爬运动家。登山运动员所致力于克服的就是这方面的缺陷，而从老练的登山运动员身上可以清楚地看到，我们善于攀爬的原始祖先仍然活在现代人身上。当然，这方面还有一个有趣的现象，那就是儿童特别喜欢爬树。至于这种本能倾向是不是我们原始生活习惯的重现，现在尚无定论。

十八、悬荡。在离开树林而降到地面生活之前，我们的原始祖先肯定是很善于在树枝间悬荡的，即：用双手握紧树枝，身体悬挂在树枝上，然后轮换地改变双手的前后位置，使身体沿着树枝移动。在现代游乐场里，儿童仍然以这种移动方式作为一种游戏，只是他们不再悬挂在树枝上，而是悬挂在某种装置（如绳索或者钢索）上。

十九、特技移动。经过训练的杂技演员可以学会许多特殊的移动技巧，如横翻筋斗、前滚翻、后滚翻、倒立行走等等。但是，除了作为专门表演，这些移动方式极少出现在日常生活中。它们虽没有什么实用价值，却可以提醒我们，让我们看到人类在身体移动方面的潜在能力究竟有多大。

二十、游泳。人类在水中同样可以表现出高超的移动技能。关于这方面的情况,我们留到后面一章加以专门讨论。

从以上二十种人类移动方式中,我们可以清楚地看到,人是一种复杂的移动物,但仅以步行作为其主要的移动特征。说人是一种"用双脚走路的猿"也未尝不可。人的所有重要活动,几乎都在某种程度上与步行有关。尽管现代人在交通方面毋庸置疑地拥有先进技术,但仍无任何迹象表明,鞋匠已不再需要。即使再过几百年,人类发展了更为精妙的交通工具,可以使人毫不费力地浮游到他想去的任何地方,步行仍然可能还会为人所采用,即便仅作为一种有限的活动也会存在下去,因为步行除了它的保健作用,其动作本身就具有极大的重要性,表明身体活动是我们和环境发生联系时的一个必要组成部分。我们步行走过某个地方,是我们获得具体印象的最佳方式。我们很自然地处身其间,感受周围的环境,同时对环境作出反应。漫步在风景如画的山水间,这才是真正在欣赏风景。乘坐某种交通工具穿过风景区,那仅仅是匆匆赶路。也许,就是由于这个原因,或者还有其他更多的原因,20世纪的现代人才得以保持身体上的活力,而没有让自己完全受制于人造的交通工具。

水中行为
原始人类曾生活在水中吗？

毫无疑问，水对于人类来说是极其重要的。人渴时，大量地喝水；脏时，用水洗涤；热时，用水降温；想玩时，跳进水里嬉戏；饿时，到水中寻找食物；而当受到某种凶残动物的攻击时，他有时还会逃入水中。与他的近亲巨型猿类不同，人是出色的游泳家和潜水员，可以不用休息游许多英里（江河游泳纪录是两百八十八英里，海洋纪录是九十英里），可以屏住呼吸潜入很深的水底（纪录是两百八十二英尺）。赤身潜水者可以在水底停留相当长时间（纪录是六点五分钟），借此时间，他可以寻找和采集各种水底食物。

人显然很熟悉水，所以最近有人提出，人一度曾生活在水里。这种看法——所谓"关于水生人类的哈迪理论"——认为，在原始时代的某一阶段人类曾和水有过相当密切的联系，从而使人类至今还带有好些不寻常的解剖学特征。根据传统观点，人是从采集果实的森林动物进化到平原上的狩猎者的，但哈迪理论的设想是，在这两个阶段之间还有一个水生中间阶段，同时还对人类为何要有这种艰难的过渡提供了某种解释。

我们从最近的实地考察中知道，生活在森林中的猿类偶尔也会捕杀一些小动物，而且在野地里将其吞食。如果我们生活在森林里的原始祖先也曾有过这样的时刻，即偶尔只能用动物的肉来补充日常果类食物的不足，那么，只要在海滩边稍为仔细地搜寻一下，就能得到大量的可食动物。就如任何一个喜欢野外探险的小男孩都知道的，海滩边和河岸边是小动物聚集的地方，生活在那里的大动物相对来说容易找到食物。哈迪理论就是从这里得到启发，进而认为原始人类曾越来越频繁地进入水中，在那里戏水和潜入水底寻找食物，他们的部落都设在水边，久而久之便形成了新的生活方式。

据认为这个阶段出现得很早，其延续时间是上新世一千万年的炎热期，大约在距今两百万年前结束。根据哈迪理论的设想，人类祖先就是在这一漫长的年代里适应水中生活的，他们的身体因此也发生了相当大的变化，而只是在这一阶段之后，原始人类才开始迁移到平原上，逐渐形成了狩猎生活。在水中捕捉猎物时所得到的经验以及身体上的变化，据说对后面这种关键性转变具有很大的好处，使原始人类得以较好地适应捕杀较大的陆上动物的活动。至此，随着人类狩猎者来到了平原上并开始合作捕杀大型哺乳类动物，我们也就回到比较正统的人类进化理论上来了。

哈迪理论的反对者则认为，没有直接的证据可以证实这一水生中间阶段。根据他们的看法，人类根本不需要经受这种假设性的"洗礼"。从林中生活转变为平原狩猎生活不必经过这种特殊的中间过渡。他们所描绘的过渡时期是一个食腐肉、偷鸟蛋和捕杀小动物的阶段,其后才逐渐捕杀较大的动物,直至最后合作进行大规模的狩猎活动。对此,哈迪理论指出,海滩和河岸在漫长的地质年代中已发生巨大变化,所以今天要找到任何直接的证据都是极其困难的,但没有直接的证据对问题并不构成太严重的影响,因为间接的证据同样有高度的说服力。

问题悬而未决。当然,人是一种喜爱水的动物,这是不可否认的。但人也花大量的时间在空中飞行,在地下打洞,却不能说人在进化过程中曾经历过飞行或者打洞阶段,只能说人具有极大的探索天赋。那么,现代人对水的着迷,会不会同样反映了他对环境的探索?抑或,另有深意?由于现在还无法作出肯定的回答,这里只能列举哈迪理论的一些主要论点,以便让读者自己去得出结论。

一、几乎没有哪一种陆栖动物在潜泳方面能与人相比。许多陆栖动物虽能"狗爬式"划水,但没有哪一种具有最起码的水性,更不能在水下有效地活动,然而人只要奋力扭动身体,便能潜入水底寻找海绵或者珍珠。

二、人类婴儿出生后几个星期就能游泳。把婴儿抛入游泳池,他不会窒息;如果把他平伏地放进水里,他不会挣扎,而是很放松地做出有实际推进作用的游泳动作;他还显示出控制呼吸的能力,在水下会停止吸气。以同样方式加以试验的幼猿,则丝毫不会作出类似的反应,它不得不从水里迅速地爬上来。

这种显著的人类能力会很快衰退,婴儿到四个月的时候就丧失了这种自动的游泳反应,他会改为仰卧姿势,并不断挣扎着想拉住大人的手。但是几年后,他会再次表现出对水的适应性:四岁的儿童只要经过短期学习,就能在水里很有效地游很长一段距离,而且能够在水下潜泳。只有游泳经验被限制在每年短短的假期中的儿童才会害怕水。任何生活在海边的儿童,在五岁左右都已经能很熟练地游泳和潜水,而且能从几十英尺深的水底把一些细小的东西捞上来。虽然在这一阶段通常有成年人指导,但人类儿童的游泳能力确实是非常惊人的。

三、在灵长目动物中,只有人全身的皮肤赤裸着。无体毛是许多水生哺乳类动物如海豚、鲸鱼、儒艮和海牛,以及半水生哺乳类动物如河马的典型特征。当然,也有相反的情况,有些水生哺乳类动物如海狸、海豹、海狮和水獭,它们仍生有厚厚的毛皮。但值得指出的是,这些动物基本上都生活在严寒地带,它们需要厚厚的毛皮是为了在浮出水面时能保持自己的体温。原始人类生活在炎热的气候条件下,所以对他们来说,在水中能减少阻力比浮出水面时能保持体温显然来得更为重要。至于头顶部保留至今的头发,可以解释为是用来抵御阳光辐射的。

四、人体上存留的短短体毛,其分布趋向与猿猴体毛不同。在人体上,这些体毛都是顺水流的,即:在朝前游泳时,它们会顺水流贴在皮肤上。这意味着,在人类脱去其厚厚的皮毛之前,它们已经发生了某种有助于在水中顺利游动的变化。可以说,这是人体水生化过程中的一个过渡阶段。

五、和其他灵长目动物相比较,人体形状明显呈流线型。与猩猩比较,人赤裸的身体有远为柔和的曲线,就像一条设计合理的小船。

六、在所有灵长目动物中,只有人的皮肤下面有脂肪层。这种皮下脂肪是水生哺乳类动物所特有的,陆栖哺乳类动物一般都不具有这一特征。它的功能是在水中保持体温。对于水生动物来说,这层皮下脂肪就相当于陆栖动物的皮毛,其优点是,既可以减少体热散失,又不会增加运动时的阻力。

另一种与此不同的解释是,当人类进化为狩猎者时,为了散发多余的体热才慢慢地脱掉其皮毛的。但是,在不打猎的时间里,尤其在夜里,他体内又必须有相应的防寒机制。脱掉皮毛,又获得脂肪层和相应的汗腺,他便能在追踪猎物时散发多余体热,在休息时保住体热。这一系统在其形成过程中可能和水无关。另一方面,也可能正因为和水有关才会形成。换句话说,人的这种合理的体温控制系统是在水生化过程中形成的,只是后来当他成为陆栖狩猎者时也同样适用罢了。

七、人取直立姿势。哈迪理论把这种现象很自然地看作是人在逐渐深入水底寻找食物时的附带产物。在人从四足爬行向两足直立转变的艰难过程中,水肯定给予过很大的支撑援助。换句话说,人是先会踩水,然后才会奔跑的。

八、人有高度敏感的双手,很适合在水底探摸食物。他宽宽的指甲比猿猴的长得快,用来扳动水底碎石和卵石以及划开硬壳

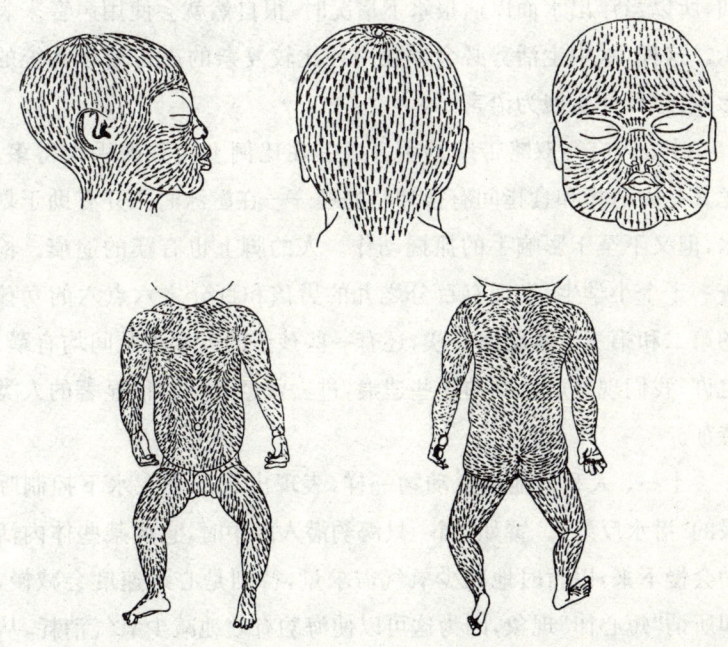

人类体毛分布状况。这里是胎儿的体毛分布图解,其分布形式与其他灵长类,比如猩猩,有所不同。据称,人类的体毛分布明显具流线型。

鱼类表皮是十分理想的。哈迪理论把这种觅食行为看作是最初的工具使用。绝无仅有的一种会使用工具的哺乳类动物是海獭，它会用石头砸开有硬壳的海胆，而在人类使用工具的漫长过程中，可以设想，最初也是以这种方式开始的，直到最后才制造工具。

以上是哈迪水生人类理论的八个基本论点。显然，它们是经得起严格检验的。至于其他一些人对此所作的补充和发挥，有时则不免出自空想。我们把这些补充观点分列如下：

九、人是会讲话的动物，而讲话从根本上说是"夸张性呼吸"。潜水意味着控制呼吸，这进而意味着很容易发出间歇性的音响群。此外，在水中猎取食物需要较多合作，同时也需要有一套不依赖于身体姿势的信号系统。双手因忙于游泳而不可能再用于指示方向，所以当浮出水面以通报水下情况时，很自然就会使用声音来表示。这样，水中生活势必会导致一种比较复杂的声音信号系统的形成，最后便发展为语言。

十、人有一双略带蹼的手。人手在比例上比猿的手大得多，尤其是大拇指和食指间有很独特的蹼——在游泳时张开有助于划水，但又不至于影响手的抓握动作。人的脚上也有蹼的遗痕。检查一千个小学生，发现有百分之九的男孩和百分之六点六的女孩的第二和第三个脚趾间有蹼，还有一些孩子的五个脚趾间均有蹼。也许，我们现在所看到的这些遗痕，过去曾经是一种很显著的人类特征。

十一、人和其他水生动物一样，表现出有助于在水下控制呼吸的"潜水反射"。譬如，当一只海豹潜入水中时，它的某些体内活动会慢下来，以暂时地减少氧气需求量，特别是心跳速度会减慢，即所谓"短心律"现象，因为这可以使海豹有效地减少氧气消耗，从而能在水下停留更长时间。这种现象同样存在于人身上。对此，除非承认人在过去至少是半水生的，否则就很难加以解释。

十二、人有外突的鼻廓。和其他绝大多数灵长目动物不同，人的鼻子从脸上突起，下端成九十度角。我们的鼻孔是朝下的，而不是朝上的。在游泳时，这显然可以减少水从鼻孔吸入。不过，对于这种看法，必须提出这样的事实，即：其他水生哺乳类动物都长有可以开合的鼻孔。这对于解决上述问题更为有效。所以，如果水生人类以这种特征作为对水中生活的适应条件，那只能说他做得实在很糟。

十三、人是唯一会流泪的灵长目动物。在海洋动物中，作为一种排泄体内过剩盐分的身体机制，产生类似的带盐泪水是一种很普遍的现象。但是，在陆栖动物中，这种现象却极为罕见。水生理论把这视为又一种有利于佐证人类曾生活在海洋中的因素。不过，对此必须指出，人类流泪的作用实际上并非如此。我们只有在感情受到刺激时，而不是在海里游泳因偶然吞进盐水时，才流泪。

十四、人类女子在未交媾前有完整的处女膜。这层膜被水生理论认为是一种以防有磨蚀作用的沙子进入阴道的防护机制。和关于人类鼻子的观点一样，我们对此的回答是：处女膜根本无济于事，不要说它对于已交媾过的女子来说已变得毫无意义，即使对于从未交媾的女子来说，也是弊大于利，因为处女膜并没有完全封住阴道口，实际上反而会使偶尔进入阴道的沙子停留在阴道内而不容易重新漏出。

十五、人类有外突而多肉的臀部。水生理论认为，这样的臀部有助于遮掩生殖器，当人在沙质的或者岩质的海岸上活动时，可以保护生殖器免遭擦伤或者碰伤；此外，这样的臀部还提供了一个舒适的坐垫。但是，如果说人类臀部在海岸上有保护作用的话，那么在其他远离海岸的地方也同样有保护作用，所以这并不足以说明人类曾经历过水生阶段。

除上述观点之外，还有许多支持水生理论的观点也被提出过，但都属不着边际的奇谈怪论，不必加以考虑。它们只会有害于这一大胆的、出色的猜想。当然，随着最初的哈迪理论越来越受到注意，人们更多的是提出反对意见，但目前又很难说，哈迪理论所提出的那些论点已经被完全澄清了。折衷地看来，人类很可能经历过一个短暂的喜水阶段，曾经花大量时间潜入水中去捕捉鱼类。不过这仍不能说是定论，所以我们只能指望未来的化石考察者从地下发现某些证据以解决这个问题。到目前为止，我们对人类在上新世炎热期内的进化情况还知之甚少，即使把最近的发现也包括在内，仍有五百多万年的一段空白。关于这五百多万年间的人类情况，我们甚至都拿不出一片化石作参考资料。从五百五十万年前上溯到一千一百万年前，这一时期内的类人猿化石始终没有被发现过。在此之前和在此之后的化石很多，在此期间的却没有。如果水生人类确实存在过，那么也就是在这一时期内，人类正在温暖的、远古而澄净的水中嬉戏，其留下化石的可能性当然也就小得多。不过，就如我们在上面所列举的，有许多明显的迹象（即人体自身的特征）使我们可以推测，人类好像确曾生活在水中，而我们现在唯一所需要的是，某些可以证实这一推测的、确凿而有力的证据。

进食行为
人类吃和喝的方式、地点和内容

从根本上说，人是从采食果子的灵长目动物进化而来的狩猎者。人在今天的进食行为仍反映出这种双重个性。他在许多方面是个温和的甜食者，但是在另一方面，他又是个喜欢杀生的肉食者。

最初，我们的原始祖先就像今天的猴类和猿类一样在树林里寻找水果、浆果和硬壳果，他们对这些食物在颜色、形状和味道方面的各种变化都非常敏感。一旦发现和采集到这些食物，常常还需要经过特殊的处理（如剥开或者敲碎）才能吃，但所有这些事都由每个部落成员自己去做。他们从不分享食物，也不进行任何合作。群体固然会一起迁移，不断地改变寻食地点，但除此之外，进食基本上是个人自己的问题。

从树林转到比较开阔的平原以及狩猎生活方式

的采用,使这一切都发生了变化。成年男子成了追捕猎物的杀手,他们从固定的栖息地出发,狩猎结束后返回原地。年幼的和年长的女子(年轻的正忙于生育和哺乳)则仅限于在栖息地附近采集食物,她们仍以灵长目动物的方式寻找可食的植物根以及浆果和硬壳果。

这种新的进食方式一开始就引起了某些重要的人际关系变化。最重要的是合作。男性狩猎者必须合作才能捕杀大型猎物。他们必须合作才能带回这样的猎物。他们必须分享这样的猎物。此外,男女之间的分工也意味着必须分享各自的食物——肉类换蔬食或者蔬食换肉类。

有人时常把原始狩猎者描绘成野蛮的嗜血者,但这只能说是猎物的观点。就原始群体内部而言,向狩猎的转变则意味着向相互援助和友好合作——"野蛮"的对立面——的转变。它还意味着,进食已变为社会事务而不再是纯粹的个人活动。

这些原始特征是如何反映在现代进食习惯中的呢?肉类加蔬食的混合食用方式依然为我们所沿袭,而且始终是世界范围内的人类典型食谱。早在一万年前就已成为人类获取食物主要手段的农耕,并没有改变我们对蔬食和肉类的双重兴趣。

尽管如此,农耕仍有其重要意义。它使人类越来越趋向于专业化食物生产。过去是人人都得寻找食物,现在仅仅成了农耕者的任务,其余的人可以有更多的精力从事其他的活动。到了今天,就人数众多的城市居民而言,获得食物这件对于原始人类来说是极其艰难的事情,已蜕变为在食品店里进行的、既无危险又不费力的采购活动。

这种情况使现代进食者无需再采用某些原始的行为方式。狩猎时的种种紧张活动——充满惊险的追踪、设置巧妙的陷阱、制定围捕策略、兴奋紧张的杀戮、冒险搬动尚未气绝的猎物,以及清一色男子狩猎群体内的通力合作——所有这些,已统统不复存在。现代女子不仅在蔬菜水果商店采集食物,同时也光顾肉类商店。和她的原始同类不同,她把蔬食带回家,也把血淋淋的羊腿带回家。

这样一来,现代男子就成了无猎可打的狩猎者。他要围捕,没有猎物;他要追踪,没有目标。为了解决这个问题,他只能沉溺于象征性的狩猎。对许多男子来说,"工作"就带有狩猎的性质,要有心计,要有策略,要讲战术,要设圈套。他筹划事务上的"狩猎"方案;他在城市里"杀戮"。他坐在作为原始狩猎群体替代物的、同样由清一色男子组成的委员会里,随时准备见机行事。一旦时机到来,形势到了白热化状态,他就会在商业世界的这种象征形式下,重现原始狩猎高潮时的那种激情。

如果他的工作环境缺少这些性质,他也可以找到其他的方式。他可以加入男子俱乐部,可以赌博,或者可以沉迷于某项运动。这些活动至少可以替代狩猎中的某些因素。俱乐部提供男子间的友谊,赌博带来冒险和兴奋,而体育运动几乎是狩猎中各种行为方式的重现。

当他最后坐下来用餐时,这个现代伪狩猎者也许并没有抓获和杀死那些用来供他充饥的猎物,但他至少在用餐前的"狩猎时间"里是充分进行过替代性"追捕"的。在餐桌上,他的狩猎者角色仍会以一些遗俗性方式表现出来。他坐在餐桌的顶端,而且由他来切肉("男性"食物),他的配偶则把蔬菜和水果("女性"食物)端上来。如果在餐馆里用餐,那也是由男子使唤侍者,由他点菜和品酒。

用餐的时间同样和原始狩猎时代有着联系。作为最初的果实采食者,原始人类和其他"素食"灵长目动物一样必须不停地随采随吃。对他们来说,进食不是一件坐下来大吃一顿的事情,而是这儿咬咬，那儿啃啃，既不会完全吃饱，也不会停下来不吃。但是，当人类转变为狩猎者时，这种断断续续的"小吃吃"就被"盛大宴席"所取代了。像狮子一样，原始狩猎者每每是饱餐一顿，然后休息；休息后再饱餐一顿，然后再休息。也就是说，大量进食和长时间不进食的间歇是轮番出现的。后来，狩猎让位给农耕，食物储存量大大地增加，而且储存时间也大大地延长。照理来说，人类又可以随心所欲地时而去咬咬、时而去啃啃了；然而，漫长岁月里的狩猎生活已经在人类身上打下了不可磨灭的印记——他们再也没有放弃"大吃一顿"的食肉类动物进食方式。

对于现代人来说，这就意味着一日三餐——早餐、午餐和晚餐。从理论上说，我们根本没有必要遵守这样的规矩，但是从习惯上说，我们好像并不愿意放弃它。凭我们的技术，我们完全可代之以每小时进食一次的新方法，这样做还可以减少胃的压力，但我们并没有这样做。因为这会使我们的用餐失去"狩猎者盛宴"的性质，尤其是，会使我们这个"狩猎"世界失去其最本质的特征——分享食物的行为。用餐是社会性事件。我们总是千方百计地避免单独进餐。孤单的进餐者总带有某种古怪的凄寂和不自觉的性质。据说，要减轻体重，最好的方法就是避免和别人一起用餐。

现代用餐的食物分享性质可以用来说明，为什么许多社交娱乐活动总是用午餐会或者晚宴的形式进行的。这些就是今天的食物分享仪式，而且代表性地显示了原始狩猎时代的遗风。即使在一般社交场合，譬如，来了个不速之客，主人同样会以食物相邀："您想来点什么？喝点饮料怎么样？"饮料也是食物，不过是液体食物罢了，而分享饮料就像正式的聚餐一样，是我们的一种基本仪式。

在另一方面，我们甚至还会返回到更为原始的采食果子的时代。在两顿主餐之间，我们时常还会来点小吃。我们有工间喝咖啡或者喝茶休息时间。我们"咔嗒咔嗒"咬饼干、"哗嚓哗嚓"啃苹果、"嘎吱嘎吱"嚼蜜饯、"咂巴咂巴"含糖果。我们有专设商店供应这些食品，而作为点心，它们有一个共同的特点——都是甜的。使野生水果和浆果具有吸引力的关键，是它们在不断成熟的过程中会变得越来越甜。这便是使灵长目采食者为之神往的地方；这也是我们今天为什么热衷于啃嚼甜食的原因——它们是原始树上食物的现代替代品。

只有当我们坐到盛大的狩猎者宴席前，我们的食物对象才从甜食变为肉类。在午餐和晚餐时，用餐的顺序很有意思：我们先吃肉类，最后吃甜食。我们的"主菜"意味着狩猎者的凯旋，意味着食物的分享，而我们喜欢以甜食作为结束，则意味着我们仍保留着采食者的嗜好。越简便的用餐，越倾向于甜食，甚至会完全省略掉作为主菜的肉类。绝大多数的早餐和午后茶点就是如此。即使比较丰盛的早餐——譬如，英国式早餐——开始也是吃甜食（麦片粥或者大米粥），然后吃肉类（熏鱼或者煎蛋加腌肉），最后又吃甜食（烤面包夹橘子酱或者苹果酱）。这样的早餐，除了一开始增加一道甜食，后两道的顺序是从午餐和晚餐那里搬用来的。情形仿佛是，现代进食者大清早一起来，还不能直接扮演食肉的狩猎者角色。他必须用什么东西"甜甜嘴"作为一天的开始。不过，对于世界上绝大多数人来说，他们的早餐远不会如此复杂。他们往往三口两口就算打发了早餐，而其后的两餐，则仍遵守先肉类后甜食的标准顺序。

早餐以甜食为主和这样的事实有关：它是社交含义最少的一餐——交谈得最少，食物分享的程度也最低。和午餐会或者晚宴相比较，举行早宴的可能性可说小而又小。这种情况过去如此，将来看来还是如此。早餐的另一个特点是：单调。我们早餐时所吃的东西几乎天天一样，而午餐和晚餐的菜谱通常总尽可能地加以变化。这是因为,我们在清晨最无安全感:我们对这一天里将发生什么事还一无所知。所以,我们一觉醒来时,首先就想重温一下熟悉的事情,而永远不变的早餐,看来就是为了满足我们的这种需要。

在早期农业社会,最大规模的分享食物总出现在每年的冬季已过了一半的时候。这时,人们会把储存的食物拿出来举办一种特殊的庆祝盛宴。在收获和贮藏了几个月之后,最终可以大胆地相互交换食物礼品并举行宴会预祝来年了。这就是圣诞节期间的庆贺活动。在每年的这几天,古代农耕者要相互赠送食物,而现代互赠圣诞礼物的习惯,就是这种古代风俗的延续,就像现代圣诞节晚宴是古代异教徒盛宴的延续一样。

另一种同样由来已久的习惯,是我们对蓝色的食物或者饮料特别反感。翻阅任何一本有插图的烹饪书,我们会看到各种各样红色的、黄色的、绿色的、棕色的和橙色的菜肴和点心,就是看不到蓝色的。即使有极少数例外,也很难说是真正蓝色的。蓝奶酪大体上呈黄色,而蓝浆果几乎呈黑色。这并不是因为我们缺少蓝色染料,糕饼工场偶尔也会别出心裁地在糕饼上涂一层蓝色的糖衣。但是,出于某种原因,我们在吃喝方面总不大使用这种颜色。我们极少在食品上使用蓝色包装。其他产品,如药品、金属器具,还有清洁材料如洗涤剂和肥皂等,都常常会饰以蓝色包装,但就是食品和饮料,始终顽固地抗拒蓝色。

这种蓝色禁忌看来和人类原始进食习惯有关,或者说是一种返祖现象。原始人类的天然食品是硬壳果和植物种子(棕黄色和黄色的),水果和植物根(橙色、红色和白色的),树叶和嫩枝(绿色的),随着狩猎,又增加了鱼肉和禽肉(白色的)以及其他各种肉类(深红色和褐色的),就是没有蓝色的。今天依然如此。虽然我们有能力把食物处理成任何颜色,但原始的不吃蓝色食物的习惯不仅被保持着,而且还表现得很明显。

还有一种原始遗俗似乎有点古怪,那就是在公共场所进食时倾向于"背朝墙"。到任何一家餐馆去观察一下,你就会发现就餐者都喜欢坐靠墙的位子。没有人愿意坐中央的位子,除非靠墙的位子已被占满。这种倾向一直可以追溯到原始的进食习惯,即:在专心致志进食时以防遭到突然袭击。进食时最容易放松警惕,所以进食者总是尽可能地选择比较空旷的地方,以便一眼就能发现周围的动静。但是,来自背后的袭击就防不胜防了。要解决这个问题,最好的办法就是背靠在墙上或者某种阻挡物上。这就是为什么许多餐馆要用屏风把中央的餐桌围起来的原因。把每张餐桌分隔开来,可以使就餐者有一种安全感,可以使他们专心致志地大啃大嚼,虽然这样一来,由于提供了几乎是百分之一百的"雅座",对于心怀原始恐惧感的现代就餐者来说,无疑会产生极大的吸引力,但侍者在送菜时却要万分小心。

这是因为,在"上菜"时,就餐者最容易盯住菜盘子看。他的目光每每会集中在高高堆起的食物上。若要暗杀某个仇敌,这是再好不过的时机,因为在这一刻里他的注意力全都被食物吸引住了。即使他正在和同桌深谈,只要菜一上来,他的目光仍会牢牢地盯住热气腾腾的菜肴,好像这短短的一瞬间维系着他的全部生命似的。观察一个现代就餐者,可以发现他看菜的神情颇有点像一只猫盯住一只老鼠时的姿态,而就是从这种神情中,我们看到了原始狩猎者的幽魂正凝视着他的猎物。

由于在公共场所就餐总会有某种紧张感,餐馆便利用这种心理采取了两种主要措施以便招徕顾客。豪华餐馆,既然它价格昂贵,当然不能让人有紧张感。它除了使用屏风和其他分隔物,还使餐厅内保持幽暗,时常仅留有一点橘红色的灯光;同时铺上厚厚的地毯,挂上柔软的窗帘,尽可能地保持安静;侍者人数多于一般餐馆,以便使用较慢的速度进行服务,加上使用中性的或者柔和的声调,给人以一种舒适、温暖的感觉。这样,高级餐馆使自己的顾客感到很放松,感到一切都很平和。他们心安理得地用餐,当然也准备为此接受数目相当可观的账单。至于廉价餐馆,它们所采用的方法恰恰相反,尽可能地把店堂搞得既明亮又嘈杂,其目的就是要使顾客感到不安,草草吃完,起身就走。这样,它低廉的价格便可以通过快速变换顾客而得到补偿。为了催促就餐者快快离开餐桌,店堂内使用强烈的直射灯光,叮当作响的金属餐具;餐桌上既无台布又毛毛糙糙;窗上既无窗帘又往往是打开着的;周围的布置大红大绿,令人不适。很快,食物被吞进肚里,这个就餐者迫不及待地走了。谢天谢地!空出的位子准备接待第二个就餐者,第二个就餐者付账了,第三个……

　　作为一种从蔬食者转变为肉食者的灵长目动物,人类的牙齿确实很成问题。由于他本质上始终是一种杂食动物,要有一副万能的牙齿就成了关键因素。但是,人的牙齿并非万能,新鲜猎物的粗纤维肉于是便成为一种使他头痛的东西,为了解决这个困难,他使用了两种方法:刀叉餐具和烹饪术。

　　餐具在几十万年前就开始使用,最初是用石片剥皮和切肉。后来,石器让位给铜器,铜器让位给青铜器,青铜器让位给铁器,最后铁让位给钢(中间当然还有银器和金器,不过那只有少数有地位的人才使用)。早期的金属餐刀几乎都是尖头的,可以有双重用途——切开食物,然后将其挑进嘴里。不幸的是,这也使它成了可怕的武器,所以到了1699年,法国的路易十五由于害怕有人在餐桌上暗杀他,便下令禁止使用尖头餐刀。这一禁令后来就一直被我们自觉地遵守着。使用较钝的而且是圆头的餐刀,自然就使另一种重要的餐具应运而生了。那就是餐叉。随着餐叉慢慢地在餐桌上获得其地位,双手用餐具的就餐方式也就渐渐地替代了较为原始的单手方式。由于较为古老的餐刀已经先入为主地占据了人的右手,餐叉只能屈居于左手。不过,在有些地方——譬如,在美国——人们有意反其道而行之。在那里,当要用餐刀切东西时,餐叉仍用左手握住以固定被切的东西,但是一旦切好了,餐刀就被放下,餐叉从左手换到右手,用以挑起食物送到嘴里。这种让餐叉侵犯餐刀正统地位的做法虽然很大胆,但对于大多数国家来说,要做这样的改变实在太麻烦了。所以,绝大多数地方至今仍沿袭传统方式——左手握叉,右手持刀。一种重要的例外情况出现在东方,那里主要用筷子。这是因为,在相对来说不太注重在餐桌上用餐的文化环境中,用餐者必须用一只手托住饭碗,所以饭碗里的食物只能靠一只手来对付了。虽然筷子不像双手配合使用刀叉那样有效,它仍然胜过任何其他单手用餐方式,所以一直沿用至今。尽管如此,随着高餐桌用餐方式逐渐侵入东方,我们可以预料,筷子会慢慢地被淘汰。

  餐刀和餐叉,加上调羹和餐钳以及其他各种餐具。在现代餐桌上就像有金属的超级牙齿,帮助我们咬、啃和嚼。有了它们,我们的两颚虽没有多长一小块骨头,却可以对付任何一种食物。在这方面,进一步给我们帮助的是烹饪术。虽然人类在使用火之前就已经用自然温泉水来浸泡食物,但火的使用大大地有助于软化各类食物,从而减轻了人类牙齿的负担。我们用蒸、烤、煎、煨、炖、煮等多种方法向植物性食物和动物性食物发起进攻。我们烧穿蔬菜的细胞壁、煮烂硬邦邦谷物、烤断肉类纤维。在这过程中,我们不仅软化了食物,同时也有效地消灭了细菌。此外,煮热的食物也许还可以使我们重温那原始的、啃食还带着热血的猎物的旧梦,尤其是,使我们回想起我们每个人一生下来就吃的第一种最美味的佳肴——带着体温的母乳。

  为了进一步满足食欲,我们还发展了烟熏、烘燥、腌制、防腐、瓶装、罐装、冷藏以及最近的快速冷冻和低温干燥等技术。通过使用餐具、烹饪术和各种食品加工技术，人类业已成为超级啃咬动物、超级咀嚼动物和超级暴食动物。我们每个人每年大约要吃掉一吨食物，也就是说，在我们的一生中，我们每个人平均要吃掉六十多吨食物。这确实是一种有趣的现象，而观察这一现象，也就是观察古老习惯和现代技艺、原始行为和技术创新的奇妙结合。

体育活动
从生物学上看体育：一种现代狩猎仪式

体育活动本质上说是狩猎行为的变化形式。从生物学上看，现代足球运动员就像是伪狩猎群体的成员。他的杀戮工具已变为无伤害性的足球，而他的猎物已变成球门。如果他击中目标即射进了球，他就会像狩猎者杀死了猎物一样享受到胜利时的狂喜。

要了解这种转变是如何发生的，我们必须简短地回顾一下我们原始祖先的生活。他们在一百万年间一直是相互合作的狩猎者。他们的生存有赖于狩猎场上的成功。在这种压力下，他们的整个生活方式，甚至他们的身体，都发生了根本的变化。他们成为追踪者、奔跑者、跳跃者、瞄准者、投掷者和猎物杀戮者。他们相互合作而形成技术熟练的男性狩猎群体。

其后,大约在距今一万年前,他们在度过这一漫长的、决定他们性格的狩猎时期之后转变为农耕者。他们在往日狩猎生活中得到发展的智力有了新的用途,即用来圈养、管理和驯化猎物。狩猎活动很快就被放弃了。他们的食物已来自农田和畜栏,而且基本上是有保障的。危险的、没有把握的狩猎活动已不再是谋生的重要方式。

然而,狩猎技巧和狩猎欲望依然存在而且需要有新的出路。于是,作为谋生性狩猎的替代,出现了娱乐性狩猎。这种新的活动具有原始狩猎的各种程序,但其目的已不再是为了免于饥饿。他们整装出发去狩猎,只是为了去试试自己的狩猎技术,而不再将此作为至关重要的谋生手段。当然,猎物也可能被他们吃掉,但他们还有一种远为方便的获取肉类的途径。狩猎就是为了狩猎,杀戮就是为了杀戮,这种倾向的合逻辑发展就是狩猎运动。从事这一行的人从不吃自己打到的猎物,而只是把猎物的头挂在墙上以供炫耀。还有就是猎狐者,他们甚至喂养狐狸,其目的就是为了把它们放出去以供捕杀。这里,甚至连以娱乐为目的而将杀戮视为不得已手段的借口也不再存在。杀戮被公开承认是狩猎者所要得到的报偿。

在历史上的数百年间,所谓的体育运动就是以这种血腥的狩猎运动为主,今天已十分普遍的非杀戮性运动在当时仅处于次要的、从属的地位。当时出版的词典就很明确地把"运动"一词解释为:"一种致力于捕捉或者杀死野生动物的消遣。"

但是,随着文明社会的兴起,不仅一小部分富人和有权势的人依然以狩猎为消遣,而且越来越多的人也想加以仿效。这是不可能的,因为没有那么多野生动物。所以,对于普通人来说,他们的狩猎(或者毋宁说杀戮)欲望就不得不受到压抑。古罗马的解决办法是把狩猎活动移入城里,移到巨大的竞技场内进行。在那里,数以千计的人可以亲眼看到猎物就在他们面前被活生生地杀死。这种情形在某些地方一直延续至今,譬如西班牙斗牛就是其中的一种形式。

还有一种变通方法是把狩猎活动变为另一种行为。从表面上看,这种新的活动一点也不像狩猎,但实质上它包含着狩猎的全部基本要素。导致这种变化的关键在于:人们已不再需要打猎充饥。既然这样,又何必自找麻烦去杀死一只动物呢?为什么非要杀生呢?有一种象征性的杀戮已经够了,只要它能带来和真正的杀戮一样的刺激。古希腊的解决办法就是体育——包括追踪(跑道赛跑)、跳跃(跳高和跳远)和投掷(铁饼和标枪)等狩猎要素的田径运动。运动员经历狩猎时所特有的那种激烈的躯体活动,他们的行为方式与原始狩猎行为中的方式一模一样,但是他们的成功则已经从真正的杀戮转变为象征性的"得胜"。

在世界的其他地区,古老的球类运动也正在萌芽:在古代波斯有某种形式的马球;在古代埃及有滚木球和曲棍球;在古代中国有足球。这里,被包含而且被强调的原始狩猎要素是对于一切狩猎者来说都十分重要的瞄准动作。不管这些运动的规则如何,准确击中目标是它们所共有的关键要素。这一要素在现代运动中已占据主导地位。即使把其他各类运动都加在一起,其总数也没有瞄准性运动的种类那么多。我们几乎可以下定义说,球类运动就是竞争性的瞄准活动。

在这种非杀戮性运动中,有两种基本的瞄准形式:一种是瞄准某一不设防的对象,如靶子、木桩或者一个洞;另一种是瞄准某一设防的对象,如球门或者篮圈等。一旦知道这些瞄准动作都是从狩猎活动中转化而来的,那么就不难看到,设防的对象更像真正的猎物,因此对它的瞄准也就是一种更好的狩猎替代活动。狩猎者要瞄准一只真正的猎物,当然是很不容易的。当他瞄准时,猎物

绝大多数体育运动的基本要素是瞄准动作，比如篮球和棒球比赛，而瞄准动作对于原始狩猎者来说是一个生死攸关的问题。

会尽力保护自己，会突然动起来，会逃跑，会进攻或者会作出其他种种反应。所以，毫不奇怪，现代运动场上最令人欢迎的是那些瞄准者必须进攻某一设防对象的运动。

  由此看来，足球运动就成了一种互为对象的狩猎。两支球队（或者说两个"狩猎群体"）都尽力要把一个球（或者说一件"武器"）射中由对方防守的球门（或者说"猎物"）。由于设防的球门比敞开的球门更难射中，这种变相狩猎也就更为令人振奋，其动作更迅速、更有力，其技巧也更复杂。而就是这种运动吸引着无数的观众，虽然其中许多人仅仅是在看热闹而已。另一种基本运动，即目标是不设防的，虽然吸引到的观众较少，但仍能在极大的程度上满足瞄准者自己,因为它需要技巧和准确性。

第一种受欢迎的运动不仅限于足球,还有板球、羽毛球、篮球、棒球、冰球、网球、马球、水球、乒乓球、排球和曲棍球等。第二种运动包括滚木球、高尔夫球、射箭、标枪、保龄球、铁圈、冰上溜石、槌球和台球等。所有这些运动都受制于想击中某种目标的人类欲望。令人奇怪的是,当人们讨论到运动动机时,这方面的因素竟每每被忽略。运动中的竞争因素受到特别强调,而且往往成为对运动动机的全部解释。确实,在运动中,竞争心理可得到发泄,对此谁也不会怀疑。但是,这种心理也同样可以在插花比赛中得到发泄,为什么插花始终未成为运动呢?在数以百计的竞赛形式中,唯有运动具有特殊的性质,即它包含有追踪、奔跑、跳跃、投掷、击中目标和杀死猎物这一系列要素。这就是为什么只有把运动看作变相的狩猎,才能最终揭示出它的真正动机。

对于现代人来说,非杀戮性运动已成为一种主要的狩猎再现形式。在世界各大城市里都有运动中心和体育馆。数以百万计的人关心报纸和电视上的各种体育新闻。这种对体育运动的浓厚兴趣,在今天胜过历史上任何一个时期,其中的原因不难发现。随着工业革命,聚集在各大城市里的绝大多数成年男子的狩猎遗传性变得越来越得不到表现。大规模的商品生产和工业化进程使越来越多的人必须从事枯燥的、单调的、天天重复的劳动。而原始狩猎行为的本质是要求做出大量带有冒险性和刺激性的肉体活动。它涉及一系列主动行为,从准备工作开始,中间经过制定策略、寻找机会、熟练而勇敢地进攻,最后是关键时刻的高度兴奋和紧张的搏斗以及随之而来的胜利狂欢。这一切与运动员在比赛时的行为表现十分相符。虽然亲身体验到狩猎滋味的是运动员,但对狩猎的渴望也是一个流水线上的工人或者一个办公室职员的内心呼声。

19世纪,西方男子困于沉闷的日常生活,感受到历史上最高程度的狩猎欲压抑,其结果是——这可以预料到——爆发了对体育运动的极大兴趣。我们今天最熟悉的那些运动几乎都是在19世纪创立的,或者至少是在那时正式形成为运动项目的。下面是各国创立运动的大体情况:

1820年——橡皮球——英国

1823年——橄榄球——英国

1839年——垒球——英国

1846年——英式足球——英国

1858年——澳式足球——澳大利亚

1859年——排球——美国

1860(年代)——室外网球——英国

1870(年代)——水球——英国

1874年——美式足球——美国

1879年——冰球——加拿大

1891年——篮球——美国

1895年——保龄球——美国

1899年——乒乓球——英国

上面这些运动,其中有一些虽然古已有之,但其现代形式——比赛规则和一般惯例——是在19世纪出现的,还有一些规则完全是新创立的。在整个19世纪,越来越多的人以这些运动作为业余生活,或者观看这类比赛。它们被认为有益于健康,因为在从事这些运动时,要进行大量的身体活动,而且可以呼吸到新鲜空气。但是,这里的真正原因与其说是为了健康,不如说是为了响应回荡在人们无意识中的原始狩猎者的呼唤。无数的伪狩猎者投身于这些运动,在很大程度上是因为其中的动作性质会使他们产生一种兴奋感。他们不仅在锻炼,同时也在追踪和瞄准——像原始狩猎者那样追踪和瞄准——"猎物"。

20世纪的情况出人意料,没有出现新的运动项目,而是将现存的项目提升到一个新的高度,而且随着工业化的普及,这些运动也几乎普及到了世界各国。现在,比以往任何一个时期都多的人发现,他们的日常工作枯燥无味、缺少变化而令人难以忍受。对他们来说,从令人刺激的体育运动中可以得到某种直接的补偿。

对于现代社会中那些比较成功的男子来说,这种形式的发泄需要就小得多。这是因为,成功男子的工作性质比较接近于原始狩猎行为。在工作中,他和一种观念上的狩猎打交道——他"追踪着"事务上的问题;他"捕获了"合同;他谈论着公司所"瞄准"的目标。他的生活方式中充满了一个接着一个的伪狩猎阶段以及由此而带来的兴奋。在他的这种变相狩猎活动中,唯一缺少的反而是身体方面的运动。他所追寻的、所瞄准的以及所杀死的一切都是抽象的事物,而结果是,他的身体往往会因此而垮掉。

特别需要提到的是一种堕落的运动,即战争。在原始时代,由于武器尚不发达,各类杀戮性运动之间没有多大区别。但是,一旦到了狩猎已不再作为猎取食物的主要手段时,替代性狩猎的对象就任人选择了。凡是能带来狩猎刺激的任何对象都可能被选中,人类自身当然也没有理由要被排除在外。原始的战争不是总体战,而是一些十分有限的冲突,其表现和狩猎活动毫无区别。男性狩猎者兼武士在相互冲突中所使用的就是他们在狩猎时所用的那些武器,而且在某种特殊情况下,如参战的武士有吃人肉习惯,他们还会把自己所杀死的对手像捕到的猎物一样吃掉。这种战争,从今天看来简直和曲棍球比赛差不多,一场大雨也会使其中断。当然,像其他运动一样,这里也涉及群体间的竞争。不过,这看来仍不是对它的圆满解释。那时显然发生过许多"无缘无故的"战争,情形仿佛是,原始时代的武士都有一种不可控制的欲望,每每会"寻求争斗"。这种表面情况使一些权威人士得出了很不幸的结论,认为人天生就有杀死同类的倾向。然而,假如我们不把这些原始的武士看作是野蛮的杀人者,而把他们看得像现代运动员一样,是一些追寻着替代性猎物的变相狩猎者,那么,他们的行为马上就变得比较容易理解了。

可悲的是,战争作为一种运动形式很快就失去控制而上升为血腥的大屠杀。这里有两方面的原因。一方面是技术进步已到了这样的程度:使用武器杀人时不再需要勇武精神和面对面的拼搏技巧,原始狩猎者兼武士已变为现代技术人员兼屠杀者。另一方面是人口的增长已到了严重的拥挤状态,这导致巨大的社会压力,使人产生各种简直不可名状的竞争需要。于是,原始的狩猎性战争运动便爆发为真正野蛮无比的现代总体战。

就未来而言,从这里可吸取的教训是,仅仅解决人口拥挤和由此产生的社会紧张问题,看来还不足以减少发生战争的可能性。还有必要对后工业时代人们的工作、生活方式加以重新检讨,看看它们是否比较接近于狩猎者状态(要知道,我们的祖先至少在一百万年间曾世代相袭地始终处于这种狩猎者状态)。如果他们的工作单调乏味,既无变化又无刺激和兴奋,那么潜伏在现代人身上的原始狩猎者幽魂很可能会继续表现出具有危险性的不满情绪。周末下午的足球比赛或许对他们有点帮助,但仅仅如此是不够的。如果我们想避免骚乱、暴力事件和总体战这样的破坏性变通之法,那么我们在设计未来工作方式时就必须考虑到使劳动者处于某种伪狩猎过程中,从而使人们的原始狩猎欲望得到替代性满足,那才是至关重要的。

最后,还有一种畸变形式的运动也值得提一下。这种运动不像战争那样是杀死男子,而是"杀死"女子。有一本早期词典将"运动"一词定义为"色情性挑逗",而追逐女子的行为也确实常常被形容为狩猎——"寻芳猎艳"。人类的一般结偶过程中有许多独特的象征性追踪，而且以一种象征性杀戮——性交——作为其终点。在真正的性关系中，这种性交高潮预示着一对男女的结偶活动已告完成，预示着两人间已建立诚挚的情感联系，其后——作为人类的特点——性交活动就仅限于在这两人之间反复进行，而且将延续许多年，而在此期间，他们还可能要承担起作为父母的艰巨使命。与此不同，在伪性关系中，"猎艳"活动一旦达到性交高潮，整个过程实际上也就结束了。把女子当作替代性猎物的男子，每每追求的是"得分"而不是相互的倾慕，他一旦把自己象征性的武器成功地"戳入"猎物的身体，他本来十分浓厚的兴趣也就一下子烟消云散了。这时，他必然会转过身去，去寻找新的猎物。诚然，他也可能在猎艳的过程中不知不觉地受到一般结偶行为的影响，也就是说，一种以猎艳作为开始的性活动有可能违背猎艳者的本意而变为真正的结偶。然而，可悲的是，他这样做很可能会制造一种单方面结偶形式，即让他的女性"猎物"独自受缚于对她的男性"狩猎者"的爱恋中。最糟的是，他可能会使"猎物"受孕并让她去尽"为母的职责"，他自己却对此一点也提不起兴趣。作为一种运动，猎艳——或者说追逐少女——就像战争一样，会带来十分有害的社会后果。

在为原始狩猎行为寻找替代性活动的过程中存在着许多陷阱。对于有些不太有选择自由或者活动情况很糟的文化来说，每每还意味着极大的危险。所以，对人类这种运动行为的性质，在今天显然比过去更值得加以关注。

休息方式
放松姿势以及睡眠和梦的性质

我们每天花许多时间从事人际活动。随着时间的变化,我们在人际关系中的角色也发生变化。我们可能是父母或者子女、丈夫或者妻子、顾客或者售货员、病人或者医生、工人或者业主、演员或者观众、犯人或者看守。我们可能还要和同行、朋友、同事、竞争对手、亲戚或者伙伴打交道。在所有这些情况下,我们的身心两方面都很紧张,所以时常需要从这些活动中退出来。正是这种需要,产生了各种各样的休息方式。

较重要的休息要求我们从某种紧张的社会活动中完全脱出来,但较次要的休息则可以随时进行。一个感到疲倦的同事可能会心不在焉,而同时他仍在机械地点头和微笑。从表面上看,他好像始终在从事社会交往,但他的头脑已经朦朦胧胧。他把它关掉了。过了一段时间,他又重新振作起来,而且希望自己没有错过谈话中的重要内容。

作为变通方法,他还可以采用放松姿势。这样做的时候,他同样不必退出活动。这里的问题是,他越是放松自己的身体,就越有可能触怒正和他交往的人。如果他们很注意礼貌,他们就会希望他做出一种比较紧张的、集中注意力的姿势。所以,放松者如果不是一个地位极高而不必担心别人会怎么想的人,或者不是一个和交往者关系极亲近的好朋友,他采用放松姿势就会冒很大的风险。确实,只有在亲密朋友之间,完全放松的身体姿势才会被用来作为友谊的实际表示——表示他们的关系已不必拘于礼节。

放松姿势有一系列不同的种类。对两个站立着的交谈者来说,他们可采用直立倚靠姿势,即把身体靠在墙上或者什么东西上。此外,还有支承手臂姿势,即把双手插进口袋或者把前臂搁在身边的什么东西上。再进一步,有托头姿势,即把头靠在什么东西上或者用手或者前臂托住。坐下本身就是一种重要的放松姿势,当然还可以进一步采用全身松弛姿势,即头、臂、腕、肩和腿都取松懈趋势,不再保持通常情况下的警觉状态。比全身松弛更进一步的,是四肢摊开姿势。这里,动作的关键是四肢全部伸直并搁在某种可供支撑的东西上。这种姿势的自然延伸就是卧倒动作,包括仰卧、俯卧和侧卧。

就卧倒动作而言,这已经是一种极端形式的放松姿势,在公开场合一般极为罕见。两个好朋友可能会摊在某种卧具上闲聊,但两人同时卧倒则意味着他们的"关系"已达到一种新的阶段。只有在露天情况下,譬如在草地上野餐时,卧倒动作才可能被公开采用,同时交谈仍在继续进行。不过,即使在这种场合,通常还会用一条胳膊支着头,使身体有点侧倾而不至于直挺挺地躺着。

所有这些放松姿势的基本意义是,放松者可以借此而免于长时间保持直立姿势。人的直立姿势虽然是他的生活方式中的一个很重要的组成部分，但较之于动物的四腿站立姿势，它或多或少是人的一种负担。由于我们经常直立，直立这一颇为费力的姿势往往被视为理所当然。但事实上，它需要一种持续不断的平衡技巧，而任何可以使我们暂时摆脱"直立负担"的动作也就是一种有价值的休息方式。除了上面列举过的那些常见姿势，还有一些特殊的放松姿势。譬如，单脚站立，一种在某些非洲部落里被采用的像鹳一样的站立姿势。还有拳击运动员在被对方重击倒地之后用来恢复体力的单膝跪地姿势（务必不要将此与表示卑贱的下跪姿势相混淆）。还有当运动员筋疲力尽时会采用的双膝跪地姿势，以及更进一步的、几乎全身瘫倒的四肢平摊姿势。

比较平和一点的姿势是蹲，即臀部下沉，支承在屈起的小腿上。与此相联系的是全蹲，即双膝着地，大腿下沉和小腿肚紧贴在一起。这种蹲的姿势有两种形式：脚板伸平的和踮起脚尖的。脚板伸平的蹲法像单腿站立一样仅见于某些部落，对于我们大多数人来说，很难持久做出这一姿势，因此也就无法当作休息方式。

从这类姿势再进一步，就是屈腿席地而坐，即臀部着地起支承作用，但双腿依然是弯曲的。这种姿势稍加变化，就有了小学生坐在地板上时经常采用的盘腿姿势以及练瑜伽功时所采用的莲花腿坐法。较不复杂的形式是在公园草地上和海滩上时常能见到的双腿一边屈坐法。

除了一些很古怪的姿势如瑜伽功的头着地倒立和其他区域性姿势之外，以上这些可以说就是人类的主要放松姿势。它们可能仅仅被采用几分钟，也可能被保持几个小时。它们可能出现在某些较严肃的社交场合，也可能仅在"休息时间"或者"间歇"时被采用。休息方式的另一种类型则只会出现在非社交场合，那就是"打盹"、"猫闭眼"或者"耷眼皮"。如果在一次家庭聚会时老祖父在打

休息方式

跪坐　　　脚板伸平地蹲　　　脚尖踮起地蹲

屈腿席地而坐　　　盘腿坐

莲花腿坐　　　双腿一边屈坐

瞌睡,全家人并不会把它当作一件事,而是继续进行他们的活动。他们在他身边谈笑,既不会把他推醒,也不会把他抬到床上去。在听演讲或者看戏时打瞌睡的人也被同样对待,除非他打起鼾来或者发出其他声音妨碍了别人，否则别人是不会去打扰他的。

　　从打瞌睡再进一步就是真正的睡眠——一种主要的休息方式。不过，有一点必须认识到，那就是除了睡眠我们还有许多其他的休息方式。它们在某种程度上有这样的基本含义："改变就是休息。"这里，重要是改变环境。譬如，我们时常采用一种"间歇"休息法，其形式多种多样，从喝咖啡和吃茶点到午休、到夜生活、到度周末、到度假和过节，都属此例。在所有这些情况下，我们所得到的无非是从日常的工作中逃脱出来，暂时扮演一下新的角色——或者是饮者，或者是食者，或者是旅游者。尽管我们的这些新鲜活动有时比实际工作还要费力，但我们每次都得到了休息。因为这些休息方式的基本作用在于，它们为我们提供了主动权。我们所做的是我们自己想要做的而不再是别人指示我们做的。在这种场合，我们都成了消费者，而不再是推销者。因为从根本上说，我们社会生活中的严肃工作都和推销有关，不是推销我们自己，就是推销我们的服务，或者推销我们的产品。要摆脱这些活动而使自己得到休息，即意味着要改演购买者角色，但又不是所谓的"购买必需品"。这种休息性购买——无论是到一家酒吧去喝一杯啤酒，还是在一家度假旅馆住上几天——几乎总是带有一点奢侈和享乐的意味。

　　尽管这些"间歇"很有价值，但仍不能使我们真正扮演"轻松的角色"。许多人在度假时由于时间安排和财力上的种种麻烦问题而被搞得狼狈不堪，还有，度假的计划和筹措也每每会引起意想不到的烦恼情绪，而度假的意义——逃避日常角色——又恰恰在于逃避这种计划和筹措。

　　完全的、真正的逃避只有来自夜间的长时间睡眠。没有这种夜间的放松，不要说我们的身体会受不了，就是我们的精神也会被压垮。这是因为，睡眠不仅能使身体得到休息，更为重要的是它能使大脑得到调整。我们想放松疲劳的肌肉，通过按摩或者躺一会儿也能做到，但要使我们的精神恢复过来，就没有那么容易了。经过一天的活动，我们的头脑里充满了各种杂乱的印象、观念和经验，这时我们需要有好几个小时的睡眠，以便把这些新的信息分别蓄入我们的记忆库。不仅仅是一塞了之，还要分门别类、整理筛选、尽力解决新信息和固有信息之间的矛盾，使这个"心灵办公室"在整体上显得有条有理。这就是人之所以会做梦的原因。持续的、忧虑重重的"蓄入"引起持续的、反复出现的梦。强烈的新经验导致栩栩如生的梦境。我们事后记起的那些梦中的情形仅仅是梦之冰山的一角而已。现代科学研究表明，不管我们是否能回忆起梦的内容，或是自以为睡得很沉好像完全无梦，事实上我们夜里都要反反复复地做梦。

婴儿比成年人睡得多，中年人比老年人睡得多。这自有其道理。幼儿面对的是一个全新的世界，输入其大脑的新信息数量众多，所以他也就相应地需要长时间的睡梦，以便把这些新信息加以分类和蓄入。相反，老年人的生活一般都趋于固定，每天接受到的新信息不会很多，所以也就不需要很长的睡眠时间。一般婴儿在出生后的最初三天里，每天平均要睡十六个小时，最多的可睡二十

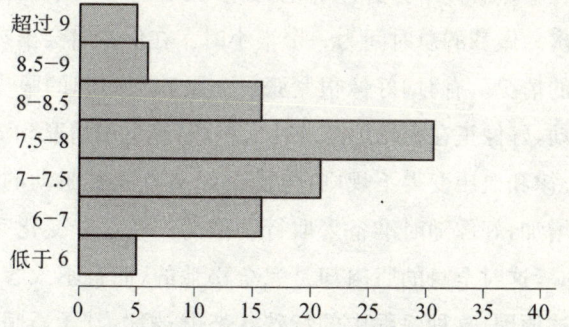

某些成年人比其他成年人需要更长的睡眠时间，但绝大部分人所需的睡眠时间在七到八小时之间。老人在夜间睡的时间较短，一般约六小时，但常以日间打瞌睡作为补充。

三小时,最少的也要睡十个半小时。成年人的平均睡眠时间为七小时二十分钟,而老年人一天仅睡六个小时加上白天的一些短暂的瞌睡时间。

新生儿不分昼夜地睡一阵醒一阵,不过到了六个月的时候,他白天的睡眠时间会大大减少,仅仅打几个盹,夜间的睡眠时间则相应地拉长。这时,他的睡眠总时间已缩至每天十四小时,而且继续在减缩。白天的打盹已减缩为两次,一次在上午,另一次在下午。十二个月以后,上午的那次打盹被减缩掉,每天睡眠总时间为十三小时。到了五岁,这时儿童已完全放弃白天的打盹,但夜间的睡眠时间仍保持在十二小时左右。这段时间随孩子逐渐长大而慢慢地缩短,至十三岁时,夜间的睡眠时间一般为九个小时,实际上已经与成年人每天七个半小时的平均睡眠时间相差不多了。

一般成年人夜间睡眠过程中要出现四十至七十次姿势变化。通过连续摄影摄下的睡眠者照片显示出,他们在睡眠中好像十分焦躁不安,即使睡得最熟的人也经常要改变姿势,以免四肢和身体其他部位因受压时间过长而发麻。

一般成年人在夜间睡眠中的"梦次"大约为四到五次。最初一次出现在睡熟后九十分钟左右的时候,其后每隔六十至九十分钟出现一次。做梦的总时间为一个半小时。在做梦时会出现一些相互矛盾的情况。有时,好像很紧张——眼珠在闭起的眼皮下面迅速地转动,好像正在密切注意着什么东西;脑电图情况和清醒时差不多;心律和血压变得不规则,仿佛正经历着某种激动的时刻;氧气消耗增加,好像随时准备采取行动似的。和这些变化完全相反的事实是,这时全身的肌肉却是完全松弛的,而且不太容易唤醒。基于上述原因,这种睡眠中的特殊状态就被称为"矛盾睡眠"。身体已在很大程度上失去知觉,但同时又好像准备行动。当然,这种行动是出现在梦境中的,如果把正处于这种睡眠状态的人唤醒,他便能清晰地记起梦中的详细情形,而若等这一特殊的"梦睡"阶段过后几分钟再唤醒他的话,他只能模模糊糊地记得一些大概。如果延长一点时间等十几分钟之后再唤醒他,他通常是什么也记不得了,而且会说他根本就没有做梦。这就是为什么尽管事实上我们每个人每天都要做四五次梦,而有些人仍一再声称他们从不做梦的原因。这些人看来总是在睡眠的无梦阶段中醒来的。如果我们是很自然地醒来的,情况通常也是这样,但如果我们是在清晨被闹钟闹醒的,醒来时仍会觉得很困倦。同样,如果我们是在梦中被惊醒的,往往就会记得梦中的情形。

梦不像一般人认为的那样,是一闪而过的。在实验中,如果受试者在"梦睡"阶段刚开始时就被唤醒,那么他只能说出一个短短的梦;如果他是在"梦睡"后阶段被唤醒的,他就能回忆起一个长长的梦。因此,可以肯定地说,在"矛盾睡眠"的整个一个半小时内,实际上也就是做了一个半小时的梦。这就是说,在我们的一生中,我们每个人平均有三万五千小时左右的时间是在梦境中度过的。然而,只有这样,我们才能使自己的大脑计算机保持正常的工作程序,从而才能去应付复杂多变的社会生活。

年　龄
人的寿命以及如何延长寿命

有一种东西，我们人人都有，那就是寿命。有一件事，我们人人都得面对，那就是我们都会死；生命只是从出生到死亡之间的一小段时间。

就个人而言，我们都把年龄看作是从年轻到年老的一个过程——年轻时充满希望，生气勃勃；年老时忧郁多病，体力衰竭。就人的本性而言，我们对自己的年龄总是感到不满，总希望成为另一种年龄的人。然而，事实是，如果我们安心于自己的年龄，那么不同的年龄都是很有意义的。如果年轻时就想成为有阅历、有智慧的老年人，或者年老时仍拼命想保住青春活力，那就会出严重问题。我们会因此而忽视现在——我们现在的年龄——甚至会把它白白地荒废掉。

对于一种有益的生活来说，渴望未来和缅怀过去是两大敌人。对大多数社会成功人士的一项专题研究表明,这些人大多破坏了传统的年龄法则。他们想做什么就做什么,根本就没有考虑年龄限制。不管他们的成功是早是晚,也不管他们的寿命是长是短,反正他们使我们看到,他们的生活宗旨就是"快速吞食生活",决不拖延一分钟,也决不考虑时间是不是太晚。

然而,和疼痛一样,年龄也是一种保护机制,只是我们对此不知感恩罢了。就如疼痛警告身体有危险,年龄也同样如此,它保护物种,使其免于僵化的危险。因为从基因的角度看,我们的身体仅仅是它的暂留之地,或者说,经常需要迁移的临时居所。通过世代相传,不死的基因就有可能形成这样或者那样的不同组合。这就是说,我们的基因始终都在适应变化着的环境需要,并随时准备形成新的组合,而当条件改变时,其中的有些组合还会优于其他组合。

看来,基因要保持必要的可变性,要在漫长的进化过程中延续下去,唯一的途径就是为细胞更新的有效性设置时间限制。我们在逐渐变老的过程中,全身的细胞一直在自我更新;这种更新如果始终能超级有效地重建我们的身体,我们就不会变老。确实,从理论上讲,没有任何理由说我们为什么不能永远活着(除了意外事故)。

其实,关于死和不死一点也不神秘。简单地说就是,从生物学上讲,个体会死比个体不死更为有效。因而我们的细胞一开始就具有内在过时性;一种为了有效地自我更新而预设的衰亡机制。我们到了老年,身体会萎缩,而且会百病缠身,原因就在于此。这在我们看来当然不是最好的方式。更好的方式是基因若能以某种方式设计,从而使我们的身体长久保持年轻,直到最后,在一瞬间毁灭。遗憾的是,我们不得不慢慢变老,所以最好的办法就是圆满地度过生命的每一个阶段。

迄今为止,还没有人找到一种能阻止细胞老化和衰亡的方法,尽管有许多人在努力,有人甚至还宣称找到了,而且还开了价格昂贵的基因诊所。毫无疑问,总有一天,有人会找到这种方法的,从而造出人们期待已久的、能使人长生不老的灵丹妙药。这么说和神秘主义毫不相干——这只是个科技问题。结果是,这种方法很可能会使某些个体不再变老,就像道连·格雷①那样,而且还没有自己会变老的画像。当然,这会产生噩梦般的人口过剩问题。相比之下,现在的人口问题会显得微不足道。到那时,生儿育女将被视为滔天大罪。我们将再次面对一项令人晕眩的挑战;我们这一物种将再次为自己的机巧付出高昂代价。不过,在寻找这种方法的同时,人们也以极大的兴趣在研究我们的年龄问题,以及要在这颗行星上继续生存下去,我们该做什么——或者说,不该做什么。

这里有两种相互矛盾的信息。第一种信息是,每一种年龄都有其典型特征。作为人类成员,我们从出生到死亡,年复一年,几乎全都以某种可预知的方式行事。作为生物有机体,我们不可避免地都要经历基本相同的年龄段和衰老过程。在这方面,我们都非常相像。

第二种信息与此相矛盾。虽然每一种年龄都有典型的行为方式,但总会出现例外——有些人会违背年龄模式,即在他们从幼儿期到老年期的生活过程中,过早或者过晚地出现某一年龄的行为方式。有些儿童早熟得令人吃惊,他们年纪小小就已老气横秋;有些成年人则天真活泼,身心两方面都和他们的年龄不相称。上述两种信息的含义很清楚:年龄法则是存在的,但也是可以违背的。

---

① 即19世纪英国作家奥斯卡·王尔德的小说《道连·格雷的画像》里的主人公,他和现实生活中的人相反,永远年轻,不会变老,但他的画像却会变老。——译注

那些属于例外的人往往无视年龄法则,他们会在9岁时写交响曲,90岁时私奔。

导致例外的原因也很清楚。就那些早熟的儿童而言,除了他们的大脑发育较好,看来还有父母方面的原因——他们的父母几乎全都对他们很溺爱,在他们很小的时候就花了大量时间来训练他们。就那些甚至到了老年期仍像儿童一样活泼的成年人而言,他们几乎全都对生活的某一方面抱有执着的热情和乐观的态度。隐退和"坐看落日"是个可靠的杀手。

这么说来,当然也就要说到有没有办法来延长人的寿命了。根据对数百个长寿者的生平研究,有一些特性看来是和这些人的健康、长寿有关的。其中,有的是一目了然的,有的则不然。下面这些,可以说是有利于长寿的主要因素:

如果你很幸运,正好出生在一个长寿家族中,那么你也很可能会活得很长久。反之,如果你的远祖和近亲大多健康状况不佳,其中有许多人因心脏病、糖尿病、癌症或者中风而早早地死了,那么你活到高龄的可能性也不会太大。

有些人生来就比较好动,比较活跃,有些人则比较好静,比较懒怠。一般说来,只要不是出于焦虑而紧张地活动,好动对健康是有益的。每天都按常规进行体力活动的人,肯定要比整天懒洋洋地躺着或者坐着的人健康得多,也活得更长久。显然,在那些特别长寿的人中间,有许多人是兴致勃勃的散步者。至于散步和种种花草之类的活动为什么会如此明显地有利于长寿,这是有特殊原因的。因为这类活动属于"非紧张型"全身运动。相比之下,那些进行较高强度锻炼的人,如天天蹦跳或者跑步的人,就有意无意地会担心自己的健康。如果这种锻炼太过分,结果会适得其反——当然,如果是年轻力壮的运动员,那另当别论。年轻的职业运动员还来不及关心自己的健康,他们首先要关心的是自己的比赛成绩。

然而，有不少既不年轻又非职业运动员的人，却也在那里做这类高强度锻炼，目的是想以此获得强壮的体魄。可悲的是，他们的想法和做法全错了，因为强壮不等于健康，和长寿更是毫不相干。重要的是，我们的身体锻炼——不是运动员的体能训练——应该是低强度的，而最为重要的是，还要有乐趣。散散步或者种种花草，这类纯粹的娱乐活动即使天天做也不会叫人厌烦，这才称得上具有"保健功能"。

接下来的一点是，平静的心态有利于长寿。那些整日匆匆忙忙、焦躁不安的人，在这方面是极为不利的。要知道，愤怒和忧虑是殡仪馆老板的好朋友，而心平气和的人，几乎总能比他的那个怒气冲冲或者忧心忡忡的邻居多活几年。所以，那些发现自己的生活总是为愤怒、忧虑或者恐惧所驱使的人，应该赶快寻找其他"雇主"。

平静、放松的心态和消沉、懒散的性格是两码事，分清这两者的区别很重要。放松不等于没有热情，也不等于一个人对自己所做的事情失去了兴趣。实际上，一个人要想活得长久，对生活的热情和对理想的追求是很重要的因素。这并不是说人是不能退休的，一退休就什么都完了，而是说，一旦没有了职业，要马上用某种活动——某种同样有吸引力的兴趣爱好——来替代它，以此为你的生活提供新目标和新刺激。唉声叹气、得过且过是消极因素；乐观才会长寿。

人有许多致命的弱点需要克服，其中之一就是怀旧。总想着"过去的好时光"，总抱怨现在的世界多么糟糕，总指责年轻人多么无能，实际上是想提早为自己举行葬礼的一种信号。较之于那些生活在现在而向往着未来的人，这种生怀旧病的人成为长寿者的可能性要小得多。

成功是延年益寿的良药。获得相当程度的成功甚至可以抵消某些足以使人折寿的不利因素，如肥胖和酗酒。不过，重要的是获得成功后不能有心理负担,不能让自己长期处于紧张状态。还有,成功与否要用自己的尺度来衡量。一个牧羊人也照样可以觉得自己很成功,就像获得了诺贝尔奖。成功不一定要有名气;即便是有名气的人,也不能为名气所困。

长寿的人似乎更关心自己做了什么,而不是自己是什么。他们都活得很超脱,而不会以自我为中心,受制于自身的性格。自我中心的虚荣对他们来说是完全陌生的东西。他们或许会为自己的工作、自己的发现或者创意而感到自豪,但从不觉得他们自己有什么了不起。

在个人习惯方面,长寿者大凡都奉行中庸之道。他们并没有极端的饮食限制。确实,人是杂食动物,混合食谱显然有利于长寿。尽管我们常看到长寿的素食者,但他们的长寿其实并不是因为他们素食。一般认为,粗茶淡饭是有益于养生的,但美食家们或许会争辩说,生活的质量比清苦地在世上多活几年更为重要。还有对于烟酒,长寿者中也几乎没有人断然拒绝。有许多长寿者是既吸烟又喝酒的——只是适量而已。如果你听到宣传说吸烟和肺癌有联系,你一定会以为吸烟的人肯定都是短命鬼,但事实并非如此。对此的解释是,这和一个人的癌症易感性有关。有人天生易患癌症,若再吸烟的话,那显然是在冒极大的风险。但有人天生就有抗癌基因,这些人即便吞云吐雾一百年也不必担心自己会生肺癌。问题是,我们并不知道自己是不是抗癌基因携带者,而按现有的医学水平,也无法在这方面做出鉴定。所以,吸烟至今仍是一场用寿命做赌资的豪赌。不过,为公正起见,这里仍需指出,就具有抗癌基因的人来说,吸烟或许是一种很有效的镇静方式,而保持平静的心态,就如前面所说,是可以延长寿命的。

大多数长寿的人都很懂得自律。粗看起来,这似乎和心态平静、随遇而安的人寿命长的说法是相对立的,其实这里一点也不矛盾。自律并不意味着自说自话、自以为是，或者自我虐待。自律的意思是：一个人自行安排他的或者她的生活，并有规则地每天都做某些事。有人因为每天散步一英里而活得很长寿，是因为他把这件事看作生活中必不可少的一部分，天天都这么做。有人则不然，一连六天不出门，第七天心里觉得愧疚，又一下子走了七英里——这样不懂自律，即使走得再多，也无助于长寿。

幽默、甚至有点淘气，觉得生活是滑稽可笑的，是对抗衰老的有力武器。长寿总伴随着"做做怪相眨眨眼"。一脸严肃的清教徒和一本正经的人是活不长的，他们很快就会让位，而他们的那些爱开玩笑的同龄人却会留在世上，并久久地欢笑。

对生死问题，采取驼鸟式的把头钻进沙里的回避方式是无济于事的。最好的办法是接受这一事实——有生必有死，寿命再长，也终有一死；然后，活在现在，实实在在地活着。怀旧和消沉永远是妨碍人充实而愉快地活在这个世界上的两大敌人。

最后，只要看看有史以来最长寿的人即法国的让娜·卡尔曼夫人的情况，上述许多观点便可得到证实。在让娜·卡尔曼夫人121岁生日时，有人问她长寿的秘密，她微笑着回答说："我一直很平静，所以他们叫我'卡尔曼'①。"她在100岁时还骑自行车。她最喜欢吃的菜肴是炸土豆和炖肥肉，也喜欢吃巧克力和糖果。在她117岁时，有人建议她戒酒戒烟，但她毫不理会。她生于1875年，死于1997年，一生从未生过一天病。真不知道，那些鼓吹"自我节制"的健康专家如何解释她的长寿，因为她几乎违背了他们所有的戒律。她在临终时还有力地挥了挥手，还说了几句很幽默的话，真是直到最后还和他们开了个玩笑。

---

① 此句原文为"I keep calm, that is why they call me Calment."其中calm（平静）和 Calment 是谐音。——译注

未　来
人类有何潜能

人类是一种不寻常的动物。从进化的角度讲，这一奇怪的物种还很年轻。人类无与伦比的成功故事还未完全展开，现在正以前所未有的速度在进行。要想预知人类的未来是不可能的，但未来肯定是激动人心的，肯定会有许多重大发现。对基因的研究很快就会使人了解人体衰老的机制。所以，只要人们愿意，他们将能活上一千年。还有对反重力场的发现，以及对时间旅行技术的掌握，甚至有可能使人类摆脱地球而进入另一个宇宙空间。凭着人类发达的大脑和不知满足的好奇心，说"宇宙是有极限的"似乎也不会永远是一句空话。

所有这些都是可能的，因为我们是一种永不成年的猿类，一种即便成年也仍然保持着幼儿般游戏心态的猿类。在人类活动的各个方面，几乎处处可见成人游戏。不仅在艺术和科学领域是如此,在日常生活中也同样如此。就是简单的进食行为,也被变成了五花八门的美食享受。在时装界,本来只求舒适方便的衣着需求,几乎全被时尚和样式所遮蔽。还有家具和室内装潢,也一样。甚至是高度讲究实用的建筑业,也没有逃过人类的游戏心态。从雕琢华丽的古代立柱到外形怪诞的迪斯尼城堡,只要在建筑学上有可能,只要能保证最基本的安全,建筑照样变成了游戏。

我们玩性游戏,称为"跳舞"。我们玩战争游戏和狩猎游戏,称为"体育"。我们玩旅行游戏,称为"观光"——只是出于好奇和好玩,我们千里迢迢地跑到本不需要去的地方去。

只要我们的基本需要得到满足,只要我们在"生存之外"还有余暇,我们就会到处乱跑。其实,裸猿应该被称为"创造猿"。就我们的最佳状态而言,我们在一生中始终都是幼儿般的成年人,时时都会沉溺于成人游戏。如果不是这样,如果我们都成了沉着而呆滞的成熟-成年人,那么作为这一星球上最活跃、最富有想象力的动物,我们将有悖于自己的生物遗传特性。即使真到了那个时候,即到了我们将迁出这一星球时,我们也会让另一较有活力的物种来取代我们。与此同时,我们自己仍会过着美好的游戏生活。

或许有人会觉得,我把人类最伟大的成就称为"成人游戏"是在贬低人类。但我没有。我的观点是:我们从来就不是很严肃地玩游戏的。对许多人来说,我们最伟大的成就是在商业、技术、医学、政治和经济等领域里的努力和建树。但这些无非是为了两个目的中的一个:不是为了使人活得更好,就是为了使人玩得更有趣。譬如,成功的商业总和人们的吃喝有关,而吃喝不是为了解决饥渴,就是为了享受美味——即为吃喝而吃喝,典型的成人游戏。

如果现代技术带给我们更多的物质享受,我们是极其感激的,但我们并不只坐在那里赞叹我们的空调、冰箱、无线电或者电话有多么神奇的功能。我们马上就把它们当作一种工具来达到其他许多目的。譬如医学,本是治病救人的,但它又被用来保健——为了活得更好更长,或者说,为了更好地玩成人游戏。

现代政治、经济的真正梦想是要保证个人自由和人人富有。这一目标背后的潜在理念就是要使全世界的人都有"生存之外"的余暇,都来参与成人游戏。

人类最了不起、最高级的特性就是永不知足的好奇心。我们从原始茅屋走到登月飞船面前只用了几千年时间——这在生物进化史上只是一瞬间。在此过程中,我们改变了世界的面貌,还建造了那么宏大的建筑物,其中有一些甚至在我们去月球的路上也能看到。而我们之所以能做到这一切,就是因为我们不停地在提出问题,而且一旦找到答案,又会利用这些答案来提出更多问题。

在所有生存于这颗小小星球上的几十万种动物中,我们这种动物是绝对超常的。但为什么是我们?为什么我们会走得那么远,而我们的近亲,如大猩猩和黑猩猩,却依然鬼鬼祟祟地徘徊在遥远的热带丛林里?是什么特殊的经历使我们最终成了这个世界的统治者?简要地说,是因为我们作为一种灵长目动物,不仅站直了身体,还成了能相互合作的狩猎者。我们本是灵长目动物,这一事实意味着我们原本就有一颗好脑袋和一具非特殊化的躯体,能做出许多不同的动作。反之,如果我们的大脑不够大,或者我们的身体构造已特殊化,我们是不可能迈出后面的那一步的。那后面的一步就是向上的一步。我们用后脚站了起来。由于仅用后脚就能支撑,我们的前脚便腾了出来,并变成了比脚更为灵活的"手"。有了手,我们才能制造工具和有效地使用工具。这时,我们才能杀死猎物。

狩猎使我们更勇敢、更无私、更愿意合作(出于需要,不是道德)、更关注长远目标,而最重要的是,有了更好的食物。高蛋白的新食谱使我们变得更加聪明。由于我们必须合作狩猎,我们需要有更多的联络方式。我们的语言便应运而生,而有了语言,即意味着我们有了一套复杂的象征符号。有了这一套象征符号,我们便能用今天的事物来指称古代的同类事物。我们很容易就能用某一事物来代表另一事物,甚至还能从幼儿游戏中演化出肢体语言;从肢体语言中又衍生出哑剧、体操和舞蹈;我们的狩猎变成了体育、赌博、探险和收藏;我们的语言衍生了歌唱、诗歌和戏剧;而我们的合作则衍生了利他主义和慷慨精神。总之,我们是神奇的聚合体、越界者、冒险家、永远好奇而又足智多谋的幼儿。

其他动物往往有强壮而优美的身躯,它们以其"所是"彰显于世。我们的身躯既不强壮也不优美,则以我们的"所为"彰显于世。毫无疑问,我们在未来将大有作为,因为人类的故事还刚刚开始。

图书在版编目(CIP)数据

肢体行为：人体动作与姿势面面观 /（英）莫里斯
著；刘文荣译. —上海：文汇出版社，2012.1
ISBN 978-7-5496-0350-3

Ⅰ. ① 肢… Ⅱ. ① 莫… ② 刘… Ⅲ. ①社会行为学—研究 Ⅳ. ①C912.68

中国版本图书馆CIP数据核字(2011)第237566号

图字：09-2007-391

Chinese translation Cpyright © 2011 by WENHUI PERSS
English language edition Copyright © Desmond Morris 2002
published in English by Vintage 2002
Simplified Chinese characters edition arranged through Big Apple Tuttle-Mori Agency, Inc.

肢体行为
——人体动作与姿势面面观

著　者 / [英]德斯蒙德·莫里斯

译　者 / 刘文荣
责任编辑 / 陈今夫
封面装帧 / 陆震伟

出版发行 / 文汇出版社
　　　　　 上海市威海路755号
　　　　　 （邮政编码200041）
经　销 / 全国新华书店
照　排 / 南京展望文化发展有限公司
印刷装订 / 江苏启东市人民印刷有限公司
版　次 / 2012年1月第1版
印　次 / 2012年1月第1次印刷
开　本 / 890×1240　1/32
字　数 / 380千
印　张 / 16.75（彩色插页32面）
印　数 / 1—5000

ISBN 978-7-5496-0350-3
定　价：38.00元